SUPER
BETTER

A Revolutionary Approach to Getting Stronger, Happier, Braver, and More Resilient
Powered by the Science of Games

JANE
McGONIGAL

スーパーベターになろう!

ゲームの科学で作る「強く勇敢な自分」

ジェイン・マクゴニガル

武藤陽生・藤井清美訳

早川書房

SUPERBETTER
A Revolutionary Approach to Getting
Stronger, Happier, Braver, and More Resilient
Powered by the Science of Games
by
Jane McGonigal

Translated by
Yousei Mutou and Kiyomi Fujii
First published 2015 in Japan by
Hayakawa Publishing, Inc.
This book is published in Japan by
arrangement with
The Gernert Company
through Tuttle-Mori Agency, Inc., Tokyo.

装幀／早川書房デザイン室

ティルデンとシブレーに――
大きくなったあなたたちが、自分自身の物語のヒーローになりますように

目次

第三部　冒険

プレイするまえに知っておくべきこと

〝スーパーベター〟はもっと強く、もっと幸せに、もっと勇敢に、もっと打たれ強くなるためのメソッドだ。

ゲームの科学を下敷きにしており、多くのデータによって効果が証明されている。

ペンシルヴェニア大学でおこなわれた無作為化比較試験で、スーパーベターを一カ月間実践すると次の効果があることがわかった。憂鬱、不安が著しく軽減され、楽観的になる。まわりからのサポートをもっと受けられるようになり、自分には目標を達成して成功する能力があると自信を持てる。また、幸福度と生活への満足度が大幅に増す。

アメリカ国立衛生研究所が出資し、オハイオ州立大学ウェクスナー医療センターとシンシナティ小児病院がおこなった臨床試験では、リハビリ、回復期間中にスーパーベターを実践すると気分が向上し、不安と苦しみが軽減され、家族との関係が強固になることがわかった。

また一方では、**四〇万人を超えるスーパーベター・プレイヤーたちから集めたデータ**をもとにメソッドを改良したことで、簡単に習得でき、毎日の生活の中で楽しみながら実践できるようになった。

ここ五年間、スーパーベターのおかげで人生が変わったという声が毎日わたしのもとに届いている。勇敢に、クリエイティブに、楽観的に、周囲の助けを借りつつ困難な試練に立ち向かい、大きな夢を追求するにあたって、スーパーベターがあなたの助けになることを願ってやまない。

ただし、スーパーベターは医師のアドバイスや治療に代わるものではない。ペンシルヴェニア大学の研究に参加したプレイヤーの大半ならびに臨床試験の全被験者をはじめ、成功した数多くのスーパーベター・プレイヤーたちは、なんらかのカウンセリング、治療、リハビリ、医師の指導と並行してスーパーベターを実践した。スーパーベターならびに本書内で紹介、推薦されるあらゆるゲームは、セラピー、カウンセリング、継続的な治療に代わるものではない。

それがわかったら、プレイを始めよう。

はじめに

あなたは自分が思っているよりも強い。
あなたには仲間になってくれる人がたくさんいる。
あなたは自分自身の物語のヒーローである。

この三つの資質さえあれば、どんな試練に直面しようと、もっと幸せに、もっと勇敢に、もっと打たれ強くなれる。

ひとついいことを教えよう。あなたはすでにこの三つの資質を具《そな》えている。何ひとつ変える必要はない。あなたはすでに、自分で思っているよりも強いのだ。

あなたは自分の注意力を、ひいては思考と感情をコントロールする力を身につけている。

サポートしてくれる人を意外な場所で見つけ、既存の人間関係を深める力を持っている。

自らのやる気を引き出し、意志力、思いやり、精神力といったヒーローの資質を開花させる力を生まれつき具えている。

本書を読めば、すでにあなたの中にある力を理解し、そうした力を引き出すのはゲームをプレイするのと同じぐらい簡単なことだとわかるだろう。

◀▶

しかし、これはゲームをプレイすることについての本ではない。少なくとも、厳密に言えばちがう。極度のストレスや個人的な試練に直面した際、どうすればゲームフルになれるのかというのが本書の主眼だ。

ゲームフルになるというのは、ゲームをしているときにあなたが自然に発揮している心の強さ、たとえば楽観、創造力、勇気、精神力を実生活にも応用することだ。好奇心を持ち、さまざまな戦略のうちのどれがベストなのかを突き止めようとするオープンな姿勢を持つことだ。次から次に大きな成功を収めることで、次第に手強くなっていくチャレンジに対するレジリエンス（打たれ強さ、回復力といった意）を身につけることだ。

ゲームフルになるとどうして強く、幸せに、勇敢になれるのか。わたしの知るかぎり、それを説明するのに一番いい方法は、ある物語を伝えることだ。わたしがスーパーベターを発明するにいたった経緯についての物語であり、本書を書くために克服しなければならなかった、命に関わるような試練についての物語でもある。

◀▶

二〇〇九年の夏、わたしは頭を打ち、脳震盪を起こした。回復は遅々として、三〇日が経過してもまだ絶え間ない頭痛、吐き気、めまいに悩まされていた。読み書きは一度に数分が限界だった。記憶力も落ちた。ほとんど毎日気分が悪くてベッドから出られず、まるで濃い霧の中にいるようだった。こうした症状のせいで、それまでに経験したことがないほどの不安と憂鬱を感じるようになっていた。

友人にも家族にも、自分の状態をちゃんと説明できなかった。何かを書けば救いになるかと思い、考えをまとめて言葉にしようとあがいた。そのときに浮かんだのがこれだ。

すべてがつらい。
思考に鉄のこぶしが突きつけられている。
脳が締めつけられているようだ。
考えることができないなら、わたしはいったい何者なのか?

残念ながら、脳震盪後症候群のちゃんとした治療法はまだ見つかっていない。できるだけ安静にして、いい結果を願うだけだ。わたしの場合、症状は数カ月から一年以上続く可能性があると言われた。

回復を早めるためにできることがひとつある、と医師は言った。症状を引き起こすような物事はいっさい避けること。読み書きも駄目、ランニングも駄目、ビデオゲームも仕事もメールも、アルコールもカフェインも駄目。わたしはジョークを返した。「じゃあ、生きていても仕方ないってことですね」

このジョークには多分に真理が含まれていた。当時は知らなかったが、脳に外傷を負った人は自殺願望を抱くことが多い。たとえそれがわたしのように軽度の損傷であったとしても。[*1] 三人にひとりがそうなり、わたしもそうなった。脳は主張しはじめていた。ジェイン、おまえは死んだほうがいい。この病気がよくなることはない。痛みは永遠につきまとう。おまえは夫の足手まといになる、と。

この声が執拗にわたしを苦しませ、そそのかすので、自分がほんとうに自殺してしまうのではないかと恐れるようになった。

そんなときだ。ある澄みわたった考えが頭に浮かんだのは。そしてすべてが変わった。頭を打ってから三四日が経っていた。この瞬間のことは決して忘れないだろう。わたしは自分に言い聞かせていた。自ら命を投げ出すか、これをゲームに変えるか、ふたつにひとつだと。

どうしてゲームだったのか？　二〇〇九年に頭を打つまで、わたしは一〇年以上ゲームの心理学を研究していた。ゲーマーの心の強さを実生活での問題解決に応用する方法を研究して博士号を取得したのは、わたしが世界初だった。カリフォルニア大学バークレー校で数年間研究をして、わかったことがあった。ゲームをプレイするとき、わたしたちはふだんよりもクリエイティブに、果敢に、楽観的に手強いチャレンジに取り組み、ほかのプレイヤーに救いの手を差し伸べる。こうしたゲームフルな資質を実生活での試練にも応用してみたいと思っていた。

そこでシンプルな回復ゲーム、その名も『脳震盪キラー・ジェイン』を考案した。脳震盪キラーはわたしの新しい〝秘密の正体〟になった。秘密の正体をつくったことで、絶望に身を委ねるのではなく、ヒーローのように覚悟を決めた気分になった。

脳震盪キラーになったわたしはまっさきに双子の姉ケリー（心理学者で『スタンフォードの自分を変える教室』の著者）に電話をかけた。「頭の病気を治すためにゲームをしてるの。一緒にプレイしてくれる？」助けを求めるにはそう訊くのが一番だった。彼女はこのゲームの最初の〝仲間〟になった。次に夫のキャシュも加わった。

わたしたちは一緒に〝悪者〟を見つけ出し、戦った。悪者というのはわたしの症状を引き起こすもの、回復を遅らせるものすべて、たとえば明るい光、人混みなどだ。

それから〝パワーアップアイテム〟を集めて使った。最悪な一日にもほんのちょっとだけ気分がよくなったり、幸せを感じたり、自分が強いと思えたりするものなら、なんでもパワーアップアイテムになった。愛犬のシェトランド・シープドッグを五分間抱きしめる、クルミを食べる（脳にいい）、夫と家のまわりを二度散歩するといったことが、わたしのお気に入りのパワーアップアイテムだった。

ゲームはこんなふうにシンプルなものだった。〝秘密の正体〟を持ち、〝仲間〟をつくり、〝悪者〟と戦い、〝パワーアップアイテム〟を使う。それだけのことだったが、プレイを始めて数日が経つと、憂鬱と不安は奇跡のように消えていた。とはいえ、頭痛や認知症状までもが奇跡のように治ったわけではない。こうした症状は一年以上続き、それまでの人生で一番つらい時期になった。しかし、症状が出ているときでさえ、痛みのまっただ中にあるときでさえ、わたしは苦しむのをやめた。自分の運命の手綱を握っているのは自分自身なのだと、以前にも増して理解していた。友人や家族はどうすればわたしの力になり、わたしを支えられるのか、よくわかってくれていた。わたしは自分自身を以前よりずっと強い人間と思うようになっていった。

それから驚くべきことが起きた。数カ月後、このゲームのプレイ方法を解説するブログ記事を投稿し、短い動画をアップした。みんながみんな脳震盪を起こすわけではないし、〝なんとかキラー〟になりたいわけでもない。そこでゲームの名前を〝スーパーベター〟と改めた。

なぜスーパーベターなのか？　脳震盪からの回復期間中、誰もが口をそろえて「すぐによくなるよ」と言った。でもわたしはただよくなって、これまでどおりの生活に戻るのは嫌だった。〝すごくいい《スーパーベター》〟になりたかった。怪我のまえよりずっと幸せで、ずっと健康な人間になりたかったのだ。

すぐに世界じゅうから利用者の声が届きはじめた。みんな自分なりの秘密の正体を持ち、仲間をつくり、悪者と戦っていた。彼らは憂鬱、不安、手術、慢性痛、片頭痛、炎症性腸疾患といったチャレンジに立ち向かうこと、傷心を癒やすこと、数年間の失業状態を脱して職を見つけることにかけて〝スーパーベター〟になっていた。末期ガンや筋萎縮性側索硬化症などの終末期疾患の患者も含め、誰もがきわめて真剣にプレイしていた。彼らのメッセージや動画を見てわかった。このゲームはわたしを助けたのと同じように彼らも助けているのだと。

プレイヤーたちは語っていた。自分が強く、勇敢になった気がする。友人や家族に理解してもらえるようになった。苦痛の中にあってさえ、生涯最大の試練に直面しているときでさえ、幸福を感じていると。

いったい何がどうなっているのだろう？　一見するとなんの変哲もないゲームが、シンプルきわまりないゲームが、どうしてこんなに深刻な、場合によっては生きるか死ぬかの状況に立ち向かえるほどの力を与えるのだろうか。同じことが自分の身にも起きていなければ、とうてい信じられなかっただろう。

リサーチができる程度まで回復すると、科学論文を読みあさった。そのとき知ったのは、ショッキングな出来事のあとで、以前より強く、幸福になる人もいるということだった。それがわたしたちの身に実際に起きたことだ。ゲームのおかげで、わたしたちは〝心的外傷後の成長《ポストトラウマティック・グロース》（PTG）〟を経験していたのだ。PTGというのは聞き慣れない言葉だが、心的外傷後ストレス障害《ポストトラウマティック・ストレス・ディスオーダー》（PTSD）なら聞いたことがあるだろう。つねに不安や憂鬱がつきまとうという症状だ。

しかし、ショッキングな出来事が必ずしも長期におよぶ問題を引き起こすわけではない。逆に、非常に困難な試練に挑むことで、最高の資質を開花させ、より幸せな生活を送れるようになる人もいる。[2]

これについてもう少し理解してもらうために、PTGを経験した人が口にする代表的な五つの言葉を紹介しよう。

1. 優先順位が変わった。幸福になるために行動することを恐れなくなった。
2. 友人や家族を身近に感じるようになった。
3. 自分をもっと理解できるようになった。自分が何者なのかわかった。
4. 人生に新しい意義と目的を見出した。
5. 目標と夢に集中できるようになった。[3]

すべてひっくるめると、この五つの言葉は力強いポジティブな変化を表わしている。が、それだけではない。リサーチを進める中で、わたしはＰＴＧから受ける恩恵にはもっと驚異的な何かがあることに気づいた。

数年前、ブロニー・ウェアというオーストラリアのホスピス職員が『死ぬ瞬間の５つの後悔』[*4]という記事を書いた。彼女は一〇年間、最期を迎える患者たちの世話をしてきた。どの患者も判で押したように、何度も何度も、毎年毎年、同じ後悔の言葉を口にするという。この記事を書いたあと、世界じゅうの何百というホスピス職員やケアワーカーからの、自分もずっと同じ後悔の言葉を耳にしてきたという声が彼女のもとに届いた。彼らはみな、長年にわたって同じ五つの後悔を聞かされていた。どうやら世界共通の後悔というものがあるようだ。もちろん、誰もが後悔しながら死んでいくわけではないが、いざそれが口に出されるとなると、だいたいが次のようなものになる。

1. あんなに働きすぎなければよかった。
2. 友人と連絡を取りつづければよかった。
3. もっと幸せを求めればよかった。
4. 勇気を出して、ほんとうの自分を表現すればよかった。
5. 他人の期待に応えるのではなく、自分の夢を追求すればよかった。

このリストをしばらく眺めてみよう。二年前、わたしが初めてこれを読んだとき、あることに気づいて思わず声をあげそうになった。あなたにもわかるだろうか？

なんと、〝死ぬ瞬間の五つの後悔〟は、先ほど紹介したＰＴＧ経験者の五つの言葉と本質的に正反対なのだ。ＰＴＧを経験すると、自分の幸せを求めて行動する強さと勇気、ほんとうの自分を理解し、それを表現する強さと勇気を見つける。そして、インスピレーションを与えてくれる人間関係、意味のある仕事を優先するようになる。

ＰＴＧはＰＴＳＤの対極に位置するものではない。ＰＴＳＤを経験する人の多くがＰＴＧも経験する。両者は決して共存しないわけではないのだ。事実、ある研究では、ＰＴＳＤが最終的にはＰＴＧにつながることが示されている。おそらく、人生を変えるほどの成長をするには、非常に困難な状況に対して真剣に、継続的に取り組む必要があるからなのだろう。あっさりと立ち直れるようでは成長のチャンスを逃してしまう。[*5]

きわめて困難な試練というものは、正しいやり方でそれに臨みさえすれば、夢を追求し、後悔とは無縁の人生を送るための能力を開花させてくれる。そう考えると、ＰＴＧを経験すれば、つまりスーパーベターになれば、誰でも望ましい変身を遂げられるということなのかもしれない。

しかし、どうすれば極度のストレスやトラウマからＰＴＧの五つの恩恵を享受できるのだろうか？　研究によると、トラウマを経験した誰もがＰＴＧも経験するわけではない。では、正しいプロセスを踏むにはどうすればいいだろう？

いや、それよりもトラウマをまったく経験することなく五つの恩恵を享受する方法はないのだろうか？　ＰＴＧの恩恵を得られるからといって、恐ろしい喪失や怪我、病気、その他さまざまなトラウマを経験したいと思う人はいないはずだ。でも同時に、こうも言える。自分の夢に忠実な、後悔とは無縁の人生を送りたくない人がいるだろうか？

　わたしはもう二年を費やしてリサーチした。その結果わかったのは、マラソンを完走する、本を執筆する、起業する、親になる、禁煙する、精神的な旅をするといった困難なチャレンジを進んで引き受けるつもりがあれば、トラウマを経験しなくてもＰＴＧの恩恵を享受できるということだ。これは恍惚後の成長《ポストエクスタティック・グロース》（ＰＥＧ）と呼ばれている。臨床心理学の開業医であるアン・マリー・レープクがペンシルヴェニア大学の博士課程在籍中に初めてこの現象を特定し、〝痛みなき成長〟（あるいは少なくとも、きわめて小さな痛みでの成長）と表現した。[*6] ＰＥＧはＰＴＧと同じ働きをする。ちがいは、自分でチャレンジを選ばなければならないということだ。恐ろしいトラウマに見舞われるのをじっと待つのではなく、大きなストレスとチャレンジを生み出す有意義なプロジェクトやミッションを進んで引き受ければ、いつでもＰＥＧを獲得できる。ストレスに満ちた、自分自身が選んだ冒険。それがトラウマと闘う人と同じ努力、同じ成長をするための必須条件だ。

　では、ＰＴＧとＰＥＧが同じ働きをするとして、そのプロセスについてはどうだろう？　極度のストレスに屈することと、それをばねにして成長することのあいだには、どんなちがいがあるのか？　逆境で落ちぶれてしまうか強くなるかはどこで決まるのか？

　リサーチはここに来てがぜんおもしろくなってきた。少なくともわたしのようなゲームデザイナーにとっては。

　結果、ＰＴＧとＰＥＧを得るのに役立つ七つの思考・行動パターンがあることがわかった。おまけにそれは、わたしたちがゲームをプレイするときに当たり前に考えたり、やったりすることと同じだった。

1. 挑戦の精神を持つ。障害に進んで取り組み、ストレスの溜まる出来事を脅威ではなく、チャレンジと捉える。ゲームではたんに〝チャレンジを引き受けてプレイする〟という。

2. なんであれ、自分を強く、幸せにしてくれるものを探す。手強いチャレンジに取り組む際は、いつでもポジティブな感情を引き出せるようにしておき、体の健康にも注意を払う。ゲームでは自分をたくましく、すばやく、強くしてくれる〝パワーアップアイテム〟を探すことで、このルールを実践している。

3. 心の柔軟性を得ようと努力する。学習したり、大きな目標に近づいたりするためのきっかけになるのであれば、痛みや失敗といったネガティブな経験に対してオープンな姿勢で臨む。勇気、好奇心、改善欲求に従って行動する。ゲームでは強敵や〝悪者〟との戦いにおいて、つねにこのルールに従っている。わたしたちは何度失敗しようと、最後には知恵やスキルを身につけて勝利できるとわかっている。

4. コミットする行動をとる。非常に大きな目標に向けて、小さな一歩であっても毎日着実に進む。コミットする行動をとるというのは、どんなに困難な場合でも前に踏み出そうとし、つねにより大きな目標に目を向けておくことだ。このルールを実践するための枠組みは、ゲームでは〝クエスト〟と呼ばれている。クエストのおかげで、わたしたちは一番大切な目標に向かって前進することに集中できる。

5. つながりを築く。助けを求められそうな人を少なくともふたり見つける。自分のストレスやチャレンジについて率直に相談できる相手がいい。多人数《マルチ》プレイのゲームで、わたしたちは〝仲間〟をつくる技術を実践している。仲間はわたしたちが直面している障害を理解し、援護してくれる。

6. ヒーローの物語を見つける。自分の人生を見つめ、英雄的な瞬間を探す。生活の中であなたが見せた強さと、それが自分の取り組みに対して持つ意義に集中する。ゲームでは、ヒーローの物語はそこかしこにある。わたしたちはよく旅の一環として、英雄的なキャラクターの〝秘密の正体〟を身にまとう。そして、彼らの物語から刺激を受け、よりいっそう努力し、もっといい自分になろうとする。

7. 恩恵を見つけるスキルを習得する。ストレスやチャレンジから得られるよい結果に目を向ける。ゲームでは〝エピックウィン〟という概念がある。これは、なんの見込みもない恐ろしい状況から、思いがけないすばらしいポジティブな結果が得られることを意味する。

スーパーベターがたくさんの人に大きな効果をもたらしたのも当然だったのだ。その科学を理解すれば、実に納得がいく。もちろん、ゲームデザイナーだったら誰でもこうした生粋のゲームフルな思考・行動パターンを利用したシステムをつくれるだろう。当初はわかっていなかったが、本質的にスーパーベターはPTG、PEGにつながる完璧なロードマップだったのだ。わたしが頭脳明晰だったからではなく、いいゲームデザイナーだったから思いついたというわけだ。そして、いいゲームであればどんなゲームでも、この七つの思考・行動パターンでわたしたちを鍛え、極度のストレスと大きなチャレンジをポジティブなものに変化させてくれる。

わたしたちが従うべき次の七つのルールがスーパーベターの根幹であり、本書の核である。

1. 自分自身に挑戦する。
2. パワーアップアイテムを集めて使う。
3. 悪者を見つけて戦う。
4. クエストを探してクリアする。
5. 仲間をつくる。
6. 秘密の正体を持つ。
7. エピックウィンを追求する。

あなたがすでに病気、怪我、喪失、個人的な苦境といった困難なチャレンジに直面しているなら、これらのルールに従うことにより、チャレンジに対する取り組みで大きな成功を収められるだけでなく、ＰＴＧの恩恵を享受できる可能性が高くなる。

今のところはストレスの大きなチャレンジに直面していなかったとしても、もっと強く、幸せに、勇敢に、打たれ強くなりたいと思っているなら、自分にとって意味があり、挑戦しがいのある目標を設定しよう。そして、この七つのルールに従い、目標達成に向けて努力しよう。そうすれば、何か途方もないことをしているという満足感だけでなく、ＰＥＧの恩恵も得られるかもしれない。

ゲームフルな精神とスーパーベターがあれば、人生をいい方向に変えられる。どうしてそんなに自信たっぷりに言えるのかといえば、もちろん自信があるからだ。

開発以来、四〇万人以上のプレイヤーがオンライン版のスーパーベターをプレイしてきた。わたしたちは彼らが使ったパワーアップアイテム、戦った悪者、クリアしたクエストを逐一記録した。だから、どうすればうまくいき、どうすればうまくいかないのか、よくわかっている。わたしはデータ研究者たちとともに、過去二年間で収集した四〇万人分のあらゆる情報を分析した。おそらくはあなたも抱いているであろう、いくつかの疑問に対する答えが欲しかったからだ。スーパーベターはどんな人に対して効果があるのか？（ほとんど誰に対しても。老若男女問わず、熱心なゲーマーから一度もゲームをしたことがない人まで）。自分が以前よりも強く、幸せに、勇敢になったと感じるには、どれぐらいのあいだ七つのルールに従わなければならないのか？（わたしたちの研究によると、二週間以内に明らかな改善が見られ、四週目と六週目にはより大きな改善が見られた）。それから一番重要な疑問。スーパーベターを通して習得したものはちゃんと身につくのか？（わたしたちの知るかぎり、答えはイエスだ。スーパーベターは数年前に開発されたばかりだが、成功したプレイヤーを六カ月後、一年後、可能な場合には二年後にも追跡調査した。その結果、ゲームフルな思考・行動パターンはスキルであって、いったん習得した人は実践しつづけ、恩恵を受けつづける可能性が高いことが判明した）。

本書を書くまで五年待った。このゲームフルなメソッドがまちがいなく機能するという絶対の自信が欲しかったからだ。ゲームの持つポジティブな効果に関する黎明期の調査が、もっと大規模な、信頼できる研究で裏づけられるまで待った。ゲームフルな精神がどう役立つのかについて、神経科学や行動心理学をはじめとする幅広い分野の科学者たちが、彼らなりの理論で議論に参加するのを待った。何より、わたし自身が医師や心理学研究者らとチームを組み、厳密な研究としてスーパーベターをテストできるようになるまで待った。そして実際に、ペンシルヴェニア大学での無作為化比較試験と、オハイオ州立大学ウェクスナー医療センターとシンシナティ小児病院での臨床試験をおこなった（この研究については巻末の『科学的研究について』を参照してほしい）。

この五年間、メールやフェイスブックのメッセージを受け取らない日は一日たりともなかった。スーパーベターがどれだけモチベーションを与えてくれたか、どれだけ家族が助けられたか。毎日誰かが伝えてくれた。ありとあらゆる職業、身分の人からの声が届いた。空軍司令官であるノーマン・J・キャノンもそのひとりだ。

私は空軍で二〇〇〇人の部隊を指揮していて、彼らにレジリエンスの話をしたいと考えていました。一方では、妻が二〇一二年の九月に階段から転落して、ひどい脳震盪を起こしていました。妻はあなたとまったく同じように考え、同じ経験をするようになっていたんです。スーパーベターの動画を見せると、理解者がいることを知り、妻は声をあげて泣きました。その後、指揮官命令として軍人と文民からなる二〇〇〇人の部下たちにも動画を見せたところ、みんな感動していました。

ウェストヴァージニア州に住むミシェル・タウンからはこんな言葉が届いた。

一三歳の息子は若年性糖尿病です。でもわたしの願いが叶いました。家族でスーパーヒーロー・チームを結成したんです。息子の感情にもすばらしい変化が表われました。昔のあの子が戻ってきたんです。ありがとう！

デンヴァー在住、三〇歳の管理スタッフ、ジェシカ・マクドナルドは重度のブドウ球菌感染症で幾度にもわたる手術、入院を経験していたときにスーパーベターをプレイした。

病気になったり、怪我をしたりすると、世界は「できない」でいっぱいになります。腕の静脈に抗生物質を投与しているので、腕をあげられません。疲れすぎていて、イベントに参加できません。馬も殺せるぐらいの大量の薬を飲んでいて、自分の名前を思い出すのもやっとという状態なので、仕事にも行けません。一日に何百回も「できない」という言葉が頭をよぎります。それが徐々に心を殺していくんです。スーパーベターから受けられるたくさんの恩恵をひと言でまとめるとしたら、「できない」が「できる」になるということです。もちろん、許可されていないことや、すべきではないことはまだまだあります。でも自分の限界ばかりを考えるのはやめ、達成に目を向け、それを祝福するようになるんです。

ジェシカは医師と看護師を仲間にして、このゲームについてたくさん話し合った。

誰もが「そのゲームのおかげで回復が早くなったの?」と訊きます。スーパーベターのおかげで回復が早くなったかどうかはわたしにもわかりません。でも主治医にこう言われました。彼は五〇年近く医者の仕事をしてきて、ひとつの結論にたどり着いたのだそうです。それは、病気に対する患者の姿勢が回復プロセスにとてつもなく大きな影響を与えるということです。「あなたの回復が早くなっているかどうかはわかりませんが、あなたは回復するのがうまくなってきています」

あなたがこれまでずっとビデオゲームをプレイしてきたのか、一度もプレイしたことがないのか、それは関係ない。好きなゲームがスポーツでもカードゲームでもボードゲームでもデジタルゲームでも関係ない。これまでのプレイ歴がどうであれ、あなたにはゲームをすることで生来の強さを引き出す能力がある。そして、そのゲームフルな強さを実生活のチャレンジや目標に応用する方法を習得できる。

一般的に、ゲームは楽しい気晴らし以上のものではないと考えられている。もっと言えば、依存性が高い〝時間の無駄〟でしかないと考えられている。しかし、わたしの見解はちがう。これはスーパーベターを試した経験だけから言うわけではない。わたしはゲームの心理学を一五年近く研究してきた。不安を軽減し、憂鬱を緩和し、痛みを遮断し、ＰＴＳＤを治療するものとして、また、意志力や自尊心を高め、注意力を改善し、家族の関係を強化するものとしてゲームを見てきた。心理学、医学、神経科学といった分野からゲームに関する莫大な量の科学的証拠が出てくるにつれ、わたしはゲームというものについて、そして、ゲームが教えてくれるものについて、考えを改めていった。ゲームはただの娯楽ではない。最高の自分になる方法を教えてくれるツールなのだ。

あなたにもゲームに対する見方を変えてもらいたい。ゲームをプレイするときに自然に発揮している強さと、実生活での幸福、健康、成功を手にするために必要な強さとのつながりを発見してほしい。もっとはっきり言えば、ゲームというものを、人生を変える七つのスキルを実践する絶好の場だと考えてほしい。七つのスキルはあなたのメンタル、感情、肉体、つながりのレジリエンスを鍛え、あらゆる意味で強い人間にしてくれる。

毎日の生活でゲームフルな強さを発揮するといっても、熱心なゲーマーになる必要はない。とはいえ、あなたがゴルフ、ブリッジ、スクラブル、サッカー、ポーカー、ソリティア、数独、『キャンディークラッシュ』といったゲームをふだんから好んでプレイしているなら、ゲームフルな強さにすでにある程度触れている可能性が高い。

よりゲームフルな人生を送るには、ゲームの心理学に対して心を開くだけでいい。その上で新しい思考・行動パターンを積極的に試すようにすれば、生来のレジリエンスが向上する。

ゲームに対する見方と自分自身の能力に対する見方を改めるにあたって、一番手っ取り早い方法は、あなたと一緒にゲームをすることだ。

では一緒にゲームを始めよう。今すぐに。

今から五分のあいだに、人生を変える四つのクエストをクリアしてもらう。

といっても、そんなに難しいものではない。わたしはあなたが今から挑戦する四つのクエストを、すぐれた人々がクリアする姿を見てきた。その中にはオプラ・ウィンフリー、伝説のスケートボーダーにして起業家のトニー・ホーク、アメリカ空軍の軍医総監バット・マスターソンも含まれている。彼らにできるなら、きっとあなたにもできるはずだ。

この四つのクエストは、スーパーベターを始める人全員にクリアしてもらうことになっている。ちゃんとクリアできたのなら、今から約五分後、あなたのメンタル、感情、肉体、つながりのレジリエンスはすでに鍛えられているはずだ（それから、この本があなたのゲームフルな資質をどうやって開花させるのか、もっと理解できるようになっているはずだ）。

準備はいいだろうか？　では始めよう！

ゲームを始めよう

これがあなたの人生を変える最初のクエストだ。先に進むまえに今ここでクリアしてほしい。この最初のクエストは飛ばさないこと。もう一度言っておく。**このクエストは絶対に飛ばさな**

いこと。もし飛ばしたら、ほかのクエストも飛ばしたくなる。そうなれば、始めるまえからゲームオーバーになってしまう。では最初のクエストを始めよう。大丈夫、必ずクリアできるから。

クエスト1：肉体のレジリエンス

次のどちらかを選ぶ。

- 立ちあがって三歩歩く。
- 両手で握りこぶしを作り、五秒間、頭上のできるだけ高いところまであげる。

スタート！

無事にできただろうか？

このクエストをクリアしたことで、肉体のレジリエンスがあがった。

〝肉体のレジリエンス〟とは、ストレスに抗い、回復する肉体の能力のことだ。研究によると、肉体のレジリエンスを向上させるためにできる一番簡単なことは、じっと座っているのをやめることだ。数分間じっと座ったままでいると、肉体の活動が基礎代謝レベルまで低下しはじめる。この活動停止状態は免疫系からストレス対処能力まで、健康のあらゆる面にネガティブな影響を与える。[*7]

ところが、じっと座ったままでいることをやめると、それだけで一秒ごとに心臓、肺、脳の健康状態が改善される。[8] また、元気になり、よく眠れるようになる。これは困難なチャレンジに直面しているときに——それが肉体的なチャレンジではなかったとしても——大きな意味を持つ。

だから、たった一秒だけ立ちあがり、三歩歩く。両腕をあげる。それだけでいい。これで三〇秒前よりも強い肉体になった。

では次のクエストの準備はいいだろうか？

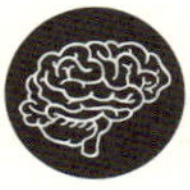

クエスト2：メンタルのレジリエンス

次のどちらかを選ぶ。

・五〇回ちょうど、指をパチンと鳴らす。

・100から7ずつ引いていって、100、93……のようにカウントダウンする。0以下になるまで続ける。

スタート！

できただろうか？

このクエストをクリアしたことで、メンタルのレジリエンスがあがった。

〝メンタルのレジリエンス〟とは、モチベーション、集中力、意志力のことで、どんな目標を達成するにも不可欠な強みだ。

意志力は筋肉のようなものだということがわかっている。使いきってしまわないかぎり、鍛えれば鍛えるほど強くなる。*9 ごく小さなチャレンジを達成することで――たとえそれが指を五〇回ちょうど鳴らしたり、100から7ずつ引いてカウントダウンしたりするような、取るに足りないことであったとしても――意志力を使い果たすことなく鍛えられる。それによって、困難な障害に直面しても必要なモチベーションと精神力を保てる可能性が高くなる。あなたはこれで一分前よりも強いメンタルを手に入れた。

ではゲームを続けよう。

クエスト3：感情のレジリエンス

次のどちらかを選ぶ。

- 家の中にいるなら、三〇秒間窓から外を眺める。外にいるなら、窓を見つけてその中を眺める。
- グーグルのイメージ検索かYouTubeの動画検索で〝「あなたの好きな動物の」赤ちゃん〟と検索する。

スタート！

できただろうか？

このクエストをクリアしたことで、感情のレジリエンスがあがった。

〝感情のレジリエンス〟は自分の意のままにポジティブな感情を引き出す能力だ。ストレスが溜まっていようと退屈していようと、怒っていようと痛みにあえいでいようと、感情のレジリエンスがあれば、代わりに何かよいことを感じるという道を選べる。

感情のレジリエンスはとりわけ重要な強みだ。研究によれば、平均してネガティブな感情よりも多くポジティブな感情を経験すると、非常に広い範囲の恩恵が得られる。たとえば、もっとクリエイティブに問題を解決できるようになる。学校や職場で意欲的になり、成功を収められるようになる。つらい状況でもあきらめなくなる。まわりの人から助けられ、目標達成のためのサポートを受けられる可能性があがる。[10]

感情のレジリエンスを高めるにあたって、ネガティブな感情を排除する必要はない。そんなことはそもそも不可能だ。一日のうちに充分なだけのポジティブな感情を抱くことができれば、それだけでネガティブな感情を打ち負かせる。

このクエストのどちらの選択肢を選んだ場合でも、特定のポジティブな感情を呼び覚ますことができる。これは科学的に実証されている。窓の中を、または窓から外を眺めると、好奇心が刺激される。好奇心は、心理学的には〝新しい情報や興味深い対象物によって精神を充足させたいという欲求〟と定義されるポジティブな感情だ[11]（窓から何かおもしろいものは見えただろうか？）。一方、動物の赤ちゃんの写真や動画を見ると、それだけでほとんど誰もが仮想的に愛の感情を抱く。これも科学的に証明されている（動物の赤ちゃんのかわいらしさは人間の子育て本能を引き出すのだ）。おまけに、愛があふれ出て気分が向上するだけでなく、注意力と生産性も向上する。[*12]

好奇心や愛を感じたのがほんの数秒のことだったとしても、あなたの感情は鍛えられた。

では最後のクエストに挑戦しよう。

クエスト4：つながりのレジリエンス

次のどちらかを選ぶ。

・誰かと六秒以上握手する、もしくは手をつなぐ。
・知り合いに手短な感謝のメールやフェイスブックのメッセージなどを送る。

スタート！

すべてクリアできただろうか？

このクエストをクリアしたことで、つながりのレジリエンスがあがった。

〝つながりのレジリエンス〟とは、友人、家族、隣人、同僚からサポートを得る能力だ。あなたは必要なときに助けを求めることができ、そしておそらくは助けを得られる。周囲のサポート

（社会的サポート）はチャレンジを成功させるためになくてはならない要素だ。ひとりで挑戦するのもいいが、見守ってくれる人がいれば成功の確率は大幅に上昇する。

つながりのレジリエンスを高める方法はたくさんあるが、ボディタッチと感謝のふたつはとりわけ効果的だ。

誰かと六秒以上握手したり、手をつないだりすると、両血流内の〝信頼ホルモン〟オキシトシン濃度が上昇する。[*13] オキシトシンの血中濃度があがると助け合い、守り合いの欲求が生じる。オキシトシンが放出されればされるほど、絆はより深まる。[*14]

一方、感謝を示すと、きわめて確実に良好な感情や近しいつながりを育める。関係を強化する上で感謝が重要というのは、研究者たちが口をそろえて言うように、「われわれは自分がどれだけ周囲に支えられ、認められているかを確認することが不可欠」だからだ。[*15]

このクエストでどちらを選んだにしろ、あなたのつながりは強化された。

◀▶

きっとできると思っていた。あなたはシンプルな四つのクエストをクリアし、人生を変えるスキルと能力をすでに身につけつつある。そして、自分で思っているよりも自分が強い人間だと気づきつつある。まわりには仲間になってくれる人が大勢いる。生来のレジリエンスを引き出すだけで、誰かにとってのヒーローになることもできる。

これまでのところ、楽しんでもらえているだろうか？　わたしの目標は、この本をあなたが今までに読んだ本の中で一番楽しいものにすることだ。本書を読み終えるまでにあと一〇〇個近くのクエストをクリアすることになる。クエストはそれぞれ異なる科学的な発見を下敷きにしており、レジリエンスを高めてくれる。クエストのタイトルの真上には以下の四種類のアイコンが記されていて、肉体、メンタル、感情、つながりのうち、どのレジリエンスが鍛えられるのかがわかるようになっている。

クエストをクリアしていくことで、実生活のあらゆるチャレンジに対する自信が養われ、楽観的になり、状況に対するコントロール能力が増す（先に進むにつれ、クエストは少しずつ難しくなっていく。いいゲームがみんなそうであるように）。

日常生活でもっと強く、幸せに、勇敢になるためのゲームフルなスキルは七つあり、クエストを探し、クリアすることはそのうちのひとつにすぎない。では、ゲームフルな精神がどんなものか少し理解できたところで、本書から得られるものについてもうちょっと補足しておこう。

ゲームフルな人生を送れといきなり言われても、ゲームの持つ問題解決能力、実生活を変える力について、あなたはまだ完全に納得していないはずだ。そこで第一部『どうしてゲームでスーパーベターになれるのか』では、ゲームの持つ力の全体像から説明を始める。ゲームはどんな強さを引き出すのか、心理学的にどんな恩恵があるのか。モチベーションと意志力を強めてくれるもの、鎮痛剤よりも強力に肉体の痛みを遮断し、不安や憂鬱を克服してくれるもの、食生活を変え、他者への思いやりを育み、友人や家族と深く幸せな関係を築いてくれるものとしてのゲームを考える。第一部で紹介するゲームの多くはスマートフォンやパソコンでプレイできる。プレイすれば、ゲームフルな強みをよりよく実践し、理解できるようになるだろう。仮にそういったゲームをいっさいプレイしないとしても、第一部を読むことで、ゲームフルに生きるとはどういうことなのかを理解するための土台がつくられる。また、チャレンジに取り組んだり、問題を解決したりするために不可欠な三つの力を引き出すにあたって、何が必要かを理解できるようになる。三つの力とは、注意力をコントロールする力、仲間をつくり、サポートしてもらう力、大切なことをなしとげるためにモチベーションをあげる力だ。どんな困難に直面しても、これらの力が役に立つ。第一部の最後では、好きなゲームから得た力をほかの人よりもうまく実生活に応用できるプレイヤーがいる理由を説明する。

第一部にも、『はじめに』でクリアしたようなゲームフルなクエストがたくさん登場する。どのページにもあなたがプレイし、強くなるためのチャンスがちりばめられている。

第二部『ゲームフルに生きるには』では、あなたの人生について語る。自分の強みを理解したとして、どうすればそれを毎日の生活にうまく生かせるのか？　ここでは実生活のチャレンジに対して勇敢に、創造力と精神力を持って臨めるようになる七つのゲームフルなスキルをひとつずつ詳しく説明する。そして、それぞれのスキルを毎日の生活の中で実践するためのシンプルな七つのルールを紹介する。これこそがスーパーベターの核だ。これらのルールに従えば、ゲームで遊ぶ時間があってもなくても、簡単にゲームフルな人生を送れるようになる。

第二部には、不安、憂鬱、慢性痛、ＰＴＳＤといった困難に際し、スーパーベターを使って強く、健康に、幸せになった人々が登場する。ゲームフルな精神を身につけて、いい仕事に就いた人、満ち足りた愛の生活を手に入れた人、マラソンを完走した人、会社を立ちあげた人、ただただ人生を楽しめるようになった人など、さまざまな人物の物語が語られる。本書の内容はすべて研究にもとづいているため、そうしたサクセスストーリーの裏側にある科学についても理解を深められる。ゲームフルな七つのルールに従うだけでメンタル、感情、肉体、つながりのレジリエンスが育まれる理由は、心理学、医学、神経科学などの分野の二〇〇以上の論文によってはっきりと説明されている。

現在、すでに大きな試練に直面していて、今すぐにスーパーベターを試したい人は、このまま第二部に飛ぼう。第一部はいつでも好きなときに読むといい（一度スーパーベターの効果を実感したら、おそらくその裏側にある科学についても知りたくなるはずだ）。

第三部『冒険』では、それまでに学んだすべてを使い、スーパーベターの三つの冒険に旅立つ。この三つの冒険はわたしがデザインしたもので、新しく身につけたゲームフルなスキルの実践を続けられるようになっている。それぞれの冒険にはパワーアップアイテム、悪者、クエストがいくつも用意されており、レジリエンスを飛躍的に高められる。『愛のつながり』と題された冒険では、つながりのレジリエンスが鍛えられ、一〇個のクエストをクリアすることにより、思いがけない方法と場所で愛を見つけられるようになる。『ニンジャ式変身』と題された冒険では、肉体のレジリエンスをひそかに鍛える二一の方法を学ぶ。そして最後の冒険では、『時間リッチ』になることの意味を発見する。時間リッチというのは、自分にとって大切なあらゆることに対して、使える時間がふんだんにあるという感覚だ。時間リッチになることで、感情とメンタルのレジリエンスがきわめて効果的に育まれる。

三つの冒険にはスーパーベターを六週間継続するのにちょうどいい数のクエストが含まれている。これは重要な数字だ。わたしたちの臨床試験と無作為化比較試験の被験者たちがプレイしたのも同じく六週間だったからだ。これらのケースでは、スーパーベターのルールに六週間従うことで気分が大幅に向上し、周囲からもっとサポートを受けられるようになり、楽観的になり、憂鬱や不安が軽減され、自信も高まった。あなたもクエストを毎日ひとつずつクリアし、三つの冒険を最後までやり通せば、人生を変えるだけの分量のゲームをクリアしたことになる。

本書に書かれている物語と科学の隅々にまで目を通せば、ゲームフルな精神を身につけるとどうして人生が好転するのかがわかる。ゲームに何ができるのか。そして、あなたに何ができるのか。きっと、今抱いている考えを改めることになるだろう。

さあ、スーパーベターになろう。

第一部

どうしてゲームで
スーパーベターになれるのか

ゲームはわたしたちを強くしてくれる。その証拠は身のまわりに山ほどある。過去一〇年間、世界じゅうの病院や大学で働く数千人の科学者、研究者たちが、ビデオゲームとバーチャル世界が実生活に与えるポジティブな影響について、驚くほど広範な文献にまとめてきた。

第一部を読めば、ゲームに次の効果があることが理解できる。

- モチベーションと意志力を高める
- 鎮痛剤よりも効果的に肉体的な苦痛を遮断する
- 不安や憂鬱を克服する助けになる
- より効率よく学習できるようになる
- 運動意欲が湧く
- ＰＴＳＤを予防する

- 見知らぬ人を進んで助けるようになる
- 友人や家族と強固で幸せな関係を築けるようになる

『テトリス』『もじとも☆』『コール オブ デューティ』『キャンディークラッシュ』……どれも人生を変える力を持つゲームだ。あなたもきっと、どれかひとつはプレイしたことがあるだろう。しかし、ふだんからよくゲームをプレイしている人でも、ゲームの恩恵をすべて享受してはいないはずだ。というのも、ゲームの恩恵を受ける上で重要なのは、どんなゲームをどれだけプレイするかということだけでないからだ。ほんとうに重要なのは、なぜ、いつ、誰とプレイするかだ。言い換えれば、目的を持ってプレイする必要があるということだ。

第一部を読めばわかるとおり、目的を持ってゲームをプレイすると以下の三つの重要な心の強みを引き出せるようになる。

- 注意力を、ひいては思考と感情をコントロールする力
- どんな人でも潜在的な仲間にし、今ある関係を強固にする力
- 自分のやる気を引き出し、意志力、思いやり、精神力といったヒーローの資質を開花させる生来の力

あなたはすでにこの三つの力を具えている。ゲームはたんに、きわめて確実かつ効果的にこれ

らの力を見つけ、実践できるツールというだけだ。発見、実践することで、日常生活においても三つの力をうまく引き出せるようになる。

こうした力を引き出せるのはゲームだけではない。しかし、ゲームならずっと簡単にできる。その理由を調査した科学的研究について知れば、さらに理解を深められるだろう。

ここでひとつはっきりさせておこう。第一部の重点は、もっとビデオゲームをプレイしろとあなたを説得することではない。ゲームの研究から判明した恩恵を享受するにあたり、熱心なゲーマーである必要はないからだ。わたしはそれよりも、ここで紹介するようなゲームをプレイしたことがあるかどうかに関係なく、どうやったらもっと強く、勇敢に、打たれ強くなれるのかを、あなたがゲームの科学から学ぶ手助けをしたいと考えている。

そしてもうひとつ。スポーツ、パズル、ボードゲーム、カードゲームなど、どんな種類のゲームでもゲームフルな強みを養うことはできるが、第一部では、いくつかの理由からおもにデジタルゲームに注目する。

現在、この地球上で一〇億人以上が、平均して一日に一時間以上デジタルゲームをプレイしている[*1]。今後この数字がますます増えていくのはまちがいないだろう。ピュー・インターネット・ライフの研究によると、アメリカでは一八歳以下の少年の九九パーセント、一八歳以下の少女の九二パーセントがビデオゲームを日常的にプレイしている（平均すると少年は週に一三時間、少女は週に八時間）[*2]。これだけの人と、今後ますます多くの人がデジタルゲームに注ぐ莫大な時間とエネルギーを思えば、デジタルゲームがわたしたちの心にどれだけ大きな影響を与えるのかを理解することは必要不可欠だと言える。ゲームの科学は、わたしたちが受けるかもしれない害悪を最小化し、恩恵を最大化してくれる。

また、これも同じく重要なポイントだが、過去二〇年間、おもに今述べたような理由から、ゲームの心理学に関する科学的研究はほとんどデジタルゲームだけを対象にしてきた。本書はゲームの科学を下敷きにしているので、必然的に科学者たちが最も時間と労力を費やして研究してきたデジタルゲームに重点が置かれることになる。

最後にもうひとつ。第一部の四つの章を読めばわかるが、デジタルテクノロジーには、わたしたちがあらゆる種類のゲームから受ける数々の心理的な恩恵を強化、加速する力がある。たとえば、どんなゲームも失敗を受け入れる心を教えてくれる。ゲームに負けはつきものだからだ。しかし、デジタルゲームの場合は失敗する確率がより高く、頻度も高い。デジタルゲームにおいて、わたしたちは八〇パーセントの確率で失敗する。平均すると一時間に一二から二〇回失敗していることになる。[*3] この極端に高い失敗の確率と頻度のおかげで、プレイヤーはすぐにガッツと忍耐を養い、ミスから効率的に学習する能力を身につける。バスケットボール、スクラブル、チェスといったゲームで失敗しても同じ強みが鍛えられるが、デジタルゲームでは難易度を自動的に上昇させることもできるので、つねに自分の腕前ぎりぎりの難しさでのプレイを余儀なくされる。そのため、より迅速に能力をあげることができる。

第一部では、デジタルゲームに関するこうした研究の成果をいくつも紹介する。しかし、ゲームの科学に飛び込むまえに、特別なクエストをクリアしておこう。

第一章には、本書全体を通して見ても実に意外な、驚くべき情報がいくつか書かれている。なかには、にわかには信じられないような科学的発見もある。
どれだけ意外だったとしても、そうした発見をゆっくり咀嚼《そしゃく》し、実生活に取り入れてほしい。
では、その心構えをするためのクエストに挑戦しよう。

クエスト5：手のひらを上に！

問題を解決するにしろ、新しいことを学ぶにしろ、クリエイティブな解決策や意外なアイディアを受け入れられるよう、脳の準備をしておこう。

〈やるべきこと〉両方の手のひらを上に向け、そのままの姿勢を保つ。一五秒もすれば、自分がオープンな気持ちになりつつあるのが感じられるはずだ。

〈仕組み〉手のひらを上に向けると、心と体の強い反応が起きる。両方の手のひらを上に向けると、わたしたちは〝接近と熟慮〟の精神を持つ。新しい情報やアイディアを拒否したり、却下したりする可能性が減り、新しいチャンスや解決策を発見しやすくなる。一方、手のひらを下に向けると、〝拒否と抵抗〟の精神を持つ。そうなると、新しい情報を拒んだり、クリエイティブなアイディアを見逃したりする可能性があがる。

そんなに単純な動作にそんなに大きな効果が、と思うかもしれない。しかし、説得力のある証拠がある。アメリカ心理学会で発表された審査済みの研究によると、この現象を調べる実験を七回おこなったところ、そのすべてで同じように心をオープンにする効果が認められた。[*4]

研究者らは、この心と体の結びつきは数千年前、言葉が発明されるまえに人類がしていた肉体的動作に由来しているとの仮説を立てた。[*5] 誰かに救いの手を差し伸べるとき、手のひらは上を向いている。助けを求めるとき、何かを受け取るときもやはり上を向いている。誰かを抱きしめようとするときも同様だ。一方、何かを拒絶するときは手のひらを下に向けて払い落とす。誰かを押しのけるときも同じだ。

こうしたジェスチャーを数千年続けた結果、わたしたちは生物学的に〝上向きの手のひら〟を受容や寛容と結びつけ、〝下向きの手のひら〟を拒絶や遮断と結びつけるようになった。

だから、次の章を読むまえに**少なくとも一五秒間、両方の手のひらを上に向けよう**。今すぐにだ。一五……一四……一三……

〈クエストをクリア〉これで驚くべきゲームの科学を受け入れる心構えができた。今後あなたがブレインストーミングをしたり、問題に取り組んだり、大量の新情報に触れたりする機会があったら、ただ手のひらを上に向けるだけで心をオープンにできることを思い出そう。

第一章　あなたは自分が思っているよりも強い

ミッション

極度のストレス、苦痛の中にあっても、思考や感情をコントロールする能力を獲得する

ゲームはいい意味でも、そしてたぶん悪い意味でも注目を集めている。ゲームをプレイしていると、熱中のあまり時間の感覚がなくなったり、身のまわりのものや人のことを忘れてしまったりしがちだ。ゲーマーの子供を持つ親やゲーマーの配偶者がいる人は、よくこう嘆く。愛するあの人をお気に入りのゲームから引き離すのは不可能に近い、と。しかし、ゲームに熱中するのはわたしたちが集中力を働かせている証拠なのだろうか？　どうやったらその集中力をもっとコントロールできるだろうか？

この章では、あるビデオゲームの研究を紹介する。注意のコントロールを学ぶことで、わたしたちが不安、憂鬱、トラウマ、肉体の痛みを防ぐ力を持っていることが明らかになる。今現在、

こうした試練に直面しているにしろ、メンタルと感情のレジリエンスを鍛えたいだけにしろ、ゲームは人生を変えるほどの注意力のスキルを身につけるのに絶好の教材だ。注意のコントロールの裏側にある科学を紹介し、実用的でゲームフルなテクニックを教えよう。そのテクニックを使えば、自分の中にある注意のスーパーパワーを発見し、育てることができる。

・・・

重度の火傷ほど痛いものはない。医師はそれを、人間が経験しうる最も激しく長い痛みと表現する。当然、火傷患者は治療中に強力な薬（だいたいがモルヒネ）を与えられる。しかし、この耐えがたい痛みを緩和するにあたって、モルヒネはあまり効果的ではない。医療研究者たちは数十年にわたり、もっとよいものがないかと探しつづけてきた。世界最大の激痛に対して、従来のモルヒネ投与よりも効果的なアプローチはないだろうか？

ある。ビデオゲームだ。

『スノーワールド』はワシントン大学の研究チームが重度の火傷治療中の患者のために開発した3Dバーチャル環境だ。患者はバーチャルリアリティ（VR）ヘッドセットを着用し、コントローラーを使ってバーチャルな氷の世界を歩きまわる。氷の洞窟を探検したり、雪玉を投げたり、冬ならではの風物詩を堪能できる。患者はVRヘッドセットを装着し、火傷治療中の一番痛みが激しい瞬間（傷が洗浄され、包帯が巻き直されるとき）にこのゲームをプレイする。

医療研究者らが『スノーワールド』で臨床試験をしたところ、このVRゲームには痛みを三〇

〜五〇パーセントも軽減する効果があることがわかった。ほとんどの最重度火傷患者の痛みと全般的な苦しみに対して、同様に投与されたモルヒネよりも大きな効果があったのだ。[*1]

さらに、『スノーワールド』のプレイヤーは体に残っている痛みをほぼ完全に忘れることができた。彼らが痛みについて自覚があると回答したのは、全時間のうち八パーセントだけだった。これを従来の火傷治療と比較してみよう。安全に投与できる限界量の麻酔を使った場合でも、患者は基本的に治療中の一〇〇パーセントの時間、耐えがたい痛みのことを考えていると回答した。『スノーワールド』をプレイするだけで、実に九二パーセントもの時間、思考や感情をコントロールできたのだ。結果として、このゲームを使えば投薬量を減らし、同時に緩和ケアを劇的に改善できることがわかった。これはたんなる心の問題ではない。患者が感じる痛みが少なければ少ないほど、医師はより積極的な傷口のケアと理学療法を試すことができる。そうなれば、回復が早まり、治療費も安く抑えられる。何より重要なのは、患者が自分自身をコントロールしていると感じられ、苦痛がはるかに少なくなるということだ。[*2]

ではいったいなぜ、ビデオゲームがこれほど大きな変化を生むのだろう？　ゲームのポジティブな効果について書いた科学論文の中で、『スノーワールド』の開発者ハンター・ホフマン博士とデイヴィッド・パターソン博士は、よく知られている心理現象、〝注意のスポットライト理論〟のおかげだとしている。[*3]

この理論では、人間の注意力はスポットライトにたとえられる。脳はいかなるときであっても、非常にかぎられた量の新情報しか処理、吸収できない。だから脳がひとつの情報源に集中すれば、ほかのいっさいは無視される。結果として、視覚、聴覚、味覚、嗅覚、思考、肉体の感覚など、あらゆる情報は脳の注意を惹こうとつねにせめぎ合う。

これが痛みとどう関係するのか？　神経から送られ、痛みを生じさせる信号は、せめぎ合う情報の激流のうちの一本にすぎない。しかし、非常に強い流れではある。神経は肉体が損傷していることを知らせようと脳に信号を送る。非常に重要な情報だ。だから、意識の介入がなければ、注意のスポットライトがほかのどんな情報源よりも痛みに向けられてしまうのはもっともなことなのだ。

とはいえ、痛みの信号に対してなすすべがないわけではない。注意のスポットライトをコントロールする方法を習得すれば、脳のかぎられた処理能力を奪い、神経から送られる痛みの信号を処理させないようにできる。

火傷患者にとっては『スノーワールド』がその役目を果たしている。痛みの信号が痛みの自覚に変わってしまうのを防ぐには、注意のスポットライトをどこか別の場所に向け、その状態を維持してやればいい。でもどうやって？　可能なかぎり意欲をかきたて、たくさんの情報を持つ対象だけに、脳の全処理能力を意図的に向けさせるのだ。ゲーム、とりわけ３Ｄで表現されたバーチャル世界は、この目的にぴったり適《かな》っている。積極的な高い注意力を必要とし、脳に痛みを処理するだけのリソースがなくなるからだ。

研究チームは機能的磁気共鳴画像法（ｆＭＲＩ）を使って『スノーワールド』プレイヤーの脳活動を調査し、この事実を発見した。ｆＭＲＩを使うと、脳内の血流を観察できる。血流が多い部位ほど活発に動いているということだ。ｆＭＲＩの画像から、『スノーワールド』をプレイすると、痛みの処理を司る脳の五つの部位すべてにおいて血流量が低下することがわかった。プレイヤーは自分が感じている痛みによく耐えていただけでなく、脳が痛みの信号の処理にリソースを割くのを積極的に防いでいたのだ。[*4] 脳が認識しなければ痛みは存在しない。そういうことだ。

これは『スノーワールド』を使ったテクニックの核となる実に画期的な発見だった。ゲームはたんに痛覚からの気晴らしになるだけではなく、そもそも痛みの自覚を防いでいるのだ。このテクニックは実生活にも生かせる。

たぶんあなたは火傷患者のような肉体の痛みを経験したことはないだろう。しかし、もし実際にそんな状況に置かれたとしても、今のあなたにはわかっているはずだ。神経からの信号に注意を払う必要はない。代わりに自分の好きなものに注意を払うことを選べばいいのだと。痛みの中にあっても、苦しみの中にあっても、あなたは自分の注意のスポットライトをコントロールし、自らの経験をいい方向に変化させられる。

高額な3DVRヘッドセットを持っていなくても問題ない。確かに、最新のゲーム技術を用いたほうが認知のリソースを奪いやすくなる。しかし、痛みとゲームに関するほかの研究で、もっと軽い症例の場合は、シンプルな携帯ゲーム――携帯電話やiPadでプレイできるようなゲーム――でも、効果的に痛みの信号を遮断できることがわかった。[*5]

もしゲームをしたくなければ、自分のあらゆる注意力を向けられるような、意欲をかき立てる活動を選んでもいい。たとえば編み物や工作は、どちらも慢性痛を軽減させるのに充分なぐらい脳の処理リソースを使うことがわかっている。[*6] 大事なのは、認知のリソースをコントロールしているのはほかならぬ自分自身だと理解することだ。痛みの信号があることを脳に察知されたくないときは、ほかに注意力を必要とする何かを脳に与えてやればいい。

『スノーワールド』は医療における大きなイノベーションだが、それだけではない。このゲームははっきりと教えてくれたのだ。肉体が知覚している以上に、わたしたちの中には多くの未開発の力が眠っていると。痛みの中にあっても、苦しみの中にあっても、わたしたちは注意のスポットライトをコントロールし、自らの経験をいい方向に変化させることができる。

わたしたちはその瞬間その瞬間に自分が感じることに対し、自分が思っている以上の力を持ち、メンタルをコントロールできる。本書を読み進めればわかるとおり、さまざまなビデオゲームの研究において、これは繰り返し発見されていることだ。

あなたにも同じ力がある。注意のスポットライトをコントロールすれば、自分の体や脳の内部で起きている物事を変えられる。

では、次のクエストで実践してみよう。

クエスト6：ピンクの象について考えないように！

ピンクの象について考えないようにする。あなたが今何をしているのであれ、ピンクの象のことを考えてはいけない。

一〇秒だけこの本を読むのをやめ、そのあいだ絶対に一度たりともピンクの象のことを考えないように。スタート！

10……9……8……

ピンクの象のことを考えただろうか？　もちろんそうだろう。どれだけ考えるなと言われても考えてしまったはずだ。幸い、これはクエストではない。少なくとも今のところは――あなたが自分の注意のスポットライトをコントロールする具体的な戦略を学ぶまでは。

「ピンクの象のことを考えるな」という指示（〝熊〟の場合もある）は、認知心理学で一番広く使われているエクササイズで、ハーバード大学のダニエル・ウェグナー教授が考案し、のちにカリフォルニア大学バークレー校のジョージ・レイコフ教授が広めた。原理はいたってシンプルで、いったん頭になんらかの概念が浮かぶと、どうしてもそれを振り払えなくなってしまうというものだ。長い鼻と大きな耳を持ったピンクの哺乳類を思い描くなと指示されているにもかかわらず、脳はそれに従うことができない。〝象〟という言葉そのものが象を想起させ、好むと好まざるとにかかわらず、そこから離れられなくなるのだ。[*7]

では、もうひとつ実験をしてみよう。今度もピンクの象のことは考えないようにするのだが、そうできるように戦略を教えておく。

〈やるべきこと〉注意力が必要な、意欲をかき立てるタスクに認知のリソースを集中させることで、注意のスポットライトをコントロールする。

ピンクの象に注意力を奪われないよう、巨大なPとEの文字を考えてみよう（Pink Elephant の頭文字だ）。準備はいいだろうか？

タイマーをセットするか、だいたいの感覚で一分を計り、PとEの両方を含む英単語をできるだけ多く思い浮かべる。使う順番はどちらが先でもかまわない。例を挙げると、help、hope、pickle、peanutなどだ。

書きとめるか、指折り数えるか、頭の中で数えるか、その他、自分のやりやすい方法で単語の数を数える。

一分のあいだにPとEの両方を含む単語を一〇個以上考えられたら合格だ。二〇個以上思いついたら上出来、三〇個以上だったら、もしかしたら世界記録かもしれない。少なくとも一〇個は考えよう。それからもちろん、この作業中にピンクの象のことは考えないように。

では、スタート！

終わったら、次のふたつの点を考えてほしい。

1．このタスクに取り組んでいるあいだ、さっきよりもピンクの象のことを考えずに済んだだろうか？　思いついた単語の数が多ければ多いほど、象を頭の中から完全に追い払えていた可能性が高い（思いついた単語の数が少なかったり、相変わらずピンクの象のことで頭がいっぱいだったりした場合は、別の二文字で試してみよう。スーパーベターのSとBなんてどうだろう）。

2．本書をこのまま読み進めるにしろ、何かほかのことをして残りの一日を過ごすにしろ、あなたがまたピンクの象のことを考えてしまう可能性と、PとEの両方を含む英単語をあれこれ考え、新しい単語を思いつく可能性だったら、どちらが高いだろうか。あなたがよほど特殊な人でなければ、象のイメージを思い出すより、この英単語ゲームがフラッシュバックする可能性のほうが高い。注意のスポットライトは、認知のリソースを多く使うものに押し戻されがちだからだ。今から数分後、あるいは数時間後に、それがほんとうかどうか自分で確かめてみよう。

〈クエストをクリア〉 この英単語ゲームで注意のスポットライトをコントロールできたとしたら、あなたは望ましくない思考、感情、肉体の感覚を遮断する新しいツールを手に入れたことになる。いつでもこのゲームを試してみるといい。使うのはどんな二文字でもかまわない。注意のスポットライトをすばやく、うまく操れるように練習しておこう。

〈おまけ〉 次の側注にPとEの両方を含む英単語二三個をまとめておいた。あなたが思いついたものも含まれているかもしれない。*

* people、preach、happen、pamphlet、prairie、prayer、apple、yelp、rope、dampen、patent、prehistoric、petal、penumbra、pennant、sniper、eclipse、epicenter、spine、rapture、empty、prince、poke。

だんだんわかってきただろうか。注意のスポットライトをうまくコントロールできるようになる方法はいくつも発見されている。この重要なスキルを習得することで、ほかの種類のメンタルと感情のレジリエンス、たとえばトラウマを防ぐ能力、欲求と戦う能力、不安を遮断する能力、憂鬱から回復する能力を鍛えることができる。

◀▶

あなたはおそらく、落ち物パズルゲーム『テトリス』を知っているはずだ。プレイしたことがなくても、見たことはあるだろう。史上空前の規模で遊ばれたゲームで、現在までに五億人近くがプレイしている。

発売されたのは一九八四年だが、『テトリス』がたんなる娯楽以上のものだと研究者たちが気づいたのはつい最近になってからだった。このゲームをプレイすると、驚くべきことに、ショッキングな出来事から早く立ち直れるようになるのだ。

心的外傷後ストレス障害《PTSD》は、恐ろしい出来事や悲しい出来事を目撃したり、経験したりしたあとに生じる心理状態だ。PTSDの特徴的な症状はフラッシュバックで、ショッキングな出来事の数カ月後、ひどいときには一年後にも、望ましくない記憶、生々しい記憶に苦しめられる。睡眠が阻害され、パニック発作に見舞われ、重度の感情的苦痛が生じる。一般的に、フラッシュバックは強い視覚的要素を備えており、患者はショッキングな出来事を心の目で何度も繰り返し

〝目撃〟する。まるで実際に目のまえで起きているかのように。心理学者らは、ＰＴＳＤの症状の中で最もストレスが大きく、最も治しにくいのがフラッシュバックだと考えている。

しかし、ＰＴＳＤにつきものの症状としてフラッシュバックを治療するのではなく、そもそもフラッシュバックが起きないようにできたらどうだろう？　認知科学によれば、記憶はショッキングな出来事のあとの六時間のうちに変化し、形成される。これに目をつけた研究者たちがいた。ショッキングな出来事のあとの最初の六時間のうちに、フラッシュバックを生じさせる視覚的記憶が脳に定着するのを防ぐ方法はないだろうか？

ある。『テトリス』をプレイすればいい。

二〇〇九年と二〇一〇年、オックスフォード大学の精神分析チームがふたつの研究を完了させた。それによれば、ショッキングなイメージを目撃してから六時間以内に『テトリス』をプレイすると、その出来事のフラッシュバックが減少するという。あまりに大きな効果があったので、オックスフォード大学の研究チームは、たった一〇分間『テトリス』をプレイすることが効果的な〝認知ワクチン〟になると提唱した。ショッキングな出来事のあと、できるだけ早くこのゲームをプレイすれば、深刻な心的外傷後ストレスを経験する可能性が大幅に減少する。[*8]

研究チームはどうやってこれを突き止めたのだろうか？　察しのとおり、研究所でトラウマを研究するのは容易なことではない。ショッキングな出来事に対する反応を測定したいがために被験者に何か恐ろしいことをするのは、倫理に反しているからだ。そこでオックスフォード大学の研究チームは、ほかの数百のトラウマ研究でテストされ、実証されてきた実験的手法を用いた。研究所に被験者を集め、おぞましい画像、死者や負傷者の残酷な写真を見せたのだ（信じてほしい。

どれも見たことを後悔するような写真ばかりだ）。それから被験者の感情反応を測定し、彼らがひどく動揺していることを確認した。

その数時間以内に被験者の半数は『テトリス』を一〇分間プレイし、残りの半数はとくに何もしなかった。結果はこうだった。とくに何もしなかったグループの大多数はその後一週間、心をかき乱される視覚的なフラッシュバックを幾度も経験した。一方、『テトリス』をプレイしたグループの被験者が経験したフラッシュバックの数はその半分だった。一週間後、両グループの心理調査をおこなったところ、『テトリス』をプレイしたグループはそうでないグループに比べてＰＴＳＤの症状が著しく少なかった。

ゲームを一〇分プレイしただけで、どうしてフラッシュバックとＰＴＳＤの症状を防げたのだろう？　オックスフォード大学の研究チームの説明によれば、『テトリス』をプレイすると、通常であればトラウマ後に脳を占拠するもの（トラウマを無意識のうちに何度も思い出させ、再生させるもの）以外のものが脳の視覚処理回路を独占する。『スノーワールド』が痛みを予防する仕組みと似ているが、こちらはよりターゲットを絞ったアプローチだ。トラウマによる無意識の視覚記憶を妨害するには、注意のスポットライトをとりわけ大量の視覚的注意を必要とするものに向けさせなければならない。

もうひとつ重要なのは、すべてのビデオゲームが視覚処理中枢を乗っ取れるわけではなく、継続的に大量の視覚処理を必要とするゲームでなければならないということだ。『テトリス』や『キャンディークラッシュ』のようなパターンマッチングゲーム（視覚的なパターンに従ってピースを動かし、つなげるゲーム）であれば理想的だ。こうしたゲームは視覚を総動員するため、プレイヤーはよくゲームのフラッシュバックを経験する。プレイをやめた数時間後にも、目を閉じるとカラフルなブロックが落ちてくる様子や、同じ色のキャンディーがつながる様子が見えるという。が、視覚的な要素が少ないゲーム、たとえばスクラブルやクイズゲームをプレイした場合、このテクニックは使えない。ショッキングなイメージを再生するだけの視覚処理リソースを脳がふんだんに使えてしまうからだ。[*9]

この研究についてはもうひとつ大事なことがある。『テトリス』をプレイした被験者も、自分が目にしたものの詳細を自発的に思い出すことはできたということだ。一週間後、彼らは「溺れていた男性の髪は何色だった?」「担架で運ばれていた女性は何歳ぐらいだった?」といった質問をされた。『テトリス』をプレイした被験者も、そうでない被験者と同じぐらい正確に細かな点を思い出せた。つまり、記憶は完全にあるものの、そうした記憶に苦しめられにくくなるということだ。

とても大切なことなのでもう一度言っておく。『テトリス』のテクニックは記憶を消すのではなく、たんに無意識的な記憶の認知プロセスを遮断しているだけだ。このテクニックを使えば、記憶をコントロールし、考えたくないときにその記憶について考えずに済む。

オックスフォード大学のチームは初期研究を打ち切りにし、このテクニックを実生活にどれだけ生かせるかは調査しなかった。しかし、この研究が科学会議とメディアで五年前に発表されて以来、多くの個人が正式な科学的研究以外の場でこれを習得し、試してきた。わたしも、より強くなり、より早く回復するためにゲームを利用するという自身の研究の一環として、たくさんの人から『テトリス』テクニックを実生活でうまく利用できたという話を聞いた。二〇一三年のボストンマラソン爆弾テロ後に、自分はもう二度とレースに参加できないのではないかと危惧するようになった女性ランナー、二〇一一年のウトヤ島銃乱射事件で友人を失い、メディアに掲載された現場のイメージが頭から離れなくなったノルウェーの高校生、苦しみ抜いて死んでいった老父の最期の姿がフラッシュバックし、苦悩する女性。彼らの話を聞いてわかったのは、ショッキングな出来事の数時間、数日、あるいは数週間後でも、ゲームを少しプレイしただけで、思考や心の目を自分でコントロールできるようになったということだ。そして、そんなふうに自分をコントロールできるようになったことで、フラッシュバックを抑えられただけでなく、安堵と強さを感じていた。

『テトリス』の研究をもっと大きな目で見てみよう。フラッシュバックを防ぐ力はどんな人にとってでも（ショッキングな出来事に直接関係した人でなくても）役に立つ。新聞やニュースでショッキングな暴力や事故のイメージを目にすることは多い。子供はとくにそうしたイメージに影響されやすい。しかし、視覚的なゲームをちょっとプレイするだけで、悪い夢や生々しい記憶に苛まれずに済むかもしれないのだ。

また、『テトリス』テクニックを使えば、ふだんのネガティブな出来事に対する反応を変えられる。とりわけイライラすることがあった日や、うまくいかずにくよくよしてしまうような日に、このゲームフルな能力を使えばいい。

そうすれば、無意識的な思考をすぐに、簡単に防ぐことができる。必要に応じて、その瞬間に思い出していることをたちどころにコントロールし、つらい出来事を過去に押しやれる。

このテクニックにはもうひとつ、日常生活で使える驚くべき――そして、人生を変えうる――

利用法がある。
それを知るために、次のクエストに挑戦しよう。

クエスト7：心の目をコントロールする

〈やるべきこと〉あなたがよく抱く欲求を思い浮かべる。一度考えはじめたら抗えなくなってしまうような欲求を。細部まで想像し、自分がそれを享受している姿をできるだけ鮮明に思い描く。特定の欲求を思い浮かべられただろうか？

次回、この欲求が脳裏にちらつきはじめたら（今でもかまわない）**『テトリス』のようなパターンマッチングゲームを三分間プレイ**しよう。欲求にうまく抵抗できるようになるはずだ。

〈仕組み〉複数の研究により、強い欲求を覚えているあいだに『テトリス』を三分間プレイすると、欲求の強度が二五パーセント低下することがわかっている。[*10] 大した数字には思えないかもしれないが、行動を変えるには充分だ。それだけで欲望と戦える意志力が生まれる（注意。空腹時に『テトリス』をプレイしても食欲は低下しないだろうが、特定の不健康なものを食べたいという欲求は低下し、今から食べるものについて、もっと賢い選択ができるようになる可能性が高い）。

欲求と戦うためのこの戦略は、フラッシュバックとPTSDを防ぐためにパターンマッチングゲームを利用するのとまったく同じ科学原理にもとづいている。研究によれば、欲求は非常に強い視覚的要素を持っている。それに身を委ねている自分を想像すればするほど、欲求に負ける可能性が高くなる。これに抵抗するには、脳の視覚処理中枢に何かほかのイメージを見せてやればいい。それだけで欲求は著しく低下する。[*11]

〈プレイすべきゲーム〉 インターネット上で無料で遊べるものから、携帯電話やタブレットでプレイできるものまで、世の中には無数のパターンマッチングゲームが存在している。この手のゲームを一度もプレイしたことがないなら、『テトリス』『ビジュエルド』『キャンディークラッシュ』が簡単でお勧めだ（『キャンディークラッシュ』はわたしの六七歳の母が初めてプレイしたビデオゲームで、一分と経たないうちにルールを覚えた）。

デジタルゲームをプレイしたくないのなら、セット（SET）というすばらしいパターンマッチングカードゲームにも強力なフラッシュバック効果がある。アマゾンまたはSetgame.comで購入できる。スーパーベター・プレイヤーの中には、ジグソーパズルを解くことでも視覚的な注意力をコントロールし、欲望を抑えられると報告してくれた人もいる。

スーパーベターの物語：未来の花嫁と花婿

ミシガン州在住のジョーとエリサが婚約したとき、ふたりとも結婚式までに禁煙を成功させると誓い合った。

式までの数カ月間、ふたりはニコチンパッチを貼って過ごした。仕事中に一服したいという欲求は抑えられたが、夜に帰宅すると、昔の習慣がむくむくと頭をもたげた。ジョーはわたしにこう語った。

「職場ではいろんなことがあるから、パッチで充分でした。ふたりともほかのものは必要なかった。でも家にいると、とくにやることもないから、すごく吸いたくなってしまうんです。そのことばかり考えてしまって」

ニコチン置換療法のおかげでふたりの肉体的な欲求は抑制されていたが、精神的な欲求まではコントロールできていなかったのだ。ふたりは煙草を吸う自分を想像し、吸えたらどんなに気分がいいだろうと考えた。この心のイメージこそがほんとうの問題だった。

ここでゲームフルな解決策が登場する。ジョーとエリサは新しい習慣を始めることにした。毎晩の夕食後、ふたりでキッチンテーブルにつき、一緒に巨大なジグソーパズルを組み立てるのだ。

「これはほんとうにうまくいきました。パズルをした夜には一本も吸いませんでした」あまりに効果があったので、ふたりは結婚式当日まで毎晩パズルに取り組んだ。それから二年経ち、幸せな夫婦になった今も、ふたりは禁煙を続けている。

一緒にパズルをしたことは、もうひとつ驚くべき恩恵をもたらした。来る日も来る日も長い時間力を合わせてパズルに取り組んだことで、コミュニケーションと問題解決の能力が鍛えられたのだ。「私たちはチームとして、パズルを解くのと共同作業がうまくなりました」結婚に備えるには悪くない方法だ。

あとでわかったことだが、ジョーとエリサのクリエイティブな解決策は時代を先取りしていた。二〇一四年、米国ガン協会、ブラウン大学、ストーニーブルック大学の研究者チームが、ニコチンを断たれた喫煙者が配偶者（パートナー）とふたりで協力ゲームをプレイすると、欲求を抑えられることを発見した。fMRIのスキャン画像から、協力ゲームやパズルが脳の報酬中枢にニコチンと同じ作用をすることがわかったのだ。これは、煙草を吸いたくてたまらない状態でも、ソーシャルなゲームやパズルをすれば、別の神経経路から報酬が与えられたと脳に感じさせることができるという証拠だとされている。[*12]

つまり、ゲームは習慣を変えるための強力なワンツーパンチということだ。第一に、脳の視覚処理中枢を完全に乗っ取ることで、思考と精神的な欲求をコントロールできる。第二に、満足のいく神経化学的な報酬が与えられる。これは煙草、クッキー、その他なんでも、欲しくてたまらないものから得られるのと同種の報酬だ。ゲームですっかり満足しきっているとき、煙草やクッキーが欲しいと思うだろうか？

研究チームはもうひとつ科学的な発見をした。ジョーとエリサにとってはとくに意外ではないだろうが、恋に落ちることでも同じ報酬経路が刺激され、食べ物、アルコール、ドラッグに対する欲求が低下するという。*13 研究者の言葉を借りれば、激しく情熱的な恋はスーパーマンにとってのクリプトナイトのように欲求を鎮める。欲求も恋のまえには無力なのだ。

この物語の教訓はこうだ。なんであれ、何かをやめたいと思っているなら、パズルを解くか、恋をすること。ジョーやエリサのような幸運に恵まれているのなら、両方同時にやるといい。

意識的に注意をコントロールするテクニックを使えば、実生活でたくさんのメリットがある。それにしても、ゲームはほかの活動に比べて、どうしてこれほど効果的に注意をコントロールできるのだろうか? その秘密を知るために、ゲームで養えるもうひとつの強み、〝極度にストレスの大きな状況でも不安を遮断する能力〟について考えてみよう。

手術は怖いものだ。とくに子供にとっては。過去二五年間、医師たちは手術室での子供の不安を解消するため、思いつくかぎりありとあらゆるアイディアを試してきた。強い薬も試した。麻酔をかけるときと覚醒するとき、両親が子供の手を握ることも許可した。手術室にピエロを呼ぶことさえした。

一番効果があったのは、もちろんピエロではなかった。手を握ることでも薬でもなく、携帯ゲームだった。ニンテンドーDSのスーパーマリオなど、携帯ゲームのプレイを許可された子供たちは、手術前の不安をほとんどまったく感じなかった。そして手術後、麻酔から醒めた際には、薬を与えられた子供たちの半分以下の不安しか感じておらず、おまけに薬の副作用も皆無だった。[*14]

〝なんの変哲もないビデオゲームが、最も強力な抗不安薬より効果的に不安を抑える〟これまた新聞の一面を飾るような科学的発見だ。でも、どうしてそんなことが可能なのだろう？　ニュージャージー・メディカルスクール麻酔科の研究チームは――『スノーワールド』や『テトリス』のテクニックと同じく――認知能力を奪うことが鍵だと考えている。つまり、差し迫った手術以外の何かに深く集中することで、動揺したり、パニックになったりせずに済むということだ。

この仮説は、すでに注意のスポットライト理論でわたしたちが学んだことに照らし合わせると、実に納得がいく。痛みやショッキングな記憶、欲求と同じように、不安が頭をもたげ、表出するには、意識の注意が必要だ。失敗するかもしれないと繰り返し考えることで、不安はさらに増大する。恐怖は実際に目の前で起きている悪い物事への反応だが、不安は将来何か悪いことが起きるかもしれないという予感だ。悪い物事を鮮明に思い描けば思い描くほど、不安はますます大きくなる。

生理的な興奮が不安を増加させる場合もある。たとえば、カフェインを摂取すると鼓動が速くなり、手のひらに汗をかきやすくなる。びっくりするとアドレナリンが大量に放出される。こうした肉体の興奮に気づくと、わたしたちは心配すべき具体的なものをわざわざ探してしまう。不安はますます悪化し、最悪の場合はパニックに襲われる。しかし、次に何かよくないことが起きるという意識的なストーリーがなければ、これらの症状はただの肉体の興奮にすぎない。それが不安という情動的感情になるのは、将来に起きる恐ろしい何かを積極的に想像しはじめたときだけだ。想像がさらなる肉体の興奮を呼び、アドレナリンがもっと放出され、心臓の鼓動もどんどん速くなる。わたしたちはそれを心配すべき理由があるからだと解釈し、不安のサイクルが凶暴化していく。

ゲームをプレイすることは、悪いことが起きるかもしれないという想像をやめるきっかけになる。ゲームは注意のサイクルを破壊するからだ。プレイ中に不安の肉体的症状を感じたとしても、ゲームに熱中していれば、積極的に最悪の事態を想像することはない。神経質な想像をしなければ、不安もまた存在しない。

しかし、不安が役に立つこともある。それが将来の潜在的な問題を警告してくれていて、その問題を予防するために策を講じる時間と能力が今のあなたにある場合には。たとえば、次の試験やプレゼンが不安なのであれば、その不安を手がかりにもっと勉強したり、練習したりできる。だから、つねに不安を遮断すればいいというわけではない。とはいえ、ほとんどの人にとって、ほとんどの場合、不安は生産的な行動には結びつかない。ただ無用な苦しみを生み、意味のある行動を阻害する。では、このゲームフルなテクニックはいつ使えばいいだろうか。おおまかな指針を教えよう。不安がただ悩みしか生んでおらず、具体的でポジティブな一歩を踏み出すことに役立っていない場合、ゲームをすればいい。同様に、不安のせいであなたがほんとうにしたいこと、しなければならないこと（飛行機に乗る、プレゼンをする、社交行事に参加するなど）ができない場合も、数分間ゲームをして不安を遮断すればいい。

娯楽であればどんなものでも不安のサイクルを妨害するツールになるのだろうか？　答えはノーだ。手術前の子供たちの不安を取り除こうとする同じような試みは、効果がかぎられていたか、もしくはまったくなかった。漫画、音楽、アニメ。これらの娯楽のいずれもゲームほどの効果はなかった。[*15]ゲームと同じレベルでは認知リソースを奪えないからだ。

ゲームをするとき、わたしたちはただの注意を払っているわけではなく、特殊な性質の注意を払っている。この性質はフローと呼ばれる。

〝フロー〟はある活動に認知能力が完全に奪われている状態をいう。たんに気晴らしをしたり、何かに取り組んでいたりするだけではなく、完全にのめり込んでいる状態、目の前にあるチャレンジに我を忘れて没頭し、やる気とエネルギーに満ちている状態だ。フロー中は時間の感覚が失われ、自分自身に対する認識もなくなる。活動に〝深く集中〟し、競合する思考や感情に対する自覚意識が消える。[*16]

アメリカの心理学研究者ミハイ・チクセントミハイによって一九七〇年代に提唱されたフローはきわめてポジティブな心理状態、それどころか、たぶん最も望ましい心理状態だと考えられている。[*17]正しい条件を満たしさえすれば、さまざまな方法でフロー状態になれる。明確な目標があるとき、やりがいのある仕事をするとき、チャレンジにふさわしいスキルを持っているとき、あるいは少なくとも、再度挑戦して、次回こそはと奮起できるぐらいのスキルを持っているとき、人はフロー状態になる。ギターの演奏、料理、ランニング、ガーデニング、複雑な数学クイズ、ダンス。これらはフロー状態になる活動のほんの一例だ。しかし、この手の活動はビデオゲームを短時間プレイすることに比べると、ストレスの大きな状況や毎日の暮らしの中で必ずしも簡単に実行できるわけではない(手術直前の手術室では絶対に無理だ)。チクセントミハイが初めてフロー現象について書いた本の中でも、ゲームと遊びはフロー状態になるための典型的な活動だとされている。

意外に思うかもしれないが、一般的にいい気晴らしになると考えられているような娯楽活動でフロー状態を経験することはほとんどない。テレビ、映画、音楽鑑賞、読書でさえも。[*18] こうした娯楽は確かにおもしろく、自分の問題をすっかり忘れさせてくれるかもしれないが、フローを誘発するのに不可欠なチャレンジ要素やインタラクティブ性を備えていない。これはよく覚えておくといいだろう。というのも、ストレス、不安、苦痛に対処しようとするとき、ふつうはリラックスできる活動に目を向けるからだ。しかし、フローの研究によると、受動的でリラックスできる活動よりも、チャレンジ要素とインタラクティブ性を備えたタスクをしたほうが、もっと自分の思考と感情をコントロールできるようになる。

ゲームはほかのどんな活動よりもはるかに、不安をはじめとする多くの感情をうまくコントロールできるようにしてくれる。そう言えるのはこのフローがあるからなのだ。ゲームは明確な目標を与えてくれる。クリアするには集中力と努力が必要だ。デジタルゲームはほとんど絶え間なくフィードバックを返してくるから、それをもとに腕を磨くことができる。腕があがれば難易度も上昇し、つねにほどよいチャレンジ性が保たれる。つまりビデオゲームをプレイすれば、確実に、効果的にフローを体験できる。事実、研究所でフロー状態の研究をおこなう際は、被験者にゲームをプレイさせるのが一般的だ。[*19] およそわたしたちが知っている活動の中で、これほど早く、これほど多くの人をフロー状態にできるものはデジタルゲームしかない。そして、フロー状態になると、注意のスポットライトを完全にコントロールできるようになる。

自らフロー状態をつくり出しているとき、わたしたちはたんに苦痛や不安といったネガティブな感情を遮断しているだけでなく、積極的に心と体の健康を改善している。

最近、イーストカロライナ大学の精神生理学研究所／バイオフィードバック・クリニックの科学者チームが、一連の三つの研究でビデオゲームが心と体に与える影響を測定した。彼らの研究対象はある特定のジャンル、すなわちカジュアルなビデオゲームだった。『アングリーバード』、ソリティア、『ビジュエルド』など、シンプルなひとり用ゲームがこれに該当する。すぐに覚えられ、やめるのも再開するのも簡単で、フロー状態になりやすい。[20] その上、『ワールド オブ ウォークラフト』や『マッデン NFL』のような複雑なゲームとちがって、特別なゲームのスキル、知識、やり込みは必要ない。

科学者たちがカジュアルなビデオゲームに興味を持ったのは、世界最大級のカジュアルゲームメーカーであるポップキャップ・ゲームズの上級役員が、プレイヤーに関する公式調査で判明した事実を公表したのがきっかけだった。彼らのプレイヤー調査でわかったのは、全プレイヤーのうちの七七パーセントが、たんなる娯楽としてではなく、メンタルや感情の健全さを得るためにゲームをプレイしているということだった。[21] こうしたプレイヤーは気分を向上させ、不安を鎮め、ストレスを軽減させるためにカジュアルなビデオゲームをプレイしていた。なかにはゲームがある種の〝自己治療〟になると回答した人もいた。

プレイヤーのメンタルの健全さが改善されるというのはほんとうだろうか。それともただの思い込みだろうか。ポップキャップ・ゲームズが知りたいのはそこだった。そこで彼らはバイオフィードバック研究の最先端をいくイーストカロライナ大学と研究プログラムを立ちあげ、プレイヤーの脳波、心拍数、呼吸パターンの変化を測定し、それらが気分の向上、憂鬱感の減少、ストレス耐性形成の生理的なサインと合致するかどうかを調べた。
研究チームはプレイヤーにモニタリング装置を着用させ、感情と肉体のレジリエンスを示すふたつの数値を測定した。ひとつは脳波検査におけるアルファ波の変化で、これを測定すると被験者が苦悩しているのか落ち込んでいるのか、それともおおむねいい気分なのかがわかる。もうひとつは心拍変動で、これを測定すると感情や肉体のストレスから肉体がどれだけ早く回復するかがわかる。
最初の無作為化比較試験で、カジュアルゲームを二〇分間プレイすると左前頭葉のアルファ波が減少することがわかった。これは一般的に、気分が向上したことを示している。実際、アルファ波が減少したプレイヤーたちは気分が向上したと回答した。彼らは怒り、憂鬱、緊張が大幅に減少し、活力が向上した。一方、比較のために二〇分間インターネットを閲覧していただけのグループには顕著な脳波の変化は見られず、気分や活力が向上したと回答した者もいなかった。ゲームをプレイした被験者は心拍変動にも著しい改善が見られた。二〇分間ゲームをプレイしただけで、彼らの心臓はより大きなストレスに耐え、より早く回復するようになっていたのだ。[*22]
こうした最初の発見があまりに有望だったので、カジュアルゲームについて長期的な研究がおこなわれることになった。次の試験では週三回、三〇分ずつゲームをプレイし、被験者はそのときの気分を報告し、前回と同じく脳波と心拍変動が計測される。開始時、被験者の全員が不安か憂鬱、あるいはその両方に悩まされていた。一カ月後、被験者全員の憂鬱、不安、ストレスレベルは大幅に低下していた。脳波と心拍変動についても、どちらも大幅に改善され、プレイヤーが知覚している感情の変化が生理学的に裏づけられた。[23] こうした目覚ましい発見を受け、研究チームは世の医師が患者にこのことをアドバイスするよう求めた。

近い将来、心理学者や医師が患者の不安を抑えるために『アングリーバード』を処方し、鬱病を治すために『ペグル』を、怒りのコントロールのために『コール オブ デューティ』を処方するような日が来るかもしれない。それどころか、すでに実践しているセラピストやカウンセラーから話を聞くことも多い。おまけに、科学はますます彼らの味方をしている。《予防医学アメリカンジャーナル》で二〇一二年に発表された、ビデオゲームに関する三八の無作為化比較試験のメタ分析では、ビデオゲームが心の健康状態を改善するという重大な証拠が発見された（記事では、この新興の研究分野に必要な次の一歩として、より長期的な試験を実施するよう研究者やゲーム業界に呼びかけている[24]）。

しかし、ゲームフルな処方箋は必ずしも従来のセラピーや薬物療法の代わりになるわけではない。それはよく覚えておこう。事実、イーストカロライナ大学のカジュアルゲーム調査に参加した被験者の二三パーセントは、調査中も抗鬱剤を服用しつづけていた。ゲームが健康や幸福度に与えるポジティブな影響はどの程度の範囲に、どの程度の強さでおよぶものなのか、わたしたちはようやく理解しはじめたところなのだ。今のところ、そしてたぶんしばらくのあいだは、これらのツールはほかの形のサポートや治療の代替としてではなく、補完するものとして考えるべきだろう。

ゲームはただわたしたちをフロー状態にして、心と体にポジティブな結果をもたらしてくれるだけのものではない。この章で紹介するゲームフルなテクニックを実践すれば、生まれつき持っている注意のコントロール能力を引き出す活動をいろいろな場所で見つけられるようになる。

たとえば、マインドフルネス瞑想にはカジュアルゲームと非常に近い心理的恩恵があるとされている。マインドフルネス瞑想のあいだ、参加者は雑念、感情、肉体の興奮を無視して呼吸に集中しなければならない。多大な集中力を必要とする難しい作業だ。もし試してみたいなら、数分間ただ静かに座り、呼吸の数を数えればいい。息を吸うのも吐くのも一回の呼吸と見なす。どれだけ長く数えられるかやってみよう。雑念、雑音、感情に気が散ったり、数がわからなくなったりしたらやめて、もう一度ゼロから始める。気を散らさずにカウントできる数を増やし、五分か一〇分続けられるようになるまでがんばろう（ハイスコアを狙うというゲームフルなアプローチを組み込んでもいい）。

この瞑想には、生理学的なメリットという点で、カジュアルゲームをプレイするのとほとんど同じ効果があることがわかっている。[*25] 二〇年におよぶ研究によると、マインドフルネス瞑想をすると心拍変動に大きな改善が見られ、脳波の変化については、気分が向上し、ストレスが軽減した状態と一致するという。[*26] つい最近になって、瞑想中、瞑想後の生理的な変化はフローの概念で完璧に説明できると主張する研究者たちも現われはじめた。[*27] マインドフルネス瞑想のもたらす恩恵は、〝努力の必要な活動に対してポジティブに、完全にのめり込んでいる状態〟に由来しているというのだ。つまり、瞑想もある意味ではゲームだったというわけだ。

白状すると、この発見には勇気づけられる思いがした。心と体の健全さを向上させるための重要で価値ある手段としてすでに認められている瞑想と、たんなる暇潰し、ひどい場合には時間の無駄として一蹴されることの多いカジュアルゲーム。その両者から得られるもののあいだに科学的なつながりがあるというのだから。研究者たちの努力のおかげでわたしたちは知った。ゲームは楽しいものだが、強く、幸せに、健康になるためのツールとして、もっと真剣に捉えることができるし、また、そうしなければならないのだと。

スーパーベターの物語：ゲームをする僧

地球の反対側、ソウルから一時間ほどの距離にある江華島《こうかとう》の山中で、わたしはワシリーと出会った。週末にソウル市内を離れ、西暦三八一年に建立された古刹、伝燈寺を訪れたときのことだ。訪問者はここで仏教の文化と伝統を学ぶことができる。

その週末はワシリーが先生だった。背が高く、ハンサムなロシア人で、韓国にまさかそんな僧がいるとは思っていなかった。聞いたところでは、もともとロシアで僧職に就いていたが、穏やかで美しい風景を気に入り、伝燈寺に住むことを決めたのだそうだ。

二〇人のグループで坐禅、祈禱、読経について二日間学んだあと、ワシリーと話をする機会があった。スピリチュアルで幸福な人生における遊びとゲームの役割について、意見を聞いてみたかった。ブッダが遊戯《ゲーム》を否定していたことはわたしも知っていた。ブッダは球技、さいころゲーム、さらには〝背中に指で書いた文字の当てっこ〟まで、自分が禁じた遊戯をすべて一覧にまとめたとされている。*28 とはいえ、現代科学が注意のコントロールを習得する（それこそ仏教徒の修行の大きな目的だ）方法としてゲームに注目していたこともあり、（ちょっと生意気にも）お寺とゲームはほんとうに相容れないものなのだろうかと思案していたのだ。

ワシリーはこう説明した。ブッダは〝時間の無駄〟だという理由でゲームを否定した（二五〇〇年前も今も大して変わらない）。いわく、悟りを求めるというもっと重要な使命があるのに、遊びにかまけていてはそれが果たせなくなってしまう。ワシリーも同意見で、ゲームを使って今この瞬間という現実から逃避してはならないと言った。

ところが、それから彼が小声でつぶやいた言葉にわたしはショックを受けた。「といっても、私も毎晩『アングリーバード』をプレイしていますが」少しはにかみながら、彼は続けた。「われわれは何時間も瞑想し、お経を唱えます。それでも毎日たくさんの時間がある」彼はゲームをすることを逃避とは考えていなかった。「とくに夜、疲れているとき、一時間『アングリーバード』をプレイすると、思考に集中し、穏やかな気持ちになれます。これは熟練を要する修行であって、逃避ではありません」

ワシリーは仏教徒としての修行を何年も続け、人類が発明した中でもとりわけ強力な注意のコントロール術を極めた人物だ。非常に複雑な形式の坐禅、呼吸法、祈禱の達人である彼でさえ、ビデオゲームを毎日の儀式に組み込んでいるとは！

ワシリーと出会ってから三年近くの歳月が流れた。今でもスマートフォンを取り出し、わずかな時間でも『アングリーバード』をプレイすると、彼のことを思い出す。想像の中のワシリーは袈裟を着て、韓国最古の寺で坐布《ざふ》に座り、わたしと同じバーチャル空間で、同じ鳥をパチンコで飛ばしている。そしてふたりとも、注意のスポットライトをコントロールするという穏やかな経験を味わっている。

『スノーワールド』から『テトリス』、スーパーマリオ、『ビジュエルド』まで、癒やし効果のあるビデオゲームはバーチャル世界の垣根をはるかに超えて、大切なことを教えてくれる。それはつまり、とくにストレス、トラウマ、痛みと向き合ったとき、メンタルの面でも感情の面でも、あなたは自分が思っているよりも強いということだ。あなたは注意のスポットライトをコントロールできる。したがって、思考、感情、それから肉体の興奮さえもコントロールできる。

ミッションをクリア

獲得したスキル：あなたが自分で思っているよりも強い理由

- 注意のスポットライトをコントロールする能力は、あなたがすでに持っている秘密のスーパーパワーだ。ストレス、不安、憂鬱、痛みとの戦いの中で、この力はあなたを助けてくれる。
- ゲームをプレイすればこの力を見つけ、実践することができる。それにより、実生活できわめて難しい状況に陥った場合にもこの力を使えるようになる。
- ショッキングなフラッシュバックを遮断したり、欲求を鎮めたりしたければ、『テトリス』やジグソーパズルなど、視覚を大いに使うものに注意のスポットライトを向ける。

・痛みや不安を遮断するには、リラックスしようとしないこと。代わりに、フローを誘発するような活動（チャレンジ性があり、積極的な努力が必要な活動）を探す。
・望ましくない考えや感情をすぐに頭から追い払う必要があるときには、ふたつの文字を使って英単語ゲームをする。両方の文字を含む単語をできるだけたくさん書き出すこと。
・カジュアルゲームや瞑想など、〝深く集中する〟活動を一日三〇分、週三回おこなうと、気分が向上し、ストレスや憂鬱を軽減できる。肉体のレジリエンスを示す代表的な目安である心拍変動も改善される。
・ゲームは罪悪感を覚えるようなものではないし、時間の無駄でもない。熟練を要する、目的ある活動であり、プレイすることで思考と感情を直接コントロールできるようになる。

第二章　あなたには仲間になってくれる人がたくさんいる

ミッション

いつでも、どんな問題に対しても、たくさんの人があなたを助けてくれることを知る

いつでも、どんな問題に対しても、進んであなたを助けてくれる人がまわりに大勢いるとしたらどうだろう。それ以上に望むべきことがあるだろうか？

あなたにはすでにこの力がある。あなたはほとんど誰でも仲間にすることができる。見ず知らずの他人でも、あなたを快く思っていない人でも——ただ一緒にゲームをするだけで。

ゲームは実生活における人間関係を強化したり、他者とより多くの共通点を見つけたりする方法を学ぶのに最適なツールだ。この章では、そんなゲーム独自の性質について考える。そして、他者とゲームをすることの恩恵がプレイ後にどれだけ長続きするかを知る。また、ゲーム内で他者とおこなっているポジティブなやりとりを今後の実生活に応用するための実用的な戦略も学ぶ。

・・・

『ヘッジウォーズ』は〝戦争《ウォーズ》〟といえどキュートで愉快なビデオゲームだ。プレイヤーはピンク色のハリネズミ軍団を指揮して宇宙戦争を戦う（鳥ではなくハリネズミが飛ぶ、ちょっと難しい『アングリーバード』だと思ってもらえばいい）。ルールを覚えるのは比較的簡単で、どんなパソコンでもスマートフォンでもプレイできる。ヘルシンキ大学研究チームの最近の発見によると、このゲームはわたしたちの体と脳に強い影響を与える。

ふたりの人間が同じ部屋の中で『ヘッジウォーズ』を一緒にプレイすると、ミケル・ソヴィエルヴィ＝スパッペ博士とニクラス・ラヴァヤ博士がいうところの〝神経学的、生理学的な結びつき〟を経験する。[*1] どちらのプレイヤーも同じタイミングで同じ表情をし、笑い、眉をひそめる。ふたりの鼓動は同じリズムを刻み、呼吸パターンもシンクロする。最も驚くべきは、お互いのニューロンが相手を〝ミラーリング〟し、脳波もシンクロするということだ。このプロセスにより、お互いに相手の次の行動が予想しやすくなる。こうした変化のすべてはプレイを始めてから数分以内に、ほとんど一瞬のうちに起きる。

意外なことに、このシンクロ現象はふたりのプレイヤーが協力していようと対戦していようと起きる。相手をチームメイトと考えていようと、敵と考えていようと関係ないのだ。『ヘッジウォーズ』を一緒にプレイすると、ふたりの心と体はほぼ完璧な調和をとりはじめる。

研究者にとって、このシンクロ現象は非常に興味深いものだ。最近の心理学の発見によると、表情、心拍数、呼吸、神経活動という四種のシンクロはすべて、共感度の向上、社会的な絆の強化と密接な関係がある。誰かとシンクロすればするほど、相手のことが好きになり、将来その人を助ける可能性が高くなる。[*2]

その後におこなわれた調査で、『ヘッジウォーズ』のプレイヤーはお互いに高いレベルの共感とつながりを覚えたと回答したが、それも当然というものだ。この調査の場合も、協力プレイでも対戦プレイでも結果は同じだった。

しかし、実は『ヘッジウォーズ』が特別なわけではない。今なお拡大中のこの分野の研究によると、ふたりの人間が同時に同じ場所でプレイすると、どんなゲームでも同じように〝心が融合〟し、肉体がシンクロする。そのため、ゲーム後に強固でポジティブな関係を築くための土台がつくられる。[*3]

どうしてゲームは心と体のつながりをそれほどすばやく、簡単につくり出すのだろうか？　同じ効果を生じさせるものはほかにもあるのだろうか？　シンクロ現象の科学を掘りさげてみよう。

人間はいつも無意識のうちに他人を模倣し、真似し合っている。人と一緒に歩いていると、自然と横並びになる。笑顔には何も考えずに笑顔を返す。自分のボディランゲージを好きな人の身振りに合わせる。一対一にかぎった現象ではない。スポーツのイベントやコンサートでは、ほかのファンたちと同じ表情をし、一緒になって体を動かし、群衆は肉体的につながった個となる。[*4]

シンクロ現象のすべてが目に見えるわけではない。たとえば赤ん坊を抱いているとき、母親の鼓動は赤ん坊の鼓動とシンクロする。[*5]親しい友人がその日に起きた出来事を話しているとき、あなたは〝神経的交接《ニューラル・カップリング》〟を経験している。脳活動は友人の脳活動と一致し、友人の話をまるで自分の経験のように捉える。[*6] 考えてみればすごいことだ。脳が友人の話をまるで自分の身の上に起きたことのように処理してしまうのだから。

この無意識の生物学的つながりはどうしてそれほど頻繁に起きるのだろうか？　科学者たちの主張によれば、そうでなければ社会的な交流を成功させることはもちろん、生存もできないと考えられるからだ。

人と交流するには、人を理解できなければならない。彼らは何を考えているのか。何を感じているのか。何をしようとしているのか。あなたを傷つけようとしているのか、それとも助けようとしているのか。とはいえ、誰かの心を読んだり、感情を推測しようとしたりするのは簡単ではない。唯一の方法は自分自身の心と体の中に、彼らの思考と感情を再現することだけだ。

こんな例を考えてみよう。見知らぬ男があなたにほほえみかけている。あなたに好意を抱いているのだろうか、それとも危害を加えようとしているのだろうか。あなたはわれ知らず、笑顔を返す。男と同じような笑顔を。あなたの笑みはすぐに消える。たぶん一瞬で。ほほえんだことがかろうじてわかるぐらいで。しかし、あなたの脳は今、男の意図を理解している。あなたが返した笑みが、感じよく振る舞おうとしているときのような温かい本物の笑みなのか、それともいけすかない人に対して嫌々浮かべた偽りの笑みなのか、脳にはわかっている。他人の行動をそっくり模倣することだけが、その意図を正確に推し量る方法だからだ。

別の例を挙げてみよう。あなたは走ってある女性に追いつき、並んで歩きはじめる。歩調は自然と一致し、それによって彼女の精神状態に関する重要な情報が手に入る。あなたは自分の歩幅がいつもより若干広く、歩くペースも速いと感じるかもしれない。あなたの体は彼女が急いでいることを感じはじめている。もしくは、自分がリラックスし、いつもよりゆっくり歩いていることに気づくかもしれない。あなたは配偶者と一緒にいるときのような穏やかな気持ちになる。無意識のうちに彼女の肉体動作を模倣することで、唐突に彼女の感情を理解するのだ。

こうしたシンクロは気づかないうちに、毎日何百回も発生している。シンクロの回数が多い人ほど、共感度や社会的知性が高い傾向にある。相手をそっくり模倣すればするほど、まわりの人をよく理解できるようになるからだ。

だとすると、ひとつ大きな疑問が残る。相手を真似すると、その人をもっと好きになるのはどうしてだろうか？　その人をより理解できるようになるだけでなく、シンクロした相手に対して親しみを感じ、好意を抱き、助けたいと思うようになることは、数えきれないほどの研究で判明している。なぜだろう？

科学者はこんな仮説を立てている。シンクロ現象はふたりの人間のあいだにポジティブなつながりの〝上昇スパイラル〟を生む[*7]。上昇スパイラルが生まれるとお互いをより理解できるようになり、したがって、円滑な交流ができるようになる。すると、将来もう一度交流したいと考えるようになる。肉体がシンクロしていると、共同作業のパフォーマンスがあがるという研究結果もある。相手の行動をうまく予想できるようになるからだ。一緒に成功を経験すると、将来また助け合いたいという気持ちが芽生える可能性が高くなる。また、わたしたちは自分に似ていると感じる人を自然と好きになる。だから、誰かが自分の真似をしていると無意識に気づいたとき、その人に対してポジティブな感情を抱く。相手にポジティブな感情を抱けば抱くほど、一緒に過ごす時間が長くなり、シンクロの機会が増え、ますます絆が深まる。

すべてのシンクロ現象がポジティブな感情や強い絆につながるわけではない。もしすばやい神経のつながりを通して、誰かがあなたに危害を加えようとしていると直感的に悟ったら、その人と仲よくしようとは思わないだろう。また、怒りやフラストレーションといった感情にシンクロすると、共感ではなくより大きなストレスが生じることがある。たとえば仲の悪い夫婦が喧嘩をすると、シンクロの〝下方スパイラル〟が発生する。[*8] 争えば争うほど、ふたりの心と体はますますシンクロしていく。ポジティブではなく、ネガティブな方向に（一方、円満な夫婦は喧嘩の最中の生物学的な結びつきが弱い。彼らは配偶者のネガティブな感情を完全に具現化することなく、すばやく模倣し、処理できるからだとされている）。

しかし、ネガティブな感情にシンクロすることにも、少なくともひとつメリットがある。多くの人が仲直りのセックスは最高だと語るのは、喧嘩によって生物学的なつながりが増すからかもしれない、ということだ。シンクロするとお互いの心と体がより調和のとれた状態になる。が、すべてをひっくるめて考えると、最大の恩恵を受けられるのはやはり興味、興奮、好奇心、感嘆といったポジティブな感情にシンクロしたときだ。これらはゲームをプレイしているときに非常によく表われる感情でもある。

今度誰かとポジティブな上昇スパイラルの状態になったとき、あなたはそれに気づけるだろうか？　次のクエストで社会的知性を向上させておこう。

クエスト8：愛情探知器

シンクロ現象の仕組みがわかれば、実際に身のまわりで起きているシンクロを発見できるようになる。これはいわば第六感を鍛えるようなもので、ふたりの関係が輝きを放ち、つながりが強化される瞬間を目の当たりにできるようになる。

ここで新たに身につける第六感を強力な〝愛情探知器〟と考えよう。

〈やるべきこと〉ふたりのあいだの深い生物学的なシンクロ現象のそれとないサインを探す。

それとないサインとはどんなものだろうか？　ふたりの人間がポジティブな結びつきを感じているとき、**ボディランゲージがミラーリングを始める。**一方が身を乗り出せば、もう一方も身を乗り出す。一方が考え深げに右手で頬杖をつけば、もう一方もそうする。一方が脚を組めば、もう一方もすぐにそうする。

自然で無意識的なミラーリングはありとあらゆる状況で起きる。友人とコーヒーを飲みながらの会話中、仕事のミーティング中、面接で、最初のデートで、パーティで。あなたが誰かとほんとうに〝波長が合う〟と感じたときならいつでも。

〈仕組み〉ポジティブな感情に関する研究の第一人者、バーバラ・フレドリクソン博士はこうしたミラーリングの瞬間を〝愛の刹那〟と呼んでいる。脳活動と肉体の反応が一致したとき、わたしたちは将来の友情や、ときには将来の肉体関係の土台をつくっているのだという。そんなありきたりな瞬間を愛と呼ぶのは大げさに感じるかもしれない。が、博士の研究によると、安全でポジティブな状況でシンクロするたび、わたしたちは深い人間的なつながりがほのかに輝くのを実際に感じているのだという。つまり、ミラーリングのたびに愛の能力を実践し、強化しているようなものなのだ。*9

上司やデート相手のボディランゲージを意図的に模倣して、さりげなくその〝愛〟をほのめかすようアドバイスする人もいるが、わたしはお勧めしない。それよりも、ミラーリングが起きたとき、ただそれに**気づく**だけにしておいて、そんな愛の刹那に喜びを見出すほうがよほど楽しい（おまけに気味悪くもない）。

ではここで、この愛情探知器の使い方を学ぶクエストを与えよう。今後二四時間、**身のまわりの人たちのボディランゲージに細心の注意を払う**こと（自分自身のボディランゲージにも）。

〈クエストをクリア〉ボディランゲージのミラーリングを発見できただろうか？だとしたらおめでとう。あなたは愛の刹那を探知して、クエストをクリアした。

シンクロ現象は四六時中起きている。だとしたら、ゲームのプレイ中に起きるシンクロをなぜ特別扱いするのだろうか？

ある意味では、特別なことは何もない。ゲーム中のシンクロは、ほかのあらゆる社会的交流の最中に起きるシンクロ現象とまったく同じ働きをする。あなたと相手のプレイヤーは同時に同じ活動に注意を集中させているから、ふたりのニューロンは互いにミラーリングを始める。感情は伝染しやすいものだ。うまく操作できたことへの優越感だったり、難しい障害にぶつかったことへのストレスだったり、意外な結果に対する驚きだったりと、ふたりは感情をやりとりする。感情が足並みをそろえると、体もそれに従う。さまざまな感情を表現する顔の筋肉から、興奮とストレスの度合いを示す汗の量まで。

映画鑑賞、会話、音楽鑑賞など、誰かと一緒にできる活動であればどんなものでも、心と体のリンクを生み出す同様のポテンシャルを持っている。しかし、多くの場合、ゲームから生じるリンクの強度ははるかに高い。

第一章で説明した、ゲームをプレイしているときの特殊な注意力のことを覚えているだろうか。そう、深い集中状態、〝フロー〟だ。ふたりの人間が同時にフロー状態になると、精神的な没入度が小さい活動に従事している場合よりもはるかに強力な（おまけにはるかに楽しい）シンクロ状態になる。*10 また、興奮したり喜んだりと、ゲーム中は感情が高まりやすいので、感情のリンクの質もそれに合わせて高いものになる。シンクロする感情が強ければ強いほど、心と体のつながりもより深くなる。

しかし、ゲーム中に生じるシンクロのほんとうに特別な点については、心理学で言うところの〝心の理論〟で説明するのが一番だろう。これは省略せずに言えば、〝他者の心の中で何が起こっているかについて正確な理論を持つ〟ということだ。誰かとゲームをしているとき、あなたは相手の次の行動を予想することに莫大な時間を費やしている。これは協力プレイでも対戦プレイでも同じだ。相手の考えに正確に合わせられるほど、ゲームの中でより大きな成功を収められる。ゲームのプレイには、通常の社会的交流よりもずっと強力な心の理論が必要になる。[*11] 一緒に歩いたり、会話したりすることに比べたら、ゲームは予測不能で、つねに決断を迫られるため、より緊密で息の長いシンクロが求められる。こうした要求の多い社交環境のおかげで、ゲーム中には神経と心のリンクがすぐに、簡単に生じる。これはゲームの性質のなせる業だ。

ゲームのプレイ中はきわめて急速に、確実に、深いシンクロが起きるので、多くのゲーマーは、ゲームが強固な絆をつくるのにきわめて有益だと気づいている。とりわけ内向的な人は、ゲームで得られる簡単で強固な社会的つながりから多くの恩恵を受ける。

ゲームによるシンクロの恩恵については、ほかにもさまざまな洞察がある。たとえばブリガム・ヤング大学のスクール・オブ・ファミリーライフの研究によると、ふだんから同じ場所で一緒にビデオゲームをプレイすると、親子の連帯感が向上する。[*12] 自閉症の子供にとって、マルチプレイのビデオゲームは協調性を育み、家族との交流を改善し、社会的知性を向上させる。[*13] 自閉症の子供は一緒にゲームをプレイした友人や家族に対し、はっきりと、自信を持ってコミュニケーションするようになる。また、より多くの褒め言葉をかけ合い、ハイタッチなどのポジティブなボディタッチが増える。[*14]

あなたがあまりゲームをプレイする人ではないとしても、身近にゲーマーがいるなら、もっと一緒に遊ぶ時間をつくってみてはどうだろうか。親密で幸福な関係を望むのなら、空いている時間をとても有意義に過ごせるかもしれない。

スーパーベターの物語：父と娘の秘密の言葉

《フォーチュン》誌のフォーチュン500にランキングされるような会社のセールス担当重役、アントニオは、ビデオゲームで遊ぶ時間がたくさんあるような人物には見えなかった。シカゴで毎年おこなわれている彼の会社のオフサイト・リーダーシップ・ミーティングで出会ったとき、彼はひっきりなしに大事な電話やメールをさばいては、今後国じゅうでおこなわれるミーティングの話をするために、同僚たちを次から次に呼びとめていた。

わたしが招待されたのは、ゲームの心理学を使って職場のモチベーションと生産性をあげる方法について講演をするためだった。アントニオは、その日会ったほとんどの重役と同じように、講演を聴くより、自分の家庭でゲームが果たしている役割についてわたしに話をしたがっていた。

「毎週、娘と一緒にゲームをする時間をつくるんです」と彼は言った。「私にとってはとても大事なことです。とくに娘はティーンエイジャーですから。今もそうやって一緒に遊ぶことで、コミュニケーションがとりやすくなります」

アントニオの娘、ジュリアは一三歳になったばかりで、最近のお気に入りは『マインクラフト』だという。レゴのようなブロックでつくられた世界で資材を集め、どんなものでも自由に建築できるゲームだ。世界にはモンスターが徘徊しているため、プレイヤーは安全な家を建てて、身を守るための防具もつくらなければならない。

『マインクラフト』のおかげで、ジュリアは現実の問題に対する新しい考え方を——それから、そうした問題を父親に打ち明けるすべを——身につけたらしい。「先週、娘を学校まで送ったんです。でも娘は行きたくないようだった。今年になって、ちょっとしたいじめを受けているんです。暴力とかではなく、言葉のいじめですけど。何人かの友人が娘とはもう仲よくしたくないと考え、ひどいことをするようになった。それで娘はつらい思いをしていた。

そういうことは、ふだん私には言ってくれず、母親に話していました。でも先週、学校のまえで車を停めたとき、娘が私のほうを向いて言ったんです。『パパ、わたしに何ができるか知ってる？　防具をつけるのよ』その意味はすぐにわかりました。『マインクラフト』では防具をつけると、モンスターだろうと溶岩だろうと、あらゆる悪いものからダメージを受けなくなります。

私は、すばらしい考えだねと言いました。『おまえは今日、ダイヤモンドの防具を装備する。誰が何を言おうと関係ない。防具が全部弾き返してくれる』そうしたら娘は『うん』とほほえんで、車から飛び出していきました。些細なことですが、娘とそういう会話をするようになったんです。秘密の暗号のようなものですね。私が、今日は防具は必要かと訊く。娘には私の言葉の意味がわかる。そして、娘の強さを誇らしく思っていることも」

ここまで読んで、ゲームは心と体のシンクロを非常に簡単に、効率よく生み出せることがわかったはずだ。誰かとゲームをするとき、あえてミラーリングしたり真似をしたりする必要はない。

一緒にゲームに取り組むだけで自然にそういう状態になる。とはいえ、ゲームを使わずとも、生物学的なむすびつきを意図的につくる方法はたくさんある。次のクエストに挑戦しよう。

クエスト9：よいシンクロの力

友人や家族との心と体のつながりを強固にしたいなら、よいシンクロをするだけでいい。

〈やるべきこと〉 一日のうちの一、二分だけ、自分の行動を他者の行動にできるだけ近づける。

以下の簡単なことをするだけでミラーニューロンが刺激され、心拍と呼吸速度がシンクロする。

- 一緒に少し散歩する。歩幅と歩く速度をできるだけ合わせる。
- 一緒に歌を聴く。リズムに合わせて一緒に指で机を叩いたり、手を打ったりする。
- 簡単なダンスのステップを覚え、一緒に踊る。
- ロッキングチェアやブランコに隣り合って座り、同じスピードで九〇秒以上体を揺らす。
- 重い家具を一緒に持ちあげて運ぶ。*15

散歩したり、指で机を叩いたり、手を打ったり、ダンスしたり、一緒になって体を揺らしたりすることには、どれも同じ効果がある。ほぼ完璧な体のミラーリングとシンクロを介して、生物学的なつながりがつくられるのだ。なかでも重い家具を一緒に運ぶのは、ゲームをプレイすることに似ている。家具を落としたり、ぶつけたり、怪我をしたりしないよう、相手の考えと動きをうまく読む必要があるからだ。この種の強烈な神経学的なつながりが生じると、肉体のミラーリングと同様、連帯感、親密度、共感度が増す。

よいシンクロを生じさせる方法はいくつもあり、いずれもたったの数分でシンクロ状態になる。創造力を発揮して自分に合った独自の方法を考えてみよう。

〈例〉スーパーベターのプレイヤーのアイディアをいくつか紹介しよう。

- 「毎日、学校に迎えに行くとき、息子と一分間シンクロして歩くようにしています。歩く速度と歩幅を息子が決め、私ががんばってそれに合わせます」
- 「妻と毎晩、寝るまえに音楽を聴きます。選曲は交代でしています。お互いの動作にあえて合わせようとはしません。そうすると強制されたような感じがして、ぎこちなくなってしまうからです。でもどういうわけか、意識していなくても、一曲終わるまでには一緒になって足を打ち鳴らしたり、体を揺らしたりしています」
- 「職場で大きな意見の食いちがいがあると、みんなで会議室のテーブルをいったん廊下に運び出して、それからまた戻します。シンクロできるだけでなく、緊張がほぐれ、ユーモアが生まれます。そうなると、なぜテーブルを運び出したのか、みんな理解できるんです」

〈ヒント〉あなたのパートナーがシンクロの科学を知っておく必要はない。が、シンクロを習慣にしたいなら、パートナーにも教えて知識を共有しよう。
ふたりがシンクロ現象そのものを純粋に楽しめたほうがいいので、強制はしないように。シンクロの楽しさや難しさに注意を向けつつ、自然に起きるのを待とう。

◀▶

すでに知っている人との絆を深められるというのはすばらしい能力だ。一方、仲間になってくれる人が世界のあちこちにたくさんいると思えるようになるのは、それとはまた別のスーパーパワーだ。
実生活では、より多くのサポートを得るために、見込みがないとわかっている場所にも飛び込まざるをえないような場合がある。そんなとき、ゲームが助けてくれる。ふだんであれば見過ごしてしまう友情に対して、わたしたちの心を開いてくれるのだ。最近の研究の中でもとくにわたしの好きな研究が、その方法を教えてくれる。
シンガポールの南洋理工大学の社会科学者たちは、ビデオゲームが実生活に与える影響を一〇年以上にわたって研究している。彼らは最近、大発見をした。任天堂の『Wiiスポーツ』のボウリングゲームを見知らぬ人とプレイすると、相手を好きになる（ふたりでできる楽しい活動ならどんなものでもそうだ）だけでなく、ゲームのパートナーと似ていると自分が感じている、世界じゅうのあらゆる人のことをもっと好きになるというのだ。いったいどういうことだろうか。

今日のシンガポールでは、若者と老人の没交流が大きな社会問題になっている。全国調査によると、彼らはお互いに対してあまり好感を抱いておらず、一緒に時間を過ごすことを避ける。結果として、シンガポールの老人は社会的に孤立しがちになり、心と体の健康に悪影響が出る。一方、若者は老人から知恵を授かったり、かわいがってもらったりする貴重な機会を失っている。

こんなに大きな社会問題をゲームが解決できるのだろうか？　南洋理工大学の研究チームはそれを突き止めるため、予備研究に着手した。ペアになった大学生と老人が毎週三〇分間、ビデオゲームを一緒にプレイする。『Wiiスポーツ』のボウリングゲームを六週間一緒にプレイしつづけたところ、老人と若者はお互いを友人と考えるようになったばかりか、相手の世代全体に対する意見も劇的に変えた。

若者たちは概して、老人を以前よりずっと好きになったと考えるようになった。一方、老人たちは若者と交流することへの恐れが大幅に減少した。両グループとも、今後は相手の世代の人間ともっと交流するだろうと回答した。とてつもなく大きな心の変化だ。新しい友人をつくっただけでなく、どんな老人、若者とでも友人になれるかもしれないと考えるようになったのだから。

ひとつ重要なのは、この強烈な変化は比較のための別グループでは起きなかったということだ。別のグループでは、若者と老人がまったく同じだけの時間、一緒に会話をしたり、テレビを観たり、芸術や工作に取り組んだりした。六週間後、彼らはお互いのことをもっと好きになっていた。が、ほかの老人や若者に対してはおおむね嫌悪感を抱いたままだった。つまり、彼らは世代全体ではなく、たったひとりの相手に対する見方を改めただけだった。残念なことに、世界じゅうにいる潜在的な仲間たちに対して心を閉ざしたままだったのだ。

『Wiiスポーツ』にできたことが、ほかの一般的な社会的交流ではできなかったのはなぜだろうか。あなたにも予想がつくかもしれない。そう、深いシンクロが鍵なのだ。シンクロのもうひとつの注目すべき効果、〝共感を高める〟効果が、偏見を拭い、社会的な緊張をほぐすという決定的な差を生んだのだ。

共感は他者の感情を想像し、気持ちを推し量る能力だ。ありがたいことに、ほんの少しの共感が大きなちがいを生む。一般的に言って、グループ内のたったひとりに対する共感が高まるだけで、そのグループ全体に対する見方が改善される[*16]。しかし、共感を高めることなく、ただグループ内のひとりを好きになるだけだと、グループ全体に対する見方は変わらない。

年齢やその他の偏見のせいで気に食わないと感じている相手とゲームをプレイしても同じことが起きる。相手プレイヤーへの共感が高まることで、そのプレイヤーを連想させるすべての人への共感が増すのだ。

他者への共感を高めるには、安全な環境でポジティブな社会的交流を持つ必要がある。ネガティブな思考や感情に支配されているとシンクロは起きない。そればかりか、相手のグループに対する強い偏見と嫌悪が神経学的なリンクを妨げることさえある。[*17]しかし、ここでもゲームならではの強みが発揮される。南洋理工大学の研究チームによると、ゲームの〝均等化〟という性質が、社会的緊張、不安、不信が存在している状況でも他者とつながることを容易にするという。

ゲームをプレイするとき、わたしたちは同じ条件で、同じ土俵に立っている。同じルールに従い、同じ目標を目指し、お互いをフェアに扱うことに合意し、相手を信用する。実生活での社会的地位にかかわらず、お互いをふさわしいチームメイト、または対戦相手と認める。

一時的で限定的なものだが、ゲームの中で経験するこの平等と信頼のおかげで、ふだんであれば近づきがたく感じていたり、避けたいと思ったりしている人々との交流を試してみても安全そうだと感じられる。これを突き止めたのは南洋理工大学のチームだけではなかった。今や世界じゅうの団体が、文化の垣根や国境を越えて仲間をつくるためにゲームの力を利用しはじめている。たとえば、ミドルイースト・ゲーミング・チャレンジは、中東の数万人の子供たちを集め、オンラインやオフラインで協力ゲームをプレイさせている。彼らの目標は対話を促し、イスラエル内のアラブ人とユダヤ人の児童のあいだに存在している偏見と戦うことだ。彼らはこう語る。

隣人同士であるにもかかわらず、子供たちはネガティブな固定観念に触れることがあまりに多すぎる。不幸なことに、こうした固定観念はふたつのコミュニティの教育制度が分断されていることでさらに助長されている。多くの子供たちにとって、このゲーミング・チャレンジが、同じ地球の片隅に暮らし、まったく異なる宗教と倫理のバックグラウンドを持つ同世代との初めてのポジティブな体験になることはまちがいない。[*18]

ミドルイースト・ゲーミング・チャレンジのようなイベントの深刻さを考えると、『Wii スポーツ』ボウリングゲームの調査をはじめとする研究の重要性が浮かびあがってくる。ゲームがどうやって人との関係を変えるのかがわかれば、偏見や先入観を克服するために必要なものがはっきりと見えるようになる。どんな状況であっても、自分に対する見方をネガティブなものからポジティブなものに変えてもらいたいと思うときには、心と体のシンクロを起こすことがきわめて重要なのだ。

うれしいことに、この種の変化には長い時間も特別な努力もいらない。同じ土俵にあがれて深いシンクロが起きやすい経験を探し、進んでゲームフルな交流をすればいいだけだ。

ビデオゲームやその他の協調活動によるとてつもない〝心の融合〟と生物学的なミラーリング効果は、プレイヤーたちが同時に同じ場所に存在しないと生じない。メールやメッセージのやりとりではシンクロしないのだ。では、あまり会えない友人や家族との関係を深めたい場合にはどうすればいいだろうか？　まったく同様の心と体のつながりは見込めないが、オンラインゲームをプレイすることで、実生活におけるサポート体制を向上させることができる。研究では、オンラインゲームは非常に強力な人間関係マネジメントツールだとされている。オンラインゲームをプレイすると積極的な社会的関係を維持しやすくなり、したがって、必要なときに他者から助けてもらえるようになるというのだ。

どうしてオンラインゲームをすると実生活で仲間を見つけられるようになるのか？　どんなオ

ンラインゲームが行く先々で周囲のサポートを受ける方法を教えてくれるのか？　それを考えていこう。

ソーシャルゲームは近年、世界のあらゆる場所でプレイされ、研究されているジャンルだ。五億人を超える人々が『ファームビル』（協力型農場シミュレーション）、『キャンディークラッシュ』（パワーアップアイテムを友人とシェアできるパターンマッチングゲーム）、『もじとも☆』（古典的ボードゲームのスクラブルのようなゲーム）などのソーシャルゲームをプレイしている。こうしたゲームのほとんどがフェイスブックやスマートフォンから、SNS上の誰とでもプレイできる。同じ時間にインターネットに接続している必要さえない。『もじとも☆』のような対戦ゲームでは、プレイヤーはいつでも空き時間に自分の手番の行動ができる。『ファームビル』や『キャンディークラッシュ』のような協力ゲームでは、共通の目標のために力を合わせたり、オフラインの友人にもアイテムを送ったりできる。

ソーシャルゲームが人気を博すにつれ、研究者たちは誰かとソーシャルゲームをプレイすると、実生活でも交流が盛んになるのかどうかを突き止めたいと考えるようになった。どの研究でも結果は同じだった。『ファームビル』や『もじとも☆』のようなゲームを友人や家族とプレイすると、より親しみを感じるだけでなく、直接会ったり、ゲーム以外の実生活の出来事について話をしたりする確率があがった。また、協力ゲームを一緒にプレイすると、実生活の問題に対して助けを求め合い、手助けし合う確率があがった。[*19]

ソーシャルゲームの仕組みを掘りさげていった研究者たちは、関係を強化するこの恩恵はゲームが持つ三つの大きな作用――〝共通の基盤をつくる〟〝親密感を高める〟〝相互依存を形成する〟――に由来していると結論した。
〝共通の基盤をつくる〟というのは、同じ経験を共有することで共通の話題ができるということだ。大多数の人にとって、親戚や友人との関係を維持する上での大きな問題は、さしあたっての共通基盤がないことだ。共通の話題が何ひとつなければ、ほとんど口をきかないかもしれない。が、社会科学者らの発見によれば、フェイスブック上のゲームのようなごくシンプルなものであっても、今この瞬間にわたしたちを積極的に結びつけている何かがあるという感覚を劇的に強めてくれる。そのため、話題が生まれる。プレイヤーの報告によれば、ゲームに関する会話が仕事や家族生活などのゲーム以外の話題に発展することもしばしばだという。しかし、ゲームそのものは頻繁なコミュニケーションの土台でありつづけ、そのゲームをやっていなければ疎遠になっていたかもしれない人々と、SNS上で積極的に連絡を取り合う助けになる。[20]
〝親密感を高める〟というのはたんに、より頻繁に交流するようになるということだ。頻度があがればあがるほど、社会的な絆は強くなっていく。交流が基本的にポジティブなものであるかぎりは。ソーシャルゲームは親密感を高めるツールとして、きわめて強力だ。なぜなら、ふたりの人間が時間と場所を超えて交流できるからだ。対面しての交流を妨げているあらゆる障害が取り除かれる。直接会ったほうがより強い（シンクロにも引けを取らない）社交経験を得られるのはまちがいないが、親密感が少し高まっただけでも、将来、救いの手を差し伸べたり、直接会う時間をつくったりする確率があがる。
最後の〝相互依存を形成する〟というのは、自分が相手を気にかけていることを示し、自分を信頼して救いの手を差し伸べても大丈夫だと示すことだ。相互依存を形成するには、好意のお返しをしたり、思いやりを示すシンプルなジェスチャーをしたりするだけでいい。日常生活の中では、こちらが相手を気にかけていることをさりげなく、うまく示すのが難しい場合もある。しかし、ソーシャルゲームの中でなら簡単だ。だいたいの場合、相手にパワーアップアイテムやライフを送ってゲームの手助けをすることで、相互依存が形成される。『ファームビル』では友人の作物に水をやったり、鶏にエサをやったりできる。『キャンディークラッシュ』では難しいステージをクリアできるよう、ライフを送れる。

こうしたささやかな救いの手は、ほとんど必ず無料で差し出せる。〝送信〟ボタンをクリックすればいいだけだ。おまけにゲームのほうからも、そうするようにと絶えずわたしたちに催促する。この種の手助けは非常に簡単だが、プレイヤーはゲーム内で友人や家族に助けてもらうと、手厚くサポートされ、見守られているように感じると回答している。研究者は、わたしたちがゲーム内でつねにサポートする姿勢を見せることで、信頼が育まれ、お互いに対する責任感が芽生えると考えている。この仮説を裏づけるデータもある。ほかのプレイヤーと協力して（またはチームとして）オンラインゲームを一緒にプレイした人は、実生活においてもお互いをよくサポートするようになったのだ。こうしたサポートには、なんらかの問題に対する助言、金銭の援助など有形のサポート、励ます、話を聞くといった感情面のサポートなど、得がたいものが多く含まれている。[*21]

スーパーベターの物語：不仲の家族

「まだ行かないで！　どうか話を聞いてください！」若いブロンド美女の口からこんな言葉が飛び出した。彼女はどうしてもわたしと話をしたいという顔をしていた。

そのとき、わたしはウィスコンシン州ミルウォーキーのマーケット大学で、ゲスト講師としてゲームデザインの講座を終えたところだった。彼女の名前はアンナ、二八歳。ちょうど通信論の学士課程を終えようとしていた。ほかの学生が帰るのを待って、わたしと個人的に話す機会をうかがっていたのだ。

「馬鹿みたいな話かもしれないんですけど、あなたならわかってくれると思ったんです」そう言って、彼女は大きく息を吸った。「フェイスブックの『ファームビル』がわたしの結婚生活を救ってくれたんです。お時間は大丈夫ですか？　その話をしてもいいですか？」もちろん続きを聞きたかった。

アンナは数年前、両家の反対を押し切る形で夫のアーディルと結婚した。「わたしの家族も夫の家族も、お互いに話をしようとしません。結婚のまえもあとも。宗教が原因なんです」アンナの両親はウクライナの出身で、厳格なキリスト教正統派の信者だった。アーディルはインド出身で、家族はイスラム教徒だった。

「両親とは仲直りして、父も母もわたしには口をきいてくれるようになりました。アーディルも向こうの両親とは仲直りしました。でも、わたしの両親も彼の両親も、連絡を取り合うのは絶対に嫌だと言い張っていて。わたしたち夫婦にとって、それが大きな悩みの種でした。どちらの家族からも離れて暮らしているので、なおさらつらかったんです」アンナの親類一同はまだウクライナに住んでいて、アーディルの親類一同はインドに住んでいた。やりとりにはフェイスブックを使うことが多かった。

「わたしの家族とアーディルの家族が仲よくやっていくのは無理だろうとあきらめていました。でもある日、とんでもないことが起きました。わたしの母がアーディルの母親と一緒にブドウの栽培を始めたんです！」

ブドウというのはもちろん、バーチャルなブドウのことだ。アンナはその数週間前から、両親と農場シミュレーション『ファームビル』をプレイしていた。「両親と毎日、何か楽しいことをしたかったんです。家が遠いからなかなか会えないし、時差のせいで電話も難しいから」アンナは夫とも一緒にプレイしていた。「わたしたちのスケジュールはいつもぎゅうぎゅうだし、夫が帰宅するときには、わたしは夜間の授業に出ています。でも、できるだけ一緒にゲームをプレイするようにしました。それで少しは一緒に過ごせる時間が増えました」

それから彼女は訊いた。「お隣さんに手伝ってもらうと、どれぐらい早く農場を大きくできるか、ご存じですか？」フェイスブックのゲームは、自分とつながっている相手全員をゲームに招待することを勧めてくる。ゲーム中で友人が助けてくれるようになるからだ。『ファームビル』では実際の友人や家族が〝お隣さん〟になり、ゲーム内で鶏にエサをあげたり、作物に水をあげたりできる。彼女が言っているのはそのことだった。「母はほんとうにハマったみたいで。農場を早くレベルアップさせるためならなんでもやっていました。まずアーディルをお隣さんとして招待して、穀物の収穫を手伝ってもらっていました。それだけでもすばらしいことです。でもある日、すごいショックを受けました。なんと母はアーディルの母親まで招待して、協力ミッションに参加するよう呼びかけていたんです」

『ファームビル』の協力ミッションでは、数時間から丸一日というかぎられた時間の中で、ブドウを大量に植えて収穫するといった目標を一緒に達成する。「わたしの母とアーディルの母親が住んでいる地域は時差が少なかったから、アメリカにいるわたしたちが起きるのを待つより早かったんでしょう」

アンナの目は涙で濡れていた。「わかっていただきたいのは、これがこの三年のうち、ふたりが初めて自分からした交流だったということです。奇跡のようでした」

夫婦の知らないうちに、アンナの両親は定期的にアーディルの両親を誘って協力ミッションをこなすようになっていた。「母たちはお互いのフェイスブック上にミッションの計画をコメントとして残すようになっていました。そういうこともあって、相手のページが表示されるようになったんでしょうね。お互いの投稿に〝いいね!〟をしたり、感じのいいコメントを残したりするようになりました。最初はただゲームに関するコメントだったのが、それ以上のものになったんです」

家族はもう『ファームビル』をプレイしていない。熱が冷めてしまったのだ。しかし、もうプレイする必要がなくなったとも言える。「あのゲームがすべてを変えてくれました。もう昔のわたしたちに戻ることはないでしょう。みんな、ひとつの家族になったんです」

幅広い友人、家族、親戚とオンラインでゲームをすると、強固な社会的つながりが育まれ、必要なときに周囲のサポートを受けられるようになる。一緒にプレイする相手はあなたの背中を守ってくれ、あなたは彼らの背中を守る。では、自分の愛用のSNSを使っていない相手やゲームをプレイしない人から同じ恩恵を受けたい場合はどうしたらいいだろう？　ソーシャルゲームなら簡単に〝共通の基盤〟をつくり、〝相互依存〟を形成し、〝親密感〟を高められるが、ゲームであってもなくても、この三つの作用を使えばどんな関係でも強化できる。

次のクエストに挑戦し、ソーシャルゲームの持つ力を今後の人生に応用する方法を知ろう。

クエスト10：プラス1点

次の条件に当てはまる三人を思い浮かべる。

1. あなたからの連絡を喜んでくれる人
2. あなたが近況を聞きたい人
3. あなたから連絡があったら驚くかもしれない人

三人の相手を思い浮かべたら、次に〝イージー〟〝ノーマル〟〝ハード〟の三つの難易度のいずれかを選ぶ。〝イージー〟なら最初の相手にメッセージを送る。〝ノーマル〟なら最初と二番目の相手にメッセージを送る。〝ハード〟なら三人全員にメッセージを送る。

〈やるべきこと〉三人のそれぞれに**「今日は10点満点でいうと何点?」**と尋ねる。

相手は急にそんなことを訊かれてびっくりするかもしれない。でもそれでいい。あなたがその人を気にかけていると、そして、その人のことを考えていると、意表を突く形で伝えるのが目的なのだから。10点中何点かと訊くことで、ただ「調子はどう?」と尋ねるより多くの反応や、ずっと正直でおもしろい返答が期待できる(実際にやってみればわかる)。

今すぐメッセージを送ること。メールやフェイスブックのメッセージなど、必ずプライベートな形で送るように。

1点から10点までの報告が相手から返ってきたら、こう返答する。**「その6点を7点にするために、わたしにできることはない?」**(または、「3点を4点に」「10点を11点に」でも、臨機応変に)。

この習慣は友人のマイケルから学んだ。慈善家で起業家の彼はこの質問(とその後の申し出)をするのが大好きで、毎日、会う人会う人に訊いている。わたしと会うときにも訊くし、食事中にレストランのウェイターにも訊く。わたしの夫と初めて会ったときにも訊いた。しばらくして、わたしはこう思うようになった。この質問はなんてすばらしいんだろう、と。相手が親しい友人だろうと知らない人だろうと、ほとんど誰にでも訊けるし、1から10の数字で答えればいいだけだから、とても簡単だ。

返事は点数だけのこともあるし、その理由を詳しく説明してくれる人もいる。なぜ1点なのか、なぜ5点なのか、なぜ10点なのか、理由を聞けば、相手の考えがよくわかる。その点数に1点プラスしたいと提案すれば、相手はほとんど必ず、にっこりほほえみ、わざわざ時間を割いて助力したいというその申し出に、あなたがびっくりするぐらい驚くだろう。先日、友人のクリスにこの質問を送ったときの話をしよう。彼の返事はこうだった。「きみがそう訊いてくれて、少しましになったよ。ほんとに。さっきまで5点だったけど、今は7点になった」

〈仕組み〉このクエストは、ソーシャルゲームの持つ最高の作用を日常生活に応用するためにつくった。オンラインゲームのようにすばやく簡単にできて、誰かと会う必要もない。プラス1点の申し出により、相手を気にかけているということ、自分を頼りにしていいということが伝えられる。これにより、相互依存が形成される。その点数をつけた理由も説明してもらえれば、相手の状況が少しだけわかり、話題ができるので、共通の基盤が固められる。理由を聞かせてくれなかったとしても、連絡をとったことに変わりはない。連絡するたびに親密感が高まり、より強固な関係につながる。

〈ヒント〉このクエストは一度かぎりでやめにせず、頻繁におこなうこと。わたしの場合は、しばらく話をしていない人のことが頭に浮かんだとき、この「1点から10点」の質問を送る。簡単で楽しい習慣だし、会話を弾ませるいいきっかけになる。これが友人や家族にとっても習慣になれば言うことなしだ。

ゲームを一緒にプレイしたからといって、必ずしも親密なつながりや強い絆がつくられるわけではない。ここではとくに、あるプレイ方法について注意をしておきたい。見知らぬ相手との、オンラインでの過度な対戦がそれだ。そういったスタイルでゲームをしていると、今後の人生でポジティブな関係を育むのが難しくなる場合がある。

見知らぬ相手との対戦に勝つと、とりわけ『コール オブ デューティ』のように制圧や破壊といった強いテーマのゲームに勝つと、心理的、神経的な変化がはっきりと現われる。男性ホルモンであるテストステロンが急増し、結果として神経系の能力がさがり、共感を抱きにくくなるのだ。[*22] 自分が強く、攻撃的になったように感じ、弱いと思う相手全員に対して、親切心や思いやりを感じにくくなる[*23]（男性はとりわけこの影響を受けやすいようだ。女性は勝利後もテストステロンの増加が少ない傾向にある[*24]）。ただし、これは知らない相手とプレイする場合だけの話であって、友人や家族とプレイするときには当てはまらない。

あなたはこう思うかもしれない。実生活で一度も会ったことのない人間に対して敵意を抱いたところで、何が悪いのかと。実は、攻撃的な感情はゲームのプレイ中だけに限定されないことがわかっている。テストステロンが急増すると、プレイから数時間が経ったあとでも決断や振る舞いに影響が出る。[*25] 見知らぬ相手に対する反社会的感情が飛び火して、友人、家族、同僚に対しても敵意を抱いたり、攻撃的になったりする可能性があるのだ。

さらに悪いことに、オンラインでの見知らぬ相手との対戦は、勝った場合だけでなく、負けた場合にも毎日の人間関係にいい影響をおよぼさない。最新のゲーム研究によれば、これまで〝暴力的なビデオゲーム〟と関係があると考えられてきた攻撃性の多くは、実際は負けたあとの無力感が関係しているという。[*26] 負けてばつの悪い思いをしていたり、イライラしていたりするプレイヤーは、他者に怒りや敵意を表わす可能性が高くなる。これはひとりでプレイしているときでも、友人や家族とプレイしているときでも同じだが、心も体もシンクロができない見知らぬ相手と対戦をしているときのほうがはるかに起こりやすい。

しかし、『コール オブ デューティ』のようなゲームでも、知人と一緒にプレイした場合については、敵意が高まったり、共感度がさがったりするという証拠はない。これは大事なことなので、はっきりさせておこう。最近の研究によれば、同じ場所にいるほかのプレイヤーと『コール オブ デューティ』で対戦した場合、協力プレイのときと同じように攻撃性と敵意が減少し、共感度が高まる（この章の冒頭で紹介した『ヘッジウォーズ』と同じように）。[*27] だから、『コール オブ デューティ』のようにほかのプレイヤーと積極的に戦うゲームを避ける必要はない。詳しくは第四章で述べるが、そうしたゲームにはほかに数えきれないほど多くのメリットがある。たとえば、認知機能が改善されたり、ストレスの大きな状況でいいパフォーマンスをあげられるようになったりする。しかし、科学的に考えると、また、勝利するとテストステロンが急増するという潜在的なマイナス面も考えると、ゲームの総プレイ時間の半分以上をオンライン上の見知らぬ相手との対戦に費やすのはお勧めしない。つながりのレジリエンスを養うという意味では、友人や家族との対戦や、見知らぬ相手との協力プレイをしたほうがずっといい。

ありがたいことに、ネガティブな社交的影響が出るのはあくまでも見知らぬ相手とオンラインで攻撃的な対戦プレイをしたときだけだ。それ以外のどんなプレイ方法でも、プレイヤー同士の絆が強固になり、好かれやすい人になれる傾向にある。誰かと顔を合わせてゲームをプレイしたり、友人や家族とオンラインでプレイしたりすることは、シンクロ化スキルを実践し、社会的知性を高め、他者への共感を育むのにうってつけの方法だ。シンクロ、社会的知性、共感という強力な能力は、ゲームの内外を問わず、どんな社交環境でも使うことができる。

ミッションをクリア

獲得したスキル：新しい仲間を見つけ、サポート体制を強化する方法

- 誰かと神経学的なシンクロをしたければ、同じ場所で一緒にゲームをプレイするといい。協力プレイでも対戦プレイでもかまわない。ミラーニューロンが活性化され、社会的な絆が強化されて、社会的知性が高まる。
- 時間をつくり、友人や家族とゲーム以外のシンクロ活動もできるだけ頻繁におこなう。一緒に散歩するなど、自然に体のミラーリングが生まれるものがいい。それか、ボールをトスし合うなど、協調性を大いに必要とするものがいいだろう。

- 社交の場におけるシンクロ現象のそれとないサインを探して、身のまわりに新しい仲間がたくさんいるという証拠を見つける。誰かが無意識のうちにあなたのボディランゲージや仕草をミラーリングしていたら、その人はあなたに強いつながりを感じており、将来、救いの手を差し伸べてくれる可能性が高い。
- 仲間になってくれるかもしれない人の数を劇的に増やすには、ゲームをプレイするか、年齢、文化、性別、考え方のちがう人たちとシンクロするといい。新しい友情を手に入れられるだけでなく、もっと多くの人に対して共感できるようになる。
- ソーシャルゲームや遊び心のあるコミュニケーションを通して、新しい社会的サポートの源を探す。ささやかなサポートを求めたり、提供したりすることは、たとえそれが時間と場所を超えたものだったとしても、一番強力な社交的ジェスチャーになる。
- 見知らぬ相手との一対一のオンライン対戦に多くの時間を費やさないようにする。社交的な恩恵がなく、共感度やあなたの好感度にネガティブな影響を与える可能性があるからだ。対戦ゲームが好きなら、チームで対戦するか、実際の友人や家族としよう。

第三章　あなたは自分自身の物語のヒーローである

ミッション

脳を改良し、モチベーション、忍耐、成功を引き出す

ビデオゲームをプレイするとき、わたしたちは勇敢なスペースカウボーイ、戦うお姫様、命知らずのレーサー、ゾンビ大量発生後の最後の生き残りといったヒーローになる。非デジタルなゲームの中でさえ、すばらしい功績をあげてその日のヒーローになろうと奮闘する。たとえば、サッカーで最後の瞬間にゴールを決める、クイーンを失った敗色濃厚なチェスの試合で、ポーンを前進させてクイーンにプロモートさせようとする。

しかし、ゲームは実際にヒーローの潜在能力を育むのだろうか？　ゲームをプレイすることで、実生活でも人の手本になったり、途方もない目標を達成したりできるようになるのだろうか？　その答えがイエスだという証拠がある。

この章では、どんな種類のゲームでもわたしたちの性格の強みを伸ばせることを学ぶ。性格の

強みというのは、ガッツ、忍耐、思いやり、勤勉さなどのことだ。現実世界での意志力を強化し、振る舞いを改善するのにゲームがどう役立つのか、科学をひもといて考える。チャレンジや困難に対する脳の反応をゲームがどう変えるのか、ゲームをプレイすると難しい状況にもめげにくくなるのはなぜなのか、ゲームの神経科学から考察する。また、特定のゲームをプレイすると人が困っているときにヒーローのように立ちあがれるようになる理由も考える。

ゲームはわたしたちの生来の精神力、思いやりをどのように利用しているのか。それを理解すれば、英雄的な素質をいつでもどこでも、よりうまく発揮できるようになる。

では、若者のガン克服を支援するという大胆な目標を掲げたゲームから紹介しよう。

一見すると、『リ・ミッション』はなんの変哲もないSFファンタジー風シューティングゲームだ。プレイヤーはロキシと呼ばれるスーパーロボットを操り、ねじれたり曲がったりするステージ内を飛びまわり、強力な武器で敵を倒す。3Dで描画されたグラフィックと没入感を高める効果音はいかにもよくあるビデオゲームといった風情だが、よく見るとロキシが飛びまわっているのは人間の体内だ。おまけに敵はガン細胞、ロキシの武器は化学療法ブラスター、抗生物質グレネードなどとなっている。

若いガン患者にとって、化学療法と抗生物質の摂取をちゃんと続けるのは困難であるものの、命に関わることだ。『リ・ミッション』は、そんな治療を継続させるという特殊な目的のために、非営利団体の HopeLab が開発したゲームだ。

白血病のような小児ガンの治療には、たいてい二、三年間の経口投薬が必要になる。患者にとって非常に大切なのが、薬を一回も飲み忘れないようにすることだ。小児ガンが（寛解を維持できず）再発するケースのうち八〇パーセントは、薬の飲みそこねが影響している。飲みそこねた回数が少ないほど、感染症、発熱、入院の確率が減少する。そして何よりも、生存状況が改善される。

家族も患者もそれを知っている。それでも若い患者はさまざまな理由から薬を飲みそこねることがある。吐き気や倦怠感といった副作用に耐えられない。体調がよくなってくると、学校やスポーツで忙しくなり、決められた厳格なルーティンに従うのが難しくなる。または治療の数年後、無意識のうちに反発したくなり、薬を飲み忘れる。彼らはもう病気であることにうんざりしているのだ。

『リ・ミッション』は、そんな若い患者たちが前向きな気持ちで、意欲を持って薬を飲めるようにすることで、こうしたつまずきを防ごうとしている。HopeLab の上級研究員であるカリフォルニア大学ロサンジェルス校薬学部の教授、スティーヴ・コール氏はわたしにこう説明した。

「三〇パーセントの子供が、二〇パーセント以上の薬を飲みません。そんな子供たちは白血病の再発率が二倍になります。ですが、これは完全に避けられるリスクです。われわれはなんとかしてメッセージを伝えなければなりません。どれだけひどい病気だろうと、自分の健康を管理できるのは基本的には自分しかいないし、やるべきことをやらなければ、誰もきみの命を救えないのだと」

コール氏と共同研究者らは、患者がビデオゲームという強力なコンテクストの中で化学療法への理解を深めれば、自分の治療プランにもっと積極的に関わるようになると考えた。たとえば、ゲーム内のバーチャルな患者が抗ガン剤を飲まないと、ロキシのブラスターの調子が悪くなり、三発に一発は不発になる。もう一度薬を飲まないと、バーチャルなガン細胞が強くなる。さらにもう一度飲まないと、ガン細胞が薬への耐性をつけ、ステージがますます難しくなる。

この試みはうまくいったのだろうか？　答えは圧倒的にイエスだ。ある臨床試験では、『リ・ミッション』をたったの二時間だけでもプレイした患者は、三カ月間、薬をもっとちゃんと飲むようになった。*1

薬剤服用電子監視のデータによると、三カ月のあいだゲームをプレイした患者は、プレイしなかった患者よりも一六パーセント多い抗生物質を摂取した。ゲームのおかげで、通常であれば飲まれなかった薬の半分もの量が飲まれるようになったのだ。患者の血液を調べてみたところ、『リ・ミッション』をプレイした患者の体内には、四一パーセント多い抗ガン剤が存在していることがわかった。彼らはちゃんと治療についていけるようになり、そのため、寛解維持の確率もあがった*2（この臨床試験は一三歳から二九歳の患者三七五名を対象に、アメリカ全土の三四の医療センターでおこなわれた）。

興味深いことに、被験者の実に四分の一が、臨床試験以前にはほとんどビデオゲームをプレイしたことがなかった。残りの四分の三は週に一、二時間しかゲームをプレイしていなかった。つまり、彼らは日頃からゲームの恩恵を享受している筋金入りのゲーマーではなかったのだ。そして、このゲームはふだんからよくゲームをする被験者にも、まったくの初心者にも、たまにプレイする程度の被験者にも、同等の効果があった。そして今も世界じゅうの患者に影響を与えている。臨床試験が成功裏に終わったことを受け、『リ・ミッション』は二五万人以上のガン患者に配布された。最近、HopeLab はガンと闘うゲーム『幹細胞ディフェンダー』『ナノボットの復讐』など、六種の続編ゲームをネット上で公開した（http://www.re-mission2.org から無料でプレイできる)。

HopeLab のゲームは実に驚異的で、実際に人命を救う可能性のあるものだ。しかし、あなたがガンと闘っていないとしても、『リ・ミッション』の研究から人生を変えるすばらしい考察が得られる。それは、成功や意志力にとって、モチベーションそのものはあなたが思っているよりはるかに重要度が低いということだ。

『リ・ミッション』をプレイするまえから、ガン患者たちはすでに自分の命を懸けて闘っていた。当然、モチベーションも高かったはずだ。彼らはたんにモチベーションが足りないだけの集団ではなかった。意欲はあったはずなのに、それでもガンが治る確率を大幅に上昇させる行為をしそびれることがあった。

『リ・ミッション』はなんらかの方法で、ただのモチベーションをもっと強力な心理的リソースへと変換したのだ。そのリソースとはなんだろう？　どうして『リ・ミッション』はそのリソースをきわめて迅速に生み出すことができたのか？

これこそ、最初の臨床試験が成功したあと、HopeLab のチームが疑問に思ったことだった。もともと彼らは、薬の摂取習慣にポジティブな影響を与えるには、このゲームを三〇時間プレイする必要があると仮定していた。ところが、たった二時間のプレイであまりに大きな変化が表われたので、彼らも驚いた。また、当初の予想では、習慣の変化を定着させるにはゲームを毎日プレイさせ、薬の効果を絶えず思い出させる必要があると考えられていた。しかし、蓋を開けてみれば、たった一回プレイするだけで充分だった。ほんとうに驚くべき結果だ。そんな短い時間バーチャルなゲームをプレイしただけで、どうしてそれほど長期間にわたって現実世界での習慣が変化したのだろう?

この謎を解く鍵は、臨床試験中に収集された別の一連のデータの中にあった。研究チームは患者がちゃんと薬を飲んでいるかどうかを監視していただけでなく、試験中の患者の心理変化も記録していた。ゲームをプレイした患者もプレイしなかった患者も、同程度のモチベーション、ストレス、ガン症状、肉体的な副作用があると回答していた。が、ゲームをプレイした患者にはひとつだけ大きなちがいがあった。ゲームをプレイしなかった患者に比べて、自分がより強く、前向きで、自分の健康状態にポジティブな影響を与えられると感じていたのだ。

心理学ではこの心の状態を〝自己効力感〟と呼ぶ。これはほかならぬ自分自身が自分の人生に対してポジティブな影響を与えられるという確信だ。

自己効力感は自尊心とイコールではない。自尊心はもっと包括的でポジティブな自負の感情で、自己効力感は特定の問題を解決したり、特定の目標を達成したりするにあたって、具体的なスキルや能力に自信があることを意味する。これは状況に応じて発揮される感情で、職場では高い自己効力感を持っていても、人前で話したり、ダイエットしたりすることについては自己効力感が低いこともありえる。

モチベーションが高いのに最後までやりとげられないケースと、モチベーションを一貫した効果的な行動にうまく転化できるケースの大きなちがいは、自己効力感の有無だ。自己効力感が高いと、たとえそれが難しく、苦痛を伴うことであったとしても、目標達成に向けて必要な行動をとる可能性が高くなる。また、あきらめることなく、より長期にわたって難題に取り組むようになる。一方、自己効力感が低いと、どれだけモチベーションがあってもポジティブな行動をとる可能性が低くなる。人生を変える力があるという自信がないからだ。

では、『リ・ミッション』をプレイした患者の自己効力感はどこから来たのだろう？ そもそも、ゲームというのはどんなものであれ、プレイヤーの熟練を要する能力や適性、力に対する感覚を、時間をかけて高めるように、つまり、自己効力感を高めるようにデザインされている。ほかのあらゆるビデオゲームと同じく、『リ・ミッション』も難しい目標を達成するよう要求する。プレイヤーは複雑な3D空間を探索し、時間切れになるまえにすべてのガン細胞を倒さなければならない。この目標を達成するにはスキル、練習、努力がいる。『リ・ミッション』をプレイしてみると、ほかのあらゆるゲームの場合と同じく、最初はだいたい失敗する。しかし、何度も挑戦してゲームの仕組みを学んでいくうちに、すぐにスキルと戦略が改善される。最終的にプレイヤーはいくつかのチャレンジを乗り越える。そして、ビデオゲームの常として、難易度がだんだん上昇していく。ステージごとにチャレンジはより難しく、複雑になっていく。この絶え間なくエスカレートしていくチャレンジには、失敗をものともせずに挑戦しつづける意欲が必要になる。これによって、練習と学習を継続し、がんばってプレイしつづければ、最終的にはもっと難しい目標も達成できるはずという信念が身につく。

目標を受け入れ、努力し、努力に対するフィードバックを受け、具体的なスキルを磨き、試行錯誤を続け、最後には成功する。これが自己効力感が形成される従来的なプロセスだ。このプロセスをつくるのにゲームは必要ない。が、挑戦と能力の改善こそがゲームの本質なので、ゲームは信じられないくらい確実、効果的に、わたしたちをそこまで導いてくれる。

ひとついいことを教えよう。いったん特定の問題に対する自己効力感が身につくと、それは持続する傾向にある。自己効力感は定着し、自分にはできると信じていることを、達成できる見込みがあると信じている目標を、永遠に変化させつづける。『リ・ミッション』がこれほど大きな効果を発揮するのはそういう理由からだ。このゲームは、本来であれば無力感や絶望に屈してしまうような状況で、若い患者にとっての新しい自己効力感の泉となった。彼らは化学療法を強制的でネガティブな経験と見なすのではなく、自分が完全にコントロールできる強力な武器だと考えるようになった。化学療法の効果を正しく理解し、その力を行使することを恐れなくなったのだ。

無力感から効力感へ、弱っているという感覚から成功しているという感覚へ。この考え方の変化ひとつだけでも、長い治療期間中のプレイヤーの意志力と精神力は大いに高まる。

新しいスキルを学んだり、新しいチャレンジを克服したりすれば、自己効力感はいつでも高められる。次のクエストに挑戦して、今この場であなたの自己効力感を高めてみよう。

クエスト11：パワーブレス

自分を落ち着かせようとして、ゆっくり深呼吸したことがあるだろう。しかし、ストレスを減らし、痛みを軽減し、集中力を高め、片頭痛を治し、パニックを予防する、もっと便利な呼吸法がある。

〈やるべきこと〉 ゆっくり四まで数えながら息を吸う。その後、八まで数えながら息を吐く。

四まで吸い、八まで吐く。この呼吸を一分以上続ける。たぶん、思った以上に難しいはずだ。コツは**息を吸ったあと、その二倍の長さ分、吐く**ことだ。

今すぐやってみよう。ここで丸一分続ける必要はない。一度やってみるだけでもいい。四まで吸って、八まで吐く。できただろうか？

では二回連続でやってみよう。

それができたら三回連続でやる。可能であれば数をもう少しゆっくり数え、もっとたくさん息を吐く。

これであなたもコツをつかんだ。一分以上できるようになったら、ストレスが溜まったり、苦痛を感じたりするさまざまな状況で、あっという間に気分転換ができるようになる。

〈仕組み〉 このリズムで呼吸すると〝心拍変動[*3]〟が高まり、鼓動と鼓動の間隔にごく小さな変化が生じる。

心拍変動は大きければ大きいほどいい。長期的に見れば、心拍変動が高まるとストレス、不安、怒り、苦痛から自分を守れるようになる。短期的に見ても、神経系にとてつもなく大きな影響を与え、肉体が〝交感神経刺激（ストレス、痛み、不安によって交感神経が活発になり、闘争・逃走と呼ばれる状態になること）〟から〝副交感神経刺激（平穏・結びつきの状態）〟に移行する。[*4]

呼吸法をたった一分変えるだけで、全神経系をストレスに満ちた状態から非常にリラックスした状態に移行させられる。筋肉がリラックスし、心拍数が減少し、消化が促され、精神状態が改善される。あなたが何かしらのよくない気分を感じているなら、この大きな変化は助けになるはずだ。

しかし、このクエストはまだ終わりではない。この呼吸法を使ってすぐに気分を向上させられそうな状況をふたつ考えてほしい。たとえば、わたしはこのテクニックを使って片頭痛をその場で治したり、飛行機が乱気流に入ったときに不安を解消したりしている。ナイキで一緒に仕事をした担当者は、激しいトレーニング後に筋肉の痙攣を和らげるために使っていた。

スーパーベターのプレイヤーたちは、パワーブレスを使って子供に対するかんしゃくを抑えたり、朝の倦怠感を乗り切ったり、不眠に抗ったり、ミーティングのまえに緊張を鎮めたり、さらにはセックスのまえに気分を高めたりすると教えてくれた。あなたならどんなことに使うだろうか？

〈やるべきこと〉この一分間のパワーブレスが役に立ちそうな、**実生活におけるふたつの状況を想定する。**そして、次に自分がその状況に遭遇したら、この呼吸法を使うと心に決める。

〈クエストをクリア〉 おめでとう、クエストはこれで完了だ。ストレス、不安、不快感、痛みと戦うにあたって自己効力感を高められるようになり、パワーブレスが役に立ちそうな特定の状況をふたつ想定した。あなたはスーパーパワーを手に入れ、いつ、どのように使えばいいかを正確に理解した。

自己効力感がどのように形成されるのか。難しいことに挑戦する際、自己効力感がどのように能力を高めてくれるのか。だんだんわかってきたことと思う。が、『リ・ミッション』の臨床試験の結果にはまだひとつわからないことがある。被験者が『リ・ミッション』をプレイしたことで、ビデオゲームのスキルに自信を深めたというなら話はわかる。ビデオゲームをプレイすると、そのゲームの腕前はもちろん、おそらくはほかのゲームの腕前もあがるからだ。しかし、あるビデオゲームの腕前に自信を持ったことが、どうして現実世界のガンをやっつけられるという自信につながったのだろうか？　ゲーム世界の敵を倒すよりも、実際に生死に関わる病気に勝つことのほうがずっと難しいはずだ。

この謎を解くには、ビデオゲームの神経科学に目を向ける必要がある。なぜなら、個々のスキルに対する自信をつけさせる方法はいくつもあるが、脳に〝全般的な自己効力感〟（どんな問題に取り組むのであれ、自分にはそれを克服するだけの能力があるという自信）を、ゲーム以上にすばやく確実に芽生えさせられるものは存在しないことがわかっているからだ。

・・・

ビデオゲームはドラッグの静脈注射と同程度の心地よく強い恍惚感を脳に感じさせる。これはゲームの神経科学における最初の、そしてショッキングな大発見だった。一九九八年、イギリスの科学者グループが、ビデオゲームをプレイすると脳内の〝快楽〟神経伝達物質ドーパミンが大量に増加することを発見した。[*5]驚くべきことに、ゲームをプレイしたときに増加するドーパミンの量は、同じ被験者にアンフェタミンを静脈注射したときと同じだった。

ゲームは中毒性の高いドラッグとまったく同じ作用を脳に与えているのだろうか？　一見すると、この発見は憂慮すべきものに思えるかもしれない。同じ研究で、ビデオゲームをプレイする人の一から八パーセントが、時おり〝中毒〟と言えるほどゲームに夢中になってしまうと回答したことを思えばなおさらだ[*6]（こうした研究では三パーセントという結果が出ることが多い。ゲームをやりすぎてしまう原因と、それに対処するための最も効果的なテクニックについては、第四章で説明する）。神経伝達物質ドーパミンについて知識がある人なら、中毒に関する文脈の中で同じ話を聞いたことがあるかもしれない。ニコチンからコカインまで、多くのドラッグが快楽をもたらすのは、中脳辺縁系の経路（脳の〝報酬回路〟）に大量のドーパミンが放出されることが原因だと考えられている。

中脳辺縁系の経路は快楽や中毒だけでなく、脳のさまざまなプロセスに関係している。この領域に放出されたドーパミンは記憶、モチベーション、学習、感情、欲望を刺激する。実際、圧倒的多数の人にとっては、日常生活の中で報酬回路内のドーパミンが増加することは中毒のサインではない。だいたいの場合、ドーパミンの増加はモチベーションと精神力が高まったというサインだ。[*7]

何か将来の目標を考えると、脳はそのたびに、それが努力して達成する価値のある目標なのかどうかを一瞬で、無意識のうちに費用対効果分析する。[*8] この分析がどのようにおこなわれるかは、そのときの状況がどうかということより、その時点で脳内にどれだけのドーパミンがあるかによって決まる。

報酬回路内のドーパミン濃度が高いと、求められる努力に対する不安が小さくなり、成功を想像、予見しやすくなる。また、決心が固くなり、挫折に直面してもストレスが溜まりにくくなる。一方、報酬回路内のドーパミン濃度が低いと（臨床的鬱病——強度の抑鬱状態——にかかっているとそうなりやすい）求められる努力を大きなものとして、しばしば実際よりも誇張して考え、目標の重要度を低く見積もるようになる。[*9] 成功よりも失敗が頭をよぎるようになり、最終的にはチャレンジから完全に身を引いてしまう。[*10]

つまり、新しい目標や大きな障害に取り組む際は、ドーパミン濃度が高いほど大きな恩恵を受けられると考えていいだろう。報酬回路内のドーパミン濃度が高いと、モチベーションと精神力が高まるだけでなく、学習能率が高まり、パフォーマンスも向上する。[*11] 目標を追求していると、自分の行動にもっと注意を払うようになるからだ。フィードバックに対しても迅速に、効果的に反応できるようになり、学習と上達が促進される。目標を達成するためのモチベーションの向上と、新しいスキルや能力を習得するために必要な精神力と学習能率の向上。これが神経学における自己効力感の基準だ。この強力なコンビネーションによって、意欲があふれ、成功の可能性についても楽観的に考えるようになる。

多くのビデオゲーム研究者にとって（ゲーマーにとっても！）、こうした神経科学の発見は大いにうなずけるものだろう。ゲーマーはゲームをしている時間のうち、平均で八〇パーセントの時間を失敗に費やしている。[*12] プレイ中にドーパミンが大量に放出されていなければ、まちがいなくもっと早々に投げ出しているだろう。報酬回路内のドーパミン濃度が高まることで、ゲーマーは集中を切らさず、モチベーションを保ち、成功するまであきらめなくなる。そして、並行して学習能率が高まることにより、スキルを磨き、最終的に目標を達成できる可能性があがる。

そう考えれば、よくゲームをする人が何時間も好きなゲームに没頭するのも当然と言える。彼らの脳は、行動のたびに高まる自己効力感に備えている。ドーパミンは目標に向けた行動に対するフィードバックを期待するたびに放出される。それは日常生活においてもゲームにおいても変わらない。自分の行動はどうだったのか、それを知りたくてうずうずするのだ。ビデオゲームをプレイしていると、目標に向けた行動を短時間のうちにいくつもとり、瞬時にフィードバックが返ってくる。そのため、ドラッグを摂取したときのように大量のドーパミンが放出される。

一方で、楽観的になり、意志が強固になることが望ましくない場合もある。ありえないような、あるいは獲得の難しい報酬を手に入れようと奮闘する傾向は、逆効果に（ひどいときには病的に）なってしまうことがあるのだ。どれだけ努力したところで、実際にはなんの意味もないような場合にはとくに。たとえばギャンブルでは、どれだけ懸命に取り組んだとしても、運がものを言う。だから先ほどのような精神状態でギャンブルに臨めば、ひどい結果になるだろう。もしくは、コカインやニコチンのようなドラッグによってドーパミンが大量に放出されている場合、報酬（もっと多くのドラッグ）を得ようとするきわめて大きなモチベーションが、実際に望みのものを手に入れることで、最終的には健康を取り戻すための莫大なコストにつながる。

しかし、日常生活におけるたいていの場合、とりわけ、努力で結果をよくすることができる可能性が高い場合、たとえば新しいことを学ぶ、難しい課題を終わらせる、スポーツのトレーニングをする、怪我のリハビリをする、あるいはたんに、憂鬱な気分から脱しようとする場合などには、この神経学的なバイアスはポジティブなすばらしい結果を生む。

ところで、ビデオゲームによって放出されたドーパミンは実生活のチャレンジや問題の解決にも応用できるのだろうか？　ゲームによって脳が改良され、モチベーションが高まり、もっとがんばれるようになるのは、プレイの最中だけなのだろうか？　それとも、ゲームで高まった意欲と自己効力感は実際の生活にも応用できるのだろうか？

よくゲームをプレイする人は、自分の好きなゲーム以外の難題に対しても多くの努力を注ぐことがわかっている。最近のある研究によると、ゲーマーは〝難しいタスクをクリアしなければならないと考える気質〟と〝ストレスにさらされた状況で高水準のパフォーマンスを発揮したいという欲求〟を持っている。[*13] この実験では、簡単なパズルと難しいパズルを与えられた被験者のうち、よくゲームをプレイする人は難しいパズルを解くのにきわめて多くの時間を使った。反対に、あまりゲームをしない人はあきらめるまでの時間が早く、難しいタスクをクリアすることにあまり関心を示さなかった。全体的に言って、ゲーマーのほうが〝粘り強さ〟と〝忍耐力〟がはるかに高く、難しい状況下でもチャレンジに対する習慣的な渇望と成功への努力を見せた。

何がこうした資質を育むのだろうか？　過去の（ビデオゲームとは関係ない）研究により、大きな努力を必要とするタスクを成功させた人は、それがどんなタスクであったとしても、将来のタスクに対しても努力を継続することがわかっている。努力して目標を達成することで（神経学的に言えば、ドーパミンがより放出されることで）、もっとがんばろうという気になるからだ。これは中毒と同じ生化学プロセスだが、悪循環ではなく、好ましい循環だ。

　これらの発見を受け、科学者たちはこう考えるようになった。脳内のドーパミン濃度をあげることが、勤勉さを高めるための最も重要な要素なのかもしれない、と。[14] 勤勉さは世界じゅうで認められ、高く評価されている性格の強みだ。これはその強みに関する重大な再発見だった。勤勉さはもっといい人間になりたいと思うだけで育まれるような精神的な美徳ではない。実際は、脳内のドーパミン濃度を上昇させる活動を通して、意図的に伸ばせる生化学的状態なのだ。そう考えれば、『リ・ミッション』のような手強いビデオゲームをプレイすることで、日常生活のチャレンジに対してよりいっそうの努力と精神力を注げるようになる理由もずばり説明できる。

　最近の研究で、この理論はさらに補強されている。よくゲームをプレイする人の脳は、ドーパミン反応が高まることにより、実際に長期的に変化しているのだという。ドイツ、ベルギー、フランス、イギリス、カナダの二五名の科学者からなるチームの報告によると、よくゲームをプレイする人（週に平均九時間以上ゲームをプレイする人）は、報酬を司る脳部位である〝左腹側線条体〟内の灰白質の量が多い。[15] 一般的には、灰白質が多いほど大きく、すぐれた脳だと言える。とくに左腹側線条体内の灰白質が多いほど、より多くの認知リソースをモチベーション、精神力、楽観、学習に割り当てることができる。

　とはいえ、ゲームをプレイすることでゆっくりとこれらの強みが育まれるのではなく、ビデオゲームをよくプレイする人は生まれつきチャレンジにやる気をそそられ、高い学習能力を持っているだけという可能性もある。が、ゲーム研究に携わる神経科学者の大半は、そうでは<u>ない</u>と考えている。彼らは、ゲームをよくプレイする人とほとんどプレイしない人の脳のちがいは、〝神経の可塑性〟、つまり〝脳が自らを改良し、頻繁な活動によってさまざまな領域を強化する能力〟にあると見ている。[16]たとえば、アクションゲームが脳の可塑性と学習に与える影響を研究しているジュネーヴ大学認知神経科学研究所のダフネ・ベイヴライヤー博士は、一〇年以上におよぶ研究から、ゲームをすることで大規模な〝神経の再構築〟が起き、それによって注意力が高まり、意志決定が早くなり、学習能率が向上すると考えるようになった。[17]博士は成人の神経可塑性を高めるツールとしては、ゲームが一番効果的かもしれないと指摘している。[18]

別の神経科学者ジュディ・ウィリス博士も、ゲームが脳を改良すると考えている。カリフォルニア大学ロサンジェルス校神経科クリニックのチーフレジデントだった彼女は、自らの開業する小児神経科クリニックで一五年にわたって患者たちを診てきた。彼女は今、学校や教育者と協働して、人生を成功させ、豊かな心を持つための認知習慣を教えている。生徒に日々、自己効力感を体験させるというのが基本的な戦略で、ビデオゲームを頻繁にプレイすることもそれに含まれている。

「一緒に火がついたニューロンは一緒につなぎ合わされます」と彼女はよく口にする。これは神経科学の基本的原則からの引用だ。[19]ある思考パターンを繰り返せば繰り返すほど、そのパターンを活発化させる神経ネットワークが強固になる。神経ネットワークが強固になればなるほど、将来その思考パターンを繰り返す確率が高くなる。そのパターンにたどり着くのが容易になり、一

○○倍もの速さでニューロンが刺激されるようになる。そして、そのパターンが頻繁に繰り返されるため、神経ネットワークが加齢による認知低下の影響を受けにくくなる。

つまり、ゲームをよくプレイしているときに経験する自己効力感は、ただの主観ではなく、脳に組み込まれた思考パターンなのだ。何度も特定の神経回路が活性化されることによって、脳が鍛えられ、チャレンジをまえにすると意欲がかきたてられ、フィードバックから報酬を受けるようになり、一時的な失敗に対して打たれ強くなる。「だから、ゲーム以上にすばやく効果的に、成功の精神を養えるものはないんです」と、博士はわたしに言った。「さまざまな戦略を試し、そのフィードバックを受ける機会が定期的にあると、ドーパミンがより頻繁に、より大量に放出されるようになります。短期的に快楽が得られるだけでなく、長期的に見ても考え方に変化が表われはじめます。以前は達成できなかった物事に対して、ほんの少しの努力で達成できるかもしれないと考えるようになるのです。脳は学習、改善、最終的な成功を期待するようになります。なぜなら、いつもそうなっているからです。

いつも目標の達成に成功していると、脳の費用対効果分析が一変します。脳のデフォルトの状態、つまり、難しいタスクやチャレンジングな目標に対して無駄なエネルギーを使いたくないという状態が覆され、失敗を恐れずにもっと手強いチャレンジを探すようになり、挫折に対するレジリエンスが養われます」

・・・

ゲームに関する一五年分の神経科学研究をまとめると、こういうことになる。もし脳をもっといい状態にしたいなら、つまり、モチベーションを自己効力感に変化させ、学習能率とレジリエンスを高めたいなら、ゲームをもっとプレイすればいい。あるいは少なくとも、いいゲームと同じようなチャレンジングな学びの機会を与えて、脳を刺激すればいい。

脳内のドーパミン濃度を一気にあげるために博士が使っているテクニックを紹介しよう。ゲームではないが、ゲームフルな方法だ。博士はこのシンプルなテクニックを使い、燃え尽き症候群の患者やクライアントの回復を助けている。あなたも次のクエストでやってみよう。

クエスト12：未来予想

〈やるべきこと〉 何かについて予想する。どんなものでもかまわないが、結果を二四時間以内に自分で確認できるものにする。大きなことでも小さなことでも、馬鹿らしいことでもまじめなことでもかまわない。ただ予想をして、自分が正しかったかどうかを確かめる。

〈例〉 スーパーベター・プレイヤーたちは次のようなものを予想した。

・スポーツの試合の勝者
・自分の銀行口座の正確な残高（最小単位にいたるまで正確に）
・今後一時間以内に受信するメールの数

・明日の同じ時間、自分はどんな気分で過ごしているか。
・夫のいびきと犬のいびき、今晩最初にわたしの眠りを妨げるのはどちらか。たぶん夫のいびき！
・好きなバンドがコンサートで最初に歌う曲はどれか？
・今一緒に観ている映画に、親友は10点満点で何点をつけるだろうか？
・一枚も割らずに、食器をどれぐらいのスピードで片づけられるか。予想では二分一五秒！
・遠く離れた生まれ故郷を三〇年ぶりに訪れる。これから二四時間以内に昔の先生、コーチ、旧友から何回ぐらいハグされるだろうか？　きっとすごい数になる！

〈仕組み〉予想をすることにより、きわめて確実かつ効果的に、脳の報酬回路を刺激できる。「なんらかの予想をするたびに、注意力が向上し、ドーパミンが増加します」とウィリス博士は言う。予想には、見返りの非常に大きなふた通りの結果がありうる。ひとつは予想が合っていた場合。この場合は気分が向上する。もうひとつはまちがっていた場合。この場合は、次回もっとうまく予想できるようになる情報が手に入り、そしてなんと、やはり気分が向上する。脳は学習するのが好きだからだ。博士によれば、ドーパミンは成功したときよりも新しい有益なことを学んだときのほうがより多く放出される傾向にある。

数十の科学的研究がこの説を裏づけている。ゲーマーの脳は失敗したときも負けたときもドーパミンを放出している——もう一度挑戦するチャンスがあるかぎりは[*20]。

だからどんなものでもいいから、どんどん予想しよう。合っていようと外れていようとドーパミンが放出される。ウィンウィンのゲームだ。退屈しているとき、イライラしているとき、ストレスが溜まったときにこのテクニックを使おう。すばやく、自然に好奇心と注意力が刺激され、同時に神経回路が強化され、精神力、意欲、忍耐力が向上する（あなたと一緒にいる人が退屈したり、イライラしたり、ストレスが溜まったりしているようなら、何か予想するように言ってみよう）。

〈ヒント〉 誰かと一緒に、どちらの予想が当たるか勝負をすることで、より大量のドーパミンが放出される。社交的な利害が加わることで、報酬の見込みが大きくなるのだ。

スーパーベターの物語：仕事を求めて

数週間前、親友のカルヴィンから連絡があった。カルヴィンは三五歳の既婚者で、博士号を持つコンピューター科学者だ。カリフォルニア大学バークレー校の大学院以来のつき合いになる。ここ一〇年、カルヴィンはテクノロジー業界と大学研究機関で働いてきた。最近、彼は思いきってフルタイムの研究職を探すことにした。

「キャリアをめぐる冒険は今のところ順調だ」と彼はメールに書いていた。「五つの大学で面接まで漕ぎつけた」文面からは明るさが感じられたが、ある一流研究大学の面接で、とてもまいっているという。

「去年、そこで面接を受けた友人がいるんだけど、終わるころには半ベソをかいていたらしい。ある教授に開口一番、『きみの論文はゴミだ。大学がきみを面接に呼んだのはとんでもないまちがいだった』と言われたらしい」これは明るい話題ではなかった。カルヴィンの面接もその教授が担当することになっていたからだ。

状況がベストであったとしても、就職面接はとても緊張するものだ。二日間にわたる面接のためにキャンパスに赴いたカルヴィンの緊張も増す一方だった。「初日に面接してくれた人がみんな口をそろえて、翌日の教授との面接についてぼくに警告するんだ。彼が若い研究者に対してどれだけ意地悪かとか、彼との面接ではみんな苦労したとか。雇用委員会の理事でさえ、ぼくの面接に彼を参加させるのはためらいがあったと言っていた。

その夜はすごく神経質になって、どうにかして気持ちを落ち着ける必要があった。それで考えたんだ。『明日の面接を何か恐ろしいものではなく、ゲームだと思える方法はないだろうか？』って。それでビンゴゲームをつくることにした。教授がぼくに言うかもしれない最悪の言葉を予想したんだ。なんであれ、ぼくをすごく動揺させそうな言葉を。それを全部書きとめて、真ん中をフリーのマスにした。できあがったビンゴカードを折りたたんで、ポケットに忍ばせてから面接に行ったよ」

カルヴィンはカードの写真も送ってくれていた。だからわたしもこのゲームフルな解決策を自分の目で確かめることができた。ビンゴの各マスには、面接を受ける人がすくみあがってしまうようなことが書かれていた。〝個人攻撃、批判〟〝知識、スキルを試される〟〝仕事上の欠点、まちがい、ミスを指摘される〟〝よく知らない文献を引用される〟〝おまえの研究にはオリジナリティがなく、当たり前のことしか書いていないと言われる〟〝くだらないと一蹴される〟〝主義主張がないと批判される〟

このビンゴは役に立ったのだろうか？　答えはまちがいなくイエスだ。「結局、教授はネガティブなことをたくさん言った。でも、全然なんとも思わなかった。ぼくがいかにちっぽけな人間かってことを彼がわからせようとするたびに、心の中でビンゴのマスにチェックをつけた。おかげで、すごくストレスの溜まる状況だったけど、ユーモアが生まれた」

カルヴィンはふたつの勝利を収めた。まず、ビンゴをそろえた。「教授は真ん中の横の列をそろえた。ほんとに口の悪い人だった！」それからほんとうの意味での勝利。大学から採用通知が来たのだ。結局、彼は別の仕事を選んだが、複数のオファーを勝ち取ったことでベストな契約条件を交渉できた。

神経がすり減るような状況でそんなに賢い解決策を見つけたことに、わたしは感銘を受けた。彼はたぶん、意図的にドーパミンの放出をコントロールしたわけではないのだろう。しかし、ビンゴのマスを埋めるたびにドーパミン濃度が上昇していたのはまちがいない。

〝予想する〟ことで注意力が高まり、ドーパミンが放出される。だからビンゴカードをつくっただけで精神力が高まり、楽観的になれたのだ。

〝最悪のシナリオ・ビンゴ〟は遊んでみたいと思うようなゲームではないかもしれない。ストレスの溜まる不愉快な状況に進んで飛び込みたい人はいないだろうから。でも、精神力とガッツを総動員しなければならないとき、このゲームフルなテクニックを使えば、脳のレジリエンスが向上し、成功に備えられる。すばらしい効果を発揮するだろう。それはそれとして、次の大事な日に備えて〝最高のシナリオ・ビンゴ〟をつくってみるのはどうだろう？　旅行や仕事上の大きなイベント、特別な状況で起こりうるよい出来事を片っ端から予想するのだ。困難な日と同じく、楽しい日についても精神力と楽観の恩恵を受けられるようになるだろう。

ここまで読んで、あなたにもわかっただろう。ゲームをプレイすると、自己効力感、勤勉さ、精神力が飛躍的に向上する。こうしたゲームフルな強みを使うと実生活でどんな目標を達成できるだろうか？

スタンフォード大学の最先端の研究所が、過去一〇年を費やしてこの疑問に取り組んできた。認知心理学者ジェレミー・ベイレンソン博士が創設し、責任者を務めるバ《V》ーチャルヒ《H》ューマンイ《I》ンタラクション・ラ《L》ボは、バーチャルリアリティ体験が実生活での態度や振る舞いをどう改善するかというテーマを専門に研究をおこなっている。彼らは数十の独創的な実験の結果、適切なバーチャル環境に数分間身を置くだけで、意志力と思いやりが育まれ、思考・行動パターンが二四時間、場合によっては翌週まで変化することを発見した。

彼らの発見の中でもとくにおもしろいものをいくつか紹介しよう。

もっと運動したいと思ってはいるものの、やる気が出ないときはどうすればいいだろうか？　脳をだまして体を動かすゲームフルな方法がある。これは〝代償的運動〟と呼ばれている。必要なのは、ビデオゲームの中の分身（自分そっくりの外見をしたアバター）がバーチャル世界で運動しているのを観察することだけだ。

嘘ではない。一回の腕立て伏せもすることなく、一歩も歩くことなく、運動に対する自己効力感を得られる。数分間、自分のアバターがせっせと運動している姿を眺めるだけで。

ＶＨＩＬの実験では、バーチャル世界の分身がトレッドミルの上で走っている姿を眺めた被験者は、自分がうまく運動できるという自信が飛躍的に高まったと回答した。さらには帰宅後、バーチャル世界の分身がぼんやりと立ったままでいる姿を眺めただけだった被験者たちよりも丸一時間長く運動した。実験後の二四時間、運動するアバターを眺めた被験者たちは、より長い距離を歩き、より多くの階段をのぼり、ジムでより長い時間を過ごした。[*21]

とはいえ、これがうまくいったのはアバターが被験者によく似ている場合だけだった。無個性な男性（または女性）のアバターが運動する姿を眺めた被験者は実生活の行動になんの変化も表われなかった。

バーチャルな自己を眺めれば、実際に運動していると脳をだませるということだろうか？　この研究では、それが可能であり、自己効力感を高めるための効果的な近道であることが示唆されている。スタンフォードの研究チームの仮説によると、バーチャルな分身は〝ミラーニューロン効果〟を生む[*22]（第二章で書いたとおり、ミラーニューロンは身のまわりの人々の神経活動を模倣する。とりわけ、同じ活動をしている場合、もしくは相手と密接につながっていると感じている場合に）。被験者は自分とそっくりなアバターに密接なつながりを感じていたから、ミラーニューロン効果もそれだけ強力だったのだ。これは実に驚くべき発見だ。実在の人間からだけでなく、バーチャルな人間からもミラーニューロンがつくられるというのだから。

この有望な結果を受け、同じ研究所で、よりいっそう運動を促進する手法が開発されることになった。バーチャルな分身はそのままに、新しいインタラクティブな要素が追加された。今回の被験者はアバターを眺めているあいだ、トレーニング用のウェイトを持ちあげるよう指示される。彼らが実際にウェイトを持ちあげるたびに、バーチャルなアバターの体型が変化し、どんどん筋肉質に、健康的になっていく。決められた休憩時間になると、アバターの体はまたたるんでいく。このインタラクティブなトレーニングを数分おこなったあと、被験者は最大三〇分その場に残り、トレーニングを続けてもいいと言われた。

バーチャルな分身を眺めずに同じトレーニングをしたグループと比較すると、彼らは一、〇倍多く運動した。トレーニングのたびに一〇倍多く腕立て伏せをし、一〇倍多く階段をのぼるよう自分を鼓舞できるとしたらどうだろうか。それも、バーチャルな自分と一緒に数分間トレーニングするだけで！

本章で見てきたほかの研究と同じように、このポジティブな変化を生み出したおもな原因はドーパミンの放出にあるようだ。ベイレンソン博士はこれを、バーチャルなアバターがその場で痩せることによる〝欲求の即時的充足〟と呼んでいる。「アバターと一緒にトレーニングすることで、運動によって肉体が受ける恩恵をすぐその場で確認できます。こういうことは基本的に現実の世界では起こりません。肉体にポジティブな変化が現われるまで、数日から数週間かかりますから」一方、肉体的活動にその場で反応するゲームのアバターは、ドーパミンの放出を誘発し、それが脳をだましてすぐに報われたという感覚を与える。このプロセスにより、プレイヤーは通常よりずっと早く自己効力感を養うことができる。自己効力感が高まれば、たとえそれがバーチャル体験に由来するものだったとしても、すぐに現実の世界でもっと運動するようになる。

この驚異的な現象を裏づけるため、スタンフォード大学の研究チームは現在までに五種類の研究をおこなった。結果はすべて同じだった。代償的な運動と代償的なダイエットは自己効力感を大幅に高め、その結果、被験者は現実世界でも運動するようになった。*23

この研究は今日のあなたにとってどんな意味があるだろうか？　代償的運動の技術が将来もっと広まるのはまちがいないが、VHILのバーチャルな分身はまだ一般公開されていない。当面は、この研究をよく覚えておいて、困難に挑む意志力と精神力を養うために必要なのは、モチベーションではなく自己効力感だということを忘れないようにしよう。バーチャルリアリティの力を借りずに自己効力感を高めたい場合は、毎日ほんの少しずつでも伸ばせる特定のスキルや能力に集中しよう。一分だけ長く走る。一回だけ多く腕立て伏せをする。一ブロックだけ長く歩く。各トレーニングの最初に、何かひとつだけ改善することを目標にする。それがポイントだ。目標を毎回少しずつ難しくしていき、それをやりとげることによって、神経ネットワークが活発になり、自己効力感と精神力が育まれる。

ちゃんとしたアバター体験をしたい場合、もっとシンプルな代償的運動であれば今日から試すこともできる。アリゾナ州フェニックスで小学校教師を務める四〇歳のメレディスは、『ザ・シムズ』というコンピューターゲームをプレイしはじめたとき、たまたま同じテクニックを発見した。『ザ・シムズ』はコンピューター版のドールハウスのようなゲームで、プレイヤーはシムという自分のアバターをカスタマイズし、アバターがキャリアや家族の目標を達成できるよう手助けする。最近、彼女からメールが届いた。「どう考えていいかよくわからないんですけど、わたしはシムのおかげでやる気が出て、もっと運動したり、ご近所と話をしたりするようになったんです」メレディスは自分そっくりなシムをつくっていた。髪の色、瞳の色、身長、体重、ファッションさえ瓜ふたつのシムを。バーチャルな分身がゲームの中でトレーニングしたり、社交的に振る舞ったりしているのを眺めているうちに、モチベーションと自己効力感が刺激され、自分でも同じことをやってみようという気になったのだ。「シムがトレーニングしたり、隣人と話したりすると、すぐに結果が表われるんです。それがとてもうれしくて。シムがあんまりすぐに報われるものだから、とても簡単なことのように思えました」

ベイレンソン博士の実験と同じく、バーチャルなフィードバックによる即時的充足が現実世界での自信をつけさせたようだ。おかげで彼女は物事の優先順位についても有益な洞察を得た。「でもほんとうにインスピレーションを与えてくれたのは、シムたちの欲求を示す〝吹き出し〟だと思います」吹き出しというのは、シムたちがもっと幸福になったり、もっと健康になったりするには、運動や社交的活動をする必要があるとプレイヤーに教えるためのシステムだ。「もし自分にも吹き出しが表示されるとしたらどんなものになるだろうと考えました。それで、自分の気分を向上させることにもっと時間を費やすべきだと悟ったんです。自分についてそんなに大事なことをコンピューターゲームから教わるなんて！」

この章ではこれまで、精神力、ガッツ、忍耐力など、英雄的な資質について話してきた。こうした性格の強みがあれば、困難な障害を克服し、大きな目標を達成して、他者にインスピレーションを与えることができる。しかし、自己効力感を高めることによって引き出されるヒーローの資質がもうひとつある。それが〝利他〟能力だ。

スタンフォード大学のベイレンソン博士の研究所でおこなわれた別の一連の実験の中に、特別なＶＲ飛行シミュレーターを使って〝スーパーマンのように飛ぶ〟方法を習得するという実験があった。[*24] 被験者は自分の体を動かして飛行経路を操作し、町の中を飛びまわる。この種のシミュレーターがどんなものかもう少しわかるように、被験者に渡された説明書から引用しよう。

両手を頭より高くあげると離陸する。着陸するには両手を体の脇におろす。飛行中は両手を向けている方向に飛んでいく。両手を合わせると加速し、離すと減速する。

プレイヤーは町の中で泣いている子供を捜索するよう指示される。子供は糖尿病で、あなたがインシュリンを届けなければ命に関わるという設定だ。

ふたつの理由から、身体性はこのゲームのデザインには欠かせない要素だった。ひとつには、被験者に新しい未知のスキルを身につける機会を与えたかったから。指示に従ってシミュレーターの操作方法を習得することで、プレイヤーの自己効力感は著しく向上するはずだ。もうひとつには、スーパーヒーローと結びつくような模範的な精神を引き出したかったから。自力で空を飛びまわれる能力は、一般的に言って、スーパーマンのような善のヒーローを連想させる。研究チームはこう予想していた。〝スーパーヒーローを思わせる超能力を実質的に身につける〟という肉体的な体験によって、被験者は日常生活でも他者に対してヒーローのように振る舞う可能性が高くなるのではないか、と。

　この仮説を検証するため、別の被験者グループにも同じゲームをプレイさせた。ただし、ちがうルールで。このグループは町の上空を〝ヘリコプターで飛ぶ〟と説明を受けた。彼らは飛行を自分で直接操作するのではなく、受動的なツアーという形で体験した。しかし、泣いている子供を捜し、その地点にヘリを着陸させて薬を届けなければならないのは、ほかの被験者たちと同じだった。

　被験者はみな、クリアできるまで救出ミッションをプレイしていいことになっていた。そして、ここからがこの実験の巧妙なところなのだが、被験者たちがプレイを終えてから研究所を出るまでのあいだに、研究チームは偽のアクシデントを演出した。若い女性が床にペンをばらまいてしまうのだ。彼らは困っている女性に気づき、助けようとするだろうか？

　結果はこうだった。シミュレーターで自ら体を動かして飛行した被験者は、同じくVRヘッドセットを着用して受動的なヘリ観光を楽しんだだけの被験者に比べて、三倍早く助力を申し出て、二倍長い時間、片づけを手伝った。そればかりか、ヘリの乗客だった被験者の実に二〇パーセントが困っている女性をまるきり無視したのに対し、自分で空を飛んだ被験者はひとり残らず彼女を助けた。

この実験の大きな発見は、救出ミッションを自分で直接コントロールしたプレイヤーは他者を助けようとするモチベーションがはるかに高かったということだ。すべての参加者が〝他者（子供）を助ける〟という積極的な指示を受けていたにもかかわらず、結局は自己効力感のほうがずっと強烈に利他的行動を促したのだ。

この発見はひねりの効いた別の実験によって裏づけられた。スタンフォード大学の研究チームはさらに別の被験者グループを集め、救出ミッションなしの飛行シミュレーター実験をした。このグループは〝飛び方〟は覚えるが、泣いている子供を見つけたり、命を救う薬を届けたりするようには指示されない。この救出ミッションなしのグループは〝他者を助ける〟という指示をまったく受けていなかったにもかかわらず、救出ミッションありのヘリの乗客よりも早く、より長い時間、女性に手を貸した。架空の救出ミッションという無意識の下地がなくても、超人的な力をその身で体験するだけで、実生活における振る舞いが変わったのだ。

つまり、スーパーヒーローのストーリーそのものは、すべてをコントロールできるという超人的な経験ほどには意味がなかったということだ。あなたが自分のヒーローの資質を利用したいなら、新しいスキルを獲得して成功を味わうチャンスを自らに与えることだ。ゲームの中でもスポーツでも、キッチンの中でもガレージの中でも、どこであれ、自分が強く、有能であると感じるとき、その強さと能力を人のために使う可能性が高くなる。

英雄的な利他的精神を解放するゲームフルな方法はほかにもある。次のクエストは、ここ一〇年以内に書かれた科学論文の中でもとくにわたしの好きなものからヒントを得た。執筆したのはマサチューセッツ工科大学スローン・マネジメントスクールとニューヨーク大学スターン・ビジネススクールの研究者らで、実験はプリンストン大学の心理学者らと共同でおこなわれた。論文のタイトルは『学生からスーパーヒーローへ』。シンプルな心理学的テクニックを使って、実生活でいつでもどこでも、ヒーローのような行動をする方法が示されている。

クエスト13：スーパーヒーローの鏡

クエスト指示はプリンストン大学の心理学研究所で書かれたものをそのまま引用した。

〝このタスクのために、あるスーパーヒーローの特徴を書いてください。スーパーヒーローを思い浮かべ、その振る舞い、価値観、ライフスタイル、それらの性質から連想される外見を列挙すること。[*25]〟

あなたもやってみよう。

〈やるべきこと〉二分以上かけて、一般的なスーパーヒーローについて思いつく特徴をすべて書き出す。モチベーションは何か。他者をどう扱うか。危険に直面したときにどう行動するか、などなど。

コミックに詳しくなくても大丈夫。ただベストを尽くすこと。それから、特定のスーパーヒーローについて書くのではなく、**多くのスーパーヒーローに当てはまる一般的な特徴を書く。**

最大の効果を得るには、答えをただ考えるだけでなく、**ちゃんと書きとめる、**または携帯電話に記録すること。最低でも声に出してみよう。そうすれば集中力が高まり、クエストの効果が高まる。

〈仕組み〉スーパーヒーローになるために必要なものを考えるだけで、将来あなたがヒーローと同じように振る舞い、自発的に他者を助け、価値ある理想のために自分の時間を捧げる可能性が高くなる。

このクエストに関するデータは次のようになっている。マサチューセッツ工科大学とニューヨーク大学の研究チームによれば、これと同じクエストをクリアした被験者は、その後はるかに利他的になった。家庭教師に登録して、落第の可能性がある地元の若者に無料で勉強を教えてほしいと頼まれた際、スーパーヒーローについて考えた被験者の五一パーセントが志願した。一方、考えなかった被験者で志願したのは二四パーセントで、二倍の差があった。また、志願した被験者の中でも、スーパーヒーローについて考えたグループは二倍長く勉強を教えた(平均すると、スーパーヒーローについて考えたグループは週一時間、そうでないグループは週三〇分)。何より驚異的なのは、三カ月後、スーパーヒーローについて考えた被験者が実際にボランティアの授業にやってくる確率は、そうでない被験者の実に四倍だったということだ。

たった数分間何かを考えただけで、三カ月にもわたってこれほど顕著な行動のちがいが表われたのはなぜだろうか？ 心理学者らがおこなってきた数々の研究によれば、ある特定の社会集団のポジティブな資質（ここでは無欲で恐れ知らずなスーパーヒーローの行動）について考えると、わたしたちは必ず、そのすばらしい集団と自分自身を比較する。そして多くの場合、共通点を見つけようとする。無意識のうちに彼らの価値観と美徳を自分に当てはめようとするのだ。誰しも高く評価される社会基準にのっとって生きたいと思うものだから、その条件を満たすための方法を自然と求めるようになる。たとえるなら、いちばんいい面だけを映す鏡を覗くようなものだ。

これはちょっとした〝ポジティブバイアス〟だ。わたしたちはみな、自分が賞賛に値するすばらしい人間だと思いたがっている。実際はそうでないとしても。しかし、それでもこれはとても有益な心理テクニックだ。数分間、自分が尊敬する人々の価値観や美徳について考えることで、自分自身のバイアスを利用する。思い浮かべる対象はプロのアスリート、消防士、緊急治療室の看護師、教師、活動家、社長、アーティスト、なんでもいい。ただ考えるだけで、実際にその機会が来たとき、彼らのように振る舞える確率が二倍になる。

〈重要な注意〉このテクニックは特定のヒーローについてではなく、ヒーローのグループ全体について考えたときにだけ機能するようだ。もし特定のすばらしい人をひとりだけ選び出して考えると、その人の美徳や業績と比較して自分を否定的に考える可能性が高くなる。相手が集団の場合、わたしたちは自分との共通点を探そうとするが、相手が個人の場合は自分と相手とのちがいに気づいてしまう傾向にあるからだ。ちがいについて考え出すと、モチベーションと自己効力感が減少する。だから特定のヒーローではなく、あなたが尊敬する集団の一般的な性質についてだけ考えること。

〈ヒント〉 このクエストの恩恵を大きくしたければ、あなたのヒーローたち（もしくはこの上ないインスピレーションを与えてくれるスーパーヒーローたち）のようになれるチャンスを今すぐに探すこと。ポジティブな社会基準を念頭に置きながら、何か具体的なことに対して心を傾けると、将来それが実現する可能性が高くなる。研究者はこれを、〝当面の目標がより突出した状態で（当面の目標を念頭に置きながら）、将来の振る舞いにコミットすること〟と表現している。今この場でヒーローたち、スーパーヒーローたちのことを考えれば、利他的な目標を持ちたいという意欲が高まる。その目標を今すぐに決めることで、それを達成するのが明日だろうと来週だろうと数カ月後だろうと、そのために時間と労力を注ぐのが容易になる。だから、この世界にとって何かいいことをしようと、今すぐにささやかなコミットメントをすること。そうすれば、このクエストから最大の恩恵を受けられる。

ゲームの科学によって、次のことが明らかになった。わたしたちには、自分が思っているよりもずっと、自分のやる気を引き出し、自分を改善する力がある。その力を使ってポジティブな変化を遂げ、新しい習慣を身につけ、よりよい人間になることで、困難な物事をなしとげられる。ゲームはわたしたちに、意欲をかき立てる大きな目標に向かって努力するにはどうすればいいかを教えてくれる。それと同時に、他者の手本となる強さを育むのを助けてくれる。

ミッションをクリア

獲得したスキル：ヒーローのような性格の強みを育む方法

- よりよい方向に変化したいとき、困難な目標を達成したいとき、モチベーションについて心配する必要はない。その代わり、自己効力感を高めることに集中する。自己効力感とは、問題を解決し、目標を達成するための能力に自信を持つことだ。
- 自己効力感を高めるための一番手っ取り早い方法は、新しいゲームの遊び方を学ぶことだ。どんな種類のゲームでもかまわない。どんなゲームであっても新しいスキルを学び、難しい目標に取り組むことが求められるのだから。
- 脳内のドーパミン濃度は自己効力感を高める能力に影響を与える。ドーパミン濃度が高いほど精神力が高まり、物事を途中で投げ出す可能性が低くなる。注意力が向上し、フィードバックをより適切に処理できるようになるので、学習能率も向上する。ビデオゲームにはアンフェタミンの静脈注射と同程度のドーパミン放出作用があることを忘れずに。

- 脳内のドーパミン濃度を高くしたいときにはゲームをするか、何かを予想する。予想することで脳がより注意を払い、報酬を期待するようになる（〝最悪のシナリオ・ビンゴ〟はゲームと予想のふたつを組み合わせたすばらしいテクニックだ）。
- 自分そっくりのアバターがバーチャル世界で何かを達成するのを眺めるだけで、代償的に自己効力感を高められる。
- ビデオゲームのアバターをカスタマイズできる場合は、必ず自分そっくりにカスタマイズする。アバターが何かすごいことをするたびに、代償的に意志力と精神力を高められる。
- 自己効力感は自分を助けるだけでなく、他者を助ける意欲も高める。自分が強いと感じていればいるほど、いざというときに立ちあがれる。次回、自分にスーパーヒーローのような力があると感じることがあったら、どうしたらその力を善のために使えるか、ゆっくり考えること。

第四章　ゲームからゲームフルへの跳躍

ミッション

あなたのゲームフルな強みと現実世界を隔てている壁を破壊する

これまでの章では、一〇〇を超える科学的研究から明らかになったわたしたちの生来のゲームフルな能力を紹介してきた。注意力、思考、感情をコントロールする能力。ほとんど誰とでもつながりや絆を持つ能力、意志力と精神力を飛躍的に高める能力。

しかし、ゲームをプレイする誰もがこれらの強みをゲームから毎日の生活に応用できるわけではない。それどころか、多くのゲーマーが学業、社交、体と心の健康の面で苦しんでいるように見える。彼らはゲームのやりすぎで〝ビデオゲーム依存症〟になってしまうことを恐れている。頻繁にゲームをする人の中にも、ゲームから恩恵を受ける人とゲームに苦しめられる人がいるなどありえるのだろうか?

わたしたちはこのパラドックスについて数年間研究を続けてきた。これを研究しているのはわたしだけではない。次の見出しについて考えてみよう。ここに書かれているのは専門家による審査を受けた、ビデオゲームの影響に関する研究の実際の成果だ。

〝ビデオゲームが生活への満足度の低下と憂鬱感を引き起こす[*1]〟

〝よくゲームをプレイする人は生活への満足度と幸福度が非常に高いことが判明[*2]〟

〝ゲームによる学力低下、ティーンエイジャー、大学生のドラッグ使用率も増加[*3]〟

〝ビデオゲームのおかげで学力向上、高校生、大学生のドラッグ使用率も低下[*4]〟

〝ビデオゲームが原因で友人、家族との関係が希薄に[*5]〟

〝ビデオゲームが家族関係、とりわけ父娘関係を改善[*6]〟

いったいどういうことなのだろうか？　わたしはこのトピックについて数百の科学論文に目を通した。そのうちの多くが、ゲームをプレイすると憂鬱や不安が増し、社会的に孤立すると、説得力を持って主張していた。しかし、それよりも多くの論文が、ゲームを頻繁にプレイすると幸福に、健康になり、意欲が湧いて、おまけに周囲からのサポートをもっと受けられるようになると、やはり説得力を持って主張していた。

どちらかの研究グループがまちがっているわけではない。どちらも正しいのだ。

ふたつの異なる結論の背後にある要因をしらみ潰しに調べてみると、何度も何度も、どうして一部のゲーマーだけが実生活（仕事、学校、健康、家族などの面）でこうした強みを生かせるのかというひとつの理由に突き当たる。では、このちがいを生んでいるものはなんだろうか？

意外なことに、どんなゲームをプレイするか、何時間プレイするかは関係ない。重要なのはなぜプレイするかという一点だけだ。

あなたは現実逃避のためにゲームをしているだろうか、それとも、人生をよりよいものにするためにプレイしているだろうか？

（自分がどちらに当てはまるかわからなかったら、このまま読み進めてほしい。この章がそれを突き止める助けになる）

現実逃避のためにゲームをプレイすることが多い場合、つまり問題に対して目をつぶったり、不快な感情を遮断したり、ストレスの溜まる状況に向き合うのを避けたりするためにゲームをプレイしている場合、ゲームのスキルを実生活に応用するのは非常に困難だ。それどころか、現実逃避のアプローチは憂鬱感を高め、社会的にますます孤立するようになり、実生活の目標を達成できる可能性が低くなる。[*7] 実生活でストレスを受けると、ますますゲームをプレイするようになり、そのため、問題を解決するための行動に割く時間と労力が減少していく。そうなると問題はますます悪化し、逃避のためのプレイ時間が増えていく。ひどい悪循環だ。

あなたにゲーム依存症の知り合いがいるとしたら、ほぼまちがいなく現実逃避の精神でゲームをしている。実際、〝ゲームを現実逃避の手段にする〟ことは過度な、または病的なゲームプレイにつながる一番の原因となっている。[*8]

ところが、もし目的を持って、たとえば友人や家族と大切な時間を過ごす、何か新しいことを学ぶ、長い一日の疲れを癒やすといったポジティブな目標のためにプレイすると、毎日の生活にゲームフルな思考・行動パターンを応用できる可能性がずっと高くなる。問題を回避するためではなく、恩恵を受けるためにプレイしているからだ。この場合、あなたにはゲームが日常生活に与える影響とゲームとのつながりがはっきり見えている。だからゲームフルな強みを実生活のコンテクストにうまく生かせる。

目的を持ったプレイは、実生活における問題解決スキルと自信を育むことが明らかになっている。[*9] 何よりも、目的を持ってプレイすると現実逃避と正反対の効果がもたらされ、実生活で幸福になり、他者とつながり、成功を収められるようになる。[*10]

ゲームに苦しめられるか、それともゲームから恩恵を受けるか。その裏にあるのはきわめてシンプルなちがいだ。ゲームから恩恵を受けるには、いろいろなゲームに手を出したり、プレイ時間を減らしたりする必要はない。ゲームを現実世界の憂さ晴らしと考えるのをやめ、ほんとうの強さ、スキル、力を獲得できる源と考えるだけでいい。あまりに簡単すぎて信じられないかもしれないが、次の研究には説得力がある。

ゲームをプレイしているとき、ほとんどすべてのプレイヤーが深い没入状態になっている。この没入状態にはふたつの種類があることがわかっている。自己抑圧型と自己解放型だ。[*11]

自己抑圧は悪い考え、感情、経験を抑えようとしている状態、つまり、何かを探すのではなく、避けようとしている状態だ。

最も健全な心の対処メカニズムというわけではないが、ほとんどの人がときおりこの自己抑圧状態になる。きわどい小説を読んだり、激しいトレーニングをしたり、テレビ番組をだらだらと観つづけたりして自己を抑圧する人もいる。現実逃避活動はどんなものでも自己抑圧になる可能性があり、避けようとしているストレスだらけの現実を精神的に遮断するのに役立つ。

もっと危険なことに、多くの人がアルコール、ドラッグ、食べ物など、依存性のある物質で自己を抑圧している。この種の習慣は悪循環を生み、あっという間に自分ではコントロールできなくなる。依存症は抑圧しようとしている問題やストレスをさらに増大させるだけで、逃避するのに必要な時間もどんどん長くなっていく。

あまり自己を抑圧しない人や、読書、ランニングなどの比較的無害な活動で逃避しようとする人でさえ、自己抑圧の負の側面を経験することがある。短期的に見れば、自己抑圧は一時的な気分の向上と幸福感につながる。が、長期的には害をおよぼす。現実逃避によって気分が向上するたび、将来、ストレスやチャレンジに対して向き合う可能性が減っていくのだ。そして、一番早く気分を向上させる方法は向き合うことではなく避けることだという考えに凝りかたまっていく。長期的に見れば、自己抑圧は自分が人生をコントロールしているという感覚と自己効力感を失わせる。そうなれば、もはや自分を問題解決能力のある人間とは見なさなくなる。[*12]

一方、自己を解放するとポジティブな思考、感情、経験を求めるようになる。人生におけるいいものを積極的に生み出そうとする。あまり欲しくないものではなく、もっと欲しいものに集中する。自己解放型の活動は傍《はた》から見れば自己抑圧型の活動とまったく同じに見える。一時間本を読む、八キロ走る、夕方までずっとゲームをプレイする。誰かの行動やそれに費やした時間を見ただけでは、自己解放型なのか自己抑圧型なのかは区別がつかない。その人のモチベーションと考え方を聞いてはじめてわかる。
「今は誰とも話したくない」とか「それについては考えたくない」と答えたらネガティブなモチベーションを持っており、自己抑圧型だ。新しいことを学ぶ、スキルを磨く、目標を達成する、元気を取り戻す、関係を強化するなどのポジティブなモチベーションを持っていたら自己解放型だ。

自己解放型の活動は、それによってしばらくのあいだ〝現実の生活〟を無視することになったとしても、健全でポジティブな対処メカニズムだ。自己を解放すれば、自信と自己効力感が養われる。そして、スポーツ、ゲーム、趣味、その他の気晴らしであれ、自分の好きな娯楽活動のことを、人生を改善し、自分を強くしてくれる強力なツールと考えるようになる。この自己効力感は毎日の生活にも波及する。娯楽活動によってポジティブな思考、感情、経験を得たと感じられれば、チャレンジングな日常の状況においても努力と創造力を駆使して、ポジティブな結果にしようと考えるようになる。

とはいえ、場合によっては自己解放と自己抑圧の境界線があいまいなことがある。それが熱中度の高いビデオゲームの場合にはとくに。第一章では、『スノーワールド』のようなVRゲームで痛みを遮断したり、『テトリス』のようなビデオゲームでフラッシュバックを防いだりできることを説明した。これは自己抑圧的な使い方だろうか？　この場合の目標は肉体の痛みや精神的苦痛を避けることであって、ネガティブなモチベーションのように思える。が、結局のところは、プレイヤーが自分の行動をどう捉えているかによって決まる。もし彼らが力や積極性を感じているなら、自己解放型だ。「自分には今この瞬間の感情をコントロールする力がある」とか「自分にはショッキングなフラッシュバックに苦しめられるかどうかを左右する力がある」と考えているなら、ポジティブなモチベーションを持っており、自己効力感が養われている。しかし、もしただ逃げ場を探しているだけだとしたら、「自分には対処できない、逃げ場はこのゲームしかない」と感じているのだとしたら、確実に自己抑圧型だ。自己抑圧の精神でゲームをすれば、問題解決能力や人生を改善する能力が失われる。

このようにどちらもありえるケースでは、ゲームを使って問題を回避しているのではなく、自らの強みを引き出すためにゲームを利用しているのだと自分で理解しておく必要がある。やっていることは同じかもしれないが、考え方がちがう。そして、その考え方ひとつで、ゲームフルな強みをゲームの中だけでなく、日常生活のすべてに生かせるかどうかが決まる。

では、自己抑圧の精神から自己解放の精神になるには何をすればいいのだろうか？　とても簡単なことだ。ゲームから得たい恩恵を特定し、それを与えてくれるプレイ習慣を意識的に身につければいい。目的意識を持ったゲームへのアプローチ、それさえあれば、ゲームフルな強みを開花させることができる。

スポーツ、パズル、ボードゲーム、カードゲームといった種類のゲームが好きな人であれば、すでにいくつかの恩恵を特定できたかもしれない。スポーツは体の健康にいいだけでなく、人格を形成し、感情の豊かさを育む。パズルは加齢によるボケを防止することが広く知られている。ボードゲーム、カードゲームは家族の時間を充実させたり、友人との交流を楽しんだりする方法として評価されることが多い。基本的に、デジタルゲーム以外のゲームであれば、すぐにいくつかの恩恵が思いつく。非デジタルゲームの多くは健全でポジティブな活動として社会に受け入れられているからだ。

もしあなたがお気に入りのデジタルゲームから大いに喜びを享受しているとしても、ゲームがどのように実生活での強さを育むのか、あまりよくわかっていないかもしれない（最初の三つの章で学んだこと以外には）。なぜなら、過去三〇年間、ビデオゲームに関する議論は、ゲームが秘める恩恵ではなく害悪に集中していたからだ。

そんな中、二〇一四年、科学ジャーナル《アメリカン・サイコロジスト》が『ビデオゲームをプレイすることの恩恵』と題した大規模な分析を発表した。[*13] この論文は本書で取りあげた多くの研究をはじめ、七〇の科学的研究を要約したものだ。

ビデオゲームの恩恵について、本書ではこれまで、ストレスや困難に直面したとき、より強くなり、よりうまく対処できる能力に直接貢献するものばかりを紹介してきた。が、恩恵はほかにもたくさんある。ほかの恩恵についても知れば、もっと大きな目的を持ってゲームをプレイできるようになるだろう。では、考えてみてほしい。以下の恩恵のうち、自分の経験に照らしてみて、どれが真実らしく思えるだろうか？　あなたがあまりゲームをプレイしない場合は、知り合いの熱心なゲーマーに以下のリストを見せて、どれが真実らしく思えるか訊いてみよう。

認知の恩恵

ゲームはあなたを賢くしてくれる。とりわけ『コール オブ デューティ』『グランド・セフト

・オート』のようにテンポの速いアクションゲームやレースゲームは。アクションゲームをよくプレイする人は、次のような認知の恩恵を受ける。

- 視覚的注意、空間的知性スキルが磨かれる。科学、テクノロジー、工学、数学の分野での活躍が期待できる
- 時間制限がある高ストレスな状況で、すばやく正確な判断ができる
- 複数の情報の流れを同時に追う能力が改善される。ゲームをあまりプレイしない人の最大三倍の量の情報を処理できる
- 神経処理が全般的に効率化される。難しいタスクに対して脳が使うリソースが減る[14]

『スタークラフト』のようなストラテジーゲームでも具体的な問題解決能力が磨かれ、実生活での学業の成功や、より大きな成果が期待できる。ストラテジーゲームには以下のような恩恵がある。

- 情報収集の能率があがる
- 選択肢を正確に、すばやく評価できるようになる
- 戦略的プランを組み立て、それに従う能力が強化される
- 別の戦略や目標を立てる柔軟性が磨かれる[15]

それから、どんなジャンルのビデオゲームであっても創造力の向上に結びつくことがわかっている。ゲームのプレイに多くの時間を費やした子供は——それが暴力的なコンテンツを含むものであっても——ストーリーテリング、デッサン、問題解決などの創造力のテストで高い点数を記録する。[*16]

あとひとつ、実は従来のエンターテインメント性の高いビデオゲームから受ける認知の恩恵は、認知力を高めると喧伝されている〝脳トレ〟系のゲームよりもずっと大きい。これについてはかなりの数の科学的証拠がある。二〇一四年、七〇人の神経科学者たちがある科学論文に連署し、注意を呼びかけた。査読済みのその論文によれば、脳トレ系ゲーム（有名どころでは『ルモシティ』）が長期的な認知の恩恵をもたらすことは確認できなかったという。[*17] おそらくそれよりも重要なこととして、複数の研究により、ＳＦパズル『ポータル』やファンタジーＲＰＧ『ワールドオブ ウォークラフト』などの従来のビデオゲームのほうが、脳トレ系ゲームよりもはるかに認知能力を向上させることが判明している。[*18] こうした結果について何人かの研究者に話を聞いたところ、「従来のビデオゲームのほうが難しく、複雑で、プレイヤーは熟練を要するスキルや能力を幅広く習得しなければならないから」という、ごく明快な説明が返ってきた。だから、もし認知の恩恵にとくに興味があるなら、自分にとって新鮮でチャレンジングな従来のビデオゲームをプレイし、かぎられたプレイ時間を単純な〝脳トレ〟に費やさないことをお勧めする。

感情の恩恵

ビデオゲームはいい気分転換になり、感情の状態を改善する。『アングリーバード』や『ビジュエルド』のようなパズルゲーム、それからスーパーマリオ・シリーズのようなジャンプアクションゲームはとくに。自分の好きなゲームをプレイすると以下の力を獲得できる。

- すぐに気分が向上する
- 不安を振り払える
- 喜び、好奇心、驚き、自負、驚嘆、満足といったポジティブな感情を頻繁に体験する[*19]

ビデオゲームは厄介な感情に対処するすべを学ぶのにも役立つ。とりわけ『バイオショック』『バイオハザード』『サイレントヒル』など、非常にチャレンジングで恐ろしい、あるいは強烈な感情を引き起こすゲームは。こうしたゲームを頻繁にプレイすると以下の恩恵を受ける。

- プレッシャーの中で、緊張や不安にうまく対処できる
- 恐怖、怒りといった極端な感情を巧みにコントロールできる[*20]

ゲーマーは卓越した感情のスーパーパワーを身につけることがある。なかでも最も驚くべき能力は〝夢〟と関係している。一人称視点ゲーム（『マインクラフト』『ヘイロー』『ポータル』など、ゲーム世界を主人公の視点で見るゲーム）は以下のふたつのすばらしいスキルを養ってくれる。

- 悪夢の進行を食い止め、ビデオゲームの中でキャラクターを操作するように、夢の中の自分をコントロールできる
- 〝明晰夢〟（夢だと自覚できる夢）を見ることが多くなり、空を飛ぶなど、夢の中で積極的に楽しめるようになる*21

社交の恩恵

マルチプレイや大規模マルチプレイのビデオゲームは、第二章で紹介した仲間をつくるスキルのほか、重要な社交スキルを教えてくれる。『コール オブ デューティ』『リーグ・オブ・レジェンド』『チームフォートレス』などのチーム戦ゲームを頻繁にプレイする人は以下の恩恵を受ける。

- 日常生活における協調の精神が育まれる
- コミュニケーション、協働スキルが改善される*22

一方、グループを統率したり、同好の士を指揮したりするようなゲーム、たとえば『ギルドウォーズ』や『ワールド オブ ウォークラフト』のようなゲームをよくプレイする人は他者から以下のような評価を受ける。

・よい指導者
・人のやる気を引き出すのがうまい
・ボランティアや募金など、市民活動に参加する可能性が高い*23

・・・

これらは目的を持ってゲームをすることで受けられる恩恵のほんの一例にすぎない。自己解放の精神を身につける鍵は、自分がなぜプレイするのかを一点の曇りもなくはっきりと理解することだ。何を求めていて、それが毎日の生活をどう豊かにしてくれるのか。

この疑問にはよい答えがたくさんある。地球上でビデオゲームを一日一時間以上プレイする一二億三〇〇〇万人それぞれの、個性的で色とりどりの答えが。あなたの答えはなんだろうか？

それを見つけ出すのに役立つクエストをやってみよう。これはゲーム（スポーツ、ボードゲーム、カードゲームなど、あらゆるゲームを含む）をよくプレイする人向けにデザインされている。もしあなたがあまりゲームをプレイしないようなら、〝ゲーム〟をなんらかの〝とても楽しいもの〟（あなたに学習と改善のチャンスをよく与えてくれる趣味や遊び）と置き換えてもらってもかまわない。そうした趣味をひとつも持っていない場合、ひとまずこのクエストは飛ばしてもいい。

ゲームのやりすぎが心配な知り合いがいたら、このクエストをやってもらって、目的を持ってゲームをプレイする方法を話し合おう。これがネガティブなゲーム習慣をコントロールするための最初の、そして最も重要な一歩になるはずだ。

クエスト14：目的を持ってプレイする

大きな目的を持ってプレイするのは簡単なことだ。次の三つのシンプルなステップに従えばいい。

1．**ゲームを選ぶ。**自分がよくプレイするゲームを挙げる。

2．**恩恵を見つける。**そのゲームをプレイすることで得られると思う恩恵をひとつ挙げる。自分が習得できるスキルや才能かもしれないし、感情、思考、他者との交流にもたらされるポジティブな変化かもしれない（この章で取りあげた恩恵を参考にするといい）。

3．**目的と結びつける。**その恩恵は実生活でのどんな目標、どんな状況に取り組むにあたって役立つだろうか？

最初はうまく三つの質問に答えられないかもしれない。とくにゲームをたんに〝楽しむためのもの〟あるいは時間の無駄と考えているような場合には。でもとにかく試してみること。

〈例〉参考にできるよう、スーパーベター・プレイヤーたちの回答をいくつか紹介しておく。

テキサス州コリーヴィル在住、ナンシー（六四歳）

ゲーム：フェイスブック上のゲーム『クリミナルケース』

恩恵：「捜査を進めて犯罪を解決する感覚が好きなの。自分がすごく冴えてるって気がして」

目的：「記憶力にもっと自信を持てるようになる。そうなれば気分が向上して、社交の場で引っ込み思案にならずに済む」

ペンシルヴェニア州ピッツバーグ在住、ジェイコブ（二三歳）

ゲーム：「いつも仕事のあとに『FIFA』（サッカーゲーム）をプレイする」

恩恵：「プレイすると元気になる。栄養剤みたいなものなんだ」

目的：「三〇分から四〇分ぐらいプレイすると、〝ギアの切り替え〟ができる。そうなると、ガールフレンドといい時間をすごせる。ぼくの最悪の一面じゃなく、一番いい面を見せられるようになる」

インディアナ州インディアナポリス在住、メリリー（三八歳）

ゲーム：「Wiiの『ジャストダンス』を子供とプレイする」
恩恵：「自分の時間がない日でも運動ができる」
目的：「忙しいときにも健康を保てる。家族みんなが体を動かすきっかけにもなる。わたしにとっては重要なことなの」

カナダ、アルバータ州エドモントン、ジョシュア（一三歳）
ゲーム：「好きなゲームは『マインクラフト』」
恩恵：「クリエイティブになれる。つくろうと思ったものはなんでもつくれるんだ！」
目的：「学校で何かをつくったりするとき、いつも何かひらめくようにしたい。新しいものを思いつくのが得意なんだ。『マインクラフト』で鍛えてるからね」

次はあなたの番だ。ゲームを選び、恩恵を見つけ、目的と結びつける。
〈クエストをクリア〉三つのステップを完了できただろうか？　もしできたのなら、おめでとう。あなたは自分がゲームのプレイ中に育んでいるすばらしい強みとスキルに気づきつつある。自分の強みを知ることは、それを日常生活で使うための最初の、そして最も重要な一歩だ。

目的を持ってプレイすればするほど、将来のあらゆる自己抑圧に対するレジリエンスが育まれる。どんな認知の習慣もそうだが、自己抑圧も脳に組み込まれる。自己を抑圧するたびに、今後もまた逃避が促されるよう神経のネットワークが強化されてしまうのだ。

この認知の癖がつかないようにする方法を知っておく必要がある。なぜなら、自己抑圧はあなたの人生にもっとひどい災いを引き起こすもうひとつの心の習慣と密接に関係しているからだ。その心の習慣とは〝経験の回避〟だ。〝経験からの逃避〟とも言われるが、これは苦々しい思考や感情を受け入れたり、正面から向き合ったりすることに気が乗らず、将来そうした思考や感情を呼び起こすかもしれない物事を回避したり、逃避したりすることだ。[*24]

いくつか例を挙げてみよう。若い女性がフライト中の乱気流に不安を抱いている。何年か経って、彼女は長距離の旅行を避け、飛行機に乗るのは何がなんでも避けようとする。また、ある男性が、年老いた母親が暮らす老人ホームを訪れることに罪悪感を覚えるようになり、行くのをやめてしまう。どちらのケースでも、不安や負の感情をコントロールするすべを学ぶ代わりに、そうした感情を呼び覚ますものをただ避けようとしている。潜在的な苦痛を避けようとすればするほど、将来のポジティブな経験や関係構築のチャンスを逃してしまう可能性が高くなる。

こうした逃避の精神は、深刻な憂鬱、社会からの孤立、ひどいときには自傷行為につながる恐れがある。少なくとも、ネガティブな思考や感情を引き起こすかもしれない物事に対して腰が引けていると、目標、意欲、人生経験が大幅に制限されてしまう。

経験回避については、第七章の〝悪者に日頃から立ち向かうことで、強く、勇敢になれる〟という話の中で詳しく説明する。今のところは、目的を持ってゲームをプレイすれば心の習慣が身につくと知っておくだけで充分だ。あらゆる種類の逃避をやめ、リスク、逆境、困難に直面しても大きな目的を持って生きるための心の習慣が。

自己抑圧的に、現実逃避的にゲームをすることについて、知っておくべき重要な点がもうひとつある。そうしたプレイの仕方は〝ターニングポイント〟に達してしまうことがよくあるということだ。最終的にある特定のリミットを超えると、研究で報告されているような、ゲームのやりすぎによるネガティブな結果（憂鬱や不安が増す、成績がさがる、社会から孤立するなど）を避けるのが非常に困難になる。

では、ターニングポイントはどこにあるのだろうか？　わたしはこの問題の研究に五年を費やし、兵士がゲームを何時間プレイするかといった軍の研究から、ゲームをしているとき、健康や幸福状態に悪影響が出はじめると感じるのはいつかといったプレイヤー調査まで、さまざまな文献を調べた。その過程で幾度となく発見したのは、デジタルゲームを週に二一時間プレイするあたりから、マイナス面が目立ちはじめるということだった。二一時間がターニングポイントなのだ。[*25]

プレイ時間が一日三時間以下の場合、プレイヤーはゲームの恩恵を受ける傾向にある。そういう人たちは、ゲームを楽しむことと実生活の目標とのあいだにいいバランスが保たれていると回答している。しかし、子供でも大人でも、一日三時間よりも長くプレイすると、ゲーム以外の仕事、勉強、運動、人づき合いなどの時間が大きく失われる。これらの生活領域に支障が出はじめ、自己抑圧的にゲームをすることの悪循環が始まる。

しかし、ありがたいことに、ゲームの時間を週二一時間以内に抑えれば、また恩恵を受けられるようになる。これは大きな発見だ。もしあなたが自分にとっての、または大切な人にとってのゲーム対策を探しているなら、ゲームを全部取りあげたり、大量に減らしたりする必要はない。週の合計プレイ時間を二一時間以下にすればいいだけだ。ゲームのやりすぎを心配しているゲーマーにとっては、きれいさっぱりやめることに比べたらなんでもないはずだ。

毎週のプレイ時間を少なくしたからといって、ただちに自己解放の精神が身につくわけではないが、それだけで自己抑圧のターニングポイントを超えなくなる。最終的にはずっと簡単に現実逃避をやめ、熱心なゲーマーでありながらもゲームと健全な関係を築けるようになるはずだ。

◀▶

現実逃避することの害についてはすでに見てきたとおりだが、頻繁にゲームをする人の実に四一パーセントが「ビデオゲームを日常生活からの逃避のためにプレイする」と回答している。[*26] 多くのゲーマーたちがまだ〝ゲームからゲームフルへの跳躍〟をしていないのも当然といえば当然なのだ。彼らは、ゲームはただの気晴らしにすぎないと思い込んでいる。この考えはまちがっているだけでなく、大きな悪影響をおよぼす。ゲーム依存症に関する別の研究によれば、〝目的意識のないプレイ〟は、問題のあるプレイの仕方やゲームのやりすぎにつながることが非常に多い。[*27]

両親、配偶者、教育者がよかれと思い、ゲーマーに対して「ゲームなんて時間の無駄はやめて、もっとまともなことをしなさい」と諭すことで、状況はさらに悪化する。この種の小言は善意からのものだが、ゲームにはなんの目的もなく、実生活での成功につながるような意義もないとゲーマーに信じ込ませてしまう。こうして人工的につくられた心の壁が、自己解放の精神を養うことをほぼ不可能にしてしまう。

知り合いに熱心なゲーマーがいたら、その人のためにできる一番いいことは、ゲームによって得られる恩恵とゲーマーが持つ心の強さについて話をすることだ。ゲームをやめろと言う代わりに、次のような有益な質問をしてみよう。

- このゲームでこれまでに達成した一番自慢できることは？　それをどうやって達成したのか。そのためにどんな強さやスキルが必要だったか。
- このゲームはどういうところが難しいのか。あなたの攻略法は？　どうやってその攻略法を編み出したのか。
- このステージ／ミッションにいつから挑戦しつづけているのか。どうしてあきらめないのか。そのモチベーションはどこから来ているのか。
- このゲームをするとどんな能力が伸びるのか。実生活においてそのスキルや才能を使って問題を解決できる場面はあるか。
- 今日、ゲーマーはゲームをしない人より○○にすぐれているという記事を読んだ。それはあなたにも当てはまると思うか。

それから、どんなゲーマーにとっても一番効果のある質問をしよう（つながりを持つことは逃避よりも絶対にいいのだから）。

・一緒にプレイしてもいい？

わたしは目的を持ったプレイと逃避としてのプレイのちがいを、できるだけ多くのゲーマーに説明することを自分の使命にしてきた。ＴＥＤトークでも、わたしの一冊目の著作（『幸せな未来は「ゲーム」が創る』〔早川書房〕）でも、インタビューやツイッターでも、ゲーマーに対して発信できる場ではどこでも。この使命を通じて、ゲーマーやゲーマーの両親、配偶者たちとたくさん出会った。彼らは考え方を変えただけで、ただゲームをプレイするのではなく、ゲームフルに生きられるようになっていた。

ポールの物語はその典型例だろう。これは彼の父親から聞いた話だ。一五歳のとき、ポールはオンラインゲームにハマった。シカゴの高校に通っていたが、勉強そっちのけで毎日朝の三時まで『リーグ・オブ・レジェンド』をプレイした。睡眠不足がたたって健康状態は悪化し、成績は平均Ｄ＋までさがった。両親はパソコンを取りあげたが、逆効果だった。夜になっても家に帰らず、別の場所でゲームをするようになったのだ。父親はわたしに言った。あの状況ではなんの希望も見えなかった、と。

ある日、父親はポールにわたしの講演の動画を見せた。ふたりはゲーマーが培うことのできる心の強さについて話し合うようになった。ポールがまちがいなく持っている強さについて。父親はどうやったらその強さを実生活でも使えるだろうかとポールに訊いた。そんな会話を交わしただけで、ポールは目に見えて変わりはじめた。ゲームはやめなかったが、自分のゲームフルな強みを使って何ができるだろうと考えるようになった。とくに精神力、ネットのリサーチ能力、チームにおけるリーダーシップを使って。

ポールはこうした強みを使って、勉強の目標を定め、それを達成しようとした。大学進学にあたってゲームフルなアプローチを取り入れ、必要な各ステップをクエストと考えて取り組んだ。〝実績〟を考案し、それを達成できたらお祝いをした。彼が考えた実績には、〝自分が満足できる大学を五つ選ぶ〟〝推薦状を三通手に入れる〟〝エッセイの下書きを書きあげる〟などがあった。それから、この進学クエストで助けになってくれる人のチームをつくった。高校のカウンセラー、両親、先に卒業していたクラスメイトがチームのメンバーになった。今、ポールはダートマウスで工学を専攻している。まだ毎晩ゲームをプレイしているが、朝の三時まではやらない。父親は誇らしげに話してくれた。「息子がようやく理解してくれたからなんです。そして、わたしたち両親もようやく理解したからなんです。息子のゲーム愛は弱点なんかじゃなく、強さの源なんだって」

ポールの物語はドラマティックだ。ほとんどの人にとっては、ゲームとの関係をこれほど劇的に変える必要はないだろう。それでも、ただ時間を潰したり、問題を忘れたりするためにゲームをするのをやめ、目的を持ってプレイすることで、実生活に大きなちがいが表われる。それを理解すれば、ほとんど誰もが恩恵を受けられる。

どれだけ小さな努力であろうと、ゲームフルな強みを毎日の生活に生かそうとすることは、やがて大きなプラスの変化につながる。ニューヨーク在住の三六歳のライター、アメリア・マクドネル＝パリーはその好例だ。アメリアは二〇一三年の夏のあいだずっと、大人気のパターンマッチングゲーム『キャンディークラッシュ』を何時間もぶっつづけでプレイしていた。やりすぎてゲーム画面のフラッシュバックを頻繁に経験するほどだった。「目を閉じると『キャンディークラッシュ』の画面が見えるんです。キャンディーが連鎖して消えていくのを夢に見るようにさえなりました」

アメリアはそれだけの時間を費やしてハイスコアを狙うだけでは満足できなかった。そこでゲームが教えてくれた自分の強みと弱点について考えることにした。一番重要な教訓はこういうことだった。「他人に助けを求めるのを恐れてはならない」彼女はこのすばらしい発見をした瞬間について、こう語る。

『キャンディークラッシュ』では、同じようにゲームをプレイしている友人からライフを受け取れます。そうすることで次のステージに進むのを手伝ってもらえるんです。もしプライドを脇に置いてお願いできればの話ですけど。最初はなんだか落ち着きませんでした。基本的に人に助けは求めたくない性格だし、なんでも自分で解決したいと思っているからです。仕事で書いている記事について困ったことがあっても自力でなんとかするし、イケアの家具だって「ふたりで組み立ててください」と指示があってもおかまいなしです。すごくつらい一日を過ごしたとしても、誰にもそんな話はしたくないし、人目につかないところで泣きます。でもときには誰かの肩を借りて泣いたり、ちょっとしたアドバイスをもらったり、ほんの少し手を貸してもらったり、一〇年も交流していないフェイスブック上の友人に『キャンディークラッシュ』のライフをおねだりしないといけません。必要なときには、そういうお願いをするのを恐れてはいけないんです。[*28]

アメリアにとっての大発見は、自分の好きなゲームの中で学んだのとそっくり同じことを日常生活でもできると気づいたことだった。助けを求め、仲間をつくること。それがゲームの教えてくれた、ゲームに限定されないスキルだった。ゲームからゲームフルに跳躍した典型的な例だ。ゲームをプレイする時間が全然ないような人も含め、ほとんど誰もがゲームフルな強みを日常生活にも生かせる。それについて、わたしが見てきた中で一番説得力のある証拠は、スーパーベターのコミュニティだ。そこでは数十万人がゲームフルな強みを実生活のチャレンジに応用するすべを習得している。彼らは生来のゲームフルな能力（注意力をコントロールする力、誰でも仲間にする力、意志力と精神力を高める力）を利用して、モチベーション、創造力、ポジティブな感情を高め、周囲からより多くのサポートを受け、彼らにとって最も重要な人生の目標に取り組んでいる。

第一部を読み終えた今、あなたも同じ跳躍をする準備ができた。あなたはゲームの科学を理解した。その科学を積極的に使って人生を変えよう。さあ、スーパーベターをプレイする時が来た。

ミッションをクリア

獲得したスキル：ゲームからゲームフルに跳躍する方法

・ゲームフルになるというのは、ゲームで培った強さやスキルを実生活の目標やチャレンジに応用することだ。
・すべてのゲーマーがゲームフルな強さを日常生活にうまく応用できるわけではない。最大の障害は現実逃避の精神、つまり、実生活を避けたり忘れたりするためにゲームをプレイすることだ。
・目的を持って
ゲームをプレイすれば、その問題は解決できる。ゲームから得られる恩恵を特定し、プレイのたびにそれを追求する。
・ゲームをするとき、自分が求める恩恵をリストにする。たとえば自分が感じたい特定のポジティブな感情、伸ばしたい認知スキル、人との関係を強化するための望ましい方法など。
・好きなゲームをプレイすることで養えるスキル、能力を特定し、そうした強みを実生活で使う機会を探す。
・知り合いに熱心なゲーマーがいるなら、ゲームフルな強みについて話し合ってみる。ゲームのポジティブな側面に関する研究について教える。ゲーム愛は強さの源であって、弱点ではないと勇気づける。
・恩恵を最大化し、潜在的な害悪を最小化するため、ビデオゲーム（またはその他の現実逃避活動）は週に二一時間以内に抑える。気分、活力、人間関係、認知スキル、自信の向上を享受し、実生活における恩恵を最大限に生かすための時間をたっぷり残しておく。

第二部

ゲームフルに生きるには

わたしたちはゲームフルに考え、ゲームフルに生き、その結果として強く、幸福に、勇敢になるための力をすでに具えている。あと必要なのは、その力を使い、ゲームフルなシステムの中で具体的な行動をすることだけだ。

スーパーベターがそのシステムを与えてくれる。チャレンジに取り組み、人生をいい方向に変化させたかったら、つねに七つのシンプルなルールに従うだけでいい。そうすれば生来のゲームフルな強みが引き出される。第一部では四つの強みを紹介した。

- 注意力を、ひいては思考と感情をコントロールする力
- どんな人でも潜在的な仲間にし、今ある関係を強固にする力
- 自分のやる気を引き出し、意志力、思いやり、精神力といったヒーローの資質を開花させる生来の力
- 目的を持ってゲームをプレイする能力。逃げるのではなく、試練に正面から堂々と向き合

う力

第二部で学ぶスーパーベターの七つのルールは、科学的研究とデータ分析を通して検証されてきたものだ。そして、ここで紹介されるのは、よりよい人生を送ろうとしてスーパーベター・メソッドを試した四〇万人以上のプレイヤーたちの実体験だ。そんなプレイヤーたちが取り組んだ一万を超える独創的なチャレンジ（新しい職を探す、妊娠期間をすこやかに過ごすといったものから、ちゃんと自立するというようなシンプルなものまで）を分析し、選りすぐりの物語を紹介する。

正式な研究としては、ペンシルヴェニア大学がスーパーベターの無作為化比較試験をおこなった。指揮したのは恍惚後の成長《PEG》という言葉の生みの親にして博士号候補生のアン・マリー・レープクだ。この研究により、スーパーベターを三〇日間プレイすると、憂鬱や不安が著しく軽減され、周囲からもっとサポートを受けられるようになり、自己効力感が向上し、前向きになれることが判明した。また、幸福度と生活への満足度が大幅に向上することもわかった。[*1]

オハイオ州立大学ウェクスナー医療センターもスーパーベターの臨床試験をおこない、脳震盪を起こした若い患者のリハビリをサポートした。[*2] アメリカ国立衛生研究所の出資で三年前からおこなわれているこの研究は、スーパーベターを医療機関で最大限に活用する方法を特定することを目的としている。リハビリ、回復期間中のゲームフルな取り組みは、楽観を育み、不安や苦悩を軽減し、家族関係を強固にしてくれる。この発見は患者と医師への聞き取りや、臨床試験から得られたデータによっても強力に裏づけられている。臨床試験を指揮したリーザ・ワーセン＝チヤウダーリはオハイオ州立大学メディシンカレッジの教職員で、二〇年のリハビリ研究実績を持っている。彼女はこう語る。「周囲から受けられるサポートを強化し、自分のことは自分でするというモチベーションを引き出し、世話をする人にも具体的でポジティブなサポートの方針を教えてくれるという意味において、スーパーベターほどすぐれたものは見たことがありません」

ペンシルヴェニア大学の研究とオハイオ州立大学の臨床試験の詳細については、巻末の『科学的研究について』を参照してほしい。

スーパーベターになるために、あなたもゲームフルなルールをひとつずつ順を追って覚えていこう。第二部各章の構成は次のようになっている。

- ゲームフルに生きるためのルールひとつ
- 成功したスーパーベター・プレイヤーの物語と、彼らがどのようにそのルールに従ったのか
- ルールの根拠となる主要な科学原理。その研究についての手短な紹介
- 日常生活でそのルールに従うための実用的なヒント

第二部には多くのスーパーベター・プレイヤーが登場する。彼らはインタビューの中で、成長と勝利の物語を披露してくれた（なかにはわたしの物語もある。わたしはスーパーベターのルールを使って軽度の脳外傷から回復しただけでなく、初めてのフルマラソンに向けての特訓と不妊

治療を成功させた。そして今年の初め、なんと双子の娘を出産した！）。

スーパーベターのプレイヤーにはあらゆる身分、職業の人がいる。彼らはさまざまな理由からスーパーベターをプレイしている。

たとえば二五歳のプログラマー、ジョッシュ*は何年も鬱に苦しめられていたが、友人にも家族にもそれを打ち明けられずにいた。「スーパーベターの力を借りて、自分が苦しんでいることをようやく兄と親友というふたりの人に伝えることができました。大したことじゃないと思うかもしれませんが、ぼくにとっては大きなことです。鬱のことは誰にも言えなかった。それは大きな秘密に、重い枷《かせ》になっていたんです。でもようやく打ち明けられた。ただそれだけのことですが、大きな救いになりました。このゲームがなければ、その勇気を奮い起こすことはできなかったでしょう」

三六歳のベッキー・トランは二カ月間スーパーベターをプレイすることで、二〇年間悩まされてきた不眠症を克服した。「慢性的な寝不足のダメ人間が、毎晩赤ん坊のようにぐっすり眠る。そんなことは絶対にありえないと思っていました」

定年を迎えたばかりの六七歳のジョイス・カーウィンは人生に新しいきらめきを見つけたいと思っていた。とりわけ、もう一度夫にとってセクシーな女性になりたいと願っていた。スーパーベターを三〇日間プレイしたことが彼女の新しい人生の出発点になった。彼女はずっと書こうと思っていた小説の執筆に着手し、最終的には夫にこう言わせた。「『ここ数十年で一番セクシー』ですって！　そんなにうれしいことってある？」

三〇歳の銀行員、カマラーは父親が突然他界してしまい、その悲しみを乗り越えられずにいた。

彼女はスーパーベターの七つのルールに一カ月間従ったことで、人生を楽しみたいという欲求と悲しみのあいだのバランスを見つけられるようになった。「スーパーベターを試すまで、完全に行き詰まり、思考も感情もまったくコントロールできていませんでした。どうしてこれほどうまくいったのかはわかりません。でも、スーパーベターのおかげでまたポジティブになれました。悲しみが消えたわけではありませんが、精いっぱい生きることで父を弔えるようになったんです」

三八歳のエリックは筋金入りのゲーマーで、ダイエットして体を鍛えるためにスーパーベターを始めた。六週間後、彼は一一キロ痩せた。「毎日の小さな積み重ねがこんなに大きなちがいを生むとはね。自分にやりとげられるとは思っていなかったから、挑戦することさえ避けていました。でもダイエットをゲームにすることで『どうってことない、失敗してもいいさ』と思えるようになりました。それが決め手だったんです。最後には失敗を恐れなくなり、それが成功につながりました」

四二歳の専業主婦ソーニャ・ローウルフは、多発性硬化症と診断された友人にスーパーベターを紹介した。「彼女のために、喜んで力になると伝えたかったんです。何か具体的なことをしたかった。スーパーベターのおかげですごくいい関係になれたと思います。一緒にプレイすることで、彼女をサポートしたいという気持ちを簡単に伝えられるし、毎日たった一分を費やすだけで、

＊　幾人かのプレイヤーは本人を特定できる情報と本名を記載することを快諾してくれた。フルネームで記載されているものがこれに該当する。ファーストネームだけ使わせてもらったものや、本人を特定できる情報に多少の変更を加えたものもある。

ゲームの進み具合を尋ね、わたしがついているとわかってもらえます」

珍しい進行性白血病にかかった三一歳のカメラマン、フィリップ・ジェフリーはスーパーベターを使い、〝クリエイティブなガン戦士フィリップ〟になった。死にいたるこの病は治療法が発見されておらず、彼はスーパーベターのルールに従って毎日を精いっぱい生き、化学療法の副作用と闘うことを決意した。「スーパーベターをプレイすることは、これまでの人生の中でもとりわけポジティブな経験でした。目的意識が芽生え、感情をコントロールできるようになった。最悪な一日でも、少なくともひとつはクエストをクリアしようとがんばっています。毎日欠かさずにベッドから出られるのは、このゲームのおかげです。私の人生に大きな意味を与えてくれました。ガンになってもクリエイティブに生きることはできるし、何かをなしとげることはできる。このゲームをプレイしながら、そう自分に言い聞かせています」それから三年が経ち、数回の寛解期間を経て、彼は今なおクエストに取り組んでいる。

四四歳の中学校教師マリリンはとくに問題を抱えていたわけではなかったが、ただ幸せに、健康になり、自信を持ちたいと――つまりスーパーベターになりたいと――感じていた。四〇万人を超えるほかのスーパーベター・プレイヤーの多くと同じく、彼女もこのメソッドの研究に貢献してくれた。彼女もまた、満ち足りた人生を送り、打たれ強くなり、今後はもっと幸せな日々を送り、困難に直面しても強くありたいと願っていたのだ。

第一部では、困難なチャレンジに取り組むにあたってなぜゲームが有効なのかを説明した。第二部では、ゲームフルなスキルを日常生活に応用する方法を紹介する。

トラウマ、病気、怪我から回復してスーパーベターになるにしろ、ただ最高の自分になるにしろ、ゲームフルな強さを使って心的外傷後の成長《PTG》や恍惚後の成長《PEG》の恩恵を得るために必要な知識は、すべてこの第二部に書いてある。

夢を追求し、後悔とは無縁の人生を送る準備ができたら、プレイを始めよう。

第五章　自分自身に挑む

ゲームフルに生きるためのルールその1

自分自身に挑む。幸せに、健康に、強く、勇敢になる方法は無限にある。自分が取り組みたいと考えている実生活の障害、またはまっさきにポジティブな方向に変えたいと思っているものを選ぶ。

ゲームについておもしろい事実がある。ゲームをしているとき、わたしたちはほとんど絶望を感じていない。

実際、そうなのだ。ゲーム中に感じるおもな感情を心理学者たちが調査したところ、純粋な不安や悲観はきわめて珍しかった。ゲームに負けそうになったり、苦戦したりしているときでさえ、わたしたちはパニックになったり、無力感を覚えたりするより、決意を新たにし、前向きに考えているこ との ほうがはるかに多い。[*1] これはプレイそのものにキャリアと生活がかかっているプロのアスリートやポーカープレイヤーにも当てはまる。[*2] この章で学ぶように、ゲームのプレイ中は不安にうまく対処し、脅威ではなくチャンスに集中し、失敗を恐れなくなる。そうしたことが自然にできるようになるのは、ゲームの心理学のおかげだ。

ゲームをするとき、わたしたちの頭には目標と成長のことしかない。自発的にチャレンジを求め、困難を楽しむ。負けないためではなく、自分に何ができるかを知るためにプレイする。そして、非常に不利な状態からでも勝利の可能性はあると信じている。

こうしたゲームフルな精神は実生活の障害にも応用できるのだろうか？　もっとリスクが高く、失敗がきわめて重大な意味を持つ実生活に対しても、同じように勇気と好奇心を持って前向きに臨めるのだろうか？　また、そうするのは利口なことなのだろうか？

答えはイエス。ゲームフルな精神を実生活の障害に応用することは可能だし、利口なことだ。このアプローチは〝恐れに対する挑戦〟の精神と呼ばれており、うまく機能することが研究で証明されている。

◀▶

自分の強さや能力を試したいという欲求を刺激し、それらを向上させる機会を与えてくれるものなら、なんでも〝チャレンジ〟になる。チャレンジは自ら受けて立つ必要がある。これは重要なポイントだ。誰もあなたにチャレンジを強制できない。だから、自分で立ちあがらなければならない。

スーパーベター・プレイヤーたちがゲームフルな精神を持って成功させたチャレンジの例を紹

介しよう。*

- 最悪の仕事から生じるストレスに立ち向かう
- 借金から解放される
- 腎臓を提供する
- 吃音を克服する
- 病気療養中に妊娠する
- 自分を好きになり、自分と同じように他人も信用する
- ゴスペル関係の仕事に就く
- 手痛い別れから立ち直る
- 二一日間、甘いものを絶つ
- 片頭痛、疲労感に打ち勝つ
- 成人期のＡＤＨＤを治療する
- フリーランスとして成功する
- 離婚に向けて準備する
- 怠け癖を直す
- 臆病にならず、自制心を失わないようにする
- 自閉症の子供を立派に育てあげる
- 初めてのトライアスロンを完走する

- よりよい自分になる
- 交通事故後のＰＴＳＤから回復する
- 脳卒中から回復する
- 同性愛者であることを家族に告白する
- 禁煙する
- レイプから立ち直る
- ガンと闘う
- 二〇年連れ添った配偶者の死から立ち直る
- もっと情熱的に人生を楽しむ
- サバイバーになる

チャレンジの中にはプレイヤーが自ら選んだポジティブな方向への変化もあるが、ほとんどは怪我、病気、トラウマ、喪失に立ち向かうといった、誰も自分からは選ばないようなチャレンジだ。こうしたチャレンジにゲームフルなアプローチで臨むのはいかがなものかと首をひねる人もいるかもしれない。〝おふざけ〟にするには深刻すぎたり、生々しすぎたり、そもそも生死に関わる問題だったりするからだ。しかし、そんな懸念は無用だ。むしろ、自分で選んだポジティブな方向への変化よりも、人生が投げかける招かれざるチャレンジに向き合うときのほうが、ゲー

＊ スーパーベターにおける成功は、「少なくともひとつの〝エピックウィン〟を達成すること」と定義される。エピックウィンというのは特殊な目標のことで、詳しくは第一一章で説明する。

ムフルなアプローチはずっと有効に機能する。

だから、あなたにとって非常に大きな意味のある、差し迫った目標に取り組むことをお勧めする。不安から解放されて生きる。新しい仕事を見つける。食生活を変える。慢性痛に苦しめられても、人生を楽しむ。愛の生活を始める。なんでもいいから自分にとって重大な問題に取り組もう。たとえそれが、今は問題が大きすぎるとか、自分の手に余ると思うような代物であったとしても。

というより、大きすぎたり、手に余ったりするような問題であれば、なおさらそれに取り組んだほうがいい。ゲームフルな思考・行動パターンは、通常であれば絶望したり、あきらめたりしてしまう状況で、きわめてうまく機能するからだ。四〇万人以上のスーパーベター・プレイヤーから集めたデータによると、ゲームフルなメソッドは問題が大きければ大きいほど、チャレンジが難しければ難しいほど、効果を発揮するようだ。なぜなら、このメソッドのすべてが、無力感や自己疑念を覚えるような状況で、事態をコントロールする能力を増すように、あなたの力を育むようにデザインされているからだ。だから、ためらうことはない。ほんとうに人生を変えるような、自分にとって手強いチャレンジを選ぼう。

あなたが心的外傷後の成長《PTG》を望むなら、チャレンジは次のようなものになるだろう。

- 怪我や病気にもっとうまく向き合う
- 難しいチャレンジにベストを尽くし、切り抜ける
- 自分または家族にとっての問題を解決する

・トラウマから回復する
・どんな障害であれ、それを克服する

スーパーベター・プレイヤーたちが選んだ代表的なPTGチャレンジのトップ一〇は以下のようになっている（順位別。1が最も多い）。

1. 憂鬱に打ち勝つ
2. 不安を克服する
3. 慢性疾患、慢性痛とうまくつき合う
4. 新しい仕事を見つける、または失業状態から脱する
5. 離婚、家族との離別を乗り越える
6. 脳外傷を含む肉体的損傷から回復する
7. 学校、職場での挫折から立ち直る
8. ＰＴＳＤから回復する
9. 学習障害、神経障害とともに生きる（親子が協力して取り組むことが多い）
10. 愛する人の喪失から立ち直る

あなたが恍惚《P》後《E》の成長《G》を求めているなら、チャレンジは次のようなものになるだろう。

- 新しい習慣を身につける
- 才能を伸ばす
- スキルを学ぶ、または改善する
- 関係を強化する
- 肉体、運動面で大きな進歩をする
- 意義のあるプロジェクトを完了させる
- 生涯の夢を追い求める
- その他、人生にポジティブな変化をもたらす

夢や才能は十人十色なので、どんなPEGを得たいかという目標も人それぞれになる。スーパーベターー・プレイヤーたちに人気があったのは、食生活を改善する、学位を取得する、本を書く、睡眠を改善する、自分が恐れていることを実行する、起業する、ストレスにうまく対処する、痩せる、五キロ走る、マラソンを完走する、瞑想を習得する、家族をつくる、節約して夢の旅行を計画する、チャレンジに取り組んでいる友人の力になる、すばらしい理想のために何かする、いい親になる、いい夫／妻になる、などだった。

あなたが今すでに深刻な苦境やトラウマに直面しているとしても、必ずしもPEGを追求できないわけではない。多くのスーパーベター・プレイヤーたちが意義のある個人的な目標や夢を追求することで、不安、憂鬱、痛みを軽減させることに成功している。今のところは病気やトラウマに正面から向き合うより、ポジティブな目標に取り組んだほうがモチベーションがあがり、前

向きになれるかもしれない。それはそれでもちろんかまわない。最初に取り組むべきチャレンジについて、正解や不正解はないのだから。

さて、挑むべき障害をひとつ思い浮かべたら、次に進もう。が、それについて考えるまえに習得しておきたいスキルがある。それは〝認知的再評価〟と呼ばれるスキルで、習得すればストレスの溜まる問題に対する考え方、感じ方を変えられるようになる。

とてもシンプルなテクニック（科学的に実証されているメソッド）なので、今この場で教えられる。では、一番簡単な認知的再評価スキル、不安を興奮に変える方法から学ぼう。

心理学的にいうと、不安と興奮はまったく同じ感情であることがわかっている。何かについて不安を感じたり、興奮したりすると、肉体はほぼまったく同じ〝高覚醒〟状態になり、エネルギーが過剰になる、胸騒ぎがする、心拍数があがるなどの反応が表われる。

つまり、ある問題に対して不安を感じているとき、自分を落ち着かせようとするより、問題の解決に向けて興奮しようとするほうが簡単ということだ。自分を落ち着かせるには、心拍数をさげ、アドレナリンを減少させなければならない。これは容易なことではない。現にストレスを感じる状況に直面しているのであればなおさらだ。ところが、興奮しようと思ったら、その時点で肉体が感じている反応を変える必要はまったくない。ただ、肉体が感じている反応に対する解釈を変えるだけでいい。アドレナリンの放出や鼓動の高鳴りは武者震い、またはウキウキしているとさえ再評価できる。

ハーバード・ビジネススクールの研究者、心理学者のアリソン・ウッド・ブルックスが、心と体の科学にもとづき、不安を興奮に変える実にシンプルな方法を考案している。[*3] 次のようにすればいいだけだ。あなたもやってみよう。

まず、いつもあなたを不安にさせる物事について考える。あまり深刻なものでなく、日常生活の中で、これについてもっと自信を持ちたい、ネガティブなストレスを感じたくないと思うようなものがいい。たとえば人前で話すこと、テストを受けること、仕事の昇給交渉をすること、飛行機に乗ること、ひとりでパーティに行くことなどだ。もっといいのは、不安を感じそうな具体的な予定――不愉快になることがわかっている会話をする、病院に行く、仕事に対するフィードバックを受ける、初めてのデートに行くなど――が実際にあるなら、それについて考えることだ。あなたが不安を覚えるものがなんであれ、それを細部まで想像し、実際に胸騒ぎが起きるのを待つ。

不安を感じはじめたら、すぐに*わたしはワクワクしている*、または、*ワクワクしてきた*と言ってみる。声に出して、何回か繰り返そう。*わたしはワクワクしている*。*ワクワクしてきた*！　たったこれだけだ。ブルックス博士の研究によれば、不安を軽くして前向きになり、問題を解決したり、ストレスの溜まるタスクに取りかかったりするために必要なのは、文字どおりこれだけだ。不安な物事について考えるのをやめれば、その分の心と体のエネルギーを使ってクリエイティブになり、問題に集中し、仕事を片づけられる。ブルックス博士の研究では、このテクニックを使った被験者は前向きになっただけでなく、ストレスを感じるタスク（審査員のまえで歌うなど）に対して高いパフォーマンスを発揮した。それはこういう理由があってのことなのだ。

この〝ワクワクしてきた！〟テクニックをうまく機能させるポイントは、不安を感じていると自分が思っている対象がなんであれ、それについて多少はワクワクできる要素がほんとうにあるかもしれないとオープンに考えることだ。何かしらのいい結果が生じる可能性はないだろうか？起こりうる可能性について、希望を抱ける理由はないだろうか？　もしあるなら、不安を感じるのではなく、ほんとうにワクワクできる。

これはただの心理ゲームではない。不安と興奮のちがいは紙一重だ。肉体はそのどちらにも同じ反応をし、脳でさえ、いつもそのちがいに気づくわけではない。だからだいたいの場合、不安と興奮のどちらを感じるかは自分自身が選べる。ゲーマーやアスリートはいつもこの選択をしている。だからこそ、フットボール選手はフィールド上で誰かに追いかけまわされ、今まさに荒々しいタックルを仕掛けられそうなときにも、恐怖ではなく興奮を感じるのだ。

この力をどんどん使って自分のアドバンテージにしよう。何しろ「ワクワクしてきた」と口にするだけでいいのだから。自分が強く、幸せになったと瞬時に感じられるだけでなく、困難な障害に取り組み、目標を達成するための能力も向上する。

このテクニックが一番うまく機能するのは、問題がそれほど深刻ではなく、たんに不安を抑えたいだけの場合だ。が、もっと重大な問題に対して使うこともできる。

ほんとうに大きな危難に直面したときにこの認知的再評価テクニックを使えば、危難に打ちのめされ、傷つくのではなく、自分ならこのチャレンジに対処できると思えるようになる。これを〝恐れの精神〟から〝挑戦の精神〟への転換という。[*4]ゲームフルに生きるためのルールその1だ。

恐れの精神を抱いていると、リスク、危険、危害、損失に目がいき、ポジティブな結果を残そうとするより、ネガティブな結果を防ごうとしてプレッシャーを感じてしまう。自己効力感が低いと、つまり、事態が自分の手に余る、自分に状況を変える力はない、ネガティブな結果は避けられないと感じていると、恐れの精神を抱きやすい。
一方、挑戦の精神を抱いていると、自分が成長したり、ポジティブな結果になったりする可能性に目を向けるようになる。リスク、危害、損失に直面する可能性があったとしても、有用なスキルや戦略を身につけ、できるかぎりのベストな結果を出せるだろうと、〝現実に即した楽観〟を抱くことができる。さらには、使えるリソースをかき集め、自らの強みを引き出すことで、厳しい状況に立ち向かう準備ができる。自己効力感が高い人は比較的容易に挑戦の精神を持つことができる。よくゲームをプレイする人も同様だ。[*5] チャレンジを求める精神は、頻繁にゲームをする人に共通する性格的資質だからだ。[*6]
わたしたちはどんなゲームにも挑戦の精神で臨む。この精神を実生活の目標、障害に応用する方法を学ぼう。が、そのまえに、どうして挑戦の精神が重要なのかを説明しておく。

心理学者たちは、挑戦の精神と恐れの精神のちがいについて三〇年以上研究を重ねてきた。これらがストレスや苦境に対処する能力にどのような影響を与えるのか。彼らが発見した大きなちがいは、次のようなことだった。
恐れの精神を抱いて行動していると、どんな困難に直面しているにしろ、それに加えてさらなる不安や憂鬱を感じる可能性が高くなる。結果として、プレッシャー下でのパフォーマンスが低下してしまう。また、有意義な対処能力を鍛え、新しいリソースを見つける代わりに、現実逃避や自己破滅的な行動をするようになる。たとえば社会から孤立する、ドラッグやアルコール漬けになる、あるいはたんに、問題を無視してさらに悪化させる。[*7]

挑戦の精神を抱いていると、不安や憂鬱を感じることが少なく、もっとうまく変化に順応できるようになる。問題から目を背けることはせず、周囲のサポートや自分自身の能力といったリソースを活用しようとする。そして、スキルを伸ばし、問題解決能力をさらに高める。つまり、その状況で考えうる最良の結果を残せる可能性が非常に高い。[*8]

挑戦の精神と恐れの精神のちがいは心の持ちようだけではない。ストレスに対する肉体の反応も変わってくる。

恐れの精神を抱いていると、動脈が収縮し、全身に血を行き渡らせるためにもっと激しい鼓動が必要になる。これは、短期的に見れば、心臓発作の確率を上昇させる。長期的に見れば、何カ月も何年も恐れの精神を抱いて過ごすと、過酷な運動に疲れた心臓が弱ってしまう可能性がある。反対に、挑戦の精神を抱いていると、動脈が広がり、心臓から効率よく血液が送り出される。これにより、ずっと少ない労力で血流が改善される。つまり、挑戦の精神を抱いていると心臓の健康が維持され、心臓がリラックスした状態を保てる。

恐れの精神を抱いていると〝闘争・逃走〟本能が働き、交感神経系の働きが活発になる。交感神経系が何時間、何日、何週間も、もしくはそれ以上継続的に活動しつづけると、免疫系が弱体化し、病気にかかりやすくなってしまう。

一方、挑戦の精神を抱いていると、神経系が交感反応（闘争・逃走）と副交感反応（落ち着き・つながり）の中間で良好なバランスをとり、神経の衰弱、燃え尽き症候群を回避できる。

また、恐れの精神はストレスホルモン〝コルチゾール〟と代謝ホルモン〝インシュリン〟の増加にもつながる。コルチゾールとインシュリンが増加すると肥満、糖尿病を誘発し、筋肉がつきにくくなり、糖尿病にかかりやすくなる。

要するに、恐れの精神は心理的な障壁になるだけでなく、体の健康にも悪影響をおよぼすのだ。反対に、挑戦の精神を持つと、心と体のレジリエンスが鍛えられる。

挑戦の精神を持つことの重要性がわかったところで、あなたも挑戦の精神を持てるかどうかを確かめてみよう。一番の方法は、なんといってもクエストに挑戦することだ。

クエスト15：挑戦と恐れ

現時点における一番大きなチャレンジ、目標、ストレスの源を思い浮かべる。今後、これらをひっくるめて〝障害〟と呼ぶ。障害に関する二〇の設問に答えることで、あなたが挑戦の精神と恐れの精神のどちらを持つ可能性が高いかがわかる。

〈やるべきこと〉そうだと思う項目にチェックマークを入れる（または蛍光ペンなどでハイライトする）。そうだと思わない項目は飛ばすこと。

1. この障害に取り組む意欲がある
2. この障害について考えるとストレスが溜まる
3. この障害で自分の弱点が明らかになってしまうのではないかと不安だ
4. この障害のおかげでもっと強い人間になれる
5. この障害について、必要になったら助けを求められる人がいる
6. この障害に取り組んだら消耗しそうだ
7. 何をしたところで、この障害はたぶん自分の人生全般にネガティブな影響を与える
8. この障害に取り組むことを考えると、やる気が湧いてくる
9. この障害は自分や家族の健康、幸福を脅かす
10. この障害を乗り越えるのに必要なリソースを持っていないと感じる
11. この障害は自分という人間をもっとよく知るチャンスだ
12. この障害は基本的に絶望的な状況を象徴している
13. この障害に取り組んだらどうなるかを考えるとワクワクする
14. この障害で苦労することになったとしても、またはときには失敗したとしても、気にすることはない。重要なのは結果だ
15. 自分はこの障害を乗り越えるのに必要な能力を持っている、または習得できる
16. この障害をうまく乗り越えれば、自分や家族の健康、幸福にプラスの影響

を与えられる
17. この障害にうまく対処するには、たぶん自分が持っている以上の強さが必要だ
18. この障害を乗り越えられなかったら、自分と自分の人生に大きなマイナスの影響があるだろう
19. この障害について、自分の助けになれるような力を持っている人はいない
20. ベストを尽くすことで、この障害から何か学ぶものがあるだろう

〈スコア〉 設問1、4、5、8、11、13、14、15、16、20のうち、そうだと思ったものはいくつあっただろうか？ その合計があなたの挑戦スコアになる。設問2、3、6、7、9、10、12、17、18、19のうち、そうだと思ったものはいくつあっただろうか？ その合計があなたの恐れスコアになる。

挑戦の精神の恩恵を得るには、挑戦スコアが恐れスコアより大きくなるようにしなければならない。スコアの差は大きければ大きいほどよい。

すでに一〇〇パーセント挑戦の精神を持っていて、恐れスコアが0だったら、それはすばらしいことだ。でもたぶん、どっちつかずだった可能性のほうが高いだろう。

あなたの目標は、この章を読み終えるまでに最低でも1～2点は挑戦スコアを増やし、恐れス

コアを減らすことだ。

ひとつ重要なことを覚えておこう。状況がまったく同じであっても、それを脅威と捉えるかチャレンジと捉えるかは人それぞれだ。決め手になるのは、状況を「危険につながる恐れがある」と評価するか、「成長のチャンス」と評価するかであって、あなたが今ストレスを感じている現実の状況ではない。あなたがストレスとどう向き合うか、それが大きなちがいを生む。

実際、ストレスの大きな状況で挑戦の精神を持つことに成功したケースで、限界点のようなものはまだ発見されていない。三〇年超にわたる研究によれば、取り組んでいる障害が経済的困窮であろうと、病気であろうと、紛争地帯での生活であろうと、客観的に見てどれほど切羽詰まった状況であろうと、挑戦の精神を持つことはできる。

挑戦の精神を育むことで非常に大きな恩恵を受けられるストレスの種類は、一例を挙げれば、次のように分類されている。

- 大学のアスリートがシーズン開始時に挑戦の精神を持つことで、シーズン全体を通してパフォーマンスがあがり、より多くの試合に勝てるようになる。[*9]
- テストを受ける直前に挑戦の精神を持った学生はきわめて高い得点を記録する。[*10]
- 診断結果を恐れるだけでなく、チャレンジと見なしたＨＩＶ、ガン患者は、憂鬱や不安の程度が大幅に低下する。[*11]
- 妊娠に関することでいつも喧嘩していた夫婦が挑戦の精神を持ったことで、口論、悩みの種が減り、夫婦仲が改善される。[*12]

- 挑戦の精神を持ってネガティブな感情に対処する人は、怒りをうまくコントロールできる。[*13]
- 小学校から中学校に進学する際、挑戦の精神を持つ子供はほかの子とうまくつき合い、成績があがる。素行もよくなる。[*14]
- 配偶者に先立たれた人が悲しみの中で特定のチャレンジに向き合うと、肉体の健康状態が改善され、不安や憂鬱が軽減される。[*15]
- 自分は戦争地帯でのストレスにうまく対処できると信じている一般市民、兵士は、心《P》的外傷《T》後ストレス《S》症候群《D》になる確率が低い。[*16]

もうひとつはっきりさせておきたいことがある。挑戦の精神を持つといっても、なんでもかんでもポジティブに考えたり、痛みや喪失を無視したりする必要はない。それよりも、自分の強さと能力をよく見きわめ、高めようとすることが大切だ。

同様に、挑戦の精神を持つことは、ネガティブな結果に終わる可能性があるものを否定して生きることではない。ただ「ポジティブな結果になりそうだ」とか、「成長できそうだ」といったチャンスにもっと目を向け、もっと多くの力を注ぐというだけのことだ。ネガティブな物事を避けられないものとして受け入れるのではなく、あるいはネガティブな結果が避けられないとしても、その結果によって自分の経験の本質までは決めさせないということだ。挑戦の精神を持てば、ネガティブな結果以上の何か——自分の取り組みに意味や目的をもたらしてくれる何か——を探すことに全力を尽くせるようになる。

では、どうすれば恐れの精神を挑戦の精神に転換できるだろうか？　次の三つのテクニックを試してみよう。

1．挑戦の精神を表わす一〇の言葉（クエスト15の設問1、4、5、8、11、13、14、15、16、20）を紙に写し、それを**毎日目にする場所に貼る**。このリストを眺めれば、挑戦の精神がどんなものかをいつでも思い出せる。これは、現状では挑戦の精神が自然と湧いてこないような場合にとりわけ有効だ。リストの言葉を一日一回、声に出して読んでみるのもいい。口にしたからといって、ただちにそれがほんとうになるわけではないが、ほんとうになるかもしれないと考えるきっかけにはなる。実際、声に出したほうが、挑戦の精神を養うための選択や変化をする可能性があがる。

2．起こりうる最良の事態は何かと自問する。恐れの精神を抱いて行動していると、どんな最悪の事態がありえるかと考えることに多くの時間を費やしてしまいがちだ（おまけにその答えはいくらでも思いつく）。この認知的習慣とバランスをとるために、正反対のことを自問し、どれだけたくさんの答えを思いつくかを確かめてみる。そうすることで、「ポジティブな結果になるかもしれない」「PTGを得られるかもしれない」という考えに対してオープンになれる。

3．「何かからスーパーベターになってきている」ではなく、「何かがスーパーベターになってきている」と口にする。スーパーベターの旅についてどう話すか、たったそれだけのことが、挑戦の精神を持てるかどうかを左右する。「何かからよくなってきている」と言う場合、その何かは脅威であることが示唆されるが、「何かがよくなってきている」と言う場合、そこに成長のチャンスがあることが示唆される。

ＰＥＧを求めているなら、このフレーズはおのずと口をついて出るはずだ。小説を書くのがスーパーベターになってきている。世界旅行がスーパーベターになってきている。トライアスロンがスーパーベターになってきている。市議会の選挙活動がスーパーベターになってきている。*ＰＴＧを求めている場合には、もう少し知恵を絞る必要がある。たとえば「不安からスーパーベターになってきている」と言う代わりに、「勇敢になるのがスーパーベターになってきている」「平穏を見つけるのがスーパーベターになってきている」「パニックを防ぐのがスーパーベターになってきている」など、自分が経験したいポジティブな変化や成長について考える。「不眠から」ではなく、「眠るのがスーパーベターになってきている」、「脳震盪から」ではなく、「脳の回復がスーパーベターになってきている」という具合に。

スーパーベターになっていく過程で、そして、ゲームフルに生きるための残りの六つのルールを学んでいく過程で、挑戦の精神は自然に育まれるはずだ。なぜなら、ほかのルールはあなたのリソースを増やし、自分が成長できたり、ポジティブな結果を出せたりするチャンスに目を向けられるようデザインされているからだ。パワーアップアイテムを集めれば、肉体と感情のリソースが手に入る。悪者と戦えば、新しいメンタルのリソースが育まれる。クエストを自分で考案し、クリアすれば、自分のチャレンジ用に特化した新しいスキルと能力が獲得できる。仲間をつくれば、社会的なリソースが増加する。エピックウィンを追求すれば、成長やポジティブな結果に集中できる。秘密の正体を持ち、スコアを記録すれば、自分が進歩し、強みが育まれていることを実感できる。だから、最も急を要する問題に対して、今この場で挑戦の精神を持つ準備ができていないとしても、心配はいらない。ゲームフルな精神で障害に取り組んでいけば、おのずと獲得できる。

ところで、ここでもうひとつの認知的再評価テクニック（とクエスト）を試してみよう。今すぐに挑戦の精神を引き出し、恐れの精神を打ち砕くことができるかもしれない。これは不要な障害を見つけるテクニックと呼ばれている。習得するのは〝ワクワクしてきた！〟テクニックよりずっと難しい。でもきっと、今のあなたはとりあえずチャレンジしてみようという気になっているはずだ。

そのまえに、ゲームに関するある定義を知っておく必要がある。これはわたしの好きな、哲学者の故バーナード・スーツの有名な言葉がもとになっている。「ゲームをすることは、〝不要な障害〟を自発的に克服しようとすることである[*17]」

ゴルフというゲームについて考えてみよう。〝不要な障害〟の古典的な例だ。日常生活の中で、小さなボールを小さな穴に入れることが目標だったら、ただホールまで歩いていって、そこにそ

＊　信じてもらえないかもしれないが、これは実在のスーパーベター・プレイヤーがチャレンジしたことだ。この市議会議員とは地元のビジネスランチで知り合った。彼はスーパーベターをプレイすることで、選挙期間中のストレスを解消しているそうだ。

っとボールを落とせばいい。が、ゴルフはゲームなので、あなたはホールからとても離れた場所に立つことを承諾する。これがひとつ目の不要な障害だ。それから、ゲームをもっと難しくするために、長い棒（ゴルフクラブ）を使ってボールを打つことも承諾しなければならない。これがふたつ目の不要な障害。小さなボールを小さな穴まで運ぶために、どうしてわざわざこんなことをしなければならないのか。そこにはなんのロジックも必要性もない。全力を尽くして取り組むという楽しみのためだけに、あなたはこの難しいチャレンジを引き受ける。自らの能力を試し、それを向上させるという楽しみのためだけに。

　これはどんなゲームにも当てはまる。どんなゲームも、チャレンジングな目標を受け入れるチャンスを与えてくれる。そして、その目標はわたしたちの才能を伸ばし、新しいスキルを育むようにデザインされている。ゲームフルな精神と挑戦の精神のあいだに強力なつながりがあるというのも、これが理由だ。ゲームをプレイするとき、わたしたちは自発的にチャレンジを受け入れている。パズルを解け、相手チームを倒せ、特定のスコアに到達しろと強要されているわけではない。ゲームからの挑戦を受けるかどうかは完全にわたしたちに委ねられている。だから、失敗や敗北の可能性が濃厚にあるにもかかわらず、ゲーム中に不安や憂鬱を感じることはない。わたしたちが何よりも感じているのは、恐れではなく主体性だ。

　一方、日常生活では必ずしも自分で障害を選べるわけではない。あなたが今直面しているチャレンジは、自分に選択権があるなら絶対に選ばなかった障害かもしれない。その場合、ゲームフルになるのが難しくなる。脅威に不意打ちされたとき、ポジティブな結果が生じる可能性に目を向けるのは容易ではないからだ。

しかし、認知的再評価ができれば、主体性を回復し、選択権は自分にあるという感覚を取り戻せる。目のまえにある招かれざるチャレンジの中に〝不要な障害〟を見出せるようになる。

ポイントは、大きなチャレンジの中に、自分であれば対処できそうな障害を見つけることだ。ほかの人なら避けようとするかもしれない障害を。

次のクエストでそのやり方を説明しよう。

クエスト16：不要な障害を見つける

あなたが今直面している最大の招かれざる困難、またはこれまでに経験した最大の個人的な挫折、失望について考える。

〈やるべきこと〉 想像力を駆使して、以下の設問に答える。あなた、または同じ境遇の誰かが、その困難、挫折、失望に対して取りうる最悪の、一番役に立たない反応は？

現実からかけ離れた回答でもかまわない。しばらくのあいだ、極端なことを想像しよう。参考までに、スーパーベター・プレイヤーたちの回答を示しておく。

・仕事をクビになる　↓　犯罪者として生きる。
・慢性的な関節炎に苦しめられる　↓　あきらめて、ベッドから一生出ない。
・本の原稿をあらゆる出版社に突っぱねられる　↓　今後も一語たりとも書

かない。

・なかなか妊娠できない　↓　悲しみのあまり毎晩アイスをやけ食いし、夫との喧嘩が絶えなくなる。最終的にはお互いに性的魅力を感じなくなる。

・バイク事故で脳震盪を起こす　↓　二度と事故に遭わないよう、クッションだらけの狭い部屋で残りの一生を過ごす。

・クビになる　↓　雇用主や同僚の悪口をSNS上にまき散らす（将来、ほかの企業も雇ってくれなくなる）。

・最近、母親を亡くした　↓　学校をドロップアウトし、悲しみに暮れる。食事も喉を通らなくなり、衰弱し、母の亡霊を目にするようになる。母はわたしが夢をあきらめたことを責める。

ご覧のとおり、ユーモアたっぷりの回答もあれば、正直で率直な回答もある。このクエストの回答で一番多いのが、「同じ境遇の人だったら、あきらめて何もしないだろう」と「自分に思いつく最悪の結果は自殺すること」だ。もしあなたの心にも同じことが浮かんだのなら、それを認め、向き合うのがいいだろう。

では、これらと正反対の反応はどんなものだろうか？

〈例〉

・犯罪者として生きる　↓　奉仕の人生を送る。

・ベッドから一生出ない　↓　ほんの数分だけでも毎日ベッドから出る。

・今後もう一語たりとも書かない　↓　毎日何かを書く。
・悲しみのあまり毎晩アイスをやけ食いし、夫との喧嘩が絶えなくなる　↓　妊娠に備えて健康的な食生活を心がけ、毎晩寝るまえ、夫にやさしい言葉をかける。
・クッションだらけの狭い部屋で残りの一生を過ごす　↓　治療中、行ったことのない屋外の場所を三つ見つけ、そこで時間を過ごす。
・雇用主や同僚の悪口をSNS上にまき散らす　↓　毎日、尊敬できる人や企業を探し、それについて何かポジティブなことをSNSに書く。もしかしたら彼らの目に留まり、新しい人脈を築けるかもしれない。
・学校をドロップアウトし、衰弱して、母の亡霊を目にするようになる　↓　毎日、母が誇りに思ってくれるようなことをする。
・あきらめて何もしない　↓　何かする。まだあきらめていないと示すために、なんでもいいからやる。
・自殺する　↓　生きつづける。

〝最悪の、一番役に立たない反応〟の正反対がなんであれ、それを〝不要な障害（チャレンジ）〟として受け入れてみることを考えよう。同じ境遇の別の誰かがしそうなことよりも強さと精神力が求められる何かに挑戦するのだ。

〈仕組み〉このクエストにはふたつの恩恵がある。ひとつは、逆境に対して取りうる最悪の行動を想像することで、その状況における自分の主体性が浮かびあがってくること。あなたには選択肢がある。最悪の、一番役に立たない行動をしないかぎり、もっとましなことをしようと自分に挑戦できる。そうすれば、完全に主体性や選択肢があるとは感じられない状況でも、多少の主体性と選択肢が生まれる。挑戦の精神を焚きつけるにはそれで充分だ。

もうひとつは、〝最悪の反応の正反対〟を想像することにより、特定のポジティブな、意味のある目標が与えられること。これであなたが邁進すべき目標ができる。現在の苦境は自分で選んだものではないかもしれないが、成長と成功の可能性を高めるやり方でそれに取り組むよう、自らに挑戦状を叩きつけることができる。

不要な障害が具体的であればあるほど、それをチャレンジとしてすんなり受け止められるようになる。あるスーパーベター・プレイヤーによれば、挑戦と恐れ、どちらの精神を持つかにあたって、非常に具体的な目標を持つことが決定的なちがいを生むという。

スーパーベターの物語：怪我をしたアーティスト

四〇歳のローワンはミズーリ州に住むフリーのアーティストだ。スーパーベター・プレイヤー用のオンラインフォーラム上で、彼女は右腕に腱炎を発症して痛みに悩まされ、そのせいで大きな不安を抱えていると語った。「右腕はわたしの利き腕です。治らないことには仕事になりません。絵で食べていくのはわたしの夢だったし、それが唯一の収入源なんです」

期待に反し、彼女の腕はすぐには治らなかった。「この痛みは慢性痛の領域に入ってしまいました。自分がこんな事態を招いたのだとしたら、とてもショックなことですが、実際にそうなってしまいました」考え方を変える必要があると気づいた彼女は、不要な障害を探すことにした。

怪我に対して自分が取りうる最悪の反応はなんだろうか？〝痛みを無視して仕事を進めること〟一番役に立たない行動はなんだろうか？〝後遺症が残るまで腱を酷使すること〟では、それらの正反対の反応は？

「かわいそうな右腕を休ませるために、左手を使う練習を始めました」ある日、彼女はフォーラムにそう書いた。左手で新しいことを一〇個習得する。これが彼女の不要な障害になった。

彼女は毎日練習を続け、片手で生活する方法を解説したインターネット上の動画を探した。「左手でどれだけ多くのことができるかを知って、びっくりしました。これまでは試そうとも思わなかったけど。たとえば片手で瓶を開ける方法とか」もちろん、片手で瓶を開けることが彼女の最終的な目標だったわけではない。それでも、この挑戦の精神はすぐに報われた。楽観的に考え、成長のチャンスに敏感になれるようになったのだ。「身のまわりのすべてを一から考え直すようになりました。わたしには片方だけでもちゃんと動く腕があって、その腕を鍛えられる。今はそれだけを考えています」

ローワンは自分にぴったりな〝不要な障害〟を発見した。それは、自分でもなんとかできると思えるぐらいに小さな障害だったが、同時に好奇心を刺激し、能力を伸ばしてくれるぐらいにチャレンジングなものだった。何より、この障害に取り組んだことは、彼女の現在の苦境にとって大きな意味があった。左手を駆使するという新しいスキルを習得しようとしたことで、利き腕の治療に積極的に取り組むようになったのだ。しかし、もしなんらかの理由で彼女の右腕が一生治らなかったとしても、左腕を鍛えることで新しい未来が切りひらかれていたにちがいない。

数週間後、気分が向上した彼女は「自分には何もできない」とか「どうにもならない」と考えるのをやめた。彼女は理解したのだ。確かに右腕の腱炎とはこの先もずっとつき合うことになるかもしれない。それでも、自発的に見つけた小さな障害だけに集中することは、今後もアーティストとして成功しつづけるチャンスを積極的につかもうとすることなのだと。

あなたも認知的再評価のスキルが身についてきただろうか？　とはいっても、ときにはどれだけがんばって再評価しようとしても、チャレンジではなく脅威としか思えないような問題もある。それは当然のことだ。深刻な結果がもたらされる問題、悲しみや怒りが避けられない問題は確か

に存在する。大病、愛する人を失う、家族が逮捕される、深刻な経済的困窮。これらの問題を成長のチャンスと考えるのは不自然で、ばかばかしいことに思える。この手の逆境や喪失を再評価するのはきわめて難しい。とくに向き合いはじめの頃には。どんな逆境からもＰＴＧを得られる可能性はあるが、あまり早い段階から希望の光を求めようとするのは、まちがったことのように、不誠実で不適切なことのように思える。

もし今あなたがそんな状況に置かれているのだとしても、それでもあなたには自分が思っている以上の力がある。どうがんばってもチャレンジだとは思えないような脅威や喪失に直面している場合にも使える、ゲームフルなテクニックを紹介しよう。それは戦略的な目標を立てることだ。（少なくとも今のところは）恐れと喪失の精神にもとづいて行動するのが自然でふさわしいことに思えるような状況であっても、挑戦の精神のたくさんの恩恵が受けられるようになる。やり方を説明しよう。

障害や困難に直面した場合、誰でも三種類の目標を立てることができる。難しい目標、ベストを尽くす目標、戦略的な目標だ。[*18] ちがいを説明するために、マラソン大会への出場、クレジットカードの借金完済という実際にありそうなふたつの障害を例に考えてみよう。

〝難しい目標〟を立てるというのは、非常に具体的でチャレンジングな何かを達成しようとすることだ。この種の目標には、たとえベストを尽くしても失敗の可能性がつきまとう。マラソンランナーにとっての難しい目標は「今回は四時間以内に完走したい。これは過去の自己ベストより速い記録だ」ということになるかもしれない。クレジットカードの借金がある人にとっては、「今日から一年以内に借金を一〇〇パーセント返済する」ということになるかもしれない。楽しみのために出場するマラソンのように一般的な、または深刻度の低い状況では、難しい目標はモチベーションを大いに刺激し、効果がある。しかし、借金から足を洗うというような深刻な状況では、ネガティブなストレスを増加させ、目標達成が困難になってしまう可能性が高い。

〝ベストを尽くす目標〟というのは、結果はどうあれ、できるかぎりの努力をすることを意味する。うまくやりたいと漠然と思ってはいるが、自分に何ができるのか、具体的な予想ができないケースだ。マラソンランナーにとってのベストを尽くす目標は「一回も歩かずに最後まで走り抜く。でも歩いたとしてもよしとしよう。とにかくベストを尽くせばいい」ということになるかもしれない。クレジットカードの借金がある人にとっては「お金の遣い方にもっと気をつけて、身の丈を超えるような大きな買い物はやめる」ということになるかもしれない。ベストを尽くす目標はパフォーマンスに対する不安が軽減されるため、あなたにとっての最大の問題が〝自分で決めた基準を満たせないのではないかという恐怖〟である場合には役立つ。が、そうでなければ、一般論として、とくにモチベーションを刺激することもなければ、あまり役に立つこともない。

最後の〝戦略的な目標〟を立てるというのは、強い意志を持って、成功につながる戦略を見つけ、習得しようとすることだ。難しい目標のように特定の結果にこだわるのではなく、あるいはベストを尽くす目標のように漠然とした努力レベルを目指すのではなく、将来的にためになりそうな、具体的なスキルや戦略の習得に集中する。マラソンランナーにとっての戦略的な目標は「この大会では新しい戦略を試してみよう。前半は練習ペースよりゆっくり走って、後半に備えて体力を充分に温存しておく」ということになるかもしれない。クレジットカードの借金がある人にとっては「これから六カ月間、借金完済に向けた節約のために、毎週新しい戦略を立てる。

今週の戦略は仕事中の昼食を外食ではなくお弁当にすること。六カ月後には二五の戦略を実践している」ということになるかもしれない。戦略的な目標を立てると、レースの勝ち負けや完走できたかどうかにかかわらず、また、一年以内に借金を完済できたかどうかにかかわらず、成功することができる。学習し、改善しているかぎり、あなたは成功しているのだから。

研究によれば、恐れの精神を抱いて行動している場合、戦略的な目標を立てるのが断トツでベストだ。[*19] 状況が非常に深刻だったり、喪失が大きかったりする場合、戦略的な目標を立てることでレジリエンスが高まり、対処能力が向上する。

なぜか？ 効果的な戦略を立て、それを実践することに集中すると、新しい強さと能力が育まれるからだ。こうした強さと能力は、あなたにとって本物の財産になる。自分が直面している脅威や喪失という現実の中で、もっと勇敢に、幸せに、健康になり、成功できるようになる。どんな戦略を立てたところで、現実が変わることはないかもしれない。が、障害に向き合うにあたり、ベストを尽くすための力や、ベストを尽くしたと感じるための力を見つけ、それらを極限まで高める助けにはなる。

戦略的な目標を立てるのは〝ささやかな挑戦の精神〟を持つことに似ている。状況全体がまだ手に負えないと感じていたとしても、客観的に見て、それがあなたの手に余るものだったとしても、それでもなお学習、改善しようと自分に挑戦しているからだ。ささやかな挑戦の精神は、挑戦の精神が心と体にもたらす恩恵のいくつかを与えてくれる。たとえば、憂鬱や不安が軽減され、コルチゾールとインシュリンの血中濃度が低下する（新しい戦略を学び、習得するにつれ、あなたは目標達成による神経学的な恩恵も受ける。第三章で説明したように、精神力が高まり、前向きになれるのだ）。

この章のクエストを全部やってみて、やはり今の段階ではまだ挑戦の精神は持てそうにないと感じたとしても、全然問題はない。それでも戦略的な目標は立てられる。例として、わたしがひとつ考えておいた。

できるだけ多くの戦略を習得、実践しつづけ、四種類のレジリエンス（肉体、メンタル、つながり、感情の強さ）を鍛えておくこと。当面はこれを戦略的な目標にしよう。

ではここで、きわめて戦略的な目標を立てて成功を収めた男性の物語を紹介しよう。

スーパーベターの物語：目的を探し求める男

六六歳のデニスはカンザス州郊外に住んでいる。彼は四〇年間高等教育に従事し、低所得家庭の生徒のための補助金プログラムを監督し、履修指導員を務めてきた。そして、スーパーベターのプレイヤーでもある。彼は自分が直面している大きな喪失と、それに対してゲームフルに向き合うための戦略を教えてくれた。

「そろそろ定年を迎えます。でも正直言って、怯えています。勉強不足の生徒たちが大学でうまくやっていけるようにと、精いっぱい働いてきました。何年も何年も、ひたすら仕事に打ち込んできた。でも近頃、妻も私も定年について現実的な話をするようになった。何月何日といった具体的な日付まで込みで。勘ちがいしないでほしいのですが、孫たちのそばで暮らせるようになるのも、彼らの生活に関われるようになるのも、とてもうれしいことです。それが定年の明るい側面です。でも変化に向き合うのは難しい。生きる目的が失われてしまうような気がして。

ここ半年というもの、家にいると鬱病の兆候が出るようになりました。この変化がもたらす現実や感情に対処できず、心を氷のように固くしていたからです。そんなときにスーパーベターを知って、自分の戦略を〝心と体に同時に向き合う〟ことに決めました。

それからは、一時間に一度立ちあがって、ずっと手つかずのままにしていたプロジェクトに関するこまごまとした用事を最低ひとつは片づけるようにしています。実際にやってみて気づいたのですが、これをやると、すごくいい晩を過ごせます。プロジェクトというのは、庭に水をまく、ノートパソコンと読書用のスペースをつくる、ストレッチをするといった簡単なものから、家じゅうに掃除機をかける、庭の雑草を抜く、それからここ三日やっているように、一階のカーペットを徹底的に掃除するといった大がかりなものまで、大小さまざまです（二階は今週末から取りかかります）。現在進行中の大きめのプロジェクトは、自分の考えを記録し、計画を立てることです。

このプロジェクトに取り組んでみたところ、内向き、下向きのスパイラルを脱して、自分の注意を外に向けられるようになりました。ようやく定年後の計画をまとめて、妻と話ができるようになりましたよ。ずっと生徒の支援をしてきましたから、ボランティアとして人を支える仕事を考えています。この変化について考えると、ワクワクするようになりました。

それと、私が身につけた強さがふたつあります。ひとつは感情の強さです。にこにこと笑っている赤ちゃんの写真を仕事机の上に置きました。それを見ると、つい顔がほころぶんです。この写真は数十年間、テストを控えて不安いっぱいの生徒たちに見せてきたものです。いつも彼らにこう言ってきました。誰かがほほえんでいるのを見ると、自分も一瞬心の中でほほえむんだよ、と。自分にもこのテクニックが使えることに気づいたんです。

あと、つながりの強さです。これについてはまったく心配していません。妻にぞっこん惚れていますし、ふたりでよく孫に会いに行きますから。でも、自分にどれだけの強さがあるのか、こうしてよく観察してみるのもいいことです」

スーパーベターになろうとしているほかの大勢のプレイヤーと同じく、デニスも近況をメールで知らせてくれる。彼はいつも自分のゲームフルな活動のことを〝プレイ〟ではなく、〝四つのレジリエンスを伸ばす仕事〟と書く。これは認知的再評価の完璧な例だ。意義のある仕事を退職する彼に大きなエネルギーを与え、突き動かすものは、〝いい仕事〟であって、必ずしもゲームではないということだ。この再評価は大きなプラスの変化を生んでいるようだ。今日も彼からメールがあった。「言葉もありません。四つのレジリエンスは私と私の人生を変えつつあります。自分が成長できてうれしいし、今後もますます洞察を深められるでしょう」

デニスの態度は戦略的な目標を立てるということの好例だ。彼は成長することと毎日着実に強くなることに集中している。

あなたも今すぐに戦略的な目標を立てられる。あなたは『はじめに』で四つのレジリエンスについて学び、本書でそれらの強さを育むクエストをクリアしてきた。あなたに痛みや苦悩をもたらしている逆境がなんであれ、肉体、メンタル、つながり、感情のレジリエンスを鍛えるための新しい方法を学び、実践するという道を、今この瞬間に選択できる。スーパーベターでは、このチャレンジをたんに〝スーパーベターになる〟と呼んでいる。

この章のアドバイスのほとんどは、ほかの誰かであれば脅威とみなすような障害に直面したとき、挑戦の精神を持つためのものだ。でも、もしあなたが今のところほんとうに深刻な障害に直面していなかったら？

自分を変えるような成長を求めているのなら、自らをきわめて困難な状況に置く必要がある。個人的な挫折、病気、怪我、喪失に直面している人と同じく、あなたが自分でチャレンジを選ぶことが肝要だ。アン・マリー・レープクが〝恍惚後の成長《PEG》〟と呼ぶところの〝痛みなき成長〟（あるいは少なくとも、きわめて小さな痛みでの成長）をするには、結局のところ、大きなチャレンジと向き合うことが必要だからだ。

ＰＥＧを経験するチャンスを最大限に高めてくれる活動は、どうすれば正しく選べるだろうか？　初めて親になることとフルマラソンを走ることは、その典型的な例だ。どちらもほとんどの人にとって、どんな場合であっても、絶対にしなければならないことではない。ＰＥＧを求めるスーパーベター・プレイヤーがどんな目標を選ぶべきか、レープク博士にも訊いてみた。彼女は自身の研究、臨床試験、個人的経験にもとづいて、次のクエストをつくってくれた。さっそくやってみよう。

クエスト17：痛みなき成長を求める

今から、あなたをPEGに導く手助けになる質問を三つする。

〈やるべきこと〉 次の質問のうちひとつかふたつ、または三つ全部に答えて、スーパーベターの旅にとって完璧なチャレンジを見つける。

1　もしも不安と恐怖に邪魔されなかったら、何をするだろう?

「ポジティブな経験であっても、つねに一〇〇パーセント〝ポジティブ〟だと感じるわけではありません」とレープク博士は言う。「誰かが自分にとっての最高の経験として語る物事が、実際は愛やインスピレーションだけでなく、苦労や痛みを伴うものというのは、よくあることです。典型的なPEGの例をふたつ考えてみましょう。子供を持つこととマラソンに向けて特訓することです。いわゆるポジティブな経験とネガティブな経験、それからPEGとPTGのあいだに横たわる一線は、実際はぼんやりとしたものなのでしょう。わたしたちの人生が一番豊かになるのは、一方では苦労と痛みを味わい、もう一方では満足とインスピレーションを味わい、それらが混じり合っているときなのかもしれません。ちょうどアスリートが、消耗しきるような運動をしながら、同時に栄養と休憩を充分とることによって、ベストな状態になるように。暗い期間と明るい期間が美しい光と影のコントラストのように並列されることで、わたしたちの成長は最大限に促進されるのです」

2　これまで生きてきた中で、元気とやる気が一番出た瞬間は？

「ほとんどの人は重要な経験について、脳裏に焼きつくような記憶をいくつか持っているものです。そうした記憶をたどることで、洞察とインスピレーションを引き出せます」とレープク博士は語る。「そうした記憶はずっと昔のものかもしれませんし、今のわたしたちにとっては無関係なことに思えるかもしれません。ですが、その経験の表面的な特徴を取り払い、エッセンスだけを取り出せば、同じ欲求を満たす新しい経験をデザインできます」

3　長い、満ち足りた人生を送ったあとで、何によって思い出されたいか？

「自分がいなくなったあと、みんなにどう評価されたいかを考えましょう。九〇歳の誕生日にどんな祝福の言葉をかけてもらいたいか、と考えてもかまいません。あなたはどんな人になっているでしょう？　どんなところが愛されているでしょう？　自分の限界を超えて、どんなことをなしとげているでしょう？　この質問に答えられたら、そのときには、どんな種類の行動があなたの真の成長を促す意義深いものなのか、もっとよく理解できるようになっているはずです」

これらの質問は、最終的に成長に結びつくポジティブなチャレンジに狙いを定めるきっかけになる。が、博士はこうも言っている。「経験を促進することと、強制することはちがいます。ある意味では、成長を経験しようとするのは恋に落ちようとするようなものです。人生にはコントロールも予測もできない要素があります。経験がどんな形をとるのであれ、肩の力を抜いて身を委ねるのが賢明でしょう」つまり、PEGにつながる完璧なチャレンジを見つけようと躍起になる必要はないということだ。今はただ、困難で意味のある障害を選び、それに取り組めばいい。そうすれば今すぐに、そして将来的にも、チャレンジを経て成長するためのスキルを伸ばせる。

クエスト18：チャレンジを選ぶ

あなたはこれでゲームフルに生きるためのルールその1（自分自身に挑戦し、人生を変えるような障害に進んで取り組む）を習得した。では、スーパーベターの最初のチャレンジを選ぼう。

スーパーベター・メソッドは同時にひとつのチャレンジに集中しているときに最も大きな効果を発揮する。あなたがある特定の何かについて、もっと強く、幸せに、健康に、あるいは勇敢になれるとしたら、それはなんだろう？

わたしは（　　　　　　　　　　　）がスーパーベターになる。

〈ヒント〉ここでどう書くかは重要だ。何かから、スーパーベターになるのではなく、何かが、スーパーベターになるという点に注意しよう。

獲得したスキル：チャレンジを選ぶ方法

- ストレスの大きな状況に対処するすべはふたつある。ひとつは恐れの精神で臨むこと、もうひとつは挑戦の精神で臨むことだ。恐れの精神は不安と憂鬱を助長し、体の健康にも悪影響を与える。一方、挑戦の精神は目標を達成する能力を育み、ストレスの大きな経験やショッキングな経験につきものの苦しみを軽減する。
- 逆境に対して恐れの精神を持つのは自然な反応だが、それに縛られることはない。この章で学んだ認知的再評価のスキル（〝ワクワクしてきた！〟テクニックや〝不要な障害を見つける〟テクニック）を使い、ストレスの大きな状況やショッキングな状況でどんな感情を抱くべきかを再考する。
- 挑戦の精神を持つのがどうしても難しいようなら、クエスト15に記載された挑戦の精神を何度も繰り返し読む。そして、起こりうる最良の結果は何か？　と自問する。「何かから、スーパーベターになる」ではなく、「何かがスーパーベターになる」と口にする。

- 挑戦の精神を持ったからといって、現在の障害に嬉々として立ち向かえるようになったり、こんなことにならなければよかったのにと思わなくなったりするわけではない。挑戦の精神を持つというのは、自己のレジリエンスを認識し、事態を改善するための方法を積極的に探そうとすることだ。

第六章　パワーアップアイテム

ゲームフルに生きるためのルールその2

パワーアップアイテム――幸せに、健康に、強くなったと確実に感じさせてくれるもの――を集めて使う。

ほとんどのビデオゲームにとって、パワーアップアイテムは切っても切れないものだ。パワーアップアイテムというのは、あなたに強さ、パワー、ライフを与えてくれるボーナスアイテムのことで、『パックマン』ではパワーエサを食べるとモンスターを撃退できるようになり、『アングリーバード』ではパチンコで飛ばす鳥を巨大化し、大きく固い壁を破壊できるようになる。

現実世界でもパワーアップアイテムを集め、使えるとしたらどうだろう？　うれしいことに、それができるのだ。あなたが思うより簡単に。

わたしが好きな現実世界のパワーアップアイテムをいくつか紹介しよう。

YouTubeで動物の赤ちゃんの動画を観ること。窓の外を三〇秒間眺めること。夫の手を六秒間握ること。クルミを一〇個食べること（脳にいい）。愛犬を笑わせること。母にメールを送ること。好きなボリウッド映画の歌を聴くこと。疲れきっていても、というより、そんなときにはなおさら、腕立て伏せを一〇回やること。これをやると、自分がとても強くなったように感じる。疲れがなによ！　わたしに何ができるか、見せてやろうじゃないの！　わたしはこれを〝疲れがなによ腕立て〟と呼んでいて、気分がとてもすっきりする（白状すると、執筆に行き詰まって今ちょうど一セット終えたところだ）。

どんなパワーアップアイテムにも共通するのが、簡単に、コストをかけずにできて、その日ほかに何を考え、感じたとしても、あるいはどんな苦労をしたとしても、少なくともほんの少しは必ずいい気分になれるということだ。

いつでもどこでも、何があっても気分を向上させられるこの能力は、ゲームフルに生きる人にとってとりわけ強力な武器になる。

ビデオゲームでとくに難しいステージをクリアするために、または一見不可能に思えるタスクを完了するためにパワーアップアイテムを使うように、実生活でもそれを使って、困難な状況で自分の士気を高められる。

何がパワーアップアイテムになるかは人による。この章ではあなた専用のパワーアップアイテムを試し、集めよう。

〝パワーアップアイテム〟は簡単に実行できるポジティブな行動で、いっときの喜び、強さ、勇気、つながりをもたらしてくれる。パワーアップアイテムを〝集める〟というのは、何かを「パワーアップアイテムとして試してみたい」と認識することだ。パワーアップアイテムを〝使う〟というのは、それを日常生活の中で実行することだ。

コンセプトはいたってシンプルだ。活力、ポジティブな感情、周囲のサポート、モチベーションを瞬時に与えてくれる小さな何かを実行する。それだけだ。が、パワーアップアイテムはただ一時的に気分を向上させてくれるだけのものではない。それはゆっくりと時間をかけ、生物としてのあなたのあり方をきわめて重要な意味で変化させ、ストレス耐性を育み、ＰＴＧやＰＥＧを経験しやすくしてくれる。ここから先の数ページで、あなたはポジティブな変化の生物学を学ぶ。でもまずは、パワーアップを実際に試してみよう。

オールタイムベスト・パワーアップアイテム

過去三年間、スーパーベターのプレイヤーたちは一〇〇万種類以上のパワーアップアイテムを集め、使ってきた。彼らのお気に入りはなんだろうか？　一番愛され、共有されてきたパワーアップアイテムをレジリエンスの種類別に紹介しよう。以下のパワーアップアイテムをひとつ、または複数個使い、肉体、感情、つながり、メンタルのレジリエンスを今すぐに高めよう。

肉体のレジリエンス

グラス一杯の水！　このパワーアップが役に立たない局面はないと言ってもいい。気分の向上、筋肉の増強、食欲のコントロール、活力の増進、免疫系の強化など、さまざまな恩恵がある。

感情のレジリエンス

大声で歌う！　歌詞をだいたい知っている歌を一曲選び、あらんかぎりの大声で歌う。〝あらんかぎりの大声で〟というのがポイントだ。歌うという行為が有酸素運動になり、幸福ホルモン〝エンドルフィン〟が放出される。遠慮は無用だ。この恩恵を受けたければ、できるだけ大きな声で歌うこと。

つながりのレジリエンス

愛のばらまき！　時計を確認するか、タイマーをセットする。友人、家族のSNS投稿に対し、三分間でできるだけ多く〝いいね！〟や〝お気に入り〟ボタンを押すか、ポジティブなコメントを残す。SNSを使っていなければ、できるだけ多くの人に「あなたはすばらしい」「あなたのことを考えている」といった手短なメールやメッセージを送る。使える時間は三分しかない。何も考えずに愛をばらまくこと。

メンタルのレジリエンス

未来のブースト! 今後一週間以内に予定されていて、あなたが心待ちにしている具体的なイベントをふたつ思い浮かべる。大きなイベントでも小さなイベントでもかまわない。これはドーパミンを放出させるパワーアップアイテムで、〝楽しみにしている物事をつねにふたつ用意しておく〟という古くからの知恵にヒントを得た。心から楽しみにしているイベントが今後七日のうちにないようなら、この機に予定を立てよう。

ゲームフルな毎日を送るにあたって、チャレンジを選んだあとにパワーアップアイテムを集めて使うことはきわめて重要だ。ストレスから回復し、大きな障害を乗り越えるには、科学的にいうところの〝迷走神経の高緊張〟状態になる必要がある。パワーアップアイテムはその状態になるための最善の方法だ。

迷走神経というのは、脳からはるばる腹部まで広がる神経のことで、〝迷走神経緊張〟というのは、その健康状態のことだ。迷走神経は心臓、肺、喉頭、耳、胃に分布し、感情、心拍数、呼吸速度、筋肉の動き、消化など、心と体の重要な機能のほぼすべてを調節している。[*1]

そのため、迷走神経の健康状態は心と体のレジリエンスを測定する尺度として非常にすぐれている。約二五年におよぶ研究ではつねに、迷走神経の緊張状態（強さ）は心臓、肺、脳がストレスにどれほど効果的に反応するかを測定する最良の尺度であるとされてきた。[*2]

迷走神経緊張についてもう少し具体的に理解するには、次の方法を試してみよう。指を数本、首の側面の脈打っている部分に当てる。数秒のあいだ脈に触れ、だいたいの脈拍を感じる。その後、できるだけゆっくり呼吸する。

息を吸うと脈がかすかに早くなり、吐くとかすかに遅くなるのがわかるだろうか？　心の中で脈を数えたほうがわかりやすいかもしれない。一分間、脈拍の変動を感じること。

息を吸ったときと吐いたときのこの脈拍の微妙な差異は〝呼吸性洞性不整脈〟と呼ばれている。[*3]〝不整脈〟というのは、脈拍が一定ではないという意味だ。不整脈と聞くと、ほとんどの人は心拍数が不規則に変化する危険な心臓病を連想するだろう。しかし、脈拍の変動は、（一定の範囲内であれば）いたって健全で正常で、必要なことだ。もし息を吸っているあいだに脈拍があがらず、吐いているあいだにさがらなければ、心臓発作、脳卒中、加齢による認知低下、ストレス由来の疾病のリスクが高いことになる。[*4]呼吸中の脈拍の差は大きければ大きいほどよい。

脈拍の差異が大きいほうが呼吸性洞性不整脈が強く、したがって、迷走神経の緊張も強い。迷走神経緊張が強いほど、感情や思考をうまくコントロールでき、より強い肉体の痛みにも耐えられ、糖尿病、過敏性腸症候群、社会的不安、孤独、憂鬱、ＰＴＳＤといったさまざまな症状が誘発される可能性が低くなる。[*5]

迷走神経緊張がストレス耐性の生理的な基準であると考えた最初の研究者は、ノースカロライナ大学チャペルヒル校の神経科学者スティーブン・ポージェス博士だ。数十年にわたって研究を続けている彼の主張によれば、迷走神経緊張を高めることは、心と体全般の健康を調整するためのベストな方法だ。なぜなら、心と体の健康状態を決めるのは、ストレスになる出来事が存在するかどうかではなく、また、そうした出来事にどう反応するかでさえなく、ストレスになる出来事が起きるまえの精神生理学的な状態（心と体の強さ）だからだ。その時点で持っている強さに応じて、あなたがレジリエンスを高めて成長するか、それとも音《ね》をあげてネガティブな影響を受けるかが決まる。

ここまで読んで、自分の迷走神経緊張はどれぐらいの強さなのか、それを測定し、人と比較する方法はあるのか、と思った人もいるかもしれない。

あなたが正規の科学的研究の被験者なら、高性能な実験設備で迷走神経の緊張状態を測定してもらえるだろう。エコー心電図で心拍数を測り、胸に巻いた空気圧機器で、呼吸による胸の上下の動きを測定する。きわめて正確な呼吸性洞性不整脈の数値が求められ、それが高いのか低いのか、それとも標準なのかが判明する。

あなたの家にそんな設備はないはずだ。脈拍を自分で測るだけでは、正確な呼吸性洞性不整脈の数値はわからない。でも、あきらめるのはまだ早い。迷走神経の緊張状態を数値に置き換える別の方法がある。特別な装置がなくてもできるし、それどころか、呼吸や心拍数を測る必要すらない。その代わりに、感情の割合を測定する。具体的に言うと、一日のうちに抱くネガティブな感情の数に比べて、どれだけ多くポジティブな感情を抱くかを測る。感情の比率を測定するため、非常に主観的な尺度に思えるかもしれないが、科学的な研究によって、迷走神経の緊張状態を効果的に予測できることが証明されている。一日のうちに抱くネガティブな感情の数に比べて、ポジティブな感情の数が多ければ多いほど、迷走神経緊張が強いということになる。[*6]

感情の比率と迷走神経緊張の関係を最初に発見したのは、心理学と〝心と体の科学〟研究の第一人者にしてノースカロライナ大学の〝ポジティブな感情および精神生理学研究所〟の所長、バーバラ・フレドリクソン博士だ。博士はポジティブな感情と体の健康とのつながりをひもとく、隠された肉体メカニズムを調査した。数十年前から判明していた。数十万人以上を対象にした長期的な研究では、好奇心、希望、笑い、驚嘆といった感情を経験すると、病気や怪我に対するレジリエンスが高まるという結果が出ている。事実、頻繁にポジティブな感情を経験する人は幸せになるだけでなく、一〇年長生きする。おまけに風邪、頭痛、体内の炎症、痛みを経験することが少なく、心臓血管疾病にかかることも少ない。とくに感謝や愛情など、強い社会的つながりと関係がある感情は、健康と長寿にとって強力な栄養剤となるようだ。[*7]

〝幸福な人ほど健康〟というのは、そうした人たちが懸念すべき健康問題を抱えていないからだけでなく、ポジティブな感情が守ってくれるからなのだ。研究によると、ポジティブな感情を多く経験する人は、どんな病気、怪我からも回復が早く、徐々に健康を蝕《むしば》んでいく高血圧、高血糖などの慢性疾患に苦しめられることも少ない。[*8]

こうした心と体のつながりが生じるのはなぜなのだろう？　それを初めて解明したのが、フレドリクソン博士の研究所だった。迷走神経は精神を多数の主要な臓器と結びつけている。感情と体の健康のつながりを取り持っている可能性のある媒体としては、最有力候補だ。それに長いあいだ、強い迷走神経を持つ人は感情のコントロール能力にすぐれ、日々多くのポジティブな感情を経験しているらしいと考えられてきた。この事実と、迷走神経緊張と肉体のレジリエンスの関係についての数十年分の研究から、フレドリクソン博士は迷走神経こそがポジティブな感情と健康とを結びつけるミッシングリンクなのではないかと考えるようになった。

この直観はすぐに正しいことが証明された。彼女たちがおこなった一連の研究で、迷走神経の健康状態はポジティブな感情を増やす要素（この章で説明するパワーアップアイテムもそうだ）によってただちに改善され、同様に、ストレスに対する肉体のレジリエンスを表わす呼吸性洞性不整脈の数値も改善されることが実証された。それだけではなく、被験者は迷走神経が強くなればなるほど、一日のうちにポジティブな感情をより多く感じたり、呼び覚ましたりできるようになった。[*9] そうなると、ポジティブな感情と体のレジリエンスのあいだに、博士が呼ぶところの〝上昇スパイラルの力学〟が生まれる。迷走神経緊張が強くなると、日々の出来事に対してポジティブな情動反応を抱くことが容易になり、ポジティブな感情を抱くたびに、迷走神経がさらに強化される。そのため、日々のポジティブな感情の数を数えることは、迷走神経緊張を測定する代替手段として確実かつ効果的なのだ。[*10]

仕組みがわかったところで、フレドリクソン博士の研究所で使われたテクニックに着想を得たクエストで、あなたの迷走神経緊張を測定してみよう。

クエスト19：あなたの感情比は？

ポジティブな感情の比率を計算するために、今朝起きてから抱いた感情をおおまかにカウントしてみる（今起きたばかりなら、昨日のことを考える）。

〈やるべきこと〉さまざまな感情を列挙した以下のリストを見ながら、その感情を今日すでに抱いていたら、チェックマークをつける。

もしその感情を非常に強く、あるいは（一瞬ではなく）非常に長いあいだ抱いていたなら、二個でも三個でも、四個でも五個でも、好きなだけチェックマークをつけてかまわない。今朝大きなプロジェクトを終え、それについてとても誇らしく思っているとしたら、〝誇り〟の項目にひとつチェックをつけるだけでは今の気分を表現しきれないかもしれない。それなら二、三個つけてもいいだろう。

逆に、実に不公平な出来事を経験して午前中いっぱいを怒り心頭で過ごしたとしたら、〝怒り〟の項目にチェックマークを五個つけたほうがいいかもしれない。その感情が一瞬だけの穏やかなものなら、一個つければ充分だ。

ポジティブな感情

楽しみ、笑い
誇り、達成
他者への愛
興味、好奇心
希望、楽観
インスピレーション、モチベーション
平穏、落ち着き
感銘、感嘆
感謝、謝意
興奮、エネルギー
つながり、自分以上の何かの一部だと感じる
喜び、至福
快楽、満足、充足感
（ポジティブな）驚き
何かに対する期待
楽しい記憶の余韻に浸る

ネガティブな感情

怒り
退屈
憂鬱
嫌悪感
気まずさ
恐怖
罪悪感
絶望
悲しみ
恥
不満
孤独
将来に対する恐怖、不安
ネガティブな経験の反芻《はんすう》

ストレス　　　　誰かに対する憎悪

〈スコアのつけ方〉ポジティブな感情のリストにつけたチェックマークをすべて数える。これがあなたのポジティブ感情点になる。それからネガティブな感情のリストにつけたチェックマークをすべて数える。これがあなたのネガティブ感情点になる。次に、ポジティブ感情点をネガティブ感情点で割る。これがあなたのポジティブ感情比だ。たとえばポジティブな感情のリストに六個のチェックマークをつけ、ネガティブな感情のリストに四個のチェックマークをつけていたら、感情比は六／四で一・五となる。

〈ヒント〉フレドリクソン博士は、過去二四時間にどんな感情を抱いたかを思い出すのが難しいようなら、今後二四時間の活動記録をつけるようにと勧めている。どこに行ったか、何をしたか、誰と話したか、すべて記しておく。一日の終わりにリストを振り返って、それを頼りに自分が抱いた感情を思い出そう。多少の努力が必要だが、もっと正確にスコアをつけられるというメリットがある[*11]。

さて、あなたのポジティブ感情比がわかったところで、その数字は何を意味するのだろうか？

一般論として、ポジティブな感情はネガティブな感情より多いほうが望ましく、感情比の数値が大きいほど、迷走神経緊張も強い。あなたの感情比が1以下（ネガティブな感情がポジティブな感情と同数かそれ以上）だったら、あなたはストレスに弱く、ＰＴＧやＰＥＧを経験する可能性は低い。感情比が1より高かったら、おそらくすでにすばらしいレジリエンスを持っている。この数字を2、3とあげていけば、もっと強くなれるだろう。

ポジティブ感情比は人生におけるポジティブな結果とストレス耐性にどう関係するのか。科学的研究から判明した以下の事実を見てみよう。

- 夫婦間の交流のポジティブ感情比を5と評価した夫婦は、結婚生活がうまくいく。一方、ポジティブ感情比の評価が1に近い夫婦は別居、離婚することが多い。[*12]
- 臨床的鬱病の患者はポジティブ感情比を1と回答する傾向にある。治療に成功したあと、彼らのポジティブ感情比は2から4程度まで上昇することが多い。[*13]
- 自らのポジティブ感情比を3から4と見積もっている従業員は、雇用主からクリエイティブで有能と評価される。[*14]
- ポジティブ感情比が1より高いと回答したガン患者は、さまざまな方法でストレスにうまく対処でき、憂鬱、否定、自責、自殺願望を感じることが少ない（しかし、ポジティブ感情比が3以上になっても顕著な恩恵は見られない）。[*15]
- ミサイル攻撃の被害に遭った民間人のうち、ポジティブ感情比が2以上の人は不安、憂鬱、ＰＴＳＤに対する耐性がある。[*16]
- 二年かけてポジティブ感情比を高めていった老人は、その後にネガティブなストレスを経験することが少なく、加齢にまつわる諸問題を自分がコントロールしていると感じることが多い。また、そうした老人は注意力、記憶力の低下の程度が少ない。[*17]

ポジティブ感情比は厳密な数学の公式ではない。その点は理解しておこう。ストレスに対するレジリエンスは、円周の長さや液体の沸点のように正確に求めることはできない。とはいえ、平均してネガティブな感情より多くポジティブな感情を経験することで数々の恩恵を受けられるというのは、無数の研究によって証明されている。その比率を二倍、三倍、さらには四倍と高めていけば、恩恵もますます大きくなる。しかし、あなたが目指すべき適切な、理想の数値というものはない。「この数値まであげれば、とても困難な人生から喜び、健康、成功に恵まれた人生に変貌する」といった魔法のターニングポイントはないのだ。

それよりも、必要に応じて、自分のポジティブ感情比を維持すべき、または基準にすべきベースラインと考えよう。ストレスへの耐性を高め、ＰＴＧ、ＰＥＧを経験する可能性を高めたいなら、ポジティブ感情比を増やすだけでいい。感情比が１から２になるにしろ、２・５から３になるにしろ、３から３・１になるだけにしろ、迷走神経緊張は高まる。その結果、心と体の幅広い恩恵を享受できるようになる。

ところで、パワーアップアイテムはどうしてポジティブ感情比と迷走神経緊張を高めてくれるのだろうか？　興味深いことに、ネガティブな感情の数をただ減らすだけではほとんどなんの恩恵もないことが、フレドリクソン博士の研究で明らかになっている。迷走神経緊張の高い人も、低い人と同じぐらいの（それどころかもっと多い）数のネガティブな感情を日々経験している。

迷走神経緊張の高い人と低い人のちがいは、ポジティブな感情の数がネガティブな感情の数を補って余りあるほど多いということだ。これはいいニュースだ。なぜなら、ネガティブな感情を完全に遮断したり防いだりするより、幸せだと感じたり、他者とつながっていると感じたりできるちょっとした方法を見つけるほうがよっぽど簡単だからだ。

また、ポジティブな感情はその強さよりも頻度のほうが重要だ。[*18] 大切なのは小さなポジティブな物事で、それは日々積み重なっていく。レジリエンスを高めるには、大きな進歩をする必要はないし、ポジティブな感情の強烈なほとばしりを経験する必要もない。一番効果的なのは、一日のうちにできるだけたくさん、ごく小さなポジティブな感情のほとばしりを積み重ねることだ。

・・・

脳震盪からの回復期間中、なんの希望も持てないような日でも、パワーアップアイテムがわたしに自分をコントロールする力を与えてくれた。おかげでどんな些細なことであれ、強くなるための何かをすることができた。あのつらい日々を振り返ってみると、不安と憂鬱のサイクルから抜け出すためにわたしがとったステップとしては、パワーアップアイテムが最も重要で効果があったように思う。

ほかのスーパーベターー・プレイヤーたちがすぐにレジリエンスを高めるために愛用しているパワーアップアイテムとその効果を紹介しよう。

パワーアップの方法：プレイヤーのお気に入り

以下に記すパワーアップアイテムはいずれも非常に効果が高いとスーパーベター・コミュニティで評価されている。

肉体のパワーアップ

日光を浴びる 外に出て、五分以上、肌に日光を当てる。

「このパワーアップアイテムは脳外傷で治療を受けていた病院の看護師が教えてくれたものです。太陽からビタミンDをもらうつもりで、と言われました。何ひとつまともにできないと感じるような日でも、これならできました」*——デヴォン、二四歳。チャレンジは脳外傷から回復すること

ダンス休憩 そのときに何をしているのであれ、それをやめて、好きな曲に合わせて踊る。「六歳と八歳の娘たちと一緒にやります。とくにふたりが喧嘩しているときや、わたしの手を焼かせるときに。一番機嫌の悪い人が選んだ曲に合わせて、みんなで踊ります。体にもいいし、みんな頭を冷やせます」——テレス、三三歳。チャレンジはもっと穏やかで幸せなママになること

バクテリアの味方を増やす　ヨーグルトを食べるかプロバイオティクスの錠剤を飲み、腸内環境を整える。消化がよくなるだけでなく、善玉菌が迷走神経を通して脳に直接信号を送ることで、不安を解消し、気分を向上させる神経伝達物質が分泌される。[*19] このパワーアップアイテムは迷走神経緊張が強いほどよく機能する。

「最初はほんとうに奇抜なアイディアだと思いました。でも個人的な経験から、ストレスや不安が胃の問題を悪化させることを知っていました。腸が脳にいじめられているばかりではなく、逆に脳を落ち着かせるという発想が気に入っています」――ジャッキー、四五歳。チャレンジは過敏性腸症候群を完治させること

メンタルのパワーアップ

まったく新しい一日　あなたがとんでもなくひどい、何もいいことのない、ろくでもない一日を過ごしているなら、ベッドに戻り、頭まですっぽり布団をかぶって一分間目を閉じる。それから、まるで今日初めて目を覚ましたかのようにべ

＊　臨床試験によれば、血中のビタミンD濃度が上昇すると、脳の治癒能力が改善される。活性型ビタミンDは神経ステロイドであり、新しいニューロンの成長を促進させ、既存のニューロンを守る。

ッドから出る。

「いろんなことを先延ばしにして、そのせいで自分を責めてしまうときに使います。一日を無駄にしてしまったような気がしたら、ベッドに戻り、飛び起きてこう言うんです。『リズ、あなたは今日、ほんとうは何をしたいの？　いいわ、それをやりましょう！』って」——リズ、二三歳。チャレンジは人生の目的を見つけること

手をとめる、もう一度考える、選ぶ　これは意志力を高めるパワーアップアイテムだ。何かを食べるまえに手をとめ、この食事やおやつをもう少しだけヘルシーにする方法はないだろうかと考える。それから、自分の健康状態やダイエットの目標にもとづき、小さくポジティブな変化をひとつ選ぶ。

「ダイエットよりはるかに簡単です。何かを口にするたびにひとつ決定をくだし、ひとつだけ小さな改善をする。糖分を減らすためにケチャップをひと振りだけ少なくするとか、食事のまえに野菜をひと口食べるとか。すべきじゃないことではなく、自分にできることに集中するんです。自分に挑戦するのは楽しい。それに、少なくともひとつはいいことをしているとわかっているから、罪悪感もないし、食事のたびに気分がよくなる」——フォン、三一歳。チャレンジは健康的な体重に戻すこと

デジタルデトックス　画面がついているもの、携帯電話、タブレット、コンピューター、テレビの電源を切り、その場を離れる。少なくとも一〇分間は電源を入れず、手も触れない。現実世界で何かおもしろい物（人でもいい）はないか探してみる（時間を確かめるふりをして携帯電話を見るのは禁止。時計を探すこと！）。
「私は働きすぎだと思います。家にいるあいだは妻と息子のことをもっと気にかけたい。だから帰宅したらすぐにこのデジタルデトックスをやるようにしています」――マルコ、四一歳。チャレンジは仕事と生活のバランスを見つけること

感情のパワーアップ

自分をハグする　自分の体をハグする、または腕か背中をぽんと叩き、ありのままでいかにすばらしい仕事をしているかを体に伝える。
「いつも自分の体と闘って、自分の体に腹を立て、失望しているような気がします。ほんのいっとき体をいたわる必要があるとき、このパワーアップを使い、親しい友人にするように、思いやりとやさしさと温かみを持って接します」――ミア、二一歳。チャレンジは筋痛性脳脊髄炎とうまくつき合いながら大学生活を送ること

自分の声を見つける　好きな詩や言葉を声に出して読みあげる。「マヤ・アンジェロウの詩『それでもわたしは立ちあがる』を読みあげます。最後の三行、『わたしは立ちあがる、わたしは立ちあがる、わたしは立ちあがる』のくだりに差しかかる頃には、誰も自分をとめることはできないという気分になります」——テリー、四八歳。チャレンジはストレスを少なくし、地域社会にもっと貢献すること

偉大なる雑事　身のまわりのシンプルで簡単な用事をひとつ済ませる。歯を磨く、髪をとかす、洗濯物をひとつだけ片づける、一分間ストレッチする、お気に入りの服を着る、など。「このパワーアップが文字どおり、自分のやった唯一のことだと感じるような日もあります。でもいいんです、それで。ぼくは鬱病と向き合っていますし、自分のことは自分でできるとわかるのは気分がいいものです」——マイク、二八歳。チャレンジは鬱病と向き合うこと

つながりのパワーアップ

応援する　誰かひとりを選び、その人が今日すること、経験することについて、励ましの言葉をかける、またはサポートを申し出る。

「私の好きなパワーアップアイテムです。誰かを選んで、何か考え、それを伝える。気分がすごくよくなります」――ジャック、四〇歳。チャレンジは家族のために健康になること

一緒の靴下　相手との共通点を見つけることで、いつでも相手に共感し、いたわりの気持ちを持てるようになる。それにより、あなた自身がパワーアップする。同じ色の靴下を履いているというような、取るに足りない共通点でかまわない。「イライラしているとき、不愉快な気分のとき、批判的な気分のときに使います。必ずひとつは共通点を見つけられます。たとえば、わたしたちはふたりとも女性だから、きっとスタイルがよくて美しくなければならないという同じプレッシャーにさらされているとか、動物病院に犬を連れてきているから、わたしたちはふたりとも自分の動物のためにできるだけのことをしてやりたいと思っているとか。だから親友になれるというわけじゃありませんが、そんなことに気づくだけで心がほぐれるんです」――ルイーザ、三八歳。チャレンジはただスーパーベターになること

友人や家族にお勧めの曲を教えてもらう　メールを送ったり、ＳＮＳに投稿したりして、友人と家族全員にお勧めの曲はないかと尋ねる。休日に聴きたい曲、通勤中に元気が出る曲、トレーニング中に聴く曲、リラックスできる曲など、テ

ーマや場面も伝えよう。そのプレイリストを再生するたびに、みんなが自分のために選んでくれた曲だと実感できるだろう。この〝音楽を通じたハグ〟が必要になったら、また新しいプレイリストをつくる（**ヒント**：Spotify のような音楽配信サービスか、YouTube のような動画共有サイトでプレイリストをつくってもらい）。

「友人と家族に頼んで、化学療法中に聴くための〝あの時代〟プレイリストをつくってもらいました。彼らが人生最良の時を思い出すような曲を選んでもらったんです。そして、それを選んだ背景にあるストーリーも聞きました。おかげで、四時間におよぶ治療中に考えるべき特別なことができました。プレイリストを聴くたびに、彼らのことをもっとよく理解できるようになった気がするんです」――リサ、五二歳。チャレンジは乳ガンを治すこと

さて、そろそろつかめてきただろうか。パワーアップアイテムを考案し、集めるのは簡単なことだ。が、ひとつ問題がある。すでに強い迷走神経を持っている人のほうが、ポジティブな感情を容易に引き出せるということだ。もしあなたが今現在ポジティブな感情をあまり経験していないなら、迷走神経緊張を高めるのは難しい。とくに感情とメンタルのレジリエンスを高めるためのパワーアップアイテムを使う場合には。*20

これはちょっと理不尽に思えるかもしれない。幸せな人はどんどん幸せになり、そうでない人

は大変な思いをするというのだから。ポジティブ感情比が比較的高い人にはうまく機能するパワーアップアイテムも、ポジティブ感情比が1以下の人にはなんの意味もないかもしれないのだ――今のところは。

もしあなたがこのケースに当てはまるとしても、心配はいらない。今この瞬間には感情とメンタルのパワーアップが効きにくいかもしれないが、肉体のパワーアップ（運動する、よく眠る、DHAをはじめとするオメガ3脂肪酸を摂取するなど）とつながりのパワーアップ（友人や家族ともっと時間を過ごす、宗教活動に参加するなど）は、迷走神経緊張が低い人にも効果がある。[*21] 今後、ポジティブ感情比が上昇し、ポジティブな出来事や経験に対して敏感に、オープンになることができたら、幅広いパワーアップアイテムがもっとうまく機能するようになる。現時点でのポジティブ感情比が1程度、またはそれ以下だったら、当面はできるだけたくさん肉体とつながりのパワーアップアイテムを集めて使うようにしよう。

・・・

パワーアップアイテムは多ければ多いほどいいわけではない。強くなるのが目的だとしても、いいものが多すぎるというのも問題なのだ。研究者らは、ポジティブ感情比が30以上のように異常に高いのは、度を超えているというサインだと警告している。極度の多幸感を求めるあまり、リスクの高い活動をしがちな心の病気の可能性がある（自分にやりすぎの嫌いがあると自覚している場合、ポジティブ感情比が急激に上昇するのは重大な警告信号と捉えたほうがいいかもしれない)。[22]

もう少し一般的な話をすると、ポジティブ感情比が高すぎるケースでは、ネガティブな感情が全然ない場合がある。意外に思えるかもしれないが、これも問題だと考えられている。ネガティブな感情をまったく持たないと、人生における問題を認識したり、それに対処したりするためのモチベーションが不足してしまう。それどころか、フレドリクソン博士によれば、非常に高いポジティブ感情比は心理学で言うところの〝否認〟のサインだという。[23]

一日のうちにまったくと言っていいほどネガティブな感情を経験しなかったら、それは並外れていい一日を過ごしているか、悪い面に目をつぶろうとしているか、そのどちらかだ。第七章で説明するように、ネガティブな経験や感情に対してオープンになるのは大切なことだ。だから、もしポジティブ感情比がふた桁台に突入したら、自分がただ難しい問題を無視しているだけではないかとよく考えるように。

では、ポジティブ感情比はどこまであがったら〝高すぎ〟になるのだろうか。パワーアップアイテムがどこから危険領域に入り、どこから逆効果になるという特定の数値――ターニングポイント――は存在しない。ただ、ポジティブ感情比をひたすら上昇させることが目標ではない、という点は忘れないように。がむしゃらに上昇させつづけるのではなく、自分にとって一番いい範囲(2ぐらいかもしれないし、10ぐらいかもしれない)を見つけよう。いったん見つけたら、それ以上に高くしないように。それでまったく問題ない。

手に入れたパワーアップアイテムはすべて、必要に応じて自分の感じ方を変えるための力になる。次のクエストで今すぐにその力を身につけ、状況に対するコントロール能力を高めよう。

クエスト20：最初のパワーアップアイテムを五つ手に入れる

世界はパワーアップアイテムであふれている。あなたはただそれを見つければいい。さっそく探してみよう。

〈やるべきこと〉最初のパワーアップアイテム五つを手に入れる。幸せに、強く、健康になれて、社会とのつながりを感じられるものであれば、なんでもパワーアップアイテムになる。

この章ですでに紹介したパワーアップアイテムを数に加えてもいいし、自分だけのリストを作成してもいい。次の質問がパワーアップアイテムを見つける助けになるだろう。

・聴くと力が湧いてくる曲は？
・元気になれる食べ物は？
・自分を落ち着かせ、リラックスさせてくれる物や人は？
・モチベーションを引き出してくれる魔法の言葉は？
・元気になれる運動は？
・インスピレーションを与えてくれる本や映画は？

・三〇秒間思い出すと大きな満足感がもたらされる記憶は？
・他者を助けるために小さな親切をするとしたら？
・思わず顔がほころんでしまう写真、動画、絵は？
・それをすることを考えるだけで気分がよくなる日常的な習慣は？
・そこに行くとうれしくなったり、元気になったりする場所、空間は？
・電話したり、メールや手紙を書いたり、直接会ったりすることで、すぐに元気になれる一番の相手は？

わたしのパワーアップアイテム・リスト

1.
2.
3.
4.
5.

〈クエストをクリア〉 おめでとう！　最初のパワーアップアイテム五つを手に入れた。パワーアップアイテムは最終的に一〇〇個以上になるはずだ。数が多ければ多いほど、どんなストレス、苦痛、苦境に見舞われようと、その日一日を気分よく過ごすための力を獲得できる。

〈ボーナスクエスト〉本書を読み進めるまえに、五つのうちひとつを今すぐに使ってみよう。

次はパワーアップアイテムを最大限に活用する方法を教えよう。

毎日パワーアップアイテムを三つ以上使う。たとえば朝、昼、晩にひとつずつ使う（三つより多くてもかまわないし、ぜひそうしてほしい。やる気を一気に高めたい場合は、一時間おきに使ってもいい）。

集めつづける。使い道を知っているパワーアップアイテムが多ければ多いほど、あなたは強くなる。パワーアップアイテムを集めることを心の習慣にして、まわりの世界によく目を向けよう。この習慣を定着させる手はじめとして、今後一週間、毎日新しいパワーアップアイテムをひとつ見つけるように心がけると、一週間後には思いどおりに使えるパワーアップアイテムが一二個になる。

トレードする。スーパーベター・プレイヤーの多くが、自分の好きなパワーアップアイテムは友人や家族から教えてもらったものだと言っている。パワーアップアイテムを集める一番手っ取り早い方法は、シンプルにこう訊くことだ。「五分以内で簡単にできて、幸せに、健康に、強くなったと感じられるものは？」できるだけたくさんの人に訊こう。

SNSを使ってパワーアップアイテムの情報を交換するのもいい。クエスト20の質問リストからひとつを選んで、フェイスブック、ツイッター、よく見るフォーラムなどに投稿する。視覚的なイメージが欲しければ、インスタグラムやPinterestを使い、友人がよく使うパワーアップアイテムの写真を投稿してもらうのもいい（その人の気分がどんなもので向上するかを知ることは、つながりのレジリエンスを養うとっておきの方法でもある）。

つねに試行錯誤する。新しいコツを見つけたり、意外な力の源を発見したりできるのが、パワーアップアイテム集めの楽しみのひとつだ。遠慮しないで未知のパワーアップアイテムをどんどん試してみよう。何が効くかはわからないものだ。試してみて気分が向上しなかったとしても、それを二度と使わなければいいだけだ。パワーアップアイテム集めは創造力を発揮し、学習するチャンスだ。新しいパワーアップアイテムに対して、できるだけオープンな姿勢でいること。

効き目がなくなったパワーアップアイテムはリストから外す。パワーアップアイテムは永久に使えるとはかぎらない。考えうるかぎり最大の効果を得られているかどうか、注意を払おう。もし以前ほどの効果を感じられなくなったら、パワーソング、魔法の言葉、元気の出る食べ物、〝自分を必ず笑顔にしてくれる写真〟を変えてみる必要があるかもしれない。

四つのレジリエンスすべてを向上させる。メンタル、肉体、感情、つながりの四つのレジリエンスを鍛えてくれるパワーアップアイテムをまんべんなく集め、使う。ほとんどの人は毎日の生活の中でうっかりして、いずれかの種類のレジリエンスを鍛え忘れてしまうことが多い。自分の盲点を認識し、その種類のパワーアップアイテムは意識的に集めて使う。

最後になるが、パワーアップアイテムは自己を改善するためだけのものではない。この力を人と共有することもできる。
あなたに子供がいるなら、パワーアップアイテムは感情のコントロールを実践させ、ポジティブな習慣を定着させるための非常に効果的な方法になる。ポジティブな感情を自ら引き出す能力は、生きていく上で重要なスキルだ。早いうちに習得させられれば、一生もののレジリエンスが育まれる。研究によると、迷走神経の緊張が強い子供は学校での注意力が改善されたり、両親の口論から影響を受けにくくなったり、ストレスの大きなチャレンジに直面した際、炎症関連ストレスホルモン〝コルチゾール〟の放出量が減少したりする。[*24]
ありがたいことに、たいていの子供は現実世界のパワーアップアイテムという概念をすんなりと受け入れてくれる。ビデオゲームでよく遊ぶからだ。ではここで、幼い娘がゲームフルな方法でレジリエンスを養う力を具えていることを発見した、あるスーパーベター・プレイヤーの物語を紹介しよう。

スーパーベターの物語：パワーアップした娘

三六歳の護身術インストラクター、レヴァはアリゾナ州フェニックスに住んでいる。彼女は得体の知れない難病、自己免疫疾患と闘うため、去年からスーパーベターを始めた。先日わたしにくれたメールには、家族全員が、とくに七歳の娘がこのゲームに参加したいと申し出てくれてうれしいと書かれていた。

「スーパーベターのおかげで慢性疾患の初期ステージをうまく乗り切れています。この病気については、ここ数カ月間ずっと、誰かに話さずにはいられませんでした。娘のアディティはスーパーベターに興味津々で、いろいろと訊いてきます。いつもであれば『気分をよくするためにプレイしてるのよ』と説明するだけですが、『iPhoneやiPadでプレイするようなゲームとちがって、もっと大人向けのゲームなの』と説明することもあります。でもなかなか引き下がりません。

昨日、車で実家に行きました。母の家はちょっと遠いので、アディティにはiPadを持っていってもいいと言いました。帰り道でiPadのバッテリーが切れたので、充電していたら、娘はわたしの携帯電話でゲームをしたいと言い出しました。バックミラーに映る娘の姿から、続きをやりたくてうずうずしている様子が伝わってきましたが、何をプレイしているのかまでは訊きませんでした。たぶんいつもどおり『パックマン』『メイクアップガールズ』『フルーツニンジャ』あたりだろうと思いました。家に帰ったあと、ようやく教えてくれたのですが、娘はなんとスーパーベターをプレイしていたんです。それもただプレイしていただけでなく、自分用のパワーアップアイテムまで見つけて。

今週、娘は年長の男の子に呼び出されて、好きだと告白されたそうです。それで気まずくなって、どう接すればいいかわからなくなってしまったようでした。わたしたちは〝境界線〟について話をし、人にはちゃんと敬意を払うようにと、それから、気まずいことがあったら親か大人に相談するようにと言いました。

そのあと娘が自分でつくった〝境界線〟のパワーアップアイテムを見せられたときには

びっくりしましたよ。これは後味の悪い出来事を、自分の力を養う教訓に変えるというものです（「境界線！　男の子に好きだと言われる。それで変な気持ちになったら？　境界線を持つ。それから親に伝える」）。娘は〝ダンス〟というパワーアップアイテムもつくっていました。ダンスは体にいいので、お気に入りなんです（「ダンス！　いつもダンスしなくちゃ。体にいいし、好きな曲に合わせて踊れる」）。おまけにわたしの携帯電話のアルバムから自分の写真を見つけて、それもパワーアップアイテムとして使っていました。

スーパーベターについてはほとんど何も教えておらず、夫との会話で話題にのぼるぐらいでした。にもかかわらず、そんな少ない手がかりを拾いあげて自分の人生に活用するなんて。感激しました」

レヴァの物語からは、ある一大現象が読み取れる。デジタルゲームが氾濫する現代に生きる子供たちは、ゲームの言語とコンセプトに精通しているということだ。ストレスになる経験を自分の力に変えるというアディティの生来の能力は、子供たちが簡単にゲームフルな精神を身につけ、レジリエンスを鍛えられることを示している。どうすればストレスの大きな状況を乗り切れるか。どうすれば幸せに、健康になれるか。子供にそういった話をする際、パワーアップアイテムの話をしてみてはどうだろうか。

あなたが使えるパワーアップアイテムはほぼ無限に存在しているが、これから紹介するパワーアップアイテムもぜひ試してほしい。科学的にテストされ、非常に効果があると証明されているものだ。これは〝社交の省察〟と呼ばれており、迷走神経緊張がきわめて低い人にも効果がある。

これは重要なポイントだ。なぜなら――あなたも覚えているだろうが――迷走神経緊張が低い人には効きにくいパワーアップアイテムがたくさんあるからだ。極度のストレス、燃え尽き症候群、トラウマ、憂鬱に苦しんでいる人（つまり、ポジティブ感情比が1以下の人）の迷走神経緊張を高め、ポジティブ感情比を改善する手段としては、（肉体的活動を除けば）〝社交の省察〟は研究で証明されている唯一のパワーアップアイテムだ。[*25]

では、マックス・プランク人間認知・脳科学研究所の科学者、ベサニー・コク博士の研究にヒントを得たクエストで、このパワーアップを習得しよう。

クエスト21：〝社交の省察〟を試す

社交の省察はパワーアップアイテムの王様だ。これを使えば、あなたがどれだけ悩んでいても、絶望していても、やる気が出なくても、レジリエンスを向上させることができる。

〈やるべきこと〉寝る直前に、今日長い時間を費やした社会的交流を三つ思い出す。家、職場、学校、教会、どこかの公の場や社交の場での交流を。それは直接対面しての交流かもしれないし、電話、ビデオチャット、あるいはメールやテキストメッセージでの複数回にわたるやりとりかもしれない。個人間の交流の場合もあれば、大きなグループ間の交流の場合もあるだろう。スポーツの練習、グループディスカッション、職場のチーム、フィットネスのクラス、クラブの打ち合わせ、たくさんの人がいるカフェ、映画館、ホールでの交流などなど。

今日の大半の時間をひとりで過ごしたなら、もっと短い時間の交流を思い出すかもしれない。お店のレジでの交流、見知らぬ人と交わした雑談。一日の過ごし方によっては、同じ人物との三つの交流になるかもしれない（わたしも家で仕事をすると、その日会話した相手が夫だけということがよくある）。

今日の社会的交流を三つ思い浮かべただろうか？　では、それらを全部ひっくるめて、次の設問に対してどれぐらい同意できるかを自問しよう。

1．この三つの社会的交流をしているあいだ、自分以外の人／人々に親しみを感じた。
2．この三つの社会的交流をしているあいだ、自分以外の人／人々と〝波長が合う〟と感じた。

同意の度合いを0点から10点で採点する。0点は「まったく同意しない」で、10点は「完全に同意する」ということだ。つまりふたつの設問に対して、0から10点までの数字がふたつ得られる。
〈仕組み〉　コク博士らの仮説によると、社会的交流に対する省察はいろいろな面で役に立つ。まずは、経験したポジティブな交流を反芻する機会が与えられる。

これにより、将来仲間になってくれるかもしれない人を特定し、社会的なリソースを増やすことができる。それから、今日の社会的交流が自分としてはあまり満足できないものだったとしても、それに気づくチャンスが与えられる。だから、明日はもっと社交的になろうと計画を立てられる。

〈使い方〉これは繰り返すことで効果が大きくなる。このパワーアップの恩恵を受けるには、毎晩、少なくとも三日間連続で使うこと。コク博士の研究によると、この習慣は一カ月以上続けた場合に効果が最大になる。大変なことに思えるかもしれないが、とにかく三日連続でやってみよう。

　忘れないうちに、今この場で携帯電話やメールのカレンダー機能を使って、今日寝るまえの時間にリマインダーを入れておく。毎晩必ず目にする歯ブラシやベッド脇に付箋を貼ってもいい。どれだけパワーアップアイテムを集めても、使い忘れてしまってはなんの意味もない。

獲得したスキル：いつでもどこでもパワーアップする方法

- パワーアップアイテムとは、それを使うことで、いつでもどこでも気分を向上させたり、強く、健康になったり、つながりをつくったりできる、シンプルでポジティブな行動だ。
- パワーアップアイテムは迷走神経緊張を高める。迷走神経緊張はストレスに対する心臓、肺、脳の反応を表わす生理学的な尺度だ。迷走神経緊張が強ければ強いほど、レジリエンスが高く、ＰＴＧやＰＥＧを経験しやすい。

- 迷走神経緊張は、一日のうちに経験したポジティブな感情とネガティブな感情の強度と数を比較することで測定できる。これをポジティブ感情比という。この比率を長期的に記録すると、パワーアップアイテムが迷走神経緊張に与えている影響を確認できる。
- 今現在、非常に困難な時期を過ごしていて、一日に抱くポジティブな感情の数が非常に少ない場合は、つながりと肉体のパワーアップアイテムを使うことに集中する。メンタルと感情のパワーアップアイテムも、いずれ効率的に使えるようになる。

第七章　悪　者

ゲームフルに生きるためのルールその3

成長を阻害し、不安、痛み、悩みの種になっている悪者を見つけ、戦う。

わたしたちはみな、ビデオゲームにおける悪者の役割を知っている。『キャンディークラッシュ』でプレイヤーを容赦なく邪魔するチョコレートのように、悪者は障害であり、わたしたちが創造力を発揮し、知恵を働かせることを強要する。または『スーパーマリオブラザーズ』の破壊できないカメの甲羅のように、わたしたちがもっと高くジャンプすることを要求する。ほんとうにタフな悪者は、友人にアドバイスや援護を求めないと倒せないかもしれない（『マインクラフト』を初めてプレイしたとき、厄介なモンスターをどうやって避ければいいのか、アドバイスが必要ではなかっただろうか?）。非デジタルゲームの多くにも、そうは呼ばないにしろ、悪者が登場する。ゴルフのバンカー、バスケットボールのディフェンダー、スクラブルの〝J〟の文字。

日常生活における悪者もまったく同じ役割を果たしており、物事を難しくしている。しかし、彼らは目標達成を困難にすることにより、同時にわたしたちがスキルや戦略を磨く助けとなり、最終的にはわたしたちを賢く、強く、すばやくしてくれる。それによってわたしたちは将来、もっと大きな目標を達成できるようになる。

だからこそ悪者と戦うのだ。よりよい自分になるために。詩人のT・S・エリオットもこう言っている。「頭まで深みにはまることもせず、どうやって自分の身の丈を知るというのか」

これはただの気の利いた言いまわしではない。ちゃんと検証された科学的な発見だ。わたしたちが幸せに、健康になるには〝心理的柔軟性〟が必要になる。これは難しい物事に向き合う勇気のことだ。ゲームの中だけでなく、日常生活においても、失敗やネガティブな経験に対してオープンにならなければならない。いつ撤退して体勢を立て直すべきかを知っておかなければならない。もう一度挑戦する準備を整えるために。

ゲームフルに生きると、心理的柔軟性を養いやすくなる。スーパーベターのプレイヤーたちは、五〇万を超える現実世界の悪者たちと戦ってきた。わたしたちのデータによれば、スーパーベター・プレイヤーたちは戦いのあと、気分が向上し、強く、幸せに、前向きになり、自信を持てるようになったと感じている。それも勝ち負けに関係なく。

彼らが戦ってきた現実世界の悪者たちの一例を紹介しよう。

「〝ミセス火山〟彼女がわたしの中で噴火すると、心から愛している子供たちや夫にひどく当たってしまう」

「〝エレベーター・セイレーン〟意気込んで階段を使おうとすると、彼女たちがこう誘惑するんだ。『あなたにはゆったりくつろげるすてきな乗り物がふさわしい。さあ、こっちへいらっしゃい』って」

「〝不可能大帝〟何かいい計画を立てても、彼がやってきて、そんなことは不可能だと告げる。『おまえには無理だ。運がない。難しすぎる。金もない。おまえが計画を最後までやりとげることはない。努力が必要となれば、おまえはすぐにやめてしまうからな。まわりを見てみろ。そんな計画を実行できる奴がいるか？　ああ、いるさ。でも連中はおまえより健康で、金持ちで、頭がよく、年下（年上）だ』とかなんとか」

「〝悪魔の食べ物四種〟ピザ、ソーダ、マシュマロ、ホットチョコレート。食べちゃいけないものについてあまり気に病まなくてもよくて、四つの大敵とだけ戦えばいいっていうのは、すごく解放感がある。マシュマロの袋にサインペンで恐ろしい顔を描いたんだ。次に喉から手が出るほど食べたくなったとき、その恐ろしい怪物と対決し、倒す必要がある……マシュマロを食べないことによって」

「〝後悔のパレード〟これまでのあらゆる後悔が頭の中でランダムに再生され、流れていくの」

「〝深夜のコンピューターザウルス、テレビザウルス〟こいつらは強敵だ。ぼくが誘惑に弱くなっている夜中に襲ってくるだけじゃなく、何時間も戦うことになる。ネットフリックスやXboxのことを考えていると、そのにおいを嗅ぎつけて近寄ってくるんだ」

「〝不幸な昼寝〟疲れているわけじゃなく、暇だからとか気分がふさぐからっていう理由で昼寝をすると、この状態になる。不幸な昼寝は長引く傾向があって、夜の睡眠を邪魔する。そうなったら不幸な昼寝のサイクルから抜け出すことは難しい」

「〝去らない痛み〟私は関節リウマチにかかっている。これは治療の難しい病気だ。自分にとって、この悪者をやっつけるというのは、痛みとおさらばすることじゃない。痛みがなくなったことなんてほとんどないから。そうじゃなくて、こいつをやっつけるっていうのは、痛みを不幸の言い訳にせず、一日をなんとか乗り切るってことなんだ」

「〝悲劇のドラゴン、スナッフ〟このモンスターの正体は基本的に自己憐憫だ。でも巨大でもなければ強くもない。ばかみたいな相手だし、笑い飛ばすことができる」

見てわかるとおり、メンタル、感情、肉体、つながり、すべての種類の悪者がいる。彼らの正体は非生産的な思考や悪い習慣（メンタルの悪者）、活力、集中力、モチベーションをそぐ不快な感情（感情の悪者）、気分を悪化させるような行動や、痛みをもたらしたり、活動を制限したりする症状（肉体の悪者）、仲間を見つけ、関係を維持するのを難しくするような、他者とのネガティブな交流（つながりの悪者）といったものだ。

つまり、現実世界の悪者というのは、スーパーベターになるためにあなたが欲し、必要とすることを邪魔するものすべてだ。悪者を見つけるというのは、トラブルや悩みをもたらす可能性のある源を特定すること、悪者と戦うというのは、彼らとうまく戦うためにさまざまな戦略を試すことだ。そして、あなたがいい一日を過ごしたり、目標に向かって進んだりするのを邪魔させないことが、悪者との戦いに勝つということだ。

気づいたかもしれないが、先ほどの例では、悪者に対して伝説の敵にふさわしい名前がつけられていた。そこまでクリエイティブになる必要はないが、名前をつけると悪者をうまく見つけ、うまく戦えるようになる。あるプレイヤーはこう説明する。「わたしの悪者はみんな、特徴的な名前とアイデンティティを持っています。そうでないと、空気と戦っているような気がするからです。それに、名前をつけると、自分と悪者を切り離して考えられるようになり、彼らはわたしが抱えている暗い性質ではないし、捨てられないものでもないと思えるんです」

わたしの悪者リストはしょっちゅう更新されている。あなたのリストもそうあるべきだ。定期的に悪者と対決すると、あなたは強く、賢く、巧みになり、彼らを永遠に葬り去れるようになる。だから、今日のあなたにとっての悪者は、六カ月後には悪者ではなくなっているかもしれない。

わたしが脳震盪から回復しようとしていたときは、明るい光、人混み、数分以上の読み書きなどが現実世界の悪者だった。こうした悪者は症状を引き起こすため、避けなければならなかった。彼らに対する耐性を徐々に養うことで、最終的にわたしの脳は治った。今はもう彼らを避けなくてもいい。このように、悪者に悩まされないぐらい強くなるというのは、彼らをやっつける方法のひとつだ。

初めてのマラソンのために特訓していたときは、ずきずきと痛む血豆と脛《すね》の炎症が悪者だった。彼らをやっつけるには、もっと賢くトレーニングをするしかなかった。わたしは走るのをあきらめたり、休みの日を設けたりする代わりに、ランとクロストレーニングの上手なやり方を習得した（ウールのソックスがいいというのもこのときに知った）。このように、知恵をつけて出し抜くのも悪者をやっつける方法だ。

夫と子づくりに取り組んでいたときも、ひと筋縄にはいかなかった。不妊治療を受け、さまざまな恐怖に耐えた。ホルモンを自分で注射する、数週のあいだ毎日血を抜かれる、おまけに手術。

しかし、これらは悪者ではなく、わたしの目標にとってプラスになるステップだった。ほんとうの悪者はこうした重要なステップのあいだ、わたしを不安にさせたり、悲観的にさせたりする思考だった。わたしは不妊治療中に戦った最大の悪者に〝マダム・エスメラルダ〟と命名した。彼女は頭の中に住みつき、水晶玉を覗きながら、「何もかもひどいことになる」と予言する超能力者だ。彼女が「すべてうまくいく」と予言したことはただの一度もない。マダム・エスメラルダを黙らせ、未来予知をやめさせる必要があった。わたしの心と体にとっては、現在の物事に集中しているほうがずっとよかったのだ。新しいスキルを身につけ、悪者を黙らせる。これもまた悪者をやっつける方法だ。悲惨なことばかり考える（または最悪のことばかり予想する）のをやめたら、わたしの不安は著しく軽減された。治療を受け入れるにあたって、それがポジティブな影響を持つことはわかっていた（結局、マダム・エスメラルダの予言はことごとく外れた――わたしたちは晴れて双子の親となったのだ！）。

この章では、悪者を突き止め、彼らと毎日戦えるだけの勇気を養う方法を学ぶ。シンプルなテクニックを実践することで、強く、賢く、巧みになり、悪者を永久に追放しよう。

まずはスーパーベターー・プレイヤーたちを罠にかけ、苦しめてきた典型的な四人の悪者を紹介する。

超悪者《スーパーヴィラン》

スーパーベターー・プレイヤーたちは五〇万以上の悪者を見つけ、戦ってきた。以下に紹介するのは、レジリエンスごとの最もよく発見される悪者四人だ。彼らは最大最悪の悪者、すなわちスーパーヴィランだ。

肉体のレジリエンス

粘着椅子。 粘着ソファーや粘着ベッドの姿をしていることもある。わたしたちをそそのかして座らせ、あるいは寝そべらせ、一日中じっとさせる。

つながりのレジリエンス

孤独房。 あなたを氷の殻に閉じ込め、一日中、意味のある人間的な接触ができないようにする。思ったより厄介な敵で、しょっちゅう人に囲まれていても、この房に囚われていることがある。あなたが自分の頭の中から出られなくなると、デジタル機器で気を紛らわせたり、考えや感情を表に出せなくしたりする。

メンタルのレジリエンス

できないモンスター。「〇〇だから〜できない」と口にするとき、あなたはこのモンスターに取り憑かれている。「疲れているから〜できない」「気乗りしないから〜できない」「怖くて〜できない」「馬鹿だから〜できない」「運動音痴だから〜できない」「太っているから〜できない」「つらすぎて〜できない」こうした発言は、スーパーベターになるためにほんとうにやりたいこと、やらなければならないことをやらずに済むよう、自分に言い訳する際に使われることが多い。

感情のレジリエンス

罪悪感の双子。ポジティブな感情や感謝の念をねじ曲げ、ネガティブな感情や罪悪感に変える。この現象は予想以上にたやすく、頻繁に起きる。カリフォルニア大学バークレー校グレーターグッド科学センターの研究によると、罪悪感は感謝の双子、それも邪悪な双子であるという。*1 自分を人の親切や寛大さに値しない人間と考えてしまうと、いい物事に対して罪悪感を抱くこともありえる。

さて、これらの悪者たちがあなたの人生にも潜んでいるとしたら、どうすべきだろうか？　わたしたちはスタンフォード大学、カリフォルニア大学バークレー校、オハイオ州立大学、ペンシルヴェニア大学の心理学者、医師、研究者たちの意見を聞き、できるかぎり効果の大きな攻略法を編み出した。[*2]　これらのスーパーヴィランに覚えがあるなら、次のお勧めの攻略法をすぐに試してみよう。

〈粘着椅子の攻略法〉　立ちあがって五つ数える（数え終えたら「これで自由だ！」と声に出す、または心の中で念じるとさらに効果的）。それからまた座っても寝転んでもいい（もしほんとうにそうしたいなら）。しかし、粘着椅子の呪縛から解き放たれたら、あともう少しのあいだ自由を満喫したいと思うはずだ。

〈孤独房の攻略法〉　人間的な接触の温もりでこの孤独の氷を溶かそう。誰かに「あなたのことを考えていた」というメッセージを送り、会話を始める。見知らぬ人にほほえみかける。携帯電話を手に取り、自分の感じていることを誰かに伝える。ハイタッチ、ハグをする。またはデジタル機器を家に置いて、気を散らさずに人と接することのできる場所に出かける。

〈できないモンスターの攻略法〉　あなたの言い訳がなんであれ、試しに今日だけ「できない」と言うのをやめ、とにかく実行する。「疲れていて夕食をつくれない」の代わりに「疲れているけど、それでもとにかく今日はヘルシーな夕食をつくろう」と言う。「気が滅入っていてベッドから出られない」の代わりに「気が滅入っているけど、とにかく起きて服を着よう」と言う。「運動音痴だから五キロも走れない」の代わりに「運動音痴だけど、とにかく今日はランニングをしよう」と言う。この攻略法で戦えば、もっと強く、幸せに、健康に、もっといい自分になるために何かをしようとするとき、気分や考え方を変える必要がない。この悪者にあなたの邪魔をさせてはいけない。〝できないモンスター〟の存在を自覚しつつ、それでもとにかく自分のしたいことをしよう。

〈罪悪感の双子の攻略法〉 自分が罪悪感を抱いていることに気づいたら、こう自問する。自分は誰かが示してくれた心からの感謝や寛大さを曲解していないだろうか？　もしそうなら、自分にはそれだけの価値があることを思い出そう。そして、罪悪感を和らげるためにその人にお礼を言う。時間をとってくれたこと、骨折りをしてくれたこと、サポートしてくれたこと、彼らの思慮深さに対して、あるいはまちがいを許してくれるぐらいにはあなたを大切にし、愛してくれていることに対してお礼を言おう。感謝の気持ちを伝える方法はメールでも面と向かってでもいい。こうすることで、善良なほうの双子に戻ってもらおう。

スーパーヴィランのような悪者たちはトラブル以外の何ものにも思えないかもしれない。が、彼らと戦うことで非常に大きな恩恵がもたらされる。それは、悪者と戦うたびに自分の道をふさいでいるものの正体がはっきりし、それに対処するための戦略のレパートリーを増やせるということだ。困難な物事に対する〝理解を深め〟、それに対して〝さまざまな手段を積極的に試す〟。

このふたつは心理的柔軟性の鍵だ。[*3]

すでに説明したように、心理的柔軟性というのは難しい物事に向き合う勇気のことだ。この勇気を養うにはふたつのステップを踏む必要がある。

まず、自分の進歩を阻害しているもの、または痛み、困難、苦悩を生じさせているものに対して自覚的に（マインドフルに）ならなければならない。マインドフルになるというのは、ネガティブな思考、感情、経験に細心の注意を払うということだ。それらを否定、回避、抑圧しようとしてはいけない。注意を払うことで、ネガティブな物事にもっとうまく向き合えるようになる。問題に目をつぶったままでは、それを解決したり、習慣を変えたりすることはできない。

マインドフルになることができれば、時間が経つにつれ、ネガティブな感情や経験も結局は日常生活の自然な一部なのだと受け入れられるようになる。難しいチャレンジを克服し、意味のある目標を達成するには、一時的な挫折や失敗は避けられないのだ。いずれ、あなたはこう理解する。悪者たちがどれだけ手強く、しつこかったとしても、あなたがいい一日を過ごし、意味のある満ち足りた人生を送ることを邪魔できるわけではないのだと。そう気づくことは、PTGやPEGを得る上で不可欠なステップだ。研究によれば、ネガティブな事象を日常生活の一部として受け入れているマインドフルな人は、自分を変えるような成長を経験することがきわめて多い。[*4]

悪者たちを完全に理解したら、それに対処するために複数の戦略を立てられるようになる。これは心理学的には〝柔軟反応〟と呼ばれている。ひとつのすぐれた戦略に頼るのではなく、うまく対応できる方法をいくつも用意しておくのだ。どの悪者が相手なのか、現状ではどんなリソースを使えるのか、モチベーション、肉体的能力、注意力を奪っているのはなんなのか。それらの要素に応じて戦略を変える。

複数の戦略を持つことで、挫折に対するレジリエンスが養われる。不意に悪者に襲われても、複数の悪者に同時に襲われても、より機敏に、柔軟に反応できるようになり、ひとつの戦略が機能しなかった場合でも、さじを投げる可能性が低くなる。あなたはただ注意を払い、戦略を変え、進歩しようとしつづけるだけでいい。手持ちの戦略がふんだんにあれば、どんなに困難で不快で、不確かな物事が立ちはだかったとしても、目標に向けて行動できるようになる。

これらの重要なメンタルの強さをゲームフルに表現すると、〝悪者を見つける〟と〝悪者と戦う〟ということになる。悪者を見つけるというのは、ネガティブな事象に対してマインドフルになることで、悪者と戦うというのは、柔軟反応を養うことだ。

どうしてこのふたつのメンタルの強さが重要なのだろうか？　研究によると、心理的柔軟性の高い人は心理的な問題を経験することが少なく、ポジティブな感情、キャリアにおける大きな成功、親密な関係を経験することが多い。また、生活全般の質も高い傾向にある。[*5] それから、どんな怪我、病気、悲しみ、経済的苦境、キャリア上の挫折、個人的な喪失に対してもうまく向き合うことができ、回復も早いことがわかっている。[*6]

一方、心理的柔軟性が低い人（難しい物事を無視、拒否、回避しようとする傾向のある人）は、問題への対処が下手で、回復も遅く、自傷行為や依存症を引き起こす可能性が高い。[*7] また、ショッキングな経験のあとにＰＴＳＤを患う確率も高くなる。[*8]

単純なメンタルの強さひとつが、どうしてそれほど大きなちがいを生むのだろうか？　それを理解するために、心理的柔軟性に関する非常に興味深い研究分野について考えてみよう。腰に深刻な怪我をしたあとの、慢性痛の進行と後遺症に関する研究だ。

腰に深刻な怪我をしたあと、うまく回復し、満足な生活に戻れる患者がいる一方で、いつまでも痛みが引かず、最終的には障害が残ってしまう患者がいることに、研究者たちは何年もまえから気づいていた。意外なことに、患者が回復するか苦しみつづけるかの決め手となるのは、怪我の深刻さでもなければ、負傷直後の痛みの程度でもなく、負傷期間中の患者の心理的柔軟性だ。[*9]

患者の心理的柔軟性が高ければ高いほど、より早く職場に復帰し、より運動し、時間経過後に疼痛《とうつう》症状を訴えることが少ない。反対に、心理的柔軟性が低ければ低いほど、完全就業状態に復帰できる可能性が低く、腰痛が数カ月、ひどいときには数年続き、満足な生活に戻れなくなる可能性が高い。

この現象は痛みと心理に関する二〇年分の研究でも証明されている。病人や怪我人は痛み、不快感、失敗に対する恐れのせいで、通常の活動からどんどん遠ざかる下方スパイラルに陥ってしまうことがある。痛みを引き起こすものや、失敗しそうなことを回避するうちに、彼らは自分の行動を著しく制限することになる。たとえば運動、旅行、仕事を避ける。これは最初のうちは有益だし、自然な反応でもある。が、自らに課した制限を頻繁に吟味し、評価することがなければ、それは人工の障壁となり、満足な生活を阻害する。そうなると自らに挑戦する機会がますます減り、実際には自分が強くなっていることや、痛みの中にあっても自分にとって大切なことを実行できるという事実に気づく可能性が減っていく。

毎日の活動を制限することで、患者は自分の症状について思い悩む時間が増え、潜在的な下方スパイラルはさらに悪化していく。当然の結果として、自分の怪我、病気はあまりに深刻で、もっと活動を制限する必要があると思い込むようになる。[10]研究によれば、これは腰痛だけでなく、片頭痛、慢性疲労症候群、線維筋痛症、過敏性腸症候群、慢性不安をはじめ、慢性消耗性疾患につながる恐れのある、その他の多くの症状に当てはまる。[11]いずれのケースでも、痛みや失敗を避けることが苦痛と病状の悪化につながる――改善ではなく。

臨床心理学によれば、そんな下方スパイラルを回避する唯一の方法は、きわめてネガティブな思考、感情、経験に直面しても、自分の目標と人生に全力で取り組みつづけることだ。

言い換えれば、悪者を見つけ、戦う必要があるということだ。彼らに言い含められてあきらめたり、いい人生を送る道を探すのをやめたりしてはいけない。

わたしが向き合った最大のスーパーヴィランは、脳震盪回復期の自殺願望だった。この悪者は口がうまく、しぶとかった。過去にそんな敵と戦ったことはなかった。それがただの一時の気の迷いでないと気づいたのは、一週間近くが経過したあとだった。わたしの脳の中で何かが起き、何かがパチンとひっくり返ったのだ。自殺願望は強くなるばかりで、一向に消える気配がなかった。

夫にこう言ったことを覚えている。「心配させたくないんだけど、頭の中で声がするの。わたしに自殺しろと命じる声が」事態の深刻さは充分に理解していたので、誰かに伝えたかったのだ。「ほんとうに自殺したいとは思ってないけど。でもその考えを振り払えない。暗い場所に閉じ込められていて、どうやって出ればいいかわからないの」

脳震盪キラー・ジェインになったころには、この問題に何か手を打たなければならないと自覚していた。そこで夫に、インターネットで脳震盪と自殺願望に関する科学記事を検索してほしいと頼んだ。これはよくあることなのだろうか？　もしそうなら、どれぐらいの期間続くのか？　わたしは何をするべきなのか？

数分のうちに、ある記事が見つかった。そこには脳外傷で自殺念慮を抱くのは非常によくあることだと書かれていた。脳震盪を経験した三人のうち、最大でひとりが自殺願望を抱く。これは脳が自らを治療しようとしているあいだに起きる、脳内の化学成分の変化による合併症で、通常は数週間から数カ月で消えるということだった。

そのときほどの安堵は今も昔も感じたことがない。自殺願望の正体はたちどころにわかった。これは現状に対する理性的な反応でもなければ、真剣に考えるべき選択肢でもなく、脳が治りつつあることの副作用にすぎないのだ。

夫にこう言った。「わたしのせいじゃなくて、ただの症状ってことね！」自殺しろという頭の中の声を信じる必要はなかった。わたしのほんとうの思考でも感情でもないのだから。そう簡単にはいかないだろうが、数週間、あるいは数カ月持ちこたえて、脳が治るのを待たなければならない。自殺願望は消そうとしなくてもいい。ただ彼らを認識し、過ぎ去るのを待てばいい。

おかしなことに、わたしは生きたいと思っていたのに、脳は〝死にたい〟と言っていたのだ。この矛盾のバランスを保ったまま、自殺願望が消えるのを待った。そのときのわたしを救ってくれたのが心理的柔軟性の強さだったとは、当時はまだ知らなかった。

心理的柔軟性のなんたるかとその重要性がわかったところで、どうやってそれを測定し、強化するかを説明しよう。

心理的柔軟性を測定するための科学的なアンケートは何種類も開発されている。なかでも最も一般的なのが〝受容と行動〟アンケートというものだ。[*12] このテストをやれば、あなたが一番重要な目標にコミットしながらも、ネガティブな思考、感情、経験を受け入れられるかどうかがわかる。

あなたの今の柔軟性はどれぐらいだろうか？　さっそくテストしてみよう。次のクエストは、〝受容と行動〟アンケートから重要度の高い質問を抜粋したものだ（全四九個の設問に回答したい場合は、巻末に記したオンライン版アンケートのURLを確認すること[*13]）。あなたはどの設問に同意するだろうか？　どの心の筋肉をストレッチする必要があるだろうか？

クエスト22：心のつま先に触れよう！

心理的柔軟性の測定は、体を曲げてつま先に触れるように簡単にはいかない。でもとにかく、やるだけやってみよう。

〈やるべきこと〉少し時間をかけて、〝受容と行動〟アンケートから抜粋した以下の設問のうち、心からそうだと思えるものがいくつあるか数えてみよう。迷いがある場合、その設問は飛ばすこと。

・ときには憂鬱や不安を感じることがあってもかまわない。
・失敗したり、悪化したりする恐れがあっても、問題に対して行動を起こす。
・不安を感じるような状況を避けることはない。
・不愉快なことを思い出したとしてもかまわない。
・自分に不満があっても、重要な目標に向けて行動できる。
・脳裏に浮かぶ恐ろしいイメージや、心を動転させるようなイメージのすべてを追い払う必要はない。
・不快な思考や感情を避けようとするより、自分の目標を達成したい。

心からそうだと思えるものはいくつあっただろうか？　ひとつでもあったのなら、すばらしいことだ。あなたはすでに心理的柔軟性をいくらか持っていて、それを高めることができる。自分を否定的に判断しないようにしつつ、悪者を見つけて戦うたびに、柔軟性は少しずつ向上していく。

今のところは設問にひとつも同意できなかったとしても、心配はいらない。目標に向けて行動しながら、日々悪者を見つけて向き合っていくことで、ネガティブな経験を受容できるようになる。

この時点ですべての設問に同意できていたら、きわめて高い心理的柔軟性を持ってスーパーベターのチャレンジに取りかかれる。悪者と戦うことで柔軟性を維持しつつ、持ちまえのその強さを存分に活かそう。

〈ヒント〉これから鍛えようとしている心の強さを思い出せるように、先ほどのリストをコピーし、毎日目にする場所に貼っておこう（本気で柔軟性を高めたければ、リストを一日一回お経のように読みあげよう）。まだ心からそうだと思えない設問には特別の注意を払うこと。その領域は改善の余地が大いにあるからだ。悪者との戦いを数週間続けたら、そのときにもう一度テストしてみよう。ほぼまちがいなく、柔軟性は高まっているはずだ。

現時点での心理的柔軟性について理解を深めたところで、それを使い、この重要なメンタルの強さを高めるゲームフルな行動に取りかかろう。

心理的柔軟性を高めるための最初の一歩は自覚——マインドフルネス——を高めることだ。マインドフルになれば、苦しみや困難を生み出している特定の事象を観察し、表現できるようになる。

悪者を見つけ、名前をつけるたびに、このスキルが磨かれる。悪者を探す次のクエストであなたのマインドフルネスを高めよう。

クエスト23：三人の悪者を見つける

スーパーベターになりたければ、悪者に見つからないように縮こまっていてはいけない。こちらから彼らを見つけ、まっすぐに見つめ、うまく戦う方法を編み出すのだ。

どんな習慣、症状、思考、感情、振る舞いであっても、あなたがスーパーベターになるのを邪魔する悪者かもしれないことを忘れないように。

〈やるべきこと〉悪者リストをつくる。この章で紹介した中に、あなたにも覚えのある悪者がいなかっただろうか？　もしいたならリストに加えること。新しい悪者を突き止めたい場合は、以下の質問が役に立つだろう。

- やめたいと思っている習癖は？
- 何かをやろうとしているとき、邪魔をするものは？
- 肉体の痛みや不快感を引き起こしているものは？
- 不安や不愉快さを感じさせるものは？
- あなたの活力を奪うものは？
- あなたの目標や能力に疑いを投げかけるのは、どんな思考や感情か？
- 医師やセラピストから控えるように、または避けるように言われているものは？

・一度気になり出すと、ストレスが膨らんでいくものは？
・あなたの一日をつらいものにしているのはどんな症状か？
・家にこもって何もしたくないと思うのは、どんな気分のときか？
・あなたが避けようとしている引き金は？
・やめたいと思っている振る舞いは？

悪者リスト

1.
2.
3.

〈クエストをクリア〉 あなたにとって最大の悪者三人を特定し、名前をつけ、彼らの力を奪うための大きな一歩を踏み出した。

〈ヒント〉 多くのスーパーベター・プレイヤーが悪者に他愛もない名前やクリエイティブな名前をつけている。そうすることで、もっとポジティブな気持ちで彼らと向き合えるようになるからだ。とはいえ、凝った名前をつける必要はない。悪者を特定できただけでも大きな達成だ。

悪者を特定できたら、次は柔軟性を駆使してうまく戦う方法について説明しよう。

悪者に対してつねに意味のあるポジティブな行動をとれるようにするには、戦略をいくつも用意し、試してみる必要がある。まずはどこから手をつけるべきだろうか？

わたしはスーパーベター・プレイヤーたちの協力のもと、三年を費やして研究し、悪者を倒すにはどんな戦略が一番効果的なのかを突き止めようとした。それでわかったのは、どんな悪者との戦いでもうまくいく可能性のある方法は五つあるということだ。その五つとは回避、抵抗、適応、懐疑、転向だ。

経験豊富なスーパーベター・プレイヤーの実例と併せて、それぞれの戦略を解説しよう。ただし、大きな成功を収めているプレイヤーたちは、特定の悪者との戦いにおける最も効果的な戦略を決めるにあたり、五つの戦略すべてを試していることを覚えておこう。

1．回避

最もわかりやすい戦略。悪者が悪い癖であれば、それをしないようにする。痛みや病気の症状であれば、感じないようにする。不快な、または不毛な考えであれば、考えないようにする。実例を見てみよう。

悪者：〝ひと口だけ〟

〝回避〟戦略：〝ひと口だけ〟をやめる。

「ダイエットに挑戦しています。食べるつもりのないものでも、〝ひと口だけ〟と手を伸ばすと、いつの間にかすごい量を食べてしまいます。でも、そもそも最初のひと口に手を出さなければ、途中でやめる必要もありません」――ミシェル、四五歳。

〝回避〟は一番わかりやすく、採用もしやすいが、同時に――意外にも、と言うべきか――効果が一番薄い戦略でもある。ネガティブな思考、感情、経験をすべて回避するのは不可能だからだ。完璧な意志力を持っている人はいない。でも、もし状況をコントロールしつつ回避できるのなら、そして、そうすることによる個人的な代償が何も発生しないのなら、ぜひこの戦略を試してみよう。とはいえ、別の戦略も絶対に身につけておいたほうがいい。そうすれば、この戦略がうまくいかず、意義深い充足した人生にはつきものの痛みや困難を回避できなかったとしても、着実に進歩し、いい一日を過ごせるようになる。

2. 抵抗

積極的に戦い、悪者をその場で食い止めようとする戦略。悪者が不毛な考えであれば、考えを変える。感じている痛みであれば、緩和しようとする。他者からの孤立であれば、つながろうとする。先延ばしの習慣であれば、行動に移す。実例を見てみよう。

悪者：実際に行動せず、小さな失敗にくよくよしてしまう。

〝抵抗〟戦略：三〇秒間何か生産的なことをして、思考のサイクルを断ち切る。

「失敗すると、そのことが頭から離れなくなります。この戦略を試したところ、うまく機能しました。たった三〇秒だけ生産的なことをすればいいと自分に言い聞かせると、それだけでたいてい泥沼から脱出できます。その直後に自己憐憫がぶり返したとしても、少なくともひとつは何かをやったことになります」――ジェイソン、二五歳。

抵抗戦略はただの回避よりはるかに強力だ。自分ならではのスキルと強みを駆使し、悪者がネガティブすぎる影響を与えるのを防ぐことができる。また、自分では状況をコントロールできない場合にも機能する。

重要なのは、自分自身を否定的に判断せずに抵抗するということだ。悪者が現われたのはあなたのせいではない。彼らは誰のもとにも毎日やってくる。悪さを働いている悪者を見つけられるマインドフルネスと、正面から向き合う勇気を自分が持っていることを喜ぼう。

3．適応

これは自分自身を大きく変化させ、悪者に対する長期的な対策を見つける戦略だ。悪者が現われたとき、回避も抵抗もできないことがある。そんなときでも賢明で、クリエイティブな対処法を見つけて、悪者の影響力を制限することはできるかもしれない。

悪者：薬を飲み忘れる。

〝適応〟戦略：毎日の午後七時、八時、九時に鳴るように携帯電話のアラームをセットする。

「鬱病の治療のために新しく薬を処方されました。でもずっと飲み〝忘れて〟います。薬がほんとうに効くのかどうか確かめるという努力をどこかで避けているんだと思います。でもこの戦略のおかげで、薬を飲むチャンスが三回できました。このやり方だと薬を飲まないにしても、うっかり〝忘れた〟わけではなく、あえて飲まないという選択をしたことになります。これは仲間に教えてもらったんです。アラームを三度セットしておけば、ただ薬を飲み忘れるというのはまずありえない。だから、この悪者をやっつけたことになります」――クリフ、三三歳。

適応戦略を考えるにあたっては、まわりの人が大きな力になってくれる。ただこう訊けばいい。

「あなたが同じ問題を抱えていたら、どうやって解決する？」

4．懐疑

悪者を疑うというのは、こう自問することだ。「これは自分にとって、ほんとうに悪いことなんだろうか？　この感情、思考、習癖を捨てなくても、幸せで健全で意味のある人生を送る道はあるんじゃないだろうか？」

悪者：自信がない。

〝懐疑〟戦略：こう自問する。「自信がないからなに？　それがほんとうに問題なの？」

「今の最大の恐怖は、大学での勉強を終えられず、いい仕事に就けないんじゃないかということです。それを考えるとものすごいパニックに襲われます。自分を疑ってしまい、すっかり自信を失っています。でも、仲間の助けもあって考え方を改められるようになってきました。たぶん、気にしすぎて不安が膨らんでいるんでしょう。それは必ずしも悪いことではありません。やる気があることの証明でもありますから。もっと自信を持って生きたい。でも、疑念や恐怖にわたしをとめるだけの力はありません。授業には出席できるし、インターンシップにも応募できます。今は自分の気持ちをなんとかするより、目標に向けて歩むのが大事だと思っています」――ジュリアン、二〇歳。

これは早いうちから頻繁に採用すべき戦略だ。悪者にはあなたが思うほどの力も影響力もないかもしれない。その可能性をオープンに受け入れよう。過去にあなたを不安にさせ、悪い気分にさせたものでも、今日はなんの問題も生まないかもしれない。あなたをつねにイライラさせたり、不安にさせたり、消耗させたり、居心地の悪い思いをさせたりするものがあったとしても、ただその感情を認めて受け入れることはできないだろうか？　目標を追求するにあたり、穏やかで落ち着いた気持ちや、痛みを伴わないということが、ほんとうに必要だろうか？　これは心理的柔軟性の中でも飛び抜けて強力なものだ。痛み、不快感、悩みを軽減できなかったとしても、それらを人生から消し去ることはできなかったとしても、大切なものに向き合い、日々の夢を追求する自由はある。

5. 転向

転向は悪者をパワーアップアイテムに変える方法を見つけることだ。たとえば、悪者が痛みだったら、同じように痛みを感じている人に対して思いやりの気持ちを持てるかもしれない。怒りだったら、それを原動力にして何か生産的なことができるかもしれない。悪者の存在があなたを害するのではなく、助けてくれるなんて、想像できるだろうか？

悪者：トラブル中毒。

〝転向〟戦略：他人のトラブルから刺激を受け、自分自身を向上させる。

「生活にいろんなトラブルをもたらす人とばかり知り合いになっています。気が散って、自分の計画のために時間やエネルギーを使えていません。それで、もっとポジティブな人たちと関わりたいと思うようになりました。でも縁を切ろうにも切れない人たちもいる。それが家族です。家族を取り替えるわけにはいきませんが、もっとうまくやろう、もっといい人間になろうと刺激を受けることはできます。おかげで寛容、許しといった、トラブルとは無縁の性質を身につけられます」――テレーズ、三六歳。

悪者をパワーアップアイテムに変えるのは必ずしも簡単なことではないが、努力する価値はある。これは心の柔軟性を一番高めてくれるストレッチだ。

スーパーベターの物語：夢の戦士

二九歳のミアは自分が〝サバイバー〟であることに誇りを持っている。

二六歳のとき、彼女は暴力と虐待にまみれた結婚生活から逃げ出した。しかし、長年にわたる肉体的暴力と性的暴行のせいで、つねに人を警戒するようになってしまった。社会から孤立し、当然、新しくできた知り合いを信用することもできなかった。セラピストはＰＴＳＤと診断した。

ミアは自分の人生を取り戻そうと決心した。セラピストの助けを借り、通常のカウンセリングのほかにスーパーベターを開始し、ＰＴＳＤの症状に取り組むことにした。期間中、彼女は症状についてできるだけ多くのことを学んだ。これは自分のためだけでなく、人を助けるためでもあった。同じように助けを求めているＤＶ被害者たちを励ますため、彼女はブログを立ちあげた。

ミアの進歩は目覚ましかったが、ある悪者がまだ彼女を苦しめていた。起きているあいだ、彼女はサバイバーだった。しかし、夢の中ではまだ被害者だった。ブログで彼女はこう説明している。「ほとんど毎晩、悪夢を見ます。襲われている夢を。昨晩は家の中で知らない男に襲われ、殺されそうになる夢でした。すごくはっきりしていて、現実のように思える悪夢。よく自分の叫び声で目を覚ますんです」

ミアは悪夢こそが自分にとって一番の悪者であると宣言し、仲間に助けを求めるようになった。その後数週間、彼女はさまざまな戦略を試した。

ある仲間から最初にもらったアドバイスは、明晰夢について勉強してみるのはどうかというものだった。「夢を見ているって認識できるように訓練するの。寝ているとき、『ちょっと待って、これは夢ね』と気がつけば、夢の内容を変えられるようになる」

セラピストに相談すると、悪夢をコントロールする技術を習得するための具体的なコツを伝授された。教わったのは〝もうひとつの結末〟と呼ばれるシンプルな方法だ。やり方はこうだ。よく悪夢に見る状況を日中のうちに思い描いておく。たとえば、危険な男に追いかけられる夢を。覚醒しているうちに、このシナリオのもうひとつの結末を想像する。男がどんどん小さくなっていくとか、動きが徐々に緩慢になっていくとか、そんな具合に。最終的に男が脅威ではなくなるまで想像を続ける。

六週間かけて、ミアは悪夢を食いとめる技術を磨いていった。「いつもはっきりした夢を見ていたけど、自分が夢に影響を与えられるなんて思っていませんでした。まだ心をかき乱される夢を見ることはあるけど、以前の悪夢のように揺さぶられることはありません。

この方法はほんとうに役に立ちました」

これは問題に適応するには最適な方法だったが、根本的な解決にはなっていなかった。それはミアも理解していた。夢をコントロールするのが難しい日もあり、そんな日には汗びっしょりになり、叫び、震えながら飛び起きた。もっと柔軟に悪夢と戦う必要がある。そこで彼女は懐疑戦略を試してみることにした。

ミアは自問した。「もし悪夢がそんなに悪いものじゃなかったら？」そして、この新しい思考パターンを自在に操った。「悪夢はこう教えてくれているだけかもしれない。あまり気を抜くな、警戒を怠るな、悪いことはいつだって起きるんだぞ、と。脳が脳なりに理解し、向き合い、治そうとしているトラウマ、それが悪夢の正体です。わたしを苦しめようとしているわけではなく、むしろ助けてくれようとしているんです」この認知的再評価によって悪夢に終止符が打たれたわけではないが、悪い夢を見てしまう自分を責めることもなくなった。何よりも、再評価のおかげで、悪夢から恩恵を受けられるかもしれないと考えるようになっていった。以前ならありえなかった発想だ。悪夢がただの警告なら、それを利用して、起きているあいだの振る舞いをポジティブな方向に変えられないだろうか？

ある日、彼女は仲間に報告した。「ここ数カ月はなんの問題もなかったけれど、昨晩ひどい悪夢を見て、泣き叫びながら目を覚ました。夢の中で、わたしは死にかけていた。あちこちに血が飛び散り、全身にひどい痛みを感じていた。助けてくれる人はまわりに誰もおらず、そんな状況でひとりで死ぬことがとても悔しかった」

ミアは新しい戦略を使い、この恐ろしい夢を有益な警告と考えることにした。夢が伝えようとした重要なメッセージはなんだろうか？　「最近、友人に全然連絡していないと感じていました。だから、それが原因なんでしょう」彼女は悪夢の恐ろしいイメージをひとまず脇に置き、重要な洞察を得た。次の日、彼女は思いきって兄と友人に連絡した。「わたしにはまわりからのサポートがもっと必要でした。実際に連絡をとってみると、ずいぶん気が楽になりました」

恐ろしい悪夢にポジティブな兆候を見出したことで、ミアは悪者をパワーアップアイテムとして使うことができた。彼女は今もまだ、自分の好きな戦略（抵抗、懐疑、転向）をすべて使っている。結果として、彼女は幸せに、勇敢になった。「悪夢を見ることはありますが、もう敗北感はありません。悪夢をなくすことはできないかもしれない。それでも必ず勝利できます。夢の中でも、起きているときでも。何よりうれしいのは、悪者との戦いで学んだことを、同じように戦っている仲間たちと共有できることです。それがスーパーベターになって一番いいことでした」

クエスト24：戦闘プランを練る

これで悪者と戦うための五つの戦略をひと通り理解した。その知識を実際に使ってみよう。

自分の心理的柔軟性をどこまで高められるか試してみよう。

〈やるべきこと〉あなたにとっての悪者をひとり選ぶ。

選んだら、回避、抵抗、適応、懐疑、転向の五つの戦略すべてを含む**戦闘プランを立てる。**

各戦略につき、その悪者があなたの一日を台無しにしたり、進歩を邪魔したりできないようにする方法を**ひとつだけ**考える。

いい戦略を思いつかなくても問題ない。とにかくベストを尽くそう。アイディアが必要なら、友人や家族にアドバイスを求めてもいいし、あとでこのクエストに戻ってきて戦略を追加してもいい。このクエストについては、丸一日ほど頭の隅であれこれと思案したほうがいい結果になる。

〈例〉参考にできるように、このクエストをクリアしたスーパーベター・プレイヤー、リズの回答を記しておく。彼女は三二歳の教師で、チャレンジは不眠症をやっつけることだ。リズが選んだ悪者は〝白夜〟で、これは「朝までまんじりともせずに横になるだけの、終わりのない長い夜」を意味する。

戦略1：回避

この悪者が今日あなたのまえに現われるのを防ぐ方法をひとつ挙げるとしたら？　リズの回答は「今晩は夜九時以降、カフェインを摂らない」

戦略2：抵抗

この悪者が現われたとき、その影響力を最小限に抑える方法をひとつ挙げるとしたら？　リズの回答は「余計なことを考えないようにして、ベッドの中でストレッチをして体をリラックスさせる。眠れなかった次の日は気分がすぐれないことが多いので、体の免疫系を念入りにサポートするのもいい。ビタミンCを摂って、頻繁に手を洗うとか」

戦略3：適応

今後、この悪者が引き起こす問題をうまくかわしたり、解決したりできる方法をひとつ挙げるとしたら？　リズの回答は「眠れずにいるときの運転がすごく気がかりなの。頭がぼんやりしているし、目を開けていられないこともあるから、事故を起こすかもしれない。短期的な解決策は通勤手段の一部をバスにすること。これで不眠にまつわる大きな恐怖をひとつ減らせる。少なくとも数日続けてみて、不安が軽減されるかどうかを確かめる」

戦略4：懐疑

この悪者には思ったほどの影響力はないと証明できる方法をひとつ挙げるとしたら？　リズの回答は「不眠に対する不安を解消する一番の方法は、眠れなかった日の翌日をほんとうにすてきな、生産的な一日にすること。次回〝白夜〟が現われたら、いつも以上にたくさんパワーアップアイテムを使い、大きな用事を少なくともひとつは片づける。眠れなかった翌日でもしっかり過ごせると自分に示せたら、次回はそんなにパニックにならないかもしれない」

戦略5：転向

この悪者をパワーアップアイテムに変える方法をひとつ挙げるとしたら？　リズの回答は「〝白夜〟のことは大嫌いだから、この質問に答えるにはほんとうにクリエイティブになる必要がある。でも、たとえば深夜専用のやることリストをつくってみるとか。眠れないとき、ベッドから出て、このリストの用事を片づけられるかもしれない。〝ミステリ小説を読む〟とか〝クローゼットを整理する〟とか〝ネイルのお手入れをする〟なんて項目を入れておくのがいいかな。どれもやりたいけど、時間がなくてできないことだから。これは完璧な解決策じゃないし、眠れたほうがいいけど、深夜の時間を有効活用できれば、悪者もそんなに悪くないかもしれない。〝白夜〟とはずいぶん長いあいだ戦ってきたから、こういうふうに一八〇度ちがった見方をすることの意義はよくわかってる」

〈ヒント〉戦略を加えるごとに心理的柔軟性が高まる。だから、ほかにも悪者と戦う方法がないかどうかよく考えてみよう。

あなたは最初の戦闘プランを作成した。おめでとう。悪者の存在に目を光らせ、さまざまな行動を試しつづければ、苦もなくクリエイティブな戦略を立てられるようになるはずだ。

どんなゲームでもそうだが、すべての悪者を倒すことはできない。ときには敗北もするだろう。そんな敗北とどう向き合うかを学ぶことも、心理的柔軟性を養うための重要なステップだ。「自分がこうありたいと思っているほどには強くない瞬間を基準にして、自分を判断してはいけません」というのは、心理学教授にしてジョージ・メイソン大学ウェルビーイング促進センターの研究主幹、トッド・カシュダン博士の言葉だ。「昨日の強さを基準にしてもいけない。小さな挫折や失敗を許容しましょう」

カシュダン博士は心理的柔軟性の研究でつとに有名で、スーパーベター・メソッドのサポーターでもある。先日、悪者に押しつぶされそうだと感じているスーパーベター・プレイヤーに何かアドバイスはないかと博士に訊いてみた。「今この瞬間に悪者に負けることが問題なのではありません。難しい状況に直面したら、長い目で見ることです。この瞬間は負けたとしても、三回連続で負けたとしても、悪者から逃げ出したとしても、問題にはなりません。二、三週間という長いスパンで見て、ストレスの溜まる物事に向き合い、ストレスや不快感を少なくしようと努めること……それこそがほんとうの心理的柔軟性です」

悪者と戦うにあたって、最後のアドバイスをいくつか記しておく。

一日に最低一回は戦う。ゆっくり時間をかけて、一日に少なくとも一回、あなたの健康、幸福、レジリエンスにとって邪魔になるかもしれない思考、感情、習慣、交流を探す。今日まだひとりも悪者を見つけていないとしたら、世界チャンピオン級にスーパーベターになりつつあるか、あまり注意を払っていないか、そのどちらかだ（おそらく後者だろう）。

戦いのあとは必ずパワーアップアイテムを使う。悪者との戦いで成功を収めたにしろ、敗北感を味わったにしろ、必ずひとつ以上のパワーアップアイテムを使い、エネルギーを補充する。パワーアップアイテムを使うとポジティブな感情を引き出せるようになり、将来の戦いが楽になる。

戦いの記録をつける。これまでにどんな戦略を試し、どれがうまくいっただろうか？　悪者はいつ、どこに現われることが多いだろうか？　日記でも表計算シートでもいいから、自分が使いやすいものに記録をつける。スーパーベター・プレイヤーのリンダ（チャレンジはストレスと上手につき合えるようになること）は、こんなクリエイティブなアイディアを提供してくれた。「忘れないように、冷蔵庫に悪者の名前を書いた付箋を貼っておきます。負けたらそこに×を、勝ったら○を書きます。×と○の数を比べることで、勝ち負けの記録をひと目で確認できます。×があまりに多いようだと、戦略を立て直す必要があるということです」

しつこい悪者とは友人になる。ある種の痛み、不安、ストレスは、完全に消し去ることはできないかもしれない。もし悪者がどこにも去ろうとしなかったら、試行錯誤を続けて、その悪者の作用について理解を深めよう。スーパーベター・プレイヤーのケルの最大の悪者は〝先延ばし〟だった。彼はこう言っている。「悪者に三〇回負けたとしても、三〇日連続で負けたとしても、それでも勝利だ。なぜかって？　何度も立ちあがって戦っているからだ。その悪者がどんな姿形をしていても、どんな変装をしていても見抜けるようになった。それってもうヒーローだよ」

獲得したスキル：悪者を見つけ、戦う方法

- ネガティブな思考、感情、経験を抑圧しない。自分がもっと強くなり、目標を達成するために必要なものとして、それらを受け入れる。
- 新しい悪者を見つけたら、あらゆる戦い方を検討する。回避、抵抗、適応、懐疑、転向の戦略を使う。
- さまざまな戦略を試す。食わず嫌いをせず、思いつくかぎりのあらゆる戦術を試すこと。うまくいかなかったとしても自分を責めず、その試みから教訓を学び、再挑戦する。または別の戦略に切り替える。
- クエスト22の七つの設問を使い、心理的柔軟性を測定する。このリストに定期的に目を通し、悪者と対峙したときにどうすれば勇敢でいられるかを思い出す。
- 悪者が現われない日はない。強く、幸せに、健康になろうと思ったら、何かをするのに都合のいい日や完璧な日が来るのを待っていてはいけない。その日どれだけ多くの障害に遭遇しようと、行動しつづけ、目標に向かってたゆまず前進する。

第八章　クエスト

ゲームフルに生きるためのルールその4

クエストを探し、達成する。日々のシンプルな行動を積み重ねることで、より大きな目標に近づく。

英雄の旅には数々のクエストがつきものだ。それが文学だろうと神話だろうと、スポーツ映画だろうとビデオゲームだろうと。ギリシャの大英雄オデュッセウスから中国の女戦士ムーラン、負け犬ボクサーのロッキー・バルボア、『ハンガー・ゲーム』のカットニス・エバディーンにいたるまで、英雄たる者は無数の小さな功績をあげ、任務を進んで達成しなければならない。あらゆる功績が英雄を少しずつ賢く、強く、勇敢にしていく——待ち受ける、より大きな困難に向けて。

スーパーベター・メソッドにおける〝クエスト〟は、あなたのやることリストに追加するだけのものではない。それは、より大きな探求をするにあたって意味を持つ、目的ある行動だ。あなたが求めているのは健康、良好な人間関係、いい仕事、家族にとってのいい生活かもしれない。あるいは、次の大きな冒険を求めているだけかもしれない。望みがなんであれ、毎日の生活の中でクエストを達成していくごとに、求めるものに一歩ずつ近づいていける。

あなたはすでにいくつものクエストに取り組んできた。そのいずれも、あなた自身が英雄的な旅をするにあたって、新たな強さと能力を具えられるようデザインされたものだ。さて、ここでクエストをいくつか与えよう。読み進めるまえに、少なくともひとつはクリアすること。

クエスト25：マッスルアップ

なんらかの衝動に抗いたい、難しいことをやる決心を固めたいというような場合には、このクエストですぐにメンタルのレジリエンスを向上させよう。

〈やるべきこと〉五秒間、ひとつ以上の筋肉にできるだけ力を入れる。手、二頭筋、腹筋、お尻、ふくらはぎ、どの筋肉でもいい。力を入れれば入れるほど、メンタルの強さを引き出すことができる。

〈仕組み〉この強力な心と体のつながりの裏では〝認知の具現化〟と呼ばれる現象が働いている。脳は体からの信号を監視している。体が強いと脳も強くなり、勇気を奮い起こしたり、決心を固くしたりできるようになる。[*1]

このクエストが気に入ったら、さっそく悪者との戦いに使ってみよう。どんな戦闘プランに追加しても役立つはずだ。

クエスト26：夢でも見てな！

これはつながりのレジリエンスを――その気があれば――簡単に向上させるクエストだ。誰かにあなたが昨晩見た夢の話をしよう。

〈やるべきこと〉ただこう言えばいい。「昨日おもしろい夢を見たの！」夢の内容をごく手短に伝え、それから尋ねる。「どんな意味があると思う？」

〈仕組み〉夢の内容を共有し、話し合うと、ふたりのあいだの信頼関係、親密さが向上する。夢が奇妙で強烈であればあるほど、この恩恵は大きくなる。*2

最近見た夢の内容を覚えていなかったり、あまりに恥ずかしい、個人的な内容だったりする場合は、繰り返し見る夢や記憶に残っている昔の夢について話そう。

クエスト27：六〇秒間、鼻歌を歌う

体のレジリエンスを高めたいのなら、**六〇秒間、鼻歌を歌おう。**どんな歌でもいい。

〈仕組み〉鼻歌を歌うと、鼻腔内の一酸化窒素濃度が上昇する。一酸化窒素濃度が高いと、鼻腔内の炎症が抑えられ、頭痛、アレルギー、風邪、喘息の発作、感染症を発症しにくくなる。*3

『ヤンキー・ドゥードル』『夢やぶれて』など、鼻歌にしやすい歌を吟味すると、六〇秒続けるのが簡単になる。丸一分が経過するまで続けること。

クエスト28：ラッキーアイテム

あなたが占いを信じるかどうかはともかく、**幸運のお守りをひとつ**選ぼう。幸運の靴下、幸運のコイン、幸運のペン、幸運のリップスティック、なんでもかまわない。お守りを選んだら、できるだけはっきりそれをイメージする。すぐにそれを取りに行けて、握っていられるものだとなおよい。

何を選んだにしろ、そのお守りが幸運をもたらしてくれると心から信じれば、ほんとうにあなたを成功に導いてくれるかもしれない。というのも、幸運のお守りはあなたのメンタルを強くし、意志を固くし、意欲的にしてくれるからだ。

〈仕組み〉科学的研究によると、幸運のお守りを信じることで自己効力感――「わたしにはできる」という感覚（詳細は第三章を参照）――が増す。自己効力感は強力な精神状態なので、成功の確率が実際にあがる。自己効力感が高いと目標設定も高くなり、難しい事態に陥っても踏ん張りがきくようになる。だから、お守りの力を心の底から信じること！[*4]

〈ヒント〉このクエストの裏側にある科学について、あまり考えすぎないこと。研究によると、「この力のほんとうの源は自分自身であって、魔法のお守りではない」と思い出せば思い出すほど、効力が小さくなる。ツキを信じているなら、それをうまく生かそう。

◀▶

どうしてわざわざこんなに単純なクエストをやらなければならないのだろうか？　それは新しい有用なスキルを身につけ、あなたの英雄的な意志力を、消耗させることなくほぐすことができるからだ。

意志力というのは筋肉のようなもので、鍛えれば鍛えるほど強くなる――極度に消耗しないかぎりは。[*5] 一日を通して、目的ある行動をすることで、モチベーションがあがり、自分にはあれもこれもできるという感覚になれる。

大きな変化を経験したいときや、慢性のストレス、病気、ショッキングな出来事と向き合うときには、意志力のしなやかさがものを言う。何かをやろうと決心し、それをやりとげれば、そのたびに、自分には行動、思考、感情をコントロールする力があると思い出せる。

困難に際しても、自分の目標や価値観に従って、日々小さな一歩を踏み出すこと――研究者はこれを〝コミットする行動〟と呼んでいる。[*6]

クエストをこなしていくことで、たとえあなたが疲れていていても、病気でも、忙しくても、気分がふさいでいても、自分にとって重要で、自分の大きな力となるものに時間と労力を注げるようになる。スーパーベターの研究によると、一日にひとつのクエストをクリアするだけで、幸福度、健康度、勇敢さに大きな変化が現われる。そして、意志力の筋肉が鍛えられ、充足感、目的意識が高まるにつれ、より大きなクエストに挑めるようになる。

では、クエストはどうやって選べばいいのだろうか？　クエストのデザインはビデオゲームデザイナーが日頃から学び、実践しているスキルだ。クエストは成功がほぼまちがいなく保証されるように、適切なタイミングで適切な場所に用意する必要がある。それに何より、おもしろくなければならない。最高のクエストはあなたの好奇心と冒険心をくすぐってくれる。ビデオゲームのようにおもしろく、簡単に実行できる実生活のクエストをデザインする方法を紹介しよう。

よいクエストというのは、どんな困難なときであってもモチベーションを刺激し、希望を育んでくれるものだ。わたしも身に覚えがある。

脳震盪からスーパーベターになろうとしていたとき、ふだんの目標はどこかに飛んでいってしまった。仕事。運動。娯楽。そんなものはどうでもよかった。わたしの認知機能は完全に眠っていて、脳を刺激することは何もできなかった。読み書きもメールも仕事もパソコンも駄目。ひどい頭痛のせいで、テレビを観たり、ゲームをしたり、誰かと話をしたりすることもできなかった。少しでも体を動かすとめまいや吐き気がする。寝たきりだから、気晴らしも、意味のあることも、まわりの世界とつながることもできない。どうすればいい一日を過ごせるのか、何ひとつ思い浮かばなかった。もっと悪いことに、脳震盪後症候群の治療法は発見されておらず、薬もなければ回復するための運動も存在しなかった。「安静にして待つ」というのが唯一の処方箋で、わたしには文字どおり何もすることがなかった。

数週間が経っても、少しもよくならなかった。毎日毎日、目のまえに広がる無限の時間を恐れながら目を覚ました。退屈で孤独。あんな無力感を抱いたことはない。よくなりたいとどれだけ願っても、回復を早める方法を医師たちから教わることはできなかった。仕事ができず、夫が職を失ったばかりだったこともあって、ひどく不安だった。

すぐに絶望感がやってきた。毎日が苦痛、吐き気、ストレスの連続で、誰かに話したくなるようなポジティブな達成はひとつもなかった。来る日も来る日もベッドの上で何時間も丸くなり、夫に悟られないよう静かに涙を流した。彼を心配させたくなかったのだ。

憂鬱と自殺願望はますます強くなっていった。そんな一カ月が過ぎたとき、幸運なことに、ゲームデザイナーとしての本能が目覚めた。目的意識と生産性を感じられるようなことを毎日何かひとつやるべきだ。もしこれがゲームだったら、何もすることがなければ、求めるべき目標がなければ、それ以上進歩する余地がなければ、プレイヤーはゲームをやめてしまう。どれだけ自殺願望が強くなっても、心の奥底ではわかっていた。わたしはやめたくないのだと。たとえベッドから出られないとしても、パソコンを使えないとしても、何かやるべきことを、なんでもいいから見つけられるはずだ。わたしにはその日一日に勝利できるものが、つまりクエストが必要だった。

当時、わたしの思考は脳外傷のせいでとてもぼんやりしていたし、感情的にも打ちのめされていたから、クエストを考えるには人の助けを借りなければならなかった。そこで双子の姉ケリーに頼み、一日一回わたしに電話をして、その後の二四時間以内にやるべきクエストを与えてほしいと頼んだ。

彼女がくれた最初のクエストはこんなものだった。「あなたのベッドがあるのは窓際よね？　少しのあいだ、窓から外を眺めてみて。何かおもしろいものが見えたら、明日わたしに教えて。少なくともひとつは報告できるようによく探してね」〝窓の外を見ること〟は、ベッドの上でできることだし、それほど頭を使う必要もない。それに、明確な目標がある。〝何かおもしろいものが見つかるまで、窓の外を眺めつづける〟

その日わたしが見たものをここで教えられたらよかったのだが、正直言って思い出せない。脳震盪後の最初の数カ月の記憶はあやふやになっているからだ。その日のことでよく覚えているのは、自分には目的があると感じたことだ。わたしは窓から世界を眺め、クエストをクリアしたことを姉に伝えたくてうずうずしていた。報告したとき、ものすごく気分がよかった。誰かに何かをするように言われ、それを実行する。実に達成感があった。

確かに、窓から外を眺めるのは注目に値するような偉業とは言えないかもしれない。それでも、わたしにとっては信じられないぐらい意味のあることだった。何かをやろうと決めて、それに成功したのはずいぶん久しぶりのことだったから。姉のことはとても尊敬しているし、愛している。だからどんなに小さなタスクであっても、姉との約束を果たせたのがうれしかった。

当時は知るよしもなかったのだが、わたしがその日感じていたのは〝コミットする行動〟の恩恵だった。もう少し正確に言えば、三つの恩恵だった。〝コミットする行動〟についてはすでに述べたが、これはどんな障害が立ちはだかっていようと、自分にとって一番重要な目標や価値観にとってプラスになることを、毎日少なくともひとつ実行することだ。研究によると、コミットする行動に成功するたび、希望、楽観、自己効力感という三つの恩恵が育まれる。[7]

希望、楽観、自己効力感はどれも同じ強みに思えるかもしれないが、重要な意味でちがいがある。

希望は良好な結果になることがありえると思うときに感じる気持ちだ。良好な結果というのは、あなたが感じたいと思っているポジティブな感情かもしれないし、目標の達成、望ましい変化、タスクの完了、まわりの人にもたらしたい恩恵かもしれない。もしなんらかの良好な結果を想像できるなら、それがどんなに可能性の低いことであったとしても、あなたは希望を持っていることになる。想像できる良好な結果の数が多ければ多いほど、希望もまた大きくなる。

楽観は良好な結果になることがありえるだけでなく、その可能性が高いと思うときに感じる気持ちだ。結果として、あなたは自らもっと高い目標を設定し、それを達成するためにいっそう努力するようになる。また、〝新しいことへの挑戦〟と〝他者のアドバイス〟というふたつの要素に対して、もっとオープンになる（このふたつの要素は大きな成功への鍵になることが多い）。もちろん楽観的になりすぎてしまうこともありえる。むやみに楽観的になれば、実りのない追求に力を注いでしまうかもしれないし、気が緩んでネガティブな結果を招いてしまうかもしれない。しかし総じて、楽観はモチベーションの貴重な源だ。楽観的になりすぎることのマイナス面は、成功する確率が高いシンプルな行動だけに時間とエネルギーを費やすことによって、簡単に回避できる。

自己効力感はモチベーションの謎を解く最後のピース、「わたしにはできる！」という感覚だ。自己効力感が高いと、良好な結果がありえると感じるだけでなく、良好な結果になるかどうかは自分がコントロールできると感じる。つまり、問題に対処し、目標を達成するだけのスキルや能力を持っている状態だ。

希望、楽観、自己効力感、この三つがすべて合わさると、無限に湧き出るモチベーションと意志力の秘密の源になる。研究者たちはこの三つの強さを、〝資質とコントロール能力に対する信念〟と呼んでいる。*8 人生にポジティブな感情、経験、結果をもたらすにあたって、あなたは自分にどれほどの資質があると感じているだろうか？　自分の健康、幸福、成功に対して、どれほどのコントロール能力があると感じているだろうか？　資質とコントロール能力があると感じる気持ちが強いほど、自分にとって大きな意味のあることができる。だからこそ希望、楽観、自己効力感を育むことが非常に重要なのだ。そして、クエストはそれらを育むのにうってつけの方法だ。

クエストをデザインすることは、良好な結果を積極的に想像することだ。クエストに取りかかるまえから、クエストについて考えるだけで、すでに希望が育まれている。クエストというのは結局のところ、良好な結果を得るためにできる特定の行動の一覧だからだ。心理学的には、この種の行動は〝前進するための道〟と呼ばれている。[*9]前進するための道をたくさん思いつけば、それだけ多くの希望を抱くことができる。

クエストを受けたり、自分でデザインしたりするたびに、前進できる道が増えていく。だから頭をひねって、たくさんクエストを考えよう。やってみたいクエストをリストに書き出すだけで大きな希望が芽生える（一般的なRPGで同時に複数のクエストを受けられるようになっているのも、この理由からだ。プレイヤーが取り組めるクエストのリスト――クエストログ――には、進むべき道が一度に一〇以上も記載されることがある。それだけの選択肢があれば、プレイヤーはゲームを進められるという希望を失わずに済む）。

クエストをクリアすることは、成功を経験することだ。クエストを達成していくと、どんどん楽観的になれる。なぜなら、良好な結果を経験する頻度を高めることは、前向きな気持ちを育む最も効果的な方法だからだ。[*10]

研究によれば、成功はその規模よりも頻度のほうが重要だ。だからクエストが小さくても簡単でも関係ない。いやむしろ、成功の可能性が高くなるから、小さくて簡単なほうがいい。成功を収めるたびに、あなたは将来の成功を期待するようになる（だからゲーム開発者は、さくさくと進められるようにゲーム序盤をデザインする。序盤でプレイヤーに勝利の喜びをたくさん味わわせることで、将来のチャレンジのために感情のレジリエンスを養っているのだ）。

クエストはあなたを改善してくれる。 連続クエスト、つまり、お互いに関連し合い、求められる努力、スキル、創造力が徐々にあがっていく複数のクエストにより、時間とともにあなたは目に見えて改善されていく。有益な能力を身につけ、重要な情報を学び、戦略の幅が広がる。[*11] クエストを達成するたびに、あなたは具体的な、明確な意味で改善されていく。そして、自分の健康、幸福、未来にポジティブな影響を与える自らの力に対する自信を深めていく。

新しいスキルを覚え、自信が深まれば、将来もっと手強いクエストにも挑戦できるようになる。これにより、ポジティブな成功の上昇スパイラルが生まれる（ゲームデザイナーはまったく同じ手法でプレイヤーのスキルを伸ばし、ゲーム世界でのチャレンジをどんどん手強くしていく。プレイヤーは自分が強くなり、腕前があがっていると実感したいものだ。だからクエストは先に進むにつれて難しくなっていく。が、そんな意欲的な目標を達成させる下準備として、まずはそれに必要なスキルと能力を鍛えるクエストをプレイヤーに課さなければならない）。

脳震盪から回復するための最初のクエストをクリアした瞬間から、わたし自身もこの上昇スパイラルを経験するようになった。その後の数日、数週間、夫と姉とわたしはありとあらゆるクリエイティブなクエストを考案した。どのクエストをクリアしても、希望、楽観、自己効力感が育まれた。ある日、わたしはベッドに横になったまま、サインペンで腕、お腹、両脚にタトゥーを描いた。このクエストは夫が提案したものだ。〝きみの強さを証明するタトゥーを入れるとしたら、どんなもの？〟（わたしは左腿の上部に「痛みは避けられない」と書き、右腿の上部に「でも苦しみは自分次第」と書いた）。別のある日のクエストは〝脳が完治しなくてもできる仕事のリストをつくる〟というものだった。これは自分で考えたクエストだ。もしかしたら、研究、執筆、ゲームデザイン、講演といった仕事はもう二度とできないかもしれない。そんな恐怖に向き合うための一番の方法は、そうなるかもしれないという現実を受け入れ、それでも幸せに生きる道を模索することだった。その日は寝転がったまま、脳が少しも回復しなかったとしても最良の結果を出すにはどうすればいいだろうかと考えつづけた。自分で気に入ったアイディアはふたつあった。犬の散歩代行と、みんなのためにクッキーやカップケーキを焼くことだ（ゲームを別にすれば、わたしは犬と焼き菓子をこの上なく愛している）。

数週間後、自分の足で少しはましに立てるようになったときに挑戦したクエストは、それまで一番満足できるものだった。焼き菓子職人の道も悪くないというアイディアに着想を得て、チョコチップクッキーを焼くことにしたのだ。といっても、一からつくるのではなく、スーパーで売っていたクッキー生地を使ったのだが。まだレシピ通りにつくるような元気はなかった（情けない話かもしれないが、そのときのわたしには、忙《せわ》しなくキッチンを動きまわり、天板に油を引いたり、生地を切ったりするだけでもすばらしいことのように思えた）。そもそも、食べるのはわたしじゃないし！　クッキーを焼くというのは、アパートメントを離れ、誰かのところに出かけるための口実だった。わたしはほとんど誰とも会わず、誰とも話していなかった。寝たきりになっていたことと、〝メール禁止〟ルールと、会話をするのが難しかったことが原因だ。わたしが話したい相手、会いたい相手は誰だろうと思案して出した結論は、自分でも意外だったのだが、コーヒーショップのバリスタたちだった。元気だった頃は自宅の近所にあるそのコーヒーショップで、コーヒーを毎日二杯買っていた。そこで、焼きたてのクッキーを彼らのもとに届けることをクエストにした。
プレートにのせたクッキーを届けたときの彼らの驚きよう、喜びようは一生忘れないだろう。おかげでそれから一週間、すばらしい気分で過ごせた。頭がくらくらしていても、気分がふさいでいても、不安を感じていても、わたしはまだ誰かを幸せにできる。そう思うと胸がいっぱいになった。取るに足りないことだとしても、わたしにはまだこの世界でいいことをするだけの力があったのだ。

最終的には、この希望と楽観のおかげで〝脳震盪キラー〟ゲームをほかの人たちと共有しようという気になった。まずは動画で（まだ字を書くことはできなかった）、それからのちにはブログで。あなたも知ってのとおり、それにフィードバックを受けて改良を重ねたものがスーパーベターになった。クッキーを焼くというシンプルなクエストが、わたしの生涯で一番意義のある仕事への道を拓いたというのは、ちょっと信じられない気がする。でもそれが実際に起きたことだ。

体、メンタル、感情が最悪の状態でクエストをクリアしていったことで、わたしは重要な教訓を学んだ。今後自分の身に何が起きようと、自分の手で選び、意味があると感じられるシンプルなことをひとつ、毎日やるだけの力は必ずある、ということだ。

あなたにもその力がある。そして、その力はクエストをクリアするたびに鍛えられていく。ほんとうにちっぽけな意味しかない行動であっても、ひとつずつ着実に積み重ねていけば、自分の夢に忠実な、後悔とは無縁の人生に一歩ずつ近づける。

・・・

今のところ、あなたはわたしがデザインしたクエストをクリアしている。しかし、あなたが自分でつくったクエストが、あなたにとって一番重要なクエストになるだろう。

クエストをデザインするにあたり、ゲームデザインの世界にヒントを探してみよう。

ゲームにおいて、クエストにモチベーションを与えるのはヒーローの価値観だ。世界を救いたい、罪のない人々を守りたい、冒険に満ちた人生を送りたいなど、ヒーローは常に自分が心の底から抱いている価値観に従って行動する。あなたのクエスト（日々のコミットする行動）もまた、あなたの一番大切な価値観に従っていなければならない。

では、価値観とはなんだろうか？　それは人生に目的と意味を与えるあり方だ。あなたが示したい強さであり、守りたい美徳であり、表現したい素質であり、自分以上の何かに仕える生き方だ。

いくつか例を挙げてみる。

- 生涯、学習を続ける
- 最高の親になる
- 肉体の限界に挑戦しつづけ、他者を刺激する存在になる
- 愛と思いやりを持った人間、誰かのよき友になる
- 自然とつながり、自然を敬う
- 人生は短いのだから、それを享受し、退屈とは無縁に生きる

• 神に忠実に仕え、行動を通して他者に手本を示す
• 世界じゅうを探検して、多くの異文化を理解する
• お金にはならなくても、意味のある仕事をする

見てわかるとおり、価値観と目標はちがう。価値観というのは資格、昇進、五キロ分の筋肉、情熱的なパートナー、病気の治療のように、手に入れたり、達成したりできるものではない。価値観とは、あなたがどう生きたいかを表現する言葉であり、毎日の生活に持ち込める目的だ。学習すること、愛すること、クリエイティブになること、恐怖を克服すること、他者を助けること、あるいは自分にとって大切なことがなんであれ、それをしたいとほかの何にもまして心の底から思うようなことだ。

目標は変化するが、価値観はずっとあなたとともにある。

自分にとって一番大切な価値観を表現することは、無限のモチベーション、活力、意志力を解放するための鍵だ。研究によれば、価値観にもとづいて行動すると、それ以外の場合ではなしえないような偉業を達成することがはるかに容易になる。退屈、ストレス、消耗、自己疑念は言うにおよばず、憂鬱、悲しみ、不安、依存症、苦難、痛みの中にあってさえ、価値観はモチベーションと活力を与えてくれる。[*12]

あなたが自分の価値観をすぐに見つけられるとしたら、それはすばらしいことだ。が、大多数の人にとっては、クリエイティブなエクササイズをしてみるのも悪くないだろう。次の三つのクエストに挑戦して、自分の価値観を見つけよう。

三つのうち、少なくとも ひとつはクリアすることをお勧めする。今すぐやってみよう。

〈ヒント〉 以下の三つのクエストには想像力が求められる。どんなに荒唐無稽に思えても、深く考えずに進めること。

クエスト29：自分を見きわめる

心理学的には、人が最も重きを置く人生の領域は一二個に分類される。[*13] 次のリストを見て、今この瞬間のあなたにとって最も重要度の高い領域を三つ選ぶこと。

〈やるべきこと〉 想像してみよう。ほかの人とちがって、あなたには一日が二七時間あるとする。余った三時間を、以下の一二の領域のどれに使おう？

- 結婚、情熱的なパートナー関係、親密な関係
- 子育て
- 家族（子育て、情熱的なパートナー関係以外で）
- 友人、社会生活
- 仕事、キャリア
- 教育、訓練、学習
- 娯楽、楽しみ
- スピリチュアル、宗教

・地域生活（クラブ、組織、活動、ボランティア）
・体のケア（ダイエット、運動、睡眠）
・環境、地球を大切にする
・美（アート、音楽、執筆、読書、メディア、美容）

自分にとって重要度の高い人生の領域を三つ選んだら、最初の三つの価値観を特定できる。

〈やるべきこと〉選択した三つの領域を当てはめて、次の文言を完成させる。

わたしは毎日、○○に時間と労力を費やす人間になりたい。

1.
2.
3.

たとえば、「わたしは毎日、家族（スピリチュアル、楽しみなど）に時間と労力を費やす人間になりたい」というふうに書く。

自分にとって重要度が高い人生の領域を明らかにすることで、どんなクエストをデザインすればいいかわかるようになる。

ラス・ハリス医学博士は開業医であり、〝アクセプタンス&コミットメント〟セラピー（ACT）の先駆者だ。コミットする行動をとるにはどうすればいいか、というのがこのセラピーの主眼で、その人の価値観について尋ねる際、博士はよく〝読心装置〟という**SFのシナリオについて考えさせる**。[*14] このシナリオのスーパーベター版をやってみよう。

クエスト30：読心装置

〈やるべきこと〉今から二〇年後の世界を想像する。見知らぬ女性があなたに近づいてくる。その手には驚異の新テクノロジー、読心装置がある。彼女は装置をあなたの頭につけながら言う。「この装置があれば、今この瞬間にあなたのことを考えている人の心が読めます。その人たちの思考がすべて声になって聞こえるんです」

誰かのプライベートな考えなんてほんとうに知りたいだろうか？　でももう手遅れだ。装置のスイッチが入れられ、彼女はダイヤルをまわしはじめる。すぐに彼女の言葉どおりのことが起きる。今この瞬間、誰かがあなたのことを考えている。ハリス博士が言うところの「あなたは何を象徴しているか、強みは何か、その人にとって、あなたはどんな人か」ということを。聞こえてきた声が信じられないぐらいポジティブな内容だったので、あなたはほっとする。そしてこう考える。この声は、わたしという人間を完璧に表現している、と。

〈注意〉これは今から二〇年後の話で、あなたは自分の夢を叶え、一番大切な価値観に従って生きている。それを念頭に置いて、どんな声を聞いたか答えること。

〈ヒント〉もし読心装置でほかの人の声を聞きたいなら、そうしてもかまわない。そうすれば、自分のいろいろな側面を知ることができるだろう。

クエスト31：もうひとつの世界

このクエストは今現在、難しい個人的チャレンジに挑んでいる人にとくに有効だ。

〈やるべきこと〉別の世界で目覚めたばかりの自分を想像しよう。その世界にあるものは、すべてこの世界にあるものと同じだが、たったひとつ例外がある。そこはあなたが最近心配していた問題がすべて解決された世界なのだ。

もうひとつの世界にはストレス、痛み、憂鬱、不安、悲しみ、自己疑念、困難といったものが存在しない。かつてあなたを悩ませていたネガティブな思考、感情、心配事は跡形もなく消えている。

もうひとつの世界で、あなたは今日何をするだろう？　今後二四時間をどう使うだろう？　これまでおろそかにしてきて、今ようやく時間と注意を注げるようになった大切な人生の領域は？　どんな夢を追求するだろう？　少なくとも一分かけて、**もうひとつの世界で何をするか、予定を立てる。**具体的であればあるほどよい。

〈いいニュース〉わざわざもうひとつの世界に逃避しなくても、今ここで想像したことは全部、クエストをこなしていくことですぐにできるようになる。コミットする行動をとることを学べば、たとえ苦境やストレスに直面していても、自分がなりたい人間になれる。

あなたはすでに自分の価値観を特定した。それに従って生きるシンプルな方法を見つけよう。

ハリス博士はこう表現する。「価値観は今ここにあります。それに従って生きるか、おろそかにするか、あなたは今この場で選ぶことができます。何年、何十年と大切な価値観に見向きもしてこなかったとしても、今この瞬間、それに従って生きることはできるのです[15]」

さあ、自分の価値観に従って行動しよう。あなたの最初のクエストをデザインする時が来た。

・・・

ゲームデザイナーがクエストをデザインするときに留意するポイントをいくつか挙げておこう。

- このクエストをクリアするために何をしなければならないか、プレイヤーはちゃんと理解できるだろうか？　言い換えれば、このクエストはきわめて明確で具体的だろうか？
- 現時点でのスキル、使えるリソース、仲間という観点から見て、プレイヤーはこのクエストを達成できると思うだろうか？　言い換えれば、現実的に思えるだろうか？
- プレイヤーはこのクエストで力を得たと感じられるだろうか？　プレイヤーに求められる行動は本質的におもしろいものだろうか？　チャレンジングな、またはクリエイティブな要素があるだろうか？　言い換えれば、楽しいと思えるだろうか？
- プレイヤーはこのクエストから大事なことを学べるだろうか？　あるいは、重要なスキルを学べるだろうか？　それがうまくいけば、あとでもっとおもしろく、意欲的なクエストを課すことができる。言い換えれば、このクエストには適応性があるだろうか？
- このクエストはヒーローのもっと大きな目的に、またはヒーローの旅路にふさわしいだろうか？　言い換えれば、このクエストには意味があるだろうか？

プレイヤーがゲームを進めるために必要な希望、楽観、自己効力感を持てるように、ゲームデザイナーたる者はこれらの質問につねに〝イエス〟と答えられなければならない。また、よいクエストデザインには、心理学者たちが言うところの〝採用すると非常に有益な日常生活の目標〟と共通するものがたくさんある。

『よくわかるＡＣＴ（アクセプタンス＆コミットメント・セラピー）明日からつかえるＡＣＴ入

門』の中で、ハリス博士はSMARTという頭字語を使っている。これはコミットする行動の重要な五つの指針、具体的（Specific）、意味がある（Meaningful）、適応性がある（Adaptive）、現実的（Realistic）、期限つき（Time-framed）の頭文字を取ったものだ。[*16] 〝具体的〟というのは、自分がとろうとしている行動がどんなものか（いつ、どこで、誰が、あるいは何が関わるのか）はっきりとわかっているということだ。〝意味がある〟というのは、その行動があなたの大切な価値観に従っているということだ。〝適応性がある〟というのは、その目標を達成することで、もっと幸せな、健康な、勇敢な、意味のある方向に進めると、心の底から宣言できるということだ（たとえほんのわずかしか進めないとしても、ポジティブな一歩であることに変わりはない）。〝現実的〟というのは、その行動をするのに必要なスキル、リソース、強さをあなたがすでに持っているということだ。つまり、今すぐ行動するにあたり、なんらかの問題を解決したり、健康、気分、人間関係、経済状況を改善したりする必要はないという意味だ。最後の〝期限つき〟というのは、特定の日（特定の日時だともっとよい）に、そのポジティブな行動をすると決めることだ。

見てわかるとおり、SMARTとすぐれたゲームのクエストとのちがいは、ゲームのクエストは楽しくなければならないということだけだ（次のクエストをクリアしたら、楽しいクエストをつくる方法を説明しよう）。

クエスト32：自分のクエストをデザインする

　これまであなたは本書を読むだけで、三一のクエストをクリアしてきた。しかし、一番重要なクエストは自分でデザインしたクエストだ。あなたが人生で一番重きを置いているものがなんなのか、それを知っているのはあなたしかいないのだから。自分自身のクエストをデザインするスキルを今ここで練習しておこう。

〈やるべきこと〉クエスト29で選択した価値観の中からひとつを選ぶ。価値観は人生に意味と目的を与えてくれる原則であり、あなたがどんな人間になりたいと心の底から思っているかを表わしている。

　価値観を選んだら、次の質問に簡潔に答えてほしい。今から二四時間以内に実行できて、あなたがその価値観に従って生きるチャンスを与えてくれる、一番小さく、簡単で、シンプルな行動はなんだろうか?

　自分がやらない口実をつくれないように、とても簡単で些細なことにするといい。シンプルであればあるほど望ましい。実行するのに五分、またはたったの一分しかかからないようなことであれば完璧だ。

〈例〉ほかのスーパーベター・プレイヤーたちの回答例を紹介しておこう。

価値観：どれだけ家族を愛し、大切に思っているかをつねに示す。

クエスト：娘の枕の下に、愛情を伝えるメモを忍ばせる。

価値観：生涯、学習を続ける。

クエスト：何かおもしろいことを教えてくれるリンク、記事、動画をシェアしてほしいとフェイスブックに投稿する。

価値観：信仰に忠実に生き、神を敬う。

クエスト：一分間祈る。

価値観：世界をよりよい場所にするために、自分にできることをする。信じる理想のために働く。

クエスト：ネット上で一ドル寄付する（二〇ドルにすべきだろうかとも考えた。そのほうが意味があるから。でも正直言って、二〇ドルあればいろんなことができるから、躊躇するかもしれない。一ドルならできるとわかっていたから、これをクエストにした）。

価値観：いいアスリートになり、つねに肉体の限界に挑戦する。

クエスト：いつもの五マイルのランの代わりに、明日は一マイル、できるだけ速く走る。*

〈ヒント〉最初のクエストは、あなたがすでに日常的におこなっていることや、過去に経験のあることでもかまわない。今はそれほどクリエイティブにならなくてもいい。あなたの価値観をちゃんと反映した行動であれば文句なしだ。どのみちやることであっても、それをクエストと定義することで、ポジティブな行動に対して自覚的になり、自分の夢に忠実な、目的に満ちた人生を送るきっかけになる。

今デザインしたクエストを二四時間以内にクリアするのを忘れないように！

＊　あなたにとってはシンプルで簡単なことでも、ほかの誰かにとってはチャレンジングなことかもしれないし、その逆もありえる。あなたにとっては〝できるだけ速く一マイル歩く〟または〝できるだけ速く一ブロック歩く〟のほうがしっくりくるかもしれない。よいクエストをデザインするコツは、あなたがすでに持っている強さ、スキル、リソースがなんであれ、それらを使ってクリアできると感じられ、楽観できるようなものにすることだ。なんといっても、クエストの秘訣は成功できる状況を自らつくり出すことにあるのだから。

ＳＭＡＲＴと呼ぶかクエストと呼ぶかはともかく、シンプルでゲームフルな目標を活用すれば、自分にとって重要な物事に時間と労力を注げるようになる。こうした目標は荒唐無稽な夢でもなければ、絵に描いた餅でもなく、よりよい人生に向けたシンプルな足がかりだ。

しかし、ゲームフルな人生には途方もない夢や大きな野望といったものも登場する。それがエピックウィンだ。詳しくは第一一章で述べるが、ほんとうに英雄的な目標であるエピックウィンを目指すには、まずは洗練されたクエストを着実にこなしていく必要がある。でないと、あなたの取り組みは無駄骨に終わってしまうだろう。洗練された目標であるクエストは、あなたがよりよい人生に向かって日々進んでいくことを約束してくれる。エピックウィンは未来のことであり、あなたが今日やるべきはクエストだ。

スーパーベターの物語：クリエイティブなガン戦士フィリップ

三一歳のフィリップ・ジェフリーがスーパーベターの旅を始めたとき、悪性の多発性骨髄腫（治療不可能な珍しい白血病）を患ってからすでに六年が経っていた。その時点で、医師が宣告した余命を四年過ぎていた。フィリップのガンは進行が早く、もって二、三年と言われていたのだ。

「病名を告げられたとき、多発性骨髄腫というのがなんだかわかりませんでした。医師には手術でどうにかなるものではないと言われました。骨髄腫は体の中ではなく、骨の中にあるからです。ショックでしたよ。この年齢でガンだなんて、家のキッチンに宇宙ゴミが衝突するぐらいの確率に思えましたから」

それから六年、フィリップは幾度にもわたる化学治療を経験した。彼はこう振り返る。

「孤独で、チャレンジングで、消耗するものでした」治療を始めて三年後、どん底を経験する。薬の副作用で緑内障を発症し、ほとんど失明してしまったのだ。目が見えなくなるのは誰にとってもショッキングなことだが、写真に情熱を注いできたフィリップにはなおのこと堪えた。

緑内障の進行を抑えようとしているうちに、視覚を司る脳の部位が卒中を起こすという痛手にも見舞われた。「不幸中の幸いで、卒中による損傷のほとんどは一時的なものでした。でも、この視力を考えると、今後もう車の運転はできないでしょう」

卒中のあと、彼は化学治療をやめた。「医者はガンそのものより化学治療のほうが私の命を縮めると考えたんです」フィリップはとくに有効な手だても見つからないまま、取り残されることになった。その後の二年半、危険な合併症を警戒して、化学治療は可能なかぎり控えられた。

二〇一二年四月、化学治療をやめてから一年が経っていた。ガンはゆっくりと着実に進行していた。体調はすぐれず、治療の選択肢はほとんど残されていなかったが、それでもフィリップは前向きに生き、世界と関われる方法を探した。そんなある日、スーパーベターを始めることにした。ガン患者フィリップからクリエイティブなガン戦士フィリップに変身した彼は、視力の問題で写真をやめることだけは絶対にしないと誓った。

スーパーベターの旅の始まりはシンプルなクエストだった。〝屋外でクリエイティブな自撮り写真を撮り、日付が変わるまえにネット上でシェアする〟というものだ。シンプルなほうがよかったので、同じクエストを九〇日連続でおこなうことにした。

「クリエイティブに時間を過ごしたかったんです」とフィリップは語る。「でも、自分をアパートメントから無理やり連れ出してくれるものが必要だった。ガンと一緒に暮らしていると、ベッドから出たくない日もあります。で、こんなふうに考える。『ノートパソコンがある。携帯電話もある。誰にも見つからずに引きこもって過ごせる。家の四方の壁に囲まれたまま、外の世界に知らん顔をして』

ガンの治療で消耗しきっていましたし、気分もふさいでいました。その原因の一端は、人生に対する不満と自分の見た目にありました。ガンのせいでずいぶん外見が変わって、卑屈になっていたんです。痩せ衰え、髪は抜け、そんな姿を誰にも見られたくなかった。もう一度世界と関われるきっかけが必要でした」

写真をオンラインでシェアすることは、彼にとっては写真を撮るのと同じぐらい重要なことだった。「自分に残された命はほかの人より少なかった。だから遺産のようなものを考えていたんです。ネット上に長いあいだ、二〇年も三〇年も残ってほしいと思いながら写真を撮りました」

写真クエストに挑戦していた九〇日間、フィリップはスーパーベターの体験談について、いくつもの記事をブログにアップし、動画を投稿した。彼の考察を引用しよう。

「最初に気づいたのは、クエストのおかげで毎日をポジティブな気持ちで終えられるようになったということだ。写真は全部、夕方のマジックアワーに撮っている。太陽が沈む直前の時間帯は、屋外の光の加減が最高なんだ。だから毎日、日が沈む時間帯に外出している。街を探索して、これまで気づかなかったおもしろいロケーションがないかどうか、いつも探しているよ。

満足のいく一枚が撮れるまで粘ってから家に帰る。それを日付が変わるまえにアップするんだ。写真を撮ることで達成感があるし、満足できる。写真をアップロードすれば、それだけで今日、何かをやったことになる。幸せな気分になるし、毎日目的意識と達成感を持てる。先のことは考えていない。グランド・ケイマン島での隠居暮らし、なんて幻想を抱いているわけじゃないけど、毎日自宅のベッドの上で目を覚まし、あまり疲れすぎてもなく、気分が悪すぎもせず、写真のクエストを進められることがうれしいんだ」

数週間が過ぎた頃、彼のクリエイティブな写真魂が新しい一連のクエストを生んだ。肉体のレジリエンスに重点を置いたクエストだ。「毎日自撮りしていたから、自分の見た目にもっと気を配るようになった。もっと強そうな感じで写りたいなと考えるようになったんだ。だから、ずいぶんご無沙汰だったけど、定期的にトレーニングをすることにした。多いときは週に五、六回。見た目もたくましくなってきた気がする。ガン患者、とくに多発性骨髄腫の患者は鍛えておくことが大事なんだ。骨を強くしておかないといけないからね。脚の骨がぼろぼろになれば、歩くのが困難になるし、骨が折れやすくなる。これまで脚のトレーニングをさぼってきたけど、写真のクエストが心と体の健康というまったく別の分野にも火をつけたんだ」

毎日のクエストを継続することで、この上昇スパイラルは続いた。数週間後、フィリップはこう報告した。「今学んでいることについて、日々自信を深めている。写真もうまくなったし、自撮りもうまくなった。カメラのこともよくわかるようになった。まえは全部の機能を使いこなしていたわけじゃなかったんだ。腕前があがってきて、とても気分がいい」こうした新しいスキルのおかげで、フィリップは自分にとっても意外な決断をすることになった。「初期のガン治療のあいだに断念せざるをえなかった写真の一大プロジェクトを再開することにした。それもこれも、自分がスーパーベターになってきたおかげだ。まさか再開することになるなんて、それに、写真にまたこんなに情熱を燃やすことになるなんて、思ってもみなかった。でもカメラを手にしていると、もう一度やろうって気になれる。大きなプロジェクトだ。終わらせるにはもう一年かかるだろう。九〇日が経とうとしている今、こうして自分がクリエイティブに、積極的に生きようと計画を立てていることにワクワクしている」

自分の目的意識と進歩に鼓舞され、フィリップは一日も休むことなく、九〇日連続で毎日写真を撮るというエピッククウィンをあっさりと達成した。九〇日目、彼は以下の感想をアップした。「すばらしい状態だ。もう気分がふさぐことはない。まえよりもエネルギッシュになり、写真の腕前もほんとうに上達した。スーパーベターのおかげで世界をもっとよく理解できるようになった。それに、世界を通して自分のことも理解できた。人生をもう一度やり直して、ポジティブに、健康に、毎日を全力で生きるために必要なのは、たったそれだけだったんだ」

フィリップはまだクリエイティブにガンと闘っている。九〇日の自撮りクエストを達成してから約一年が経ち、今は多発性骨髄腫の新しい実験的治療を受けている。経過はきわめて良好で、ガンは今のところ九カ月間寛解している。そして、彼はクリエイティブに生きるための時間を毎日つくっている。最近、スーパーベターの仲間たちに近況を報告してくれた。「最高の気分で人生を楽しんでいるよ。五週ごとに血液検査を受けている。ガンのレベルはまだ低い。毎日がとても充実していて、化学治療を受けなくていい期間をできるだけ伸ばすことに集中している。写真のクエストは健康と治療のセラピーとして、今も取り組んでいる。毎日、バンクーバーの人たちとチャットを楽しんだり、写真を撮ったり、ときには立ち止まったりして、自分の人生がどんなにすばらしいかをつくづく噛みしめているよ」（フィリップの写真は www.flickr.com/photos/tyfn で見ることができる）

クエストに関するテクニックで、ゲームから学べる重要なものがひとつある。〝楽しさの枠組みづくり《フレーミング》〟だ。これを使えば、あなたの意志力を高め、〝先延ばし〟を減らすことができる。楽しさのフレーミングというのは、純粋な喜び、興奮、楽しみのために何かをするという枠組みをつくることだ。そのへんの子供をつかまえて、お気に入りのゲームをどうしてプレイするのか訊いてみれば、間髪入れずにこんな答えが返ってくるだろう。「楽しいから！」でもほんとうのところ、それはどういう意味なのだろうか？　楽しいというのは喜び、感謝、好奇心、自負のようにはっきりしたポジティブな感情ではない。それは心の状態で、わたしたちがおもしろがっている活動を表現する言葉だ。研究によると、活動自体はまったく同じであっても、何かをするときにお金をもらったり、褒められたり、ほかのなんらかの報酬をもらったりすると、それを「楽しい」と表現する可能性は低くなる。[*17] なぜなら、楽しさはその活動によって手にするかもし

れない外的な報酬について考えるときではなく、自分の感じる内的な喜び、興奮、楽しみにだけ集中するときに生まれるからだ。

報酬を求めるのではなく、楽しいことをしようと計画することは、実に強力な心理状態であることがわかっている。楽しさのフレーミングの恩恵に関する、次の興味深い科学的研究について考えてみよう。

コーネル大学、ニューメキシコ州立大学、フランスのグルノーブル経営学院の研究者たちからなるチームが、よく知られてはいるものの、原因がはっきりしない現象の調査に乗り出した。ダイエットをしようと運動を始めた多くの人の体重が増えるのはなぜなのか、という調査だ。彼らが突き止めたのは次のようなことだった。肉体的活動に対する各人の考え方と、その活動後に摂取するもののあいだには、非常に強い結びつきがある。肉体的活動を〝エクササイズ〟と考える人は、あとでたくさんのデザート、カロリーの高いスナックを食べてしまうことが多い。彼らは基本的に、運動はハードワークであって、それ自体が楽しいとか愉快なものではなく、健康のためにやることだと見なしているからだ。そのため、運動には〝ご褒美〟がふさわしいと考える（体重が増えるのは、ご褒美に含まれているカロリーが運動で消費するカロリーより大きくなりがちだからだ）。

一方、肉体的活動を楽しむための手段と考えている人たちは、そのあとで自分にご褒美を与える可能性が非常に低い。なぜなら、彼らにとっては肉体的活動そのものの興奮や楽しみがすでに報酬だからだ。クッキーやポテトチップは必要ない。彼らはすでに楽しんでいて、充分に報われている。

ここで朗報がある。コーネル大学の研究によると、肉体的活動に対するその人の考え方を改めさせるのは難しいことではない。運動が嫌いな人たちにも、それを楽しい活動だと考えさせることはできる。たとえばその活動に〝景色を楽しむ散歩〟と名前をつけ、ただの〝運動としてのウォーキング〟ではなく、いい景色を満喫する機会だという点を強調するだけでも全然ちがう。心理状態の微妙な変化によって、運動後のご褒美を少なくし、もっと体重を減らせるようになる。[*18]

ところで、この研究はあなたにとってどんな意味があるだろうか？　スーパーベターの旅の一環として意志力を高めたいのなら、クエストに取り組むときに〝楽しさのフレーミング〟を使えばいい。

ひとつの方法としては、ただ自分に「これは楽しそう」と言うことだ（この認知的下準備は第五章で学んだ〝ワクワクしてきた！〟テクニックと同種のものだ）。そう自分に言い聞かせるだけで、戦いは半分終わったも同然だ。

毎日のクエストを〝喜びと興奮を得る機会〟と考えることも有効だ。クエストに挑むまえに自問しよう。「このクエストで、何か楽しめることはないだろうか？」または「何かワクワクできることはないだろうか？」と。クエストの内容が〝何か新しいことを学ぶ〟であっても〝自分ひとりの時間を過ごす〟であっても、楽しめそうな要素を少なくともひとつは探し、それに集中しよう。

何をするのであれ、クエストのことを〝ありったけの意志力が必要な難しいタスク〟とは考えないように。でないと、その日のうちに意志が砕け、自分に〝ご褒美〟を与えてしまうようになる。そうなれば、スーパーベターの目標達成が困難になるかもしれない。

楽しさのフレーミングにはもうひとつ恩恵がある。物事を先延ばしにする癖をやめる助けになるということだ。

デポール大学とケースウェスタンリザーブ大学がこんな調査をおこなった。物事を慢性的に先延ばししてしまう人がいるのはなぜなのか。先延ばしの回数を減らすにはどんなテクニックが有効なのか。実験にあたり、彼らは半数の被験者に〝数学のテストを受ける〟よう指示し、残りの半数に〝数学のゲームで遊ぶ〟よう指示した。テストとゲームは実際にはまったく同じもので、ちがいは〝フレーミング〟だけだ。

両グループの被験者たちには、テスト／ゲームで解く数学の問題に備えて、同種の問題を練習する時間が一時間与えられた。この練習は強制ではない。練習問題に目もくれず、自分の好きな楽しい活動で時間を潰す——つまり、先延ばしにする——こともできる。

結果はどうだったか？　これからテストを受けると考えていた被験者たちは、先延ばしにする傾向が非常に強かった。彼らは平均すると、練習時間の六〇パーセントが経過してからようやく練習問題に手をつけた。一方、これからゲームをすると考えていた被験者たちは、練習問題に飛びつき、もっとうまくできるようになる機会に食いつく傾向が非常に強かった。彼らはほとんどまったく先延ばししなかった。どうしてだろう？　この活動を避けて通りたいものだとは思わなかったからだ。楽しそうだったから飛びついたのだ。

まったく同じ活動であるにもかかわらず、〝ゲームプレイヤー〟は〝テスト受験者〟よりも大きな情熱とモチベーションを持って試験に参加した。ここから、研究者たちは慢性的な先延ばしを〝セルフハンディキャップ〟と名づけた。セルフハンディキャップはより多くの活動を〝楽しい〟とか〝おもしろい〟と考えるだけでなくすことができる。

以上のふたつの研究から、ある活動が楽しいかどうかは、活動の本質そのものではなく、それに対してどうアプローチするか――潜在的な喜び、興奮、楽しみに集中できるかどうか――によって決まることがわかる。自分がどう表現するかによって、まったく同じ活動が、すぐにでも取りかかりたい楽しみにもなれば、避けたい労働にもなるのだ。

どんなチャレンジ、目標に取り組むにしろ、楽しさのフレーミングを使えば、スーパーベターになるために大いに役立つことをもっと実行できるようになり、障害になるものを回避できるようになる。自分が引き受けたり、デザインしたりしたクエストのひとつひとつを、ささやかな楽しみを得られるチャンスと考えるのを忘れないようにしよう。

クエストをデザインするためのヒントをもう少し紹介しておこう。

友人や家族にクエストをつくってもらう。 あなたが幸せに、健康に、強く、勇敢になったり、友人や家族と共有したい価値を高めたりできて、今後二四時間以内に実行できる小さなクエストをひとつ提案してもらおう。友人や家族は新しいアイディア、おもしろいアイディアの宝庫だ。それに、あなたが大切にしている人から課されたクエストをクリアすれば、モチベーションも満足度も格段にあがる。

そのクエストが好きで頻繁に挑戦したいなら、パワーアップアイテムに変える。 クエストというのは、さまざまな行動を試し、何がほんとうの強さ、幸福、健康をもたらしてくれるのかを突き止める手段だ。もしあなたが心の底からクエストを楽しんでいるなら、それをパワーアップアイテムにすれば、自らの習慣にできる。

弾みをつけたいときは、連続クエストをデザインする。ビデオゲームでいうところの連続クエストは、ひとつの同じ活動やスキルに集中した一連のクエストのことだ。各クエストをクリアするごとに、必要とされる努力、能力、創造力が少しずつ増えていく。連続クエストをデザインするには、まず基本クエストから始める。今後二四時間以内にできる〝コミットする行動〟のうち、まちがいなく実行すると断言できる一番小さな、些細なことはなんだろうか？　それを達成したら、こう自問する。「自分が実行できる行動のうち、次に簡単なことはなんだろう？」もしくは、「もう一度同じことをやるとしたら、どうやったらもっとチャレンジングに、おもしろくできるだろう？」連続クエストは三個から十数個までのあいだで設定する。行動に弾みがついて、自分の能力をよく理解できるようになれば、その小さな一歩一歩が非常に大きな跳躍につながるだろう。

獲得したスキル：クエストの力を引き出す方法

- クエストというのは、今後二四時間以内に実行できて、よい結果やポジティブな結果をもたらしてくれるものだ。
- 最も強力なクエストは、あなた自身の価値観に従ったクエストだ。価値観というのは、人生に活力と目的意識をもたらしてくれるものだ。
- 一日に少なくともひとつクエストをクリアすることで、希望、楽観、自己効力感が育まれる。この三つの恩恵は、きわめて大きなモチベーションと意志力の土台になる。

- ゲームデザイナーのようにＳＭＡＲＴなクエストをデザインしよう。ＳＭＡＲＴというのは、具体的（Specific）、意味がある（Meaningful）、適応性がある（Adaptive）、現実的（Realistic）、期限つき（Time-framed）という意味だ。
- どれだけ忙しくても、気分が悪くても、消耗していても、ストレスが溜まっていても、痛みがあっても、憂鬱でも、一日に少なくともひとつのクエストをクリアすることは絶対にできる。自分にとって一番大きな意味を持つことに集中するために、毎日少なくともひとつ、些細なクエストを見つけよう。それがコミットする行動をとるということだ。
- クエストは上昇スパイラルを生む。クエストをクリアすればするほど、自分の一番重要な目標と価値観に多くの時間と労力を注げるようになる。
- どんなクエストも楽しむためのチャンスだと考えること。そうすれば、先延ばしが少なくなり、意志力が強化される。

第九章　仲　間

ゲームフルに生きるためのルールその5

あなたの道中を助けてくれる友人や家族、すなわち仲間を見つける。

この章のアドバイスは、わたしが脳震盪からの回復期に経験した、目からうろこが落ちるような経験にもとづいている。それはつまり、深刻な問題について自分の弱みを見せたり、助けを求めたりするのは難しいが、一緒にゲームをしようと誘うのはたやすいということだ。

なぜか？　わたしたちが普段からふつうにしていることだからだ。わたしたちは週に一〇億時間以上、友人や家族と一緒にビデオゲームをプレイしている。[*1] カードゲーム、ボードゲーム、スポーツを合わせると、この数字はもっと大きくなる。[*2]

誰かを気安く誘えるというのが、よりつながりを感じ、必要に応じて社会的サポートを受けるための鍵だ。

社会的サポートを受けると、目標を達成するのが容易になる。友人や家族が時間とリソースを割いてアドバイスしてくれるようになるだけではなく、医学的研究によると、わたしたちの肉体は周囲のサポートに対して劇的な反応を示し、助けを受けるたびにより強く、より打たれ強くなる。

誰かからサポート（励ましの言葉、一緒に笑う、ハグ、満足のいく会話、思いやりのジェスチャー、わずかな時間でも一緒に楽しむこと）を受けると、次のようなことが起きる。

- ストレスホルモン〝コルチゾール〟の濃度が低下し、ストレスレベルが低下する。
- 免疫系が強化される。傷の治りが早くなり、風邪を引きにくくなり、ガンのような病気ともうまく闘えるようになる。
- 心臓が文字どおり強くなる。心臓血管系の機能が改善され、血圧が下がり、心拍数が低下する。*3

どんなチャレンジに向き合うにしても、これらの肉体のレジリエンスがあれば、目標達成のための強さと活力が増す。

それから即効性があって、非常に実用性の高い恩恵がもたらされることも忘れてはならない。それは賢明な言葉、アイディア、情報、物、指示、助力、新しい視点、ただ一緒にいてくれること――つまり、仲間から提供されるリソースだ。

仲間はあなたが一番大きな夢を追い求めるための時間さえも与えてくれるかもしれない。社会的サポートと死亡率についての一六三の研究に対するメタレビューでは、日々のポジティブな社会的交流の回数を増やすと、一日ひと箱吸っていた煙草をやめたり、健全な体重に戻したりするのと同程度（平均すると六年以上）、寿命が伸びることが示されている。[*4]

でも、もしあなたが生まれつき内向的だったり、ひとりでいるのが好きだったりしたら？　親しい友人や家族があまりいなかったら？　いいことを教えよう。周囲からサポートされていると強く感じられるようになるには、外向的になったり、人づきあいを増やしたりする必要はない。自分の問題を打ち明けられる友人が大勢いなくても問題ない。ひとりふたりの仲間が大きなちがいを生む。科学者たちはほんとうの仲間（強い社会的つながり）というものを、〝ストレスやチャレンジについて正直に話すことができる人〟であり、〝深刻な問題について助けを求められるとあなたが信じる人〟と定義している。[*5]

もちろん、チャレンジについて正直に相談し、助けを求めることにどれだけの恩恵があるかを理解していても、簡単にできるとはかぎらない。わたしも自分の体験から知っている。自分の最大のチャレンジ（脳震盪からの長い回復期間）に向き合っていたとき、どれだけ苦しんでいるかを人に伝えるのが怖かった。助けを求めることで誰かの重荷にはなりたくない。自分に一番近いはずの夫や双子の姉に対してもそんな気持ちを抱いた。それでわたしはどうしたか？

この章では、自分のチャレンジを打ち明け、サポートを求めるゲームフルな方法を学ぶ。どうやったらあなたの助けになれるのかを友人や家族に理解してもらうにあたり、ゲームフルな七つのルールが力を発揮する。彼らはあなたにパワーアップアイテムをもたらし、悪者との戦いに協力し、一緒にクエストに挑んでくれるだろう。そして、あなたは自分が最も必要とするときにつながりを深めるスキルを養う。助けを乞うのではなく、周囲の人をゲームに誘い、チームとして協力ミッションや冒険に立ち向かうことで。

この方法を使うと簡単に仲間をつくれるだけでなく、交友関係も強化される。本書で取りあげた数々の研究からもわかるように、誰かと一緒にゲームをすると、ポジティブな感情、ミラーニューロン、助け合いに欠かせない持続的な信頼関係が強化される。そして、あなただけでなく、仲間に誘った人々にもポジティブな影響がもたらされる。それがどれだけ大きな影響であるかを知ったら、あなたもきっと驚くだろう。

鬱病と闘っている兄から助けを求められた、あるスーパーベター・プレイヤーはこう説明している。「ぼくたちはスーパーベター風な会話をするようになりました。『それって悪者なんじゃない?』とか『あれはパワーアップアイテムに加えるべきだ』とか。この問題についてどう話せばいいかわからなかったんですが、今は兄の目標を言葉で表わせます。それって大きなことです。以前は兄にどんな言葉をかけたらいいのか、どうやって力になったらいいのか、全然わからなかったんですから。でも今ならわかります」

社会的サポートの話をするとき、わたしはいつも、好きな作家であるG・K・チェスタトンの金言を思い出す。「仲間がひとりいることと孤独とのあいだに横たわる亀裂を表現する言葉はない。四が二の二倍というのは数学者も認めるところだろう。しかし、二は一の二倍ではない。二は一の二〇〇〇倍なのだ」自分は人に助けを乞えるような人間ではないと思っていたとしても、仲間をつくることはできる。この章でその方法を教える。

しかし、仲間がひとりいるだけで、どうしてそれほどスーパーベターになりやすくなるのか。まずは仲間があなたの力になってくれる方法トップ5を見ていこう。

仲間があなたの力になる方法トップ5

わたしたちスーパーベターー・プレイヤーは、世界じゅうで仲間たちとチームを組み、友人、家族、同僚、コーチ、医師、セラピスト、教師、ネット上の友人たちと力を合わせている。

仲間からのサポートの中で一番助けになるのは何かと彼らに訊いてみた。ここに紹介するのはそんな彼らの語る、仲間から強さとモチベーションを与えてもらう方法トップ5だ。

1. クエストを提案してもらう

「たまにクエストを思いつけないことがあって、そんなときは仲間に——自分の子供たちにも——新しいアイディアはないかと訊きます。それに、仲間が自分のすべきことを教えてくれたら、よりいっそう努力できます。彼らをがっかりさせたくないですから」——マーク、四九歳。チャレンジは五〇代に向けて体を鍛えること

2. 一緒にパワーアップアイテムを使う

「仲間はわたしのパワーアップアイテムを全部知っていて、わたしが仲間の誰かと一緒にパワーアップアイテムを使っているかどうか、毎日目を光らせてくれています。文字どおり、スケジュールを立ててくれているんです。ほんとうにすばらしいことよ」――サラ、一九歳。チャレンジは、サッカーをやめたあとの生き方を見つけること（それと、脳震盪後症候群と向き合うこと）

3．悪者と戦うための戦略を一緒に考える

「どうがんばっても悪者に勝てない、そう思ってしまう日もあります。そんな日には頼れる仲間である妹にこう言うの。『〝自責の海〟で溺れそう。助けて！』って」――レジーナ、三〇歳。チャレンジはワーキングマザーの苦悩を乗り越えること

4．毎日、または毎週〝戦況報告／確認〟をする

「スーパーベターになるために何をしたか、ボーイフレンドに報告するのを毎日楽しみにしています。どのクエストをクリアしたとか、どのパワーアップアイテムを使ったとか、どの悪者と戦ったとか。彼もいいニュースを聞きたがっているので、もっとやろう、もっとがんばろうという気になります。でも、クエストをひとつもやっていない、パワーアップアイテムも使っていない、一日じゅう悪者にこてんぱんにやられてしまったと伝えても、彼はきっとその晩わたしをもっと

いたわって、気にかけてくれるでしょう。シンプルなゲーム用語で説明すると、気持ちを理解してもらいやすくなるようです」――メイジー、二八歳。チャレンジは博士課程を修了すること

5. 一緒にエピックウィンを祝う

「仲間のほとんどはネット上の友人です。彼らは私が初めて大きな目標を達成したあと、〝クリスの日〟を計画するのを手伝ってくれました。大きな目標というのは合計一〇〇マイルのウォーキングのことで、食事のあとに一五分間歩くようにしていたんです。これは血糖値を管理し、糖尿病を患っている自分の健康を維持する上で大きな意味がありました。このエピックウィン達成まで三カ月かかりました。ゴールが近づくと、仲間たちは「この偉業を達成したら、丸一日好きなことをしていい」と言って励ましてくれました。クリスの日の模様は写真に収め、彼らとシェアしましたよ」――クリス、三一歳。チャレンジは強い心と体を手に入れること

仲間があなたのスーパーベターの旅をどう助けてくれるか、呑み込めてきただろうか。あなた自身の仲間をつくるまえに、少し社交の筋肉をほぐしておこう。

誰かに助けてもらったり、誰かを助けたりすることを考えるだけで、つながりのレジリエンス

が鍛えられることがわかっている。次のクエストをやってみよう。

クエスト33：想像しよう！

さあ、あなたの想像力を引き出す時が来た。

〈やるべきこと〉少し時間をかけて、次の三つの架空のシナリオについて考えること。どのシナリオも、非常に風変わりなチャレンジに直面している自分を想像することが求められる。それぞれの架空のチャレンジに挑むにあたって、手を組みたいと思う相手をひとり選ぶ。シナリオ自体はフィクションだが、選ぶ相手はあなたがすでに知っていて、日常生活で接する実在の人物でなければならない。

あとひとつルールがある。シナリオごとに異なる人物を選ばなければならないということだ（こんなに突拍子もないチャレンジで三回も同じ人の助けを借りるのは、フェアとは言えない。そうでしょう？）。クエスト終了時、あなたは三人の別々の人物を思い描いていることになる。

思い当たる人物がひとりもいない場合、それはそれでかまわない。そのときは立場を逆にして考えること。つまり「知り合い（誰か特定の人物）がこの突拍子もないチャレンジに直面していたとしたら、自分はどうやって手を貸すだろうか？」と考える（つながりのレジリエンスを鍛えるにあたって、自分がどうやったら誰かの仲間になれるかを考えることは、誰かが自分の仲間になることを想像するのと同じぐらいの効果がある）。

三つのシナリオはあえて馬鹿らしいものにしてある。あまり真剣に考えすぎないように。しばらくのあいだこのクエストにつき合って、想像力をたくましくしよう（エレクトロニック・アーツ、モバイル部門のクリエイティブディレクター、チェルシー・ハウが一緒にシナリオを考えてくれた。ありがとう！）。

〈シナリオ1〉大変！　隕石が地球に衝突して、宇宙線の影響で何百万という人が未知の超能力を持つミュータントになってしまった。そんなミュータントの仲間入りをしたあなたは、自分の超能力を善のために使えるはずだと考えている。ところが、政府があなたをつけ狙っている。

誰になら自分の秘密を話せるだろうか？　超能力を持っていることを打ち明けられる相手は？　その力で何ができるか、一緒に考えてくれるのは誰だろう？

“超能力ミュータント”の仲間をひとり選ぶこと。

〈シナリオ2〉なんてこと！　地元のチョコレート工場が爆発した！　あなたの家も何もかも、大洪水となって流れ出たチョコレートに呑まれてしまった。工場を運営していた妖精たちには事態を収拾する秘策があるらしい。そう、チョコを全部食べてしまえばいい！　でも残念ながら、彼らがチョコを食べつくすには最短でも一週間かかる。

あなたの家のそばに住んでいて、チョコレートの片づけが終わるまで泊めてくれそうな、もしくは少なくとも、服や身のまわりのものを貸してくれそうな人は誰だろう？　または、あなたの家がまっさきに掃除された場合、近くに住んでいて、あなたが最初に服や寝床を提供する相手は誰だろうか？

〝チョコレート洪水〟の仲間をひとり選ぶこと。

〈シナリオ3〉長らく消息不明だった変わり者のゼルダおばさんが、あなたに一〇〇万ドルの財産を残した。その遺産を次の火曜日までに全部使いきれれば、一〇億ドルを相続できる。しかし、ひとつ問題がある。その一〇〇万ドルは世俗的な物を買うために使ってはならず、捨てたり、寄付したりもできない。

おばさんの遺書には、最初の一〇〇万ドルを使う際、手伝ってくれる人物をひとりだけ選んでよいと記されている。それ以外の人物に他言すれば、遺産はすべておばさんの猫が相続することになる。一〇億ドルをもらうために、あなたは誰と作戦を立てるだろうか？　いい作戦を思いついてくれそうなのは誰だろう？　最初の一〇〇万ドルを散財するにあたり、誰となら一番楽しめそうだろうか？

〝一〇〇万ドル大騒動〟の仲間をひとり選ぶこと。

〈仕組み〉こうした架空のシナリオについて鮮明に想像するとき、あなたは感謝、同情、信頼、思いやりといった重要な社会的感情を駆使している。これらの感情があれば、将来誰かをサポートしたり、誰かにサポートしてもらえたりする可能性が高くなる。

このクエストをクリアしたことで、有益な社会的感情が高まっただけでなく、ゲームの仲間になってくれるかもしれない（もしくはあなたが仲間になりたい）人物を三人特定できた。では仲間の役割をもう少し詳しく説明しよう。

次に紹介するスーパーベターの物語は、仲間というものを過不足なく説明している。なんと主人公のアレックスは、最初は仲間なんかいらないと考えていたのだ。

スーパーベターの物語：気乗りしないヒーロー

三〇歳のアレックス・ゴールドマンはニューヨークに住む民放ラジオ番組のプロデューサーで、仲間をつくることなど絶対にお断わりという人間だった。

「世界で何が一番嫌かって、人に助けを求めることです」番組中、彼はわたしにそう言った。二〇一一年の年末に、彼のラジオ番組で対談したときのことだ。

アレックスは熱心な自転車乗りだったが、二〇一一年の夏、自転車から投げ飛ばされて車にひかれるという大事故を経験した。「脚は何箇所も折れ、二回手術した。最初の手術のあと、脚の骨に棒やら留め金やらが埋め込まれた状態で三週間過ごしたよ。二回目の手術でそれらを取り除いて、それから六週間、松葉杖で過ごした[*6]」

歩けるようになってからも、回復への道のりは長かった。「今でも足を引きずるようにしか歩けないし、一歩踏み出すごとにとても痛む。午後になると脚がむくんで、昔できていたことも何ひとつできない。自転車に乗るなんてもってのほかさ。診てくれた医者たちも、この怪我が治るのか、それとも一生後遺症が残るのか、断言できなかったんだ。そんなわけで、ひどく憂鬱だったよ」

この困難な時期に、アレックスはスーパーベターに目をつけた。わたしがオンエア中に話したのは、まだ彼がプレイを始めるまえのことで、ルールのおさらいをするためだった。彼は仲間をつくるのが自分にとって一番難しいパートになるだろうと考えていた（折れた脚でフルマラソンに出るほうがよっぽど簡単だと言いはったほどだ）。しかし、六週間後にもう一度話したとき、彼はブルックリンのプロスペクト・パークの周囲三マイルをサイクリングするという最初のエピックウィンを達成していたばかりか、（一番驚いたのは彼自身だったかもしれないが）そのサイクリングの際、一一人というとんでもない数の仲間に囲まれていたのだった。

誰の助けも借りたくないと言っていた彼が、どうしてそんなに多くの友人や同僚に励ましてもらえるようになったのだろう？

滑り出しはゆっくりだった。最初、仲間は妻のサラと同僚のＰＪのふたりしかいなかった。アレックスはふたりに自分の目標を話し、今後六週間手を貸してほしいと頼んだ。それから思いきって、悪者のリストを見せた。〝社交的でないこと。夜更かしするわりに何もしていないこと。ジャンクフード。自分を座ったままにさせ、無気力に、不幸にさせるもろもろのこと〟そして、パワーアップアイテムのリスト。〝体を動かすこと、他者と交流することならなんでも〟職場ではＰＪが、自宅ではサラが。アレックスには彼がちゃんと行動しつづけるように、悪者に負けないようにと四六時中見守ってくれる人がいた。

アレックスは、独力ではこんなふうに助けを求めることは絶対にできなかったと語った。

「はっきり言って、自分にとってこのプロセスはとても難しかった。ゲームのルールのおかげで簡単にはなっていたけど。でも難しいだけあって、ちゃんと見守ってくれる人がいるというのはすばらしいことだった。事故のあとはただ座って、落ち込んでいるだけのことが多かったんだけど、気分を向上させる行動を後押しする人たちがいてくれて、とても心強かったね」

仲間のよさを知ったアレックスは、サポートの輪を広げることにした。が、ほかの友人や同僚たちにはまだ自分のチャレンジについて話す気になれなかった。そこでネット上のフォーラムとＳＮＳに注目した。オンラインでチーム戦を繰り広げる人気シューター『チームフォートレス２』の熱心なプレイヤーだった彼は、ネット上のたくさんの見知らぬ人の中から味方をつくることには抵抗がなかった。実生活では一度も会ったことのない仲間たちが、すぐにパワーアップアイテム、悪者を倒すための戦略、クエストのアイディアを送ってくれるようになった。また、エピックウィンをデザインする上でも力になってくれた。彼のエピックウィンは自転車でプロスペクト・パークの周囲三マイルを一周することに決まった。

「クエストを考えるなんて楽勝だと思っていたけど、誰かが私のためにクエストをデザインしてくれるとすごくやる気が出ることに気づいて、びっくりしたよ。仲間たちが与えてくれたクエストは、自分でつくったどんなクエストよりもおもしろく、ためになるものだった」彼のお気に入りのクエストは、妻に花を買い、猫たちに新しいおもちゃをふたつ買うというものだった。ポイントは、運動になるように花屋とペットショップまで徒歩で行かなければならないということだ。「この提案はとてもスマートだった。というのも、自分の体のセラピーをするより、妻と猫を喜ばせるほうがずっとモチベーションが湧いたから」そのあと、彼はこう報告した。「大成功だったよ。一日の肉体的活動の目標を達成しただけでなく、猫も妻も、まるでヒーローを見るような目つきで私を見たんだ」

アレックスは一五ドルのギフト券を送ってくれた仲間にも感謝していた。プロスペクト・パークのそばのバーで使えるギフト券で、「ビールを楽しんでくれ――ただし、きみが公園のまわりを一周、徒歩で歩けたらね」と指示があった。これも彼が外出し、エピックウィンに向けて行動するための大きなモチベーションになった。

仲間をつくり、クエストをクリアすることで、日々の感情にも大きな変化が表われた。

〝スーパーベターの日記〟（八週間のプレイ中、彼がつけていたブログ）にはこう書かれている。「スーパーベターを始めて四週になる。同僚たちは、私がやけに明るくなったと噂している」[*7]これを機に、自分のリハビリについてオープンに話すようになり、さらに仲間を増やした。

ネット上の仲間たちと同じく、友人や同僚も彼を助け、支えてくれた。彼らはクエストを与え、パワーアップアイテムを使うようにとリマインダーを送り、悪者との戦いを応援してくれた。何より、アレックスがまさにエピックウィンを達成しようとしたとき、彼らもその場にいてくれた。一一月のある涼しい朝、一一人の仲間たちが朝早くに現われ、一緒にプロスペクト・パークを一周したのだ。

「こういう応援とか声援みたいなのは大嫌いでね。そのせいでみんなから自己中心的で恩知らずな気難しい奴と思われていた。でも同僚や友人がこぞってやってきてサポートしてくれるのはうれしかったし、励みになったよ」彼はのちにそう語った。まだ周囲のサポートを心の底から受け入れるのは難しかったようだが、それでもやはりうれしかったのだろう。

それで、彼のエピックウィンはどうなったのだろうか？「ライドは成功だった。六カ月ぶりに自分のバイクに乗ってね。ほんとうに難しいことだったし、怖かった。でも大きな一歩だった。ほんとうに大勝利《エピックウィン》という感じで」

このエピックウィンを記念し、勝利の感覚を覚えておいてもらおうと、仲間のひとりがライドの動画を編集し、「炎のランナー」のテーマ曲をのせた。アレックスは喜び、動画をネット上にアップした。六週目の終わりにまたラジオ番組で対談したとき、彼はこう話した。「仲間をつくり、協力し合ったことが、今回の経験の中でもとりわけすばらしいことだったと気づいたとき、どんなにびっくりしたか」彼のような自称〝気難し屋〟にはさぞかしショッキングだっただろう。

三年後、アレックスに連絡をとり、近況を尋ねた。彼は、怪我から早く回復して以前より強くなれたのは、やはりスーパーベターのおかげだと言った。助けを求める能力を身につけた彼は、また活動的なアスリートに戻っていた。「ほんとうにすっかりよくなった。それもこれもスーパーベターのおかげだね」しかし、怪我の治りが早くなったことは、ゲームフルになったことの最大の恩恵ではなかった。「結局のところ、私にとってスーパーベターになるというのは、ただ怪我から回復することではなく、健全な感情とメンタルを育むことだったんだ」

社会的サポートを求める方法、与える方法はたくさんあるが、アレックスの物語が示すとおり、スーパーベターには助けを求めやすくし、与えやすくするためのシンプルな構造がある。スーパーベターでは、〝仲間〟を次のように定義している。

- あなたが取り組んでいるチャレンジを知っている
- あなたの好きなパワーアップアイテムと最大の悪者についてよく理解している
- 定期的にあなたに連絡し、スーパーベターの進み具合を尋ねてくれる（電話、メール、ビデオチャット、SNS、直接対面して、あるいはなんであれ、あなたが一番やりとりしやすいと思うやり方で）

たったこれだけだ。ひとたび仲間になってくれた人たちは、信じられないくらい有益なことをほかにもたくさんしてくれる。それについて全部は説明しきれないが、仲間になってもらうには、ゲームに誘い、その招待を受けてもらえばいいだけだ。

仲間はスーパーベターについて多少の理解があることが望ましいが、インタビューした多くのスーパーベター・プレイヤーたちによれば、実生活におけるパワーアップアイテム、悪者、クエストの概念について説明するのはとても簡単で、あっという間にわかってもらえるということだ。スーパーベターについてもう少し知ってもらいたいと思うなら、本書を貸すといい。もっと早いのは、わたしのTEDトーク講演の動画リンクを送ることだ（インターネットで〝The game that can give you 10 extra years of life〟と検索すれば見つかる）（日本語字幕も表示できる）。

仲間になってくれるかもしれない人にスーパーベターのことをどう切り出せばいいか、いくつかアドバイスをしよう。

・**まずは自分のチャレンジを打ち明ける。**「今、［ここにチャレンジの内容を入れる］に役立つゲームをやってるの。もしよかったら、ゲームの仲間になってくれるとうれしいな」

・**仲間になるとはどういう意味なのかを説明する。**「アドバイスをして、励ましてほしいの。わたしの冒険については、あなたにも全部教えるね」

・**ゲームの期限を設ける。**たとえば「今後三〇日間、仲間になってほしい」とか「学校が始まるまで一緒にプレイしてくれない？」とか、たんに「一週間だけ一緒にやろう！」など。期限を設けることで、仲間が招待を受けやすくなる。

・**手始めに、各仲間にもクエストを与える。**たとえば彼らにこう言う。「今週やってもらえると一番助かるのは、悪者に負けないように、一日一回わたしにリマインダーを送ってもらうこと」とか「仲間として最初にやってもらいたいのは、わたし用のパワーアップアイテムを考えること。ベッドの中でできることなら大歓迎」とか「力の出る言葉を探すクエストをやっているの。あなたの好きな、やる気の出る言葉があったら教えてくれる？」など。仲間にクエストを与えれば、あなたが必要としているものを理解してもらえて、どうやったら力になれるのだろうかと思案している彼らに道筋を示すことができる。いったんスーパーベターの仕組みを理解したら、ほとんどの仲間は自分でなんなくクエストを考えられるようになるだろう。

ゲームの招待を受けてくれた仲間は、あなたを助けるために無限とも言えるアイディアを提供してくれる。オランダに住むイェンスがスーパーベターのチャレンジとして禁煙を選んだとき、仲間は彼のモチベーションをあげるために驚くべき提案をした。それはちょっとした賭けだった。「彼はこう提案したんです。もし一〇〇日間禁煙できたら、ぼくの家の庭を全部耕して、種まきの準備をしてやろうって。もしぼくが失敗したら、逆に冬のあいだ彼の家を掃除するという条件で」イェンスはこの賭けに勝った。

あなたをどうやって手助けすればいいか、仲間がアイディアを欲しがっているようなら、次のアドバイスをしよう（以下のアドバイスの中では、スーパーベター・プレイヤーのことを〝ヒーロー〟と表現している。つまり、仲間にとっては、あなたがヒーローなのだ）。

立派な仲間になるには

知り合いの誰かが難しいチャレンジに取り組み、ポジティブな方向に変わろうとしていたら、あなたはその力になれる。あなたのサポート、励ましがあれば、彼らは目標をずっと達成しやすくなる。

ヒーローをサポートすることで、あなたにも恩恵がある。いい仲間になるというのは、いい友人、いい親、いいコーチ、いいパートナーになるための重要なスキルを実践し、会得することでもある。加えて、あなたが仲間として行動するたびに、自身のつながりのレジリエンスが鍛えられる。その強みがあれば、将来、今度はあなたがサポートを受けられるようになるかもしれない。

頼れる仲間になる方法のトップ10を紹介しよう。

1．ヒーローのことを知る。 仲間になったら、まっさきにヒーローの現在のチャレンジ、パワーアップアイテム、悪者について知る（ヒーローが〝秘密の自分〟を持っていたら、それについても）。それぞれについて、ヒーローに軽く説明してもらおう。

2．ヒーローにパワーアップアイテムを送る。 ヒーローのパワーアップアイテムがわかったら、一緒に使うことを申し出る。それが〝五分間のダンス〟だったら、ダンスに誘ってみる。直接会ってもいいし、ビデオチャットで踊ってもいい。パワーアップアイテムを送るのもいい。それが緑黄色野菜だったら、チーズをまぶしたケールチップスを焼く。動物の赤ちゃんの写真を眺めることだったら、メールやSNSで写真を送る。あなたが新しいパワーアップアイテムを思いついたら、ヒーローに提案して、役に立ちそうかどうか訊いてみよう。

3．悪者との戦いをサポートする。ヒーローのリストから悪者をひとり選び、戦いをサポートできる戦略がないかどうか考える。ネットでリサーチをして、同じような悪者に勝った人がどんなコツやテクニックを使っていたか調べる。または、自分ならではのクリエイティブな戦略を編み出す。どんな戦略を提案したとしても、どれぐらい効果があったかを報告してもらうこと。

4．ヒーローにクエストを与える。まえに進む道はいつもすぐに見つかるわけではない。あなたが考えたクエストを二四時間以内にクリアするよう指示することで、ヒーローを助けよう。クエストというのは、ヒーローが強く、幸せに、健康になり、大きな目標に近づくためのとても小さな行動のことだ。必ず現実的なものにするように。一緒にやろうと申し出れば、ずっと楽しくなるはずだ（アイディアが浮かばない場合、この本で気に入ったクエストを与えるだけでもいい。巻末の『冒険』の中から選ぶのもいいだろう）。

5．報告を受ける。シンプルに尋ねよう。「スーパーベターの進み具合はどう？」さまざまなことについて具体的に訊けば、会話も弾むだろう。「これまでのところ、気に入っているパワーアップアイテムは？」「順調に戦えてる悪者はいる？」「最近何かおもしろいクエストをやった？」「次はどんなクエストをやるの？」報告は電話、メール、ビデオチャット、直接会って、あるいはなんであれ、あなたが自然だと思う形ですればいい。ヒーローと非常に親しい関係なら、毎日報告をもらってもいい。一日の終わりにあなたとつながり、考察するチャンスができるので、ヒーローの感情とモチベーションを大いに向上させられる。とはいえ、基本的には週に一、二度連絡をとれば充分だろう。

6. 功績を探す。あなたにできることの中でも重要度が高いのが、ヒーローのがんばりと達成に光を当てることだ。自分を探偵だと考えよう。あなたの仕事はヒーローの功績を見つけ出し、積極的に褒めることだ。「よかったね」と言うだけではきっとあなたも物足りないはずだ。ヒーローががんばっていたり、難しい目標を達成したりしたら、その話を詳しく訊いてみよう。どんな戦略を使ったの？　そんな強さがどこにあったの？　達成した気分はどう？　次は何をするつもり？　ヒーローの行動からあなたがどんな刺激を受けたかを伝えるのもいい。

これは心理学では〝能動的・建設的な対応〟と呼ばれている。誰かのいいニュースや成功を受け止め、彼らがそれをほんとうに喜んだり、祝ったりできるように背中を押してやるのだ。能動的・建設的な対応は一種のスキルで、練習すれば自然にできるようになる。ただし、あまり大げさすぎる褒め言葉やポジティブすぎるフィードバックにならないよう注意すること。ヒーローに何かいいことがあったら、それについて二、三質問するだけでいい。それからあなたの評価を返すこと。

7. ヒーローの秘密の正体を称える。ヒーローが秘密の正体を持っていたら、どうしてその正体を採用したのかを知ろう。何かの本、映画、コミック、演劇、神話の登場人物、歴史上の人物からインスピレーションを得たのだろうか？　それとも、何か別の裏話があるのだろうか？　どうやって秘密の正体を思いついたのかを訊けば、ヒーローが何を大事にして、どんな強みを育みたいと思っているのかがわかる。

何からインスピレーションを得たのかわかったら、それを利用して楽しいことができないかどうか考えてみよう。たとえば、ネット上でヒーローの秘密の正体と関係のある画像を探して、ヒーローにも教える。彼らにインスピレーションを与えた本、映画、物語から名言、名文を探して、毎週ひとつずつ教える。ヒーローが遠くにいるならメールなどで送ろう。引用した一節を手書きしてどこかに忍ばせ、サプライズを仕掛けるのもいいだろう。絵心があるなら、新しい秘密の正体の姿をしたヒーローの絵を描くのもいい。あなたがヒーローのことを、彼らが望むような強くすばらしい人間であると思っていることを示す方法はいくらでもある。

8. チャンネルはそのままで。 ときには「ヒーローの言動に注意を払うだけにしておく」のが、あなたのサポートを示すベストな手段という場合もある。たとえば会話中、「うんうん」と相槌を打っていれば、それだけで相手の話をちゃんと聞いていることを示せる。この手の習慣はほかの場面でも役に立つ。あなたがちゃんと目を向けていることを示す小さな合図を出そう。ヒーローがSNSやブログを利用しているなら話は早い。彼らがスーパーベターに関する投稿をしたときにはとくに頻繁に〝いいね！〟をしたり、〝お気に入り〟に登録したり、コメントを残したりする。〝いいね！〟、お気に入り、コメントをバーチャルな相槌、賛意と考えよう。こうすることで、「あなたはひとりではない。その一歩一歩にわたしがついている」とヒーローに知ってもらえる。

9. 道のりが険しいときには心で接する。 しっかりサポートされているという実感を育むには、声、対面、接触という三種の社会的交流をするのがベストだ。つまり、ヒーローがほんとうに力を必要としているとき、あなたには三つの選択肢がある。ひとつ目は話すこと。研究によると、誰かに対するサポートを示したい場合、電話は文字よりも強力だ。ふたつ目は顔を見せること。友情、愛、激励といったものは、ほかのどんなものよりあなたの表情が雄弁に伝えてくれる。ビデオチャットで連絡してみるのはどうだろう。そして最後は文字どおり手を伸ばすことだ。ハグやハイタッチなどの肉体的接触は、自信を高め、痛みを鎮め、ストレスを減らし、関係を強化してくれる。この種のサポートをするには、会えるときには必ず会うように心がけておくといいだろう。[*8]

10. 支えになる。 これは仲間としてのスキルの中でも、育むのが一番難しいものだ。支えになるというのは、自分が忙しくても時間をつくり、できるだけ毎日ヒーローに連絡することだ。メールで連絡し、ＳＮＳにコメントを投稿し、会ったときにはスーパーベターの進捗について、ひとつでいいから質問する。研究によると、社会的サポートは質と同じぐらい量も重要だ。[*9] だから、あなたがたくさんの時間をヒーローに割けるようになるまで待っていてはいけない。毎日三〇秒だけを使ってサポートし、それを着実に積み重ねていけば、最終的には非常に大きなプラスの影響を与えられる。

仲間との強い結びつきをつくると、あなただけでなく、友人や家族にも恩恵がもたらされる。仲間たちはあなたが今どういう状態なのかを理解し、どうサポートすればいいか、具体的にわかるようになる。それが大きなちがいを生む。

あなたがとてつもなく大きな障害に直面し、ほんとうにつらい時期を過ごしているとき、これはきわめて大きな意味を持つ。あなたの愛する人は、どれだけあなたの力になりたいと思っていても、無力感を抱く場合があるものだ。しかし、七〇の心理学的、医学的研究に対するメタ分析によれば、病気、怪我、深刻な危機を経験している人の友人や家族が、コミュニケーションやサポートの方法を改善するための提案を受けると、彼らのストレスと不安が軽減され、幸福度と肉体のエネルギーが増す*10。

フロリダ州タンパ近郊に住む広告会社の上級幹部でスーパーベターのジョーは、家族全員でスーパーベターを始めたあと、この恩恵をその身で体験した。「私たちは母のためにスーパーベター〝ひいおばあちゃん〟プログラムを始めました。母には子供がふたり、孫が五人、ひ孫が一三人います。このプログラムにはふたつの狙いがあって、ひとつは、これから介助生活の始まる母を愛情のこもったメッセージや電話でサポートして元気づけること。もうひとつは、家族や親類みんなに自分自身のスーパーベターのゲームを始める方法を教えること。これまでのところ、非常にうまくいっています」合計二七人の家族と親類は、スーパーひいおばあちゃんジャネットのために同盟を組み、協力して彼女に毎日一回電話をしたり、手紙や写真を送ったりするようにした。「何より、家族のみんなが自分自身のパワーアップアイテムや悪者は何か、お互いにどう助け合うべきかを考えるようになりました。すばらしい絆が育まれ、いい人生経験になっています」

ジョーのゲームはたんなるマルチプレイでなく、大規模《M》マルチ《M》プレイ《O》だ。あなたはそこまでする必要はないが、ゲームは参加者が多ければ多いほど楽しい。そして、つながりのレジリエンスはあなたの社会的ネットワーク全体にさざ波のように広がっていく。一緒にプレイしようと誘うことは、あなただけでなく、仲間にとってもいいことなのだ。

ジョーの経験は珍しいものではない。次の物語からもわかるとおり、社会的サポートに対してゲームフルなアプローチをとれば、あなたの仲間は強く、勇敢に、楽観的になる。結果として、あなたも仲間と一緒に強くなっていく。

スーパーベターの物語：遠距離仲間

二六歳のケイトがパワーアップアイテムを集め、悪者と戦い、クエストをクリアして、最近の憂鬱状態からようやくスーパーベターになるまで、三カ月がかかった。が、ガールフレンドのローラとの関係が大きく進展するまでにかかったのは、たったの三日だった。

ケイトとローラは遠距離恋愛の仲だ。ケイトはオハイオ州コロンバスに住んでいて、そこで小規模な非営利団体のITサポートをしている。ローラはそこから車で三時間の距離にあるミシガン州アナーバーに住んでいる。ふたりはネット上の有名デートサイトで出会い、強いつながりを感じた。そして、たとえ週末しか会えなくても、この関係がうまくいくかどうかを確かめようとした。

「ローラには最初から、憂鬱と不安に苦しめられていることを正直に話しました」スーパーベターの経験談についてインタビューしたとき、ケイトはそう語った。「でも、憂鬱や不安がどんなものなのか、ほんとうにわかってもらえるわけじゃありません。ローラも理解は示してくれましたが、彼女にとってはブラックボックスのようなもので、中までは覗けません。憂鬱が私の毎日をどんなふうに蝕《むしば》んでいるか、誰かにちゃんと理解してもらえたことはないんです」

ふたりの家が離れていたこともあって、ケイトがいつ苦しんでいるのか、ローラにはなかなか伝わらなかった。しかし、スーパーベターがそんな状況をほとんど一夜のうちに変えた。ケイトが自分のパワーアップアイテム、悪者、クエストのリストを見せることにしたのだ。「仲間になって、一緒にゲームをプレイしてほしいと頼むのは少し恥ずかしかった。でも彼女は喜んで、わたしを助けるための具体的な方法がわかってうれしいと言ってくれました」

ケイトはどんな助けを求めたのだろうか？　彼女はなるべくシンプルにまとめていた。毎晩少しだけでもローラと話したい。どの悪者と戦ったとか、どのパワーアップアイテムが役に立ったとか、次はどのクエストに挑戦しようと考えているとか、そんな話を。ふたりはもともと毎晩ビデオチャットをしていたから、ゲームの進み具合の確認もその日課になんなく組み込むことができた。

ローラがスーパーベターの用語を覚えるまで数日かかったが、ひとたび理解してもらうと、あとはスムーズだった。ふたりはケイトのメンタルと感情のチャレンジについて、初めてつまびらかに話し合った。「ゲームの用語を使うことで、わたしがどんなふうに苦しんでいるのか、具体的なところまで全部わかってもらえるようになりました。たとえばこんな具合です。『今日は〝自己批判〟が強敵だった。鏡を見ても自分の欠点しか見えないの』とか、『〝ゆがんだ虫メガネ〟をなんとかしたい。でないと、職場での些細な出来事について、いつまでも自分を責めてしまう』とか」

ふたりはすでにとても親密な間柄になっていたが、こんな会話をするのは初めてだった。「こういうネガティブなひとり言を頭の中で繰り返しています。口にこそ出しませんが、日々格闘しているんです。でもゲームの進捗を毎日報告するようになり、思いを共有できるようになりました」

ケイトの憂鬱感が生活に与えている影響がローラにも理解できるようになると、ふたりにとって、クエストが重要な意味を帯びるようになった。「わたしがどんな思いをしているか、ローラにもちゃんと伝わったんです。彼女は正しい方向に進めるようなクエストを与えてくれました」ローラが課したクエストには、一分間でできるだけたくさん自分の長所を書きとめるクエストや、ローラがケイトに一分間「あなたは美しい」と言いつづけるクエストがあった。その間《かん》、ケイトはローラの言葉を遮ったり、自虐的なことを言ったりしてはいけないというルールだ。

ローラに毎日スーパーベターの報告をしていた三カ月間は、ふたりの関係が大きく育まれた期間でもあった。「自分の弱点、苦悩、暗い部分を見せたいとは誰も思いません。でもスーパーベターのルールのおかげで、こうした問題を安全で建設的で、ポジティブな方法で見せることができました。苦しみを乗り切って、よりよい自分になろうとがんばっている姿を見せることができて、ガールフレンドにもわかってもらえたんです。

一緒にプレイした結果、わたしたちはとても強くなりました。それはまちがいありません。感情面での親密さも増しました。たぶん、スーパーベターのルールが正直さや感情の弱さに対して報酬を与える仕組みになっているからです。現実の世界ではそういうことはほとんどありません」

一番近しいローラという仲間とともに、ケイトは大きな成長を遂げ、憂鬱感を人生第一のチャレンジとは思わなくなった。「憂鬱感とは今後もずっとつき合っていくことになるでしょう。でも、それがわたしという人間を決めたり、制限したりするわけではありません」彼女は今、新しい目標に向けてゲームフルなスーパーパワーを活用している。「スーパーベターのおかげで物事をとてもポジティブに見られるようになりました。だから今は、ずっと手をつけたいと思っていた別の課題にも取り組んでいます」彼女の目下のチャレンジはキャリアに弾みをつけることだ。プログラミングをもっと勉強し、現職のITサポートからシステム管理者に転身したいのだそうだ。最後に彼女はうれしそうにこうつけ加えた。「ローラは今でも頼れる仲間です。わたしの一歩一歩をいつも励ましてくれます」

知り合いを仲間に誘えるかどうか、まだ自信が持てないようなら、最後にあなたを勇気づけるデータを示しておこう。

これまで世界じゅうのスーパーベター・プレイヤーたちが、数千、数万人の仲間たちをオンラインでのプレイに誘ってきた。わたしたちのデータによると、この友人や家族たちはプレイヤーを手助けする機会をまちがいなく楽しんでいる。なぜそう言えるのか？　最初に仲間としてスーパーベターに参加した人は、自分のチャレンジのためにスーパーベターに登録した人に比べ、回数でいって平均して二倍ログインしている。また、彼らはログインのたびに、自分のチャレンジに取り組んでいる人よりも平均して多くの行動（励ましのコメントを残す、クエストを提案するなど）をしている。つまり、ほとんどの仲間は一緒にプレイすることをただ引き受けてくれるだけでなく、あなたの旅に加わることにワクワクしているのだ。あるスーパーベターの仲間はこう言った。「友人や家族が助けを求めてきたら、それには大きな意味がある。そして、自分のサポートが認められることにも」

むやみに明るいことを書きたいわけではない。誘った相手が忙しすぎて、すぐには参加できなかったり、自分のチャレンジで手いっぱいで、あなたの誘いに応じられなかったりする可能性ももちろんある。それか、ゲームというものに偏見を持っていて、あまり乗り気になってくれないかもしれない。そうなったら傷ついたり、がっかりしたりするのは当然だ。それでも、周囲のサポートがもたらしてくれる恩恵は非常に大きいので、あなたをほんとうに強くしてくれるもののために、もしかしたら失望するかもしれないという小さなリスクをとることをお勧めする（誰を最初の仲間にすべきかわからない場合は、日頃からゲームに親しんでいる人、過去にあなたに手を差し伸べてくれた人、サポートを表明してくれた人にしておけばまちがいないだろう）。

それともうひとつ。仲間にこの先ずっとサポートしてもらわなければならないわけではない。

スーパーベター・プレイヤーたちへのインタビューから、仲間がゲームにちゃんと参加できるのがたった一週間だったとしても、あなたにも仲間にも大きな恩恵がもたらされることがわかっている。親近感を高め、コミュニケーションを改善し、お互いへの理解を深めるには、ほんの少し一緒にプレイするだけでいいのだ。

もうひとつの戦略：オンラインで仲間をつくる

直接会える人をひとり以上仲間にするのは大切なことだが、ゲームを始めるにあたり、それがベストな方法とはかぎらない。スーパーベターを新しく始める人のうち、だいたい五人に一人が友人や家族とではなく、バーチャルな仲間とゲームを始めたいと口にする。

もしあなたが非常に内向的だったり、ひとりでいるのが好きだったりするなら、同じように思うかもしれない。あるいは、近しい友人や家族を誘いたくないもっともな理由があるのかもしれない。スーパーベターのフォーラムでこんな発言をしたプレイヤーがいる。「幾人かの知り合いに対する、よくない感情に向き合っています。それを誰かに『おい、おれにとっての悪者はおまえだ』なんて言うのははばかられます。だから今のところ、この問題は知らない人と共有したほうがいいと思っています」

今あなたが取り組んでいるチャレンジをすでに経験している人とのつながりが欲しい場合、バーチャルな仲間はとくに力になってくれる。

アメリカ人の二五パーセントには重要な個人的問題を打ち明けられる親友がいない[*11]とされてい

るが、もしかしたらあなたもそういうタイプなのかもしれない（この数字は過去二〇年間で二倍以上に増えている。だから、名指しできる仲間候補がひとりもいないとしても、恥ずかしいことではない）。

今述べた状況のいずれかに当てはまる場合、まずはオンラインで仲間をつくることから始めよう。ネット上には、あなたが想像できるかぎりのあらゆるチャレンジに関するフォーラムやSNSのグループがある。どこを探していいかわからないようなら、http://areyougameful.com に最も一般的なスーパーベターのチャレンジに関する人気フォーラムとグループをまとめておいた。インスタグラム、ツイッター、Pinterest などのSNSでハッシュタグ #superbetter で検索しても、ほかのプレイヤーが見つかるだろう（わたし自身、驚くほど多くのバーチャルな仲間をつくった）。

経験豊富なスーパーベター・プレイヤーたちは、バーチャルな仲間をよく褒めちぎっている。あるプレイヤーはこう言った。「まさか、実際に会ったこともない、顔も知らない仲間たちをこんなに身近に感じ、彼らの夢や苦悩をこんなに気にかけるようになるなんて。彼らがうまくやっていればうれしいし、自分も鼻が高い。仲間との経験は、当初考えていたよりもずっと親密で、元気が出て、価値のあるものだった。仲間を愛してる！　ある意味では（いい意味での）家族みたいなものだ」

バーチャルな仲間とのコミュニケーションは、たとえそれが画面上のものであったとしても、あなたのつながりのレジリエンスを高めてくれる。四五の科学的研究に対するメタ分析によれば、他者にアドバイスや励ましの言葉を送るオンラインコミュニティに参加した多くの人が、社会的サポートが目に見えて向上したと感じている。

つながりのレジリエンスが高まれば、実際の知り合いを仲間にしても大丈夫そうだと思えるようになるかもしれない。オンラインの仲間を日常生活における仲間の代替とは考えずに、今後の人生でもっと頼りになる仲間をつくるための出発点と考えよう。

これで納得してくれただろうか？　では次のクエストに挑戦して、このゲームをシングルプレイからマルチプレイに進化させよう。これは非常に重要なクエストだ。

クエスト34：最初の仲間をつくる

〈やるべきこと〉スーパーベターの最初の仲間に誘う知り合いをひとり選ぶ。
誰にするか決められない場合は、以下の質問リストが役に立つだろう。

- 一緒にいるとほんとうの自分になれると感じる相手は？
- どうしても助けが必要なときにそれを求められる相手は？
- 会話が弾む相手は？
- 一緒にゲームをする相手は？
- 会ったり、話したりすると笑顔になれる相手は？
- いいアドバイスをくれる人は？
- あなたが尊敬していて、コーチやメンターに向いていそうな人は？

・そばにいると場を明るくしてくれる人は？

最初の仲間を選んだら、クエストの完了に必要なのは〝手を伸ばす〟ことだけだ。

「[ここに自分のチャレンジを入れる] のためのゲームをプレイしているの。よかったら一緒にプレイしてもらえないかな。使う時間は週に数分だけ。電話、メール、ネット、ビデオチャットでもプレイできるし、直接会ってもいいの」

〈もうひとつのクエスト〉 オンラインのフォーラムかSNSのグループに、自己紹介文と自分のチャレンジの内容を書き込む。

幸運を——仲間がつねにあなたを見守ってくれますように！

獲得したスキル：社会的サポートを最大限に引き出す方法

・問題解決の助けを求めるのではなく、「一緒にゲームをしよう」と誘う。

・ゲームの仕組みを説明し、あなたのチャレンジ、パワーアップアイテム、悪者を教える。友人や家族を仲間にするために必要なのはそれだけだ。

・仲間にゲームの進行状況を頻繁に伝え、アドバイス、励まし、サポートをたくさん受ける。

・仲間に専用のクエスト（二四時間以内に実行できるきわめて小さなタスク）を与え、彼らのモチベーションとやる気を保つ。たとえば、あなたを鼓舞するような名言を送ってもらう、あなたのリストからパワーアップアイテムをひとつ選んでもらい、それを一緒に使う、など。

- 友人や家族を誘うことに気が乗らないなら、まずはバーチャルな仲間をつくる。ネット上のフォーラムやSNSのサポートグループは、あなたの取り組みをよく理解してくれる友人をつくるのに最適な場だ。
- ゲームフルな交流はたった一週間するだけで、人間関係に大きな恩恵がもたらされ、つながりのレジリエンスが養われる。だから、仲間のひとりが忙しくてプレイするのを忘れてしまったり、スーパーベターの進捗報告のあいだが空いてしまったりしても問題ない。ただゲームフルに生き、あなたの冒険を多くの仲間と共有するように努める。

第一〇章　秘密の正体

ゲームフルに生きるためのルールその6

秘密の正体を手に入れる。あなた独自の性格の強みを表現した英雄的なニックネームをつける。

これはゲームフルに生きるためのルールの中で最も遊び心のあるルールだ。あなたのユーモアセンスが問われる。あまりまじめに考えすぎないように。自分にふさわしい英雄的なニックネームをつけるには、多少の創造力と自己省察が必要になる。

〝秘密の正体〟というのは、現実世界におけるアバターのようなものだと思ってほしい。ビデオゲームにおけるアバターは、わたしたちが操作するヒーローだ。プレイヤーはアバターの目を通してバーチャル世界を眺め、彼らの特別な強さを活用する。

第三章で見たように、ヒーローのアバターを使ってビデオゲームをプレイすると、実生活におけるあなたの英雄的な資質が引き出される。とはいえ、ヒーローとしての潜在能力を最大限に高めるにあたり、ビデオゲームや3Dのキャラクターは必要ない。あなたの想像力と創造力だけで事足りる。自分に英雄的なニックネームをつける（つまり、秘密の正体を持つ）だけで、精神力、勇気、思いやりといった、チャレンジに向き合う上で最も重要な資質が手に入る。

英雄的なニックネームをつけるに際しては、フィクション、神話、歴史、家族の言い伝えなどが参考になる。次に紹介するのは、成功したスーパーベター・プレイヤーたちが創作した、わたしの好きな秘密の正体だ。プレイヤーごとのさまざまな強み、チャレンジが反映されているのがわかるだろう。

「自分の好きな映画『プリンセス・ブライド・ストーリー』に登場する〝恐ろしい海賊ロバーツ〟にちなんで、〝恐ろしい海賊ロージー〟になりました。わたしはほんとうは暴れ者なんですけど、引っ込み思案なので、現実世界ではそれを表に出さないという設定です。健康状態を改善して、もっと自信がついたら、剣術とセーリングを習うつもりです」

「ぼくの秘密の正体はロジャー・コール。父の英語名です。どんな状況でも、いつも冷静で誠実で寛大な人だったから、この名前を使うと強くなれます。父に敬意を表すと同時に、あいう強さを身につけたいなと思って」

「コミックのスーパーヒーローみたいに〝超能力少女〟になるわ。わたしはときどきネガティブな感情に押しつぶされそうになるけど、超能力少女はそうじゃない。彼女はいつでも自分の心をコントロールできて、充足感、幸福、愛を呼び覚ませるの」

「ダンキー・ドリーという秘密の正体を使っています。馬鹿らしい名前だから、気分が和みます。ダンキーというのは本名がダンカンだから。ドリーは『ファインディング・ニモ』のドリーから採りました。魚なんだけど、自分の欠点なんてどこ吹く風、『いいから泳ぎつづけろ』って感じのキャラクターで、大好きなんです」

「秘密の正体として〝キングフィッシャー・ファイア〟を選びました。わたしの好きなジェラード・マンリー・ホプキンスの詩から採ったんです。この詩に『私のすることが私である。そのために私は来た』という一節があります。スーパーベターを使っていろんな物事をよくして、『私のすることが私である』って言えるようになれたら」

「〝メアリー・ファッキン・ポピンズ〟にしました。メアリー・ポピンズの台詞に『砂糖ひとさじで苦い薬も飲める』というのがあって、今、薬をたくさん飲まないといけないからです。このニックネームはわたしにユーモアのセンスがたっぷりあることも示しています。あきらめずに目標を達成する上で、きっとユーモアが大きな意味を持つと思います」

「私の秘密の正体は〝セルフケア軍曹〟です。PTSDから回復するには、〝自分で自分の面倒を見る〟ことに集中する必要があります。いつも人を助けることを最優先にしてきましたが、まずは自分を愛し、いたわらないことには、人を愛し、いたわることもできないと気づいたんです。〝軍曹〟というのは、これまでに一番影響を受けたキャラクターのひとりが『バンド・オブ・ブラザース』のカーウッド・リプトン軍曹だからです。軍曹はアメリカのパラシュート部隊として第二次世界大戦に参加した実在の兵士で、恐ろしい状況であっても勇敢に、つねに全力で任務を遂行しました。味方の命を救おうと奮闘しながらも謙虚でポジティブで、ほんとうに手本になる存在です」

なぜ秘密の正体を持つのか？　このルールは何かのジョークのように思えるかもしれないが、実は驚くような効果がある。

秘密の正体を持つと〝自分を特徴づける性格の強み《シグネチャーキャラクターストレングス》〟、つまり、あなたという人間の核となる英雄的な資質に集中できるようになるのだ。

シグネチャーキャラクターストレングスはひとりひとり異なり、精神力、やさしさ、ユーモア、スピリチュアリティ（精神性、目的意識、信念など）、冒険心、向学心などがある。あなたならではの強みを見つけれれば、目標を達成するための新しい戦略を編み出せるようになる。この戦略は自分専用にカスタマイズされているので、うまく機能する可能性が高い。

また、今後さまざまなチャレンジに取り組んでいく過程で、いろいろな強みを使い分けたいと思うようになるはずだ。そのたびに秘密の正体を変えることで、その使い分けが容易になる。軽度の脳障害と闘っていたとき、わたしは自分の勇気と精神力を引き出すために〝脳震盪キラー・ジェイン〟になった。これはヴァンパイアキラー・バフィーから着想を得たものだ。夫と子づくりしようとしていたときには、三万年前につくられたヴィレンドルフのヴィーナスと呼ばれるふくよかな石像（多産のお守りと考えられている）にヒントを得て、〝ヴィレンドルフのジェイン〟になった。そのおかげで、自分の別の強み、たとえば〝愛し、愛される力〟に集中できるようになった。あなたも自分のチャレンジと目標が変化していくにつれ、新しい英雄的なペルソナをまとうのがいいと気づくようになるだろう。

秘密の正体にはもうひとつ驚くべき効果がある。それは、秘密の正体を明かせば、仲間ともっと親密な関係を築けるということだ。スーパーベター・プレイヤーの中には、秘密の正体を誰にも打ち明けない人もいる（あのクラーク・ケントでさえ、自分はスーパーマンだとロイス・レインに告白するまで何年もかかった）。しかし、もしあなたが自分の英雄的なペルソナを告白することを選んだなら、あなたが何者になりたいのか、あなたの旅に欠かせない強みと力はなんなのか、友人や家族に非常に明確に伝えることができる。

そして、おそらく一番重要なことは、秘密の正体は自分の英雄的な物語を語るための最初の一歩だということだ。心的外傷後の成長《PTG》と恍惚後の成長《PEG》を専門に研究している科学者らの発見によると、自分の取り組みにまつわる英雄的な物語を伝えることは、チャレンジを経て成長するためのきわめて大きなきっかけになる。自分の強みを発見できるだけでなく、自分の目的も明らかになり、その強みを使って他者を助けられるようになるからだ。

行動科学者スティーヴ・マラボリはかつてこう語った。「もしあなたが自分自身の物語のヒーローでなかったら、人間性の肝心な点を欠いていることになる」

この章では、あなたの英雄的資質を探し、秘密の正体を考案する楽しい方法を紹介する。シグネチャーキャラクターストレングスを見つけ、英雄的な物語を伝えれば、自分自身が強くなるだけでなく、人に刺激を与え、彼らを幸せに、健康に、勇敢にすることさえできる。

では簡単なクエストから始めよう。

クエスト35：夢のヒーローチームを結成する

スーパーベターになることは、あなたの英雄的な資質、たとえば勇敢さ、やさしさ、ユーモア、審美眼、リーダーシップ、向学心などを養うことだ。

こうした資質は実話であるかフィクションであるかを問わず、映画、コミック、テレビ、神話、ビデオゲーム、文学、歴史、宗教、社会活動、スポーツ（これらはインスピレーションを受けるヒーローを見つけやすいものの代表格だ）における英雄的な物語の中に見出すことができる。

どんなヒーローの物語に惹かれるかは人それぞれだ。自分の好きなヒーローを選ぶことで、あなたの性格のいろいろな側面が明らかになる。それはなぜか？　わたしたちはふつう、自分がすでに持っていて、さらに伸ばせるかもしれない強さを体現しているヒーローに惹かれるものだからだ。言い換えれば、あなたのお気に入りのヒーローはあなた自身の英雄的資質を映し出す鏡のようなものだ。あなたがこれまでに、または最近、英雄的なことなんて何もしていないと感じているとしても。

自分のシグネチャーキャラクターストレングスをもっとよく理解するために、**夢のヒーローチームを結成**しよう。

夢のヒーローチームというのは、共通の目標のために力を合わせる三人以上のヒーローのチームのことだ。ほとんどの場合、それぞれのヒーローは異なる強さや能力を持っている。コミック、音楽、スポーツなど、さまざまなカルチャーで夢のヒーローチームを見つけられる。たとえば多様なヒーローで構成されるアベンジャーズにはキャプテン・アメリカ、アイアンマン、ハルク、マイティ・ソー、ブラック・ウィドウ、ホークアイなどがいる。スーパーバンドのトラヴェリング・ウィルベリーズにはジョージ・ハリスン、ボブ・ディラン、ロイ・オービソン、トム・ペティがいる。サッカーのワールドカップでは各国最高の選手たちがチームを組み、世界じゅうのほかのチームと対決する。

あなたの夢のヒーローチームのメンバーは、思いつくかぎりあらゆるカテゴリーのヒーローから選択してかまわない。好きなだけクリエイティブになろう。スパイダーマン、ブッダ、セレーナ・ウィリアムズ、シャーロック・ホームズ、あなたの母親なんてチームでもいい（この五人が挑むチャレンジはどんなものだろう？）

〈やるべきこと〉 ヒーローを三人以上選ぶ。もしそのヒーローみたいになれたら、なんでもできると思わせてくれるのは誰だろう？　もっとがんばろうと刺激を与えてくれるのは誰の物語だろうか？　こんな人生を送ってみたいと思わせる冒険をしているヒーローは？　以下の質問を参考に、独自のヒーローチームを結成しよう。

- 好きなテレビのキャラクターは？
- 好きな映画のキャラクターは？
- 感情移入できる本のキャラクターは？
- 好きなアスリートは？
- 歴史上の人物であなたに一番刺激を与えてくれるのは？
- 魅力を感じる神話の登場人物は？
- 好きなミュージシャン、バンドは？
- 好きなビデオゲームのキャラクターは？
- 刺激を与えてくれる芸術家、クリエイターは？
- 誰の伝記に興味を持っているか？
- コミックのスーパーヒーローで一番興味を惹かれるのは？
- あなたと同じようなチャレンジを克服した実在の、または架空の人物は？
- あなたの理想の人物像を体現しているスピリチュアルな人物は？
- あなたにとって現代の（実在の）ヒーローは？

・有名無名を問わず、ほかにあなたが尊敬する人は?

〈ヒント〉もしアイディアが出てこなかったら、インターネットで〝[文学、映画、神話、ビデオゲーム、歴史、聖書など、好きな媒体名を入れる]のヒーロー(英雄)〟などと検索してみよう。ありとあらゆる種類の〝歴史に名を残すヒーローのリスト〟が見つかるはずだ。

夢のヒーローチームのメンバー

1.
2.
3.

〈ヒント〉たくさん思いついたのなら、出し惜しみする必要はない。夢のヒーローチームに好きなだけヒーローを加えよう。数が多ければ多いほど楽しくなる。

このクエストにはもうひとつ、きわめて重要なステップがある。選んだヒーローのひとりひとりにつき、少なくともひとつずつ、あなたが評価しているスキル、パワー、美徳、性格の強みを挙げること。たとえば、ボストンマラソンで優勝したメブ・ケフレジギを選んでいたら、〝ガッツ〟や〝競争意欲〟かもしれない。「アナと雪の女王」のエルサを選んでいたら、〝自分の力を受け入れ、恐れることなくそれを行使する能力〟や〝自分自身を賞賛する勇気〟かもしれない。いずれにしろ、**このステップは飛ばさない**こと！　ヒーローの強みをはっきりさせれば、その分、自分自身の英雄的資質も鮮明に思い描ける。その資質があなたの人生ですでに思う存分発揮されているにしろ、これから鍛えられ、解放されるのを待っているにしろ。

好きなヒーローを数名特定し、自身のヒーローとしての潜在能力がおぼろげにわかったことで、あなたならではの英雄的資質を見つける準備ができた。

さっそく次のクエストに取りかかろう（この章はほかの章よりクエストが多くなっている。自分の正体については自分が一番詳しいからだ。あなたの英雄的な強みについて、あなた以上に知っている人間はいない。だからこの章の大部分においては、わたしが情報を与えるのではなく、ゲームフルなガイダンスをもとに、あなた自身が考察することになる）。

クエスト36：自分の強みを見つける

どんな障害に直面しても打たれ強くいられる強力なリソースを、あなたは少なくとも五つ持っている。

この五つのリソースが**シグネチャーキャラクターストレングス**、すなわちあなたの美徳であり、あなたが容易に引き出すことができて、行使すれば大きな満足感が得られる資質だ。幸福と充足に関する研究者として最も重要、かつよく引き合いに出されるふたりの研究者、マーティン・セリグマン博士とクリストファー・ピーターソン博士によれば、これらの強みから、あなたがどうやって逆境に向き合うのがベストなのか、何があなたの人生に大きな喜びと満足をもたらすのかがわかる。

セリグマン博士とピーターソン博士は四〇人の研究者からなるチームを組織し、これらの強みを特定した。彼らは世界じゅうの一〇〇近い文化を共同で研究し、一五万人の被験者を調査した。そして、行使するたびに幸せがもたらされ、レジリエンスが高まる広範な徳性をすべて突き止めた。こうして合計二四の分類に区分けされた性格の強みは、今では〝活動中の価値観《VIA》〟ストレングスとして知られている。以下がそのリストだ。

〈やるべきこと〉リストに目を通し、**あなたによく当てはまると思う五つの強みを選ぶ。**あまり考えすぎないように。もし望むなら、一二〇個の質問に答えることで五つの強みを特定できるテストがインターネット上に存在している（詳しくは後述する）。しかし、わたしがおこなってきた実験によると、ほとんどの人はリストを眺めるだけで、フォーマルなテストで特定される五つの強みのうち、少なくとも四つを選ぶことができる。だからこのまま読み進めても問題はない。**あなたによくあてはまると思うものを五つ選ぼう。**

- 創造性：豊かな想像力と独自の考え方を持つ。つねに従来のやり方の先を行く。
- 好奇心：探索と発見を好む。新しい何かを知ることに強い欲求を持つ。
- 知的柔軟性：新しいアイディアや議論をつねに受け入れ、物事をあらゆる角度から慎重に考える。
- 向学心：新しい知識を自然と求め、新しいスキルの習得に情熱を燃やす。
- 大局観／知恵：他者に助言し、世の中の物事について納得できる才能を持つ。
- 勇敢さ：チャレンジ、脅威、困難、苦痛にひるまない。反対に遭っても正しいことをやりとげる。
- 忍耐力：いったん始めた物事を最後までやり抜くことに喜びを感じる。どんな障害に直面しようとやりとげる。
- 誠実さ：偽りなく誠実に生き、何が起きようと自分に忠実である。
- 活力／熱意：人生を冒険のように生きる。何をするにも、自分のしていることにエネルギーを注ぐ。
- 愛し、愛される力：思いやりがあり、他者と非常に親密な関係を築く。
- 親切心：他者のために時間をつくる。進んで人助けをする。
- 社会的知性：他者を理解し、その感情を予測できる。多様な社会的状況に溶け込む。
- 市民性／チームワーク：強い社会的責任感を持つ。自分のやるべきことをやり、得たものを還元する。
・公平さ：他者を公平に扱い、必要とあらば正義のために戦う。
・リーダーシップ：他者を励まし、力づける。優秀なまとめ役として物事をなしとげる。
・寛容さ／慈悲心：他者にやり直すチャンスを与え、人の欠点を寛大に受け止める。
・慎み深さ／謙虚さ：他者を自分と同じように高く評価する。脚光を浴びることを求めず、自らの業績を吹聴しない。
・思慮深さ：慎重で思慮深い。後悔するようなことはめったにしない。
・自律／自制心：強い意志力を持っている。思考や感情をコントロールできる。
・審美眼：身のまわりの卓越したもの、美しいものに気づく。しばしば畏怖と驚嘆の念を覚える。
・感謝：感謝の気持ちをよく表現する。人生におけるよい物事や他者に感謝している。
・希望：将来にいい結果を期待する。夢の実現に向けて行動する。
・ユーモア／遊び心：人生の明るい側面を見る。いつも人を笑わせる。
・スピリチュアリティ：人生における高次の目的や、自分の行動すべての意味を探求する。

気づいたかもしれないが、シグネチャーキャラクターストレングスは、バイリンガルであるとか、運動能力が高いとか、プログラミングができるというような、ただのスキルや才能ではない。通常の才能とちがい、シグネチャーキャラクターストレングスはあなたの一番深いところにある価値、あなたが一番大事にしているもの、あなたの人生に意味と目的をもたらすものを表わしている。

〈例〉 たとえば、あなたは料理が非常にうまいとしよう。心理学者はそれをあなたのシグネチャーキャラクターストレングスとは考えないが、そのヒントにはなるかもしれない。家族のために料理することで、いつも信じられないぐらいの満足感を得ているとしたら、あなたの大きな強みのひとつは〝愛し、愛される力〟の可能性が高い。新しいレシピを発明するのが好きなのだとしたら、強みは〝創造性〟かもしれない。料理番組を見て新しい技術を習得することに喜びを見出しているのだとしたら、〝向学心〟かもしれない。こうした内面の強みは、どうしてあなたが料理にそれほど大きな喜びを感じ、情熱を捧げるのかを説明する材料になる。

さて、シグネチャーキャラクターストレングスについて理解したところで、あなたの五つの強みを選べただろうか？　あまり難しくないようなら、それらに順位をつけてみよう。1番があなたという人間を最も本質的に表わす強みになる。

〈次のステップ〉 あなたの五つの大きな強みを書き出し、そのリストを数日から数週のあいだ、よく目につくところに置いておく。それが、あなたが独自の組み合わせの強みを持っているというリマインダーになる。どんなチャレンジにおいても、それらの強みがあなたを助けてくれるだろう。

〈ボーナスクエスト〉リストを眺めて、自分のシグネチャーキャラクターストレングスをちゃんと選べたかどうか自信がなければ、このボーナスクエストに挑戦しよう。二四の強みすべてが書かれたリストを友人や家族に見せ、あなたの大きな強みを五つ選び出してもらうのだ。これをやると、つながりのレジリエンスを育むこともできる。彼らのためにも同じことをすると申し出れば、もっと楽しくなるだろう。自分でつくったリストと彼らがつくったリストが一致しているかどうか確認しよう。相手が選んだものが自分で選んだものとまったくちがっていたとしても、それはたんに、あなたには強みがたくさんあるということにすぎない。だから何も心配することはない。

〈ヒント〉自分がその五つの強みを持っているという客観的、科学的な厳然たる証拠がほしければ、特別なボーナスクエストを与えよう。http://www.viacharacter.org/survey を訪れ、科学的に実証されている強み調査をおこなうといい（日本語にも対応している）。このオンライン調査には一二〇個の質問が用意されており、一〇から一五分ほどで完了する。あなたの持つ五つの大きな強みに関する詳細な説明も読める。それらをうまく使って問題を解決したり、夢を追求したりできるという事実に、よりいっそう自信を深められるだろう。

この章ではすでに、夢のヒーローチームを結成し、自分のシグネチャーキャラクターストレングスを知るという、ふたつの非常に重要なクエストをクリアした。次はいよいよ、このふたつを組み合わせて秘密の正体をつくる。

クエスト37：秘密の正体を持つ

このクエストで自らに英雄的なニックネームをつけることによって、スーパーベターの旅に命が吹き込まれ、あなた独自の強みにスポットライトが当てられる。秘密の正体をつくるにあたり、まちがった方法はない。スーパーベター・プレイヤーたちの採った最も一般的なアプローチを以下に紹介しよう。このうちのひとつ、またはいくつかを試してみて、どんな秘密の正体が自分に一番ふさわしいかを突き止めよう。

・**夢のヒーローチームからヒーローをひとり選ぶ。** キャラクターまたはその強みから着想を得て、自分自身に英雄的なニックネームをつける。彼らの名前をそのまま使ってもかまわない（「ぼくはアイアンマン」「わたしは愛の女神アフロディーテ」）が、多少言葉を変えたり、自分の名前を組み込んだりしたほうがいい（「ぼくはアイアンマン・ケーシー」「わたしは愛の女神ケリー」）。

・**夢のヒーローチームからふたり以上を選び、それらを組み合わせて独自の新しい正体をつくる。** スーパーベター・プレイヤーの例だと「ぼくの秘密の正体はワンダー艦長。好きなふたりのヒーロー、『スタートレック』のピカード艦長とワンダーウーマンを組み合わせたんだ」

・**尊称をつける。** ○○女王、○○王、○○大統領、○○司祭長、○○保安官、○○姫など。○○の部分には自分の好きなシグネチャーキャラクターストレングスや独自の資質を入れる。たとえば、好奇心の王ロジャー、改革女王メアリー、ロックンロール料理司祭長ジムなど。

・**新しいミドルネームをつくる。** たとえばジェイン・〝アドベンチャー〟・マクゴニガル、ハリー・〝ザ・ベア〟・スミスなど。

・**ネット上の名前ジェネレーターを使う。** 数千から数万通りのカスタマイズされた、あるいはランダムなヒーローの名前をつけられる。ヴァレンティン・ドラゴンハウル、ツナミ・ハートウォリアー、プディング・パスファインダーなんていう名前ができることもある（ほんとうにある）。名前ジェネレーターのURLは巻末の編集部付記を参照のこと。[*1]

・**自分の名前におもしろい形容詞や称号をつける。** たとえば女帝チェルシー（女帝エカテリーナから着想）、スーパートニー（スーパーマリオから着想）など。

〈ほかのアイディア〉 あなたの名前の文字をごちゃまぜにして、新しい名前をつくる。たとえば、わたしの名前のアナグラムはエース・ロンギング・ジャム（Ace Longing Jam）になる。このアイディアはオランダのスーパーベター・プレイヤー、メイケからヒントを得た。彼女の場合はこうだった。「わたしの秘密の正体はエキエム（Ekiem）にする。名前を逆さまに読んだだけだけど。わたしはもっといい自分になろうとしている。みんな、そうなれるだけの力を自分の奥底にすでに持っていると思う。わたしの中に眠っているヒーローを呼び覚ますの。だからエキエム！」この方法だと、あなたのシグネチャーキャラクターストレングスを表現できないかもしれないが、自分には自分を変える力が備わっているのだと思い出すよすがにはなるだろう。http://wordsmith.org/anagram を使えば、ネット上でアナグラムを検討できる。次はあなたの番だ。どんなヒーローがスーパーベターなあなたをよく表現しているだろうか？

わたしの秘密の正体は（　　　　　　　　　　　　　　　　　　）。

このヒーローの強み、スーパーパワー、徳性、特殊能力は、

1.

2.

3.

秘密の正体をつくったら、次に何をすればいいだろうか？　スーパーベターのプレイヤーたちは、自分の秘密の正体ができたことを記念して、次のようなことをしている。

視覚的な手がかりをつくる。あなたの秘密の正体を思い出させるイメージを見つけ、冷蔵庫、鏡のそば、財布の中など、よく目にする場所に置いたり、忍ばせたりしておく。またはデジタル画像をパソコンのデスクトップの背景に設定するか、携帯電話の待ち受け画像に設定する。

行動のきっかけになる言葉を選ぶ。自分の秘密の正体の強みを思い出させ、あなたを行動に導いてくれる、短く力強いフレーズを選ぶ。

誇りになるようなものを身に着ける。スーパーマンのようにSの字をでかでかとシャツの下につける必要はない。リストバンド、靴ひも、サングラス、アクセサリー、靴下、その他、あなたの秘密の正体を表わすものであればなんでもいい。英雄的な強さが必要な日にそのアイテムを着用する。

テーマソングを選ぶ。テレビ番組や映画では、ピンチの場面でヒーローが現われるときに決まってかかる曲がある。自分用にも一曲選ぼう（サウンドトラック盤でドラマティックな曲を探すといい）。英雄的な力に弾みをつけたいときにそれを聴く。

ひっそり公開する。秘密の正体をあからさまには見せず、ＳＮＳのプロフィール画像を、さりげなく秘密の正体をほのめかすようなものに変える。

ヒーローの言葉を集める。既存のキャラクターや実在の人物から秘密の正体を着想した場合、彼らの言葉の中で好きなものをいくつか集める。秘密の正体が完全にオリジナルな場合は、夢のヒーローチーム（クエスト35で選んだもの）のメンバーの言葉、またはあなたのオリジナルヒーローと親しそうなほかの誰かの言葉でもいい。その言葉を日記や携帯電話、すぐに開けるパソコンのファイルに書き込む。あるいは付箋のようなものに書いて、家のあちこちに隠して貼っておく。小さな紙切れに書いたものをまとめて瓶に入れ、くじ引きのように使ってもいい。

ヒーローの世界に入り込む。映画やテレビ番組のキャラクターに着想を得たのなら、鑑賞会を開いたり、お気に入りのシーズンを観返したりする。本のキャラクターに着想を得た場合は、その本を再読するか、誰かのために朗読する。実在の人物から着想を得た場合は、回顧録、自伝、インタビュー、スピーチなどを探す。物語をゆっくり味わい、インスピレーションを得よう。

信頼できる人に秘密の正体を打ち明ける。秘密の正体を仲間のひとりに打ち明け、あなたの英雄的な強みがどんなものかを理解してもらい、一緒に祝福する。

どれを選ぶのであれ、遊び心と創造力を発揮するチャンスだ。あなたが惹かれている物語やヒーローを称えよう。そして何より、最高の自分（スーパーベターになった自分）を表現し、祝福する新しい方法を探そう。

スーパーベターの物語：次のドクター

ごく少数の人には〝次のドクター〟としても知られているホセ・カルドナの物語は、秘密の正体が大きな力を持っていることを証明している。

プエルトリコ出身のホセは三〇歳。ノースカロライナ州に住み、そこで心理療法クリニックを開業している。しかし、スーパーベターを始めた二年前には、まだカウンセラーの資格を取るために学校に通い、次のキャリアステップを決めていなかった。

「秘密の正体を持ったことは、私に大きな影響を与えました」そう認めるまえ、彼が秘密の正体を打ち明けた相手はふたりしかおらず、そのふたり目がわたしだった（ひとり目はガールフレンド）。

彼の秘密の正体はイギリスの長寿ＳＦテレビ番組「ドクター・フー」から着想を得たものだ。「秘密の正体を〝次のドクター〟にしたのは、カウンセラーの資格を取りたかったからです」自分の街で次に心理療法医になる人間になりたいと考えていたのだ。「でもそれだけじゃなく、ドクター・フーがとても好きだったからでもあります」ドクター・フーはタイムトラベルをして文明を救うヒーローだが、そうすることで一般市民も救っている。「この名前は私にとって、自分のトレーニングを完了させることと、ドクター・フーの英雄的な資質、たとえば他者を助けること、好奇心、向学心、誠実さといったものをもっと獲得することを意味していました」

ホセは架空の秘密の正体を持ったことで、驚くべきことに、ほんとうの自分がわかったように感じたのだそうだ。「〝次のドクター〟のことを理想の自分、なりたい自分と考えていましたが、でも同時に、彼こそが自分自身だという気もしました。秘密の正体を持ったとき、私自身の強みがクローゼットの中から出てきたように感じたんです。たぶんそういう強みをすでに持っていたんだと思います。強みを積極的に使っていくことにも徐々に慣れていきました。秘密の正体を持つことで、新しいレベルに到達したんです」

〝次のドクター〟として、ホセはメンタルヘルスのカウンセラーの資格を取る勉強を始めた。その後、経済的にはリスキーだったが、クリニックを開業することにした。今のところ、そのリスクを冒した甲斐はあったようで、クリニックの経営は順調にいっている。

彼と話していて一番心を打たれたのは、秘密の正体が彼の重視する徳性をどれだけ育んだかということだった。彼は自分の秘密の正体にインスピレーションを受け、きわめて具体的なやり方で、いいカウンセラーになろうとしていた。「テレビの中のドクター・フーは見聞が広く、博識です。何しろ世界じゅうのあらゆる場所を旅していて、どの時代にも行ったことがあるんですから。なのに、出会う人ひとりひとりを新しい、特別な存在と見なしている。人に無限の興味を持ち、人を尊敬しているんです。これまでに出会ってきた人々のすばらしさを語るドクターを見るたびに、自分のカウンセリングでもクライアントにそう感じてもらいたいという思いを新たにします」

わたしがインタビューしてきた多くの成功したスーパーベターー・プレイヤーと同じく、ホセはルールどおりにスーパーベターをプレイするというスタンスから、よりゲームフルに生きるというスタンスへと変わっていった。「もう一年近く、クエストもパワーアップアイテムも悪者も、記録につけていません。でも、そういったコンセプトはまだ私の中にあって、考え方の一部になっています。クライアントに対してスーパーベターの用語を使うこともあります。それらは日常の語彙の一部になったんです」彼はまだ秘密の正体とともにある。自分がなりたいと思ってきた人物を忘れないようにと、今も職場の机の上にターディス（ドクター・フーが使う電話ボックス型のタイムマシン）のミニチュアを置いている。「ドクター・フーのことはいつも考えています。私はまだ〝次のドクター〟なんです。日に日にそれに近づいています」

◀▶

秘密の正体を持つことはとても楽しい。が、それだけでなく、とても大きな恩恵をもたらしてくれる。

さて、自分のシグネチャーキャラクターストレングスを知り、その強みを連想させる英雄的なニックネームを手に入れたところで、さっそくそれらを活用することにしよう。

過去一〇年の研究によると、自分の性格の強みについて毎日考える習慣がある人は、三つの大きな恩恵を経験する。

第一に、そうした習慣のある人は、より大きな成功を収める。自分の強みに対する自覚がある人は、目標に向けて大きく前進し、より大きな達成をする（強みの利点についてのこうした研究では、通常のスキルや才能ではなく、二四個あるＶＩＡストレングス――クエスト36で紹介した徳性――を調べている）。ある研究では、最初に自分の性格の強みのリストをつくり、積極的にチャレンジに適用した人は、三カ月先の目標を選んだあと、実際に目標を達成する確率がきわめて高かった。*2 また、そういう人たちは、三カ月間の途中経過報告のたびに、幸福度と生活への満足度が高いと回答した。

つまり、自分の強みを日々自覚し、実践すれば、大きな成功を収められるだけでなく、もっと幸せになれるということだ。ある無作為化比較試験では、全般的な幸福度を改善するために六つの異なる手法がテストされた。その中には感謝の気持ちを日記に綴る、愛する人にポジティブな感情を伝えるといった手法が含まれている。結果、一番効果が際立っていたのが、シグネチャーキャラクターストレングスをリストにすることだった。自分の強みをリストにしていた被験者は、六カ月後、研究開始時に比べて著しく幸福になっていたばかりか、ほかの手法を使った被験者よりも幸福になっていた。六カ月間、自分の強みについて日々考え、それらを実践しつづけた人ほど幸福度があがっていたのだ。[*3] これがふたつ目の恩恵だ。

第三に、自分の強みに集中すると、病気、怪我、障害（関節炎、ガン、慢性痛、不妊、薬物依存、摂食障害、PTSDなど）にうまく向き合えるようになる。[*4] 研究により、治療、回復期間中に自分の強みについて考えたり、その強みを使ったりすればするほど、たとえ重大な健康問題に直面していても、社交的に、生産的になり、生活への満足度が向上することがわかっている（どんなシグネチャーキャラクターストレングスでもほんとうの恩恵をもたらしてくれるが、こういった問題に取り組む際には、勇敢さ、親切心、ユーモア、審美眼、向学心といった強みが非常に有益なようだ。そのため、治療、回復期間中の患者に対し、とくにこれらの強さを伸ばすようアドバイスする心理学者もいる）。[*5]

自分の強みを自覚し、効果的に使える人ほど幸せになり、成功を収める。これは自明の理に思えるかもしれない。が、実際問題として、つらい試練に直面しているときにはとくに、強みではなく弱さに目を向けてしまうものだ。多くの人にとっては、自分の強みをいくつか挙げるより、欠点をずらずらと並べるほうが簡単だ。不安、憂鬱、自己疑念に悩まされている人は言うにおよばず。

もちろん、自分の欠点を完全に無視しないというのも大切なことだ。だからこそわたしたちは悪者と戦うのだから。しかし、シグネチャーキャラクターストレングスから充分な恩恵を受けたかったら、自分の強みについて毎日考え、それらを使うようにしなければならない。これが秘密の正体を持つ大きな理由だ。英雄的なニックネームを使うたびに、あなたは自分の強みを積極的に思い出すことになる。

大きな目的があれば、自分の強みを使いやすくなる。次のクエストでその方法を説明しよう。

クエスト38：強くなるための七つの方法

〈やるべきこと〉今から数分を使って、日常生活の中で自分の性格の強みを実践し、秘密の正体を表現するための七つの方法を考案する。

〈例〉強みを実践する方法はいろいろあるが、そのうちのいくつかを紹介しておこう（臨床心理学者タヤブ・ラシッド博士とアフローゼ・アンジュム博士による『VIAストレングスを使う三四〇の方法』（340 Ways to Use VIA Character Strengths）というすばらしい情報源を参考にした。完全なリストはネット上で確認できる。URLは巻末の編集部付記を参照のこと）[*6]。

あなたの強みのひとつが向学心なら、外国語の新しい単語やフレーズを勉強し、今日の会話で使う。

あなたの強みのひとつが活力／熱意なら、日頃からすでにやっていること（洗濯物を片づける、犬の散歩をするなど）に普段以上の肉体的エネルギーを注ぎ、自分の感じ方の変化に着目する。

あなたの強みのひとつが社会的知性なら、音量をゼロにしてテレビ番組や映画を観て、表情や身振りからどんな感情が読み取れるかを確かめる。

あなたの強みのひとつが市民性／チームワークなら、今週の一五分を使って公園や共用キッチンなどの清掃、デコレーション、手入れをする。

あなたの強みのひとつが寛容さ／慈悲心なら、次回誰か特定の人があなたの気分を害したときにどんな反応をすべきかを考えておく。そして、ときおりその計画を思い出し（可能であればリハーサルもして）「あの人がどんなに自分の気分を害しても、計画どおりに反応する」と念じる。

あなたの強みのひとつがスピリチュアリティなら、今日、スピリチュアルなことが書いてある文章を数分間読む。そして、信頼し、尊敬している人とその内容について議論する。

〈さあ、あなたの番だ〉あなたの強みを使い、秘密の正体を表現する方法を七つ考えよう（このリストはクエスト36で見つけたあなたの五つのシグネチャーキャラクターストレングスにもとづいて作成すること）

1.
2.
3.
4.
5.
6.
7.

〈仕組み〉これはペンシルヴェニア大学とミシガン大学の研究チームが使っていたのと同種の手法だ。彼らの研究では、被験者は自分のシグネチャーキャラクターストレングスを特定し、それらの強みを翌週いっぱいかけて使う方法を七つ考案した。七日間かけて七つの異なる方法を使ったところ、被験者の幸福度と生活への満足度が向上した——その週だけでなく、その後の六カ月間も。

あなたもまったく同じ成功を経験できる。具体的な行動を七つ考案した今、はっきりした自覚と目的を持って自らの強みを使えるようになった。一日につきひとつを試し、次の七日間を使って全部完了させよう。予定どおりにいかなかったり、やり忘れたりした日があっても、リストの途中から再開すれば問題ない。

スーパーベターの物語：一緒にプレイする家族

ウェブ開発者にしてふたりの幼い娘の父親であるアーロン・ウィンボーンは、四四歳のときに筋萎縮性側索硬化症（ALS）と診断され、その数カ月後にスーパーベターのプレイを始めた。「スター・ウォーズ」のジェダイ戦士ルーク・スカイウォーカーにちなんで〝アーロン・スカイウォーカー〟という秘密の正体を持ったころには、両手をまともに動かすことができなくなっていた。彼は音声認識ソフトを使い、最初のエピックウィンを達成したというメッセージを送ってくれた。エピックウィンの内容は、ALSとのつき合いが楽になるよう、バリアフリーの家に引っ越したことだった。

ゲームがこんなに深刻な病気の助けになるとは信じられない人もいるだろうが、ゲームフルなアプローチの効果について、アーロンはほかのALS患者にも伝えたいと考えていた。「ポジティブに考えれば病気が快方に向かう、なんて幻想を抱いているわけではありません。スティーヴン・ホーキングを別にすれば、この病気にかかって数年以上生きた人はほぼ皆無です。それでもスーパーベターを使えば、毎日少しずつ生活の質を高めていけます」

アーロンと彼の妻は、家族が新たに直面した困難な現実に、五歳と八歳の娘たちを向き合わせることにした。その際、スーパーベターが具体的でポジティブな方法を与えてくれた。ふたりの娘は仲間として、特別なクエストをすることになった。たとえば、アーロンのパワーアップアイテムの中でもひときわ重要な〝スーパーマンの飛行ポーズ〟と〝ジェダイ戦士の訓練動作〟を手伝うこと。これらは、実際にはアーロンが筋肉と関節を目いっぱい動かすためのストレッチだった。彼の肉体はだんだん衰えていったが、スーパーヒーローとしての正体を持ったことで、娘たちに強さを示すことができた。それは父親として、とても大事なことだった。

アーロンはもっと広い範囲の友人や親族をプレイに誘った。パワーアップアイテムや悪者の話を交えて病状を伝え、どうやったら彼らが力になれるかを正確に理解してもらった。友人の親しい仲間には、同じように「スター・ウォーズ」から着想を得た役割を与えた。友人のリアーナは精神的指導者リアーナ＝ワン・ケノービとなった。ルーク・スカイウォーカーをジェダイとして鍛えあげた師、オビ＝ワン・ケノービにちなんでのことだ。「精神的指導者としての彼女の力は〝単刀直入〟です」とアーロンは説明した。彼女は頼りになるパートナーで、死や人生の意味について、アーロンがしたかったような正直で率直な会話ができた。「それから彼女には、私に毎週の読み物を与えるという重要なクエストをやってもらいました」毎週、彼女から哲学的、精神的な教えに関するさまざまな本を借り、それについて意見を言い合った。

しばらくして、アーロンはもう秘密の正体は必要ないと考えるようになった。ALSが進行していく中で彼が示しつづけた精神力と家族への愛により、みんなにとって本物のヒーローになっていたからだ。残念ながら、病名を告げられた三年後、アーロンは四七歳で亡くなってしまった。しかし、ALSという現実と向き合う上で、ゲームフルなアプローチが果たした役割は大きかった。「不治の末期疾患と診断されたとき、何よりも必要なのはスーパーパワーです。私のスーパーパワーを思い出させてくれて、どうもありがとう」彼から届いたメッセージにはそう書かれていた。それから、自分の物語をぜひ広めてくれと。「みんなが自分のスーパーパワーを見つけられるよう、力になりたい」

秘密の正体を持つことには、知っておくべき恩恵がもうひとつある。この恩恵があれば、人生で一番ストレスの大きな時期における考え方、感じ方が一変する。

秘密の正体は〝内省のパラドックス〟と呼ばれる問題を解決してくれるのだ。

難しい試練に直面していると、それについて始終あれこれと思い悩んでしまうのがふつうだ。しかし、そうすることは何かの役に立つのだろうか？　それとも害になるのだろうか？　答えは〝両方〟だ。

心理学者でミシガン大学教授のイーサン・クロスとカリフォルニア大学バークレー校のオズラム・アイドゥクは、このパラドックスをこう説明している。「ストレスの大きな経験やネガティブな感情に対する内省を促すと、心と体の健康に大きな恩恵があります。これは無数の研究で示されています。しかし一方、同じくらい大規模な研究で、ストレスの大きな経験に対する自分の感情や、その経験の意味を理解しようとすることは、逆効果となり、反芻（強制的な思考サイクル）状態に陥って気分が悪化することが示されています」*7

クロスとアイドゥクは次の疑問に答えを出すべく、数年にわたって内省のパラドックスを研究してきた。ネガティブな経験について納得しようとする試みは、うまくいく場合とうまくいかない場合があるが、それはなぜなのか？　彼らの研究で、驚くべき答えが明らかになった。個人的な試練に対する省察から恩恵を受けたければ、自分の試練を他人の身に起きたことのように考えなければならない、ということだ。

このテクニックは〝自己距離化〟と呼ばれており、クロスとアイドゥクがその主要な研究の大半を手がけている。彼らはこう説明する。「自己距離化というのは、自分自身の経験や、その経験をすることになった理由について考えるとき、一歩さがって、遠くにいる観察者——たとえば壁にとまっているハエ——の視点から眺めることです」つまり、自らの強烈な感情や経験の細部にこだわるのではなく、もっと大局的に眺めるのだ。

彼らの研究によれば、自己距離化が成功するケースで一番多いのは、〝第三者〟の言葉を使った場合だ。「どうしてわたしはこの知らせを悲しいと感じているのだろう?」ではなく、こう自問する。「どうしてジェインはこの知らせを悲しいと感じているのだろう?」

第三者の視点で自らの経験を振り返るというのは、なんだか奇妙に感じるかもしれない。もし自分のことを第三者のように語る人がいたら、病的に自己中心的な人か、少なくともちょっと変わった人だと思うだろう（クロスとアイドゥクも指摘しているとおり、ＮＢＡのスーパースター、レブロン・ジェームズは「おれはレブロン・ジェームズにとってベストなことをやりたい」など、自己を第三者のように語る）。

ありがたいことに、専門家も自分のことをつねに第三者として語ったり、考えたりすることを推奨しているわけではない。むしろその逆だ。自己距離化のテクニックは、非常に手強い試練、ストレスの大きな状況、ショッキングな経験について考察したいときにだけ使うべきなのだ。

このテクニックを習得すると、肉体、メンタル、感情の広範な恩恵を受けられる。たとえば、試練、ストレス、トラウマについて考えるとき、心血管反応性が減少することで、血圧があがりにくくなり、心拍数がすぐに通常時の値に戻るようになる。脳のスキャン画像によると、自己距離化した思考は帯状皮質膝下野《たいじょうひしつしっかや》（抑圧された人がネガティブな感情パターンに陥ると活発になる部位）の活動をあまり伴わない。つまり、自己距離化はあなたの肉体を強化し、よりポジティブな神経回路を育んでくれると言える。

過去三〇年分の研究に対するレビューから、自己距離化は過去、現在、未来のいずれの事象について考える場合でもうまく機能することがわかっている。

〝過去〟：自己距離化すると、苦い記憶やショッキングな経験を思い出しても、不安や苦痛を感じにくい。[*8]

〝現在〟：自己距離化すると、意志力が増す。[*9] 誘惑に駆られても、状況をしばらく第三者の視点から眺めることで、うまく自制できる。「わたしはこのキャンディーバーが食べたいのだろうか？」ではなく、「ジェインはこのキャンディーバーが食べたいのだろうか？」と自問する。馬鹿らしいほど簡単なテクニックだが、効果はある。自分を一人称で考えると、一時の感情や欲望に身を委ねやすくなる。ところが三人称で考えると、より大きな視点から物事を眺め、長期的な目標や一番大切なモチベーション（発作的に糖分を摂ってあとで罪悪感を覚えるよりは、愛する人のために健康になる、小説を書くためにあとでエネルギーを補充するなど）を思い出しやすくなる。自己距離化によって全体像に目がいくようになり、目標に忠実でいられる。

〝現在〟における自己距離化には、問題の解決に向けて建設的に取り組めるという、もうひとつの恩恵がある。自らの思考にとらわれることなく、有益な行動に集中できるようになるのだ。[*10]

〝未来〟：自己距離化すると、新しい障害に直面したとき、恐れの精神ではなく挑戦の精神を持ちやすくなる。第五章で見たように、挑戦の精神を持つとストレスの大きな状況においても成功したり、学習したり、強さを手に入れたりするチャンスがあるのではないだろうかと、現実に即した楽観を抱ける。一方、恐れの精神を持つと、リスクや潜在的な危害にばかり集中してしまう。全般的に見て、恐れの精神を持つ人よりも挑戦の精神を持つ人のほうが幸福で、健康で、目標達成に成功することが多い。[*11]

未来を自己距離化して考えることの恩恵は、障害に正面から取り組んだあとも継続する。研究所内や現実世界での研究によると、事前に第三者の視点を持っていた人は、ストレスの溜まる作業に取り組んだ直後、ネガティブな〝認知的事後処理〟（うまくいかなかったことを気に病んだり、自分を責めたり、もっとうまくやればよかったと悔やんだりすること）に費やした時間が大幅に少なかった。[*12]

最後に、自己距離化は心理的柔軟性を劇的に高めてくれる。第七章でも書いたように、心理的柔軟性というのは、目標達成のために困難な物事を進んでおこなおうとする勇気のことだ。距離を置いて状況を眺めることができれば、ネガティブな感情、痛み、拒絶、失敗に直面するリスクがあったとしても、自分にとって一番大切な価値観にもとづいて行動する確率が高くなる。つまり、自己距離化することで勇敢になれる。[*13]

これで自己距離化の恩恵がすべてわかった。が、秘密の正体を持つことが、この強力なテクニックの実践、習得にどう貢献するのかと疑問に思う人もいるかもしれない。

秘密の正体を持っていれば、ほんとうに必要なときに無理なく自己距離化できるようになる。ふだん自分のことを英雄的なニックネームで考えるわけではないから、秘密の正体を持つことで、ちょうどいい心理的な距離が生まれ、直面しているチャレンジやストレスに対して、より良好な視点を得られるのだ。次のクエストをやって、実際に体験してみよう。

クエスト39：ヒーローならどうする?

〈やるべきこと〉ストレス、心配、興奮の源となる具体的な物事を思い浮かべる。それは今日、あなたがこれからやることかもしれないし、遠い未来に起きることかもしれない。なんであれ、考えたときに強い感情の反応（ポジティブなものでもネガティブなものでも）を引き起こすものにする。

それについて考えたら、こう自問する。ヒーローだったらどうする？ ただのヒーローではなく、**あなたが秘密の正体として採用したヒーローだったら**、と考える（まだ秘密の正体をつくっていない場合、このクエストはいったん飛ばすこと）。

自分の秘密の正体と関連づけた**強み、スーパーパワー、徳性、特殊能力**（創造性、勇敢さ、親切心、ユーモア、正義を求める心、肉体的な痛みへの耐性など）

を思い出すこと。あなたのヒーローだったら、これらの具体的な強みを使って、目の前のチャレンジや障害にどう対処するだろうか？

つまり、「［あなたの秘密の正体］だったらどうする？」と考えればいい。

この質問について検討する際、必ず第三者の言葉を使うこと。「自分だったら……」と言ったり、考えたり、書いたりせず「脳震盪キラー・ジェインだったら……」とか「セルフケア軍曹だったら……」とか「改革女王メアリーだったら……」という言葉を使う。

〈仕組み〉「［あなたの秘密の正体］だったらどうする？」と自問することは、ほんの少しの自己距離化をするのにうってつけの方法だ。これをすると、モチベーションが高まる賢明なアドバイスを自分に与えられる。

専門家はこう説明する。「自分自身に言及する言葉を少し変えるだけで——具体的に言えば、自分の名前や〝彼〟〝彼女〟といった非一人称の代名詞を使うだけで——ストレス下における思考、感情、振る舞いをコントロールする能力が強化されます[*14]」

さらに、このプロセスに（ふだん使っている本名ではなく）秘密の正体を組み込むことで、自分のシグネチャーキャラクターストレングスに集中できるようになり、より効果的に、大きな喜びを持って問題解決にあたれるようになる。自分のヒーローにとって重要だとあなたが見なした強みや力を掘りさげよう。そうすれば、それらの強みや力が多種多様な戦略の出発点となる。

わたし自身、このクエストを生活の中で積極的に活用してきたから、どれだけ大きな効果があるかはわかっている。今年の初め、双子の娘たちの育児に備えて買い物をしていたときのことだ。わたしは自己疑念と不安のようなものに苛まれていた。これは初めて子供を持つ親には非常にありがちなことで、いつも何かを心配していた。このベビーベッドは安全だろうか？　オーガニック製品にしないと、赤ちゃんが喘息やアレルギー持ちになってしまうだろうか？　おまけにあろうことか、ベビーカーは五〇〇万種類も発売されている！　どうやって選べというの？　何を買っても、ちゃんと準備を進めているという気持ちにはなれず、逆にどんどん不安が募っていった。頭がどうにかなりそうだった。そこで、不妊治療を受けていたときの秘密の正体、ヴィレンドルフのジェインにもう一度戻り、こう自問した。多産の女神ジェインならどうするだろう？

　ヴィレンドルフのジェインなら、双子のために何かを選ぶたびにうれしくなる。なぜなら、それこそ彼女が待ち望んでいたことだから！　彼女があんなに切望していたことが、絶え間ない喜びではなく、絶え間ない不安の種になるなんてことがありえる？　いえ、ありえない。なんといっても、多産の女神なんだから！　彼女は自信に満ちていて、彼女の愛はすべてに勝る。一歩さがって、少し距離を置いて状況を眺めただけで、わたしは理解した。喜びに満ちた経験になるはずのものを、ストレスに満ちた経験に変えてしまっていたのは自分なのだと。でも、自分のスーパーパワーのひとつ、〝愛し、愛される力〟を呼び覚ますだけで、こうして準備を進めている一瞬一瞬を楽しむことができる。そのときから、不安の気配を感じると、それを〝愛の気配〟だと思い直し、楽しめるようになった。

〈クエストをクリア〉 このクエストをクリアすると、あなたもストレスや不安の種を同じように新鮮な視点から観察できるようになる。幸運を！

これで自己距離化の仕組みはわかった。あとは実践あるのみだ。

クエスト39は未来のことを考えるためにデザインされていた。次のクエストでは、過去におけるストレスの大きな出来事や腹の立つ出来事を、内省のパラドックスの暗黒面に落ちることなく振り返る方法を教えよう。

クエスト40：ヒーローの物語を伝える

このクエストの目標はヒーロー、すなわちあなたについての短い物語を伝えることだ。

〈やるべきこと〉 ヒーローに障害や挫折はつきものだ。過去五日ぐらいのうちで、**ネガティブな思考や感情を経験したときのこと**を思い出そう。自分に対して腹を立てたり、がっかりしたりしたこと。恋人と喧嘩したこと。学校や職場での不愉快な会話。誰かに対する苛立ち、怒り。傷ついたとか、不安や自己疑念を呼び覚ますような経験などを。

思い出せただろうか？

では**その経験をもとにした短い物語**を伝えよう。目的は、ヒーローはどうしてそんなふうに感じ、そんな反応をしたのかを突き止めることだ。

物語を今すぐに頭の中で考えるか、書きとめるか、仲間に話すかしよう。**何が起きたのか、それに対してヒーローはどう反応したのか**、という点から始めること。それから、**ヒーローがその反応をした理由**を、謎解きをするような気持ちで少し時間をかけて考える。

あなたの物語は、状況をよくするためにヒーローがとった行動を称えるものになるかもしれないし、ヒーローの行動が状況を悪化させたことを浮き彫りにするものになるかもしれない。物語はヒーローの強みか弱点（またはその両方！）を伝えるものになるだろう。どんなスーパーヒーローにも弱点のひとつはあるものだ。

この物語は必ず、**他人（あなたの秘密の正体）の身の上に起きたこととして語ること**。物語を考えるにあたり、第三者の（自己距離化された）言葉を使う。たとえば「どうしてアイアンマン・ジョンはそんなふうに反応したのか？」とか「恐ろしい海賊ロージーがそう感じた根本にあるものはなんだろう？」など。

〈クエストをクリア〉あなたのヒーローの物語を伝えられれば、このクエストは完了だ。

〈仕組み〉困難な経験をした直後に自己距離化することで、その後の数日間、気分が向上し、明晰に考えられるようになる。研究によると、この簡単な自己距離化クエストを一回やるだけで、少なくとも丸一週間はその恩恵が続く。この期間中はネガティブな記憶にとらわれにくくなる。仮にその経験を思い出したとしても、苦悩より是認の気持ちのほうが強いはずだ。このテクニックを実践していけば、エネルギーを奪い、肉体に負担をかけ、目標に向かって邁進することを阻む無益な思考パターンにとらわれて時間を無駄にせずに済む。

これは毎日の出来事を振り返るためのテクニックだが、スーパーベターの旅全体の物語を伝える際にも役立つ。あなたが人生にとことん納得し、自分に将来何ができるかという考えを改めていくにつれ、その物語を幾度となく伝えたくなるはずだ。

バーバラ・アバーナシー博士は自身の研究の中で、ヒーローの物語の力をまざまざと見せつけられてきた。彼女はガンになった子供とその家族たちに無料で心のケアを提供する非営利団体、小児ガンサポートチームのリーダーであり、心的外傷後の成長《PTG》の専門家でもある。患者とその家族たちについての研究から、彼女は考えるようになった。潜在的な新しいアイデンティティに関するストーリーテリングとロールプレイングは、ＰＴＧの基礎をなすものだと。

「わたしたちは自らが語る物語によって自らを知ります」と彼女は言う。「それどころか、自分の神話的物語に一致するよう、自己を形づくるのです[15]」

博士の主張はこういうことだ。わたしたちの物語は、今現在わたしたちが直面している試練の結果でも、すでに送ってきた人生の結果でもなく、非常に困難な試練の最中にあって人生の軌道を変えうる〝強力で包括的な対処法〟である。つまり、自らの物語を語ることは、自分の能力に対する認識を変え、ひいては日々の行動を変えることなのだ。

四九歳のスーパーベター・プレイヤー、シェリーはヒューストンに住む起業家だ。彼女は自らの物語を書き直したことがブレイクスルーの鍵だったと語る。「慢性疲労症候群に耐えているうちに、こんな物語を身につけました。『わたしは弱っている。虚弱で、疲れや毎日の負担に対して無力だ』この物語は嫌いでした。それはもう、心底大嫌いでした」新しい、もっと英雄的な物語を自分で書く必要があった。だから、病気で弱って寝たきりになり、世界がどんどん小さくなるのに身を任せるのではなく、〝ビッグライフ・シェリー〟になることを選んだ。秘密の正体を手に入れた彼女は、自分について、それまでとは天と地ほどもちがう物語を語るようになった。

「『わたしには能力がある。クリエイティブで、人に何かを与え、成長し、誰にも止めることはできない。どれだけ気分が悪くても、わたしは大きな人生《ビッグライフ》を送ることができる』自分にこの物語を聞かせました。自分が洗練された機敏なすばらしい人間なんかではなく、ひどいのろまだと感じるようなときにも。いえ、むしろ自分がつまらない人間だと感じるようなときにこそ、この物語を思い出す必要がありました」

ポジティブなものであれ、ネガティブなものであれ、人生における大きな変化は、新しい役割を持ったアイデンティティを獲得し、新しい神話的物語をつくる機会を与えてくれる。アバーナシー博士はよく子供や家族たちに、こんな質問を考えてみるようにと促す。今のあなたは誰？　新しい秘密の正体が必要になったとき、それを見つける手段として、あなたも自分にそう尋ねてみるといい。

今のわたしは誰？　その答えはスーパーベターの旅を続けるにしたがって、一度、二度、いや、何度も変わっていくだろう。必要に応じて別の誰かに、新しい誰かになろう。強く賢く勇敢で、冷静な誰かに。ときには愚かな誰かになってもいいし、高次の目的を持つ誰か、抜きん出た集中力を持つ誰か、未来に何が待ち構えていようとオープンな姿勢を持つ誰かになってもいい。新しい英雄的な物語を伝えることは、ＰＴＧやＰＥＧを得るためのきわめつけの方法だ。*16

だから秘密の正体を楽しみ、新しい物語を伝え、自分が何者なのかを語る神話をどんどん創作しよう。

秘密の正体は強力なツールになる。シグネチャーキャラクターストレングスを駆使し、重要な自己距離化の技術を習得するだけで満足せず、何度も自分のアイデンティティを創造し直し、あらゆる可能性を探って最高の自分を見つけ出そう。

獲得したスキル：秘密の正体のつくり方

- あなたのシグネチャーキャラクターストレングスを呼び覚ます英雄的なニックネームを手に入れる。
- シグネチャーキャラクターストレングスとは、自分を自分たらしめている徳性と能力のことだ。それらを使ってチャレンジに取り組めば、大きな成功を収められるだけでなく、その過程でもっと幸せになれる。

- 秘密の正体を持つことで、日頃からシグネチャーキャラクターストレングスを駆使し、その新しい使い道を探しつづけるよう、自らを促す。
- 英雄的なニックネームを使って自己距離化する。自己距離化は自分の問題を他人の身に起こったことのように考察する強力なテクニックだ。
- 信頼できる人にあなたの秘密の正体を打ち明ける。仲間たちにこれまでのヒーローの物語を伝える。
- 別の組み合わせの強みを伸ばしたくなったら、新しい英雄的な物語を伝える、または新しい秘密の正体をつくる。自分の神話を創作し直し、あなたがなろうとしている勇敢で幸せで、強い人間を表現する。

第一一章　大勝利《エピックウィン》

ゲームフルに生きるためのルールその7

エピックウィンを追求する。エピックウィンというのは誇るべき成果のことであり、それを達成することでモチベーションがあがり、失敗を恐れなくなる。

エピックウィンは特殊な目標で、通常の自己改善型の目標よりもゲームらしい目標になるようデザインされたものだ。

成功したスーパーベター・プレイヤーたちのエピックウィンの例を見てみよう。

- 退屈せずに二四時間過ごす（チャレンジ：憂鬱）
- 夜、iPod をいじらずに眠る（チャレンジ：不眠症）
- 湖周辺のウォーキングで夫に負けずについていく（チャレンジ：ダイエット）
- みんなのまえで踊る（チャレンジ：社交上の不安、自尊心のなさ）

・吸入器なしで一週間過ごす（チャレンジ：喘息）
・三〇分連続で瞑想する（チャレンジ：不安）
・子供たちを映画に連れて行く。映画のあいだずっと座ったまま鑑賞する（チャレンジ：腰痛）
・中古の自転車を三台修理し、乗れるようにして慈善中古品店に返す（チャレンジ：自転車事故による膝の手術後のリハビリ）
・二〇マイルの資金集めウォーキングを完了する（チャレンジ：新しい、充実した仕事を探す）

こうした目標には、ゴルフ、数独、スーパーマリオなど、あらゆる良質なゲームの目標と同じく、共通する要素が四つある。〝現実的〟〝チャレンジング〟〝エネルギーを吹き込む〟〝懐が深い〟の四つだ。

ゲームフルな目標は、ベストを尽くせば達成できると思える理由がある場合、〝現実的〟になる。結局のところ、ゲームというのはクリアできるようにデザインされている。

ゲームフルな目標は、達成に向けて新しいスキルを習得したり、クリエイティビティ、賢さ、ガッツのような強みを発揮したりする必要がある場合、〝チャレンジング〟になる。興味深いチャレンジを伴わない目標はただの仕事だ。

ゲームフルな目標は、それについて考えるだけで奮い立つような場合、〝エネルギーを吹き込む〟ものになる。それを達成できたらすばらしい気分がするはずだと、あなたにはわかっている。

ゲームの目標は基本的にとても大きなエネルギーを与えてくれる。だからこそ、スポーツにしろ、ビデオゲームにしろ、勝利したプレイヤーはよく両腕を突きあげて雄叫びをあげるのだ。

そして何より、ゲームフルな目標は〝懐が深い〟。最初の挑戦で成功できなかったとしても、すべてが失われるわけではない。あなたにもほかの人にも、何も恐ろしいことは起きない。それどころか、失敗したとしても何かいいことが起きる。たとえば、次の挑戦や次の目標ではもっとうまくやるための戦略やアイディアが思い浮かぶ。

◀▶

どうしてエピックウィンを追求するのだろうか？　困難な変化やひと筋縄ではいかない人生の試練に直面しているときには、成功とブレイクスルーのチャンスを見つけられるかどうかが鍵になる。

研究者らはこの強力なスキルを〝ポジティブ再評価〟または恩恵の発見と呼んでいる。[*1] これはストレス、トラウマ、人生における大きな変化からでも良好な結果が得られる可能性があると気づくことを意味する。ポジティブ再評価はメンタル、感情、つながり、肉体のレジリエンスの強力な源となる。ストレスホルモンを減少させ、気分や人間関係の満足度を向上させ、おまけに免疫機能まで強化してくれる。[*2] しかし、ポジティブ再評価は偶然伸びるような力ではない。これを鍛える一番の方法は、エピックウィンやポジティブなブレイクスルーを定期的に経験できるよう、自らお膳立てをすることだ。

伝説のアメフトコーチ、ヴィンス・ロンバルディの有名な言葉がある。「勝利はすべてではない。〝勝利するための努力〟がすべてだ*」

あなたのエピックウィンはほかの人にとってはくだらないことかもしれない。新聞の一面を飾ることもなければ、ノーベル賞をもらうこともないだろう。しかし、よいエピックウィンの鍵は、それがちゃんと実現可能でありながら、自分にとっては非常に大きな跳躍だと感じられるということだ。スーパーベター・プレイヤーのサムは最初のエピックウィンを達成したあと、こう語った。

> 吸入器を六日間使わないなんて、どうってことない目標だと思うかもしれません。でもこのエピックウィンにしようと決めたとき、ぼくに勝ち目はほとんどないように思えました。にもかかわらず、思っていたよりも早く達成できたんです！　この半年というもの、呼吸が苦しく、咳が止まらず、いろんな治療を受けてきましたが、ようやく自分ひとりで呼吸できるようになりました。おかげで、自分の健康は多少なりとも自分でコントロールできると実感できるようになりました。

サムのケースからもわかるとおり、自分の能力に対する認識が改まるというのが、エピックウィンの主要な恩恵のひとつだ。エピックウィンを達成すると、自分で思っているよりも自分の人生をコントロールできることがわかる。それさえわかれば、もっと意欲的なエピックウィンも狙えるようになる。

自分のためにゲームフルな目標をデザインするのは一種のスキルだ。だから練習すれば上達する。この章では、ゲームフルな目標を設定するコツとポジティブ再評価のテクニックを教える。あなたもすばらしいエピックウィンを次々と計画できるようになるだろう。

最初に、一番シンプルなエピックウィン、〝測定可能な勝利〟の話をしよう。

測定可能な勝利は非常にはっきりした目標で、客観的に記録し、いつ達成したかを明確に把握できる。たとえば次のようなものだ。

- 一週間、毎晩八時間睡眠する。
- 二キロ痩せる。
- 夢の旅行のために今月は二五〇ドル貯金する。
- 鎮痛剤を使わずに二四時間過ごす。

＊ もしかしたら次の引用のほうが有名かもしれない。「勝利はすべてではない。すべてのうちのひとつにすぎない」これもヴィンス・ロンバルディの言葉とされている。しかし、晩年のロンバルディは、この引用はまちがっており、実際には「勝利するための努力がすべて」と言ったのだと訂正していた。おもしろいことに、いくつかのインタビュー記録に目を通すと、彼は存命中に何度も〝両方〟のバージョンを口にしていたことがわかる。しかし、年を重ねるにつれ、勝利そのものよりも「勝ちたいと思うこと」「勝とうとする意志」「勝利するための努力」が大事だと主張するようになっていった。スティーヴン・オーヴァーマン著『Winning Isn't Everything. It's the Only Thing': The Origin, Attributions and Influence of a Famous Football Quote』*Football Studies* 2, no. 2 (1999): 77-99 を参照。

- 二一日間、毎日ちがう友人に感謝のメールを送る。
- 五キロのチャリティランを完走する。
- ネットワーキングイベントで一〇人に自己紹介する。

見てわかるように、測定可能な勝利にはどれも数字が入っている。まちがいや主観が入り込む余地はない。つまり、達成できるかできないか、そのどちらかしかない。

反対に、同じ目標の〝測定できない〟バージョンは、まちがいなくひどいエピックウィンになる。たとえば睡眠時間を長くする、痩せる、貯金する、鎮痛剤に頼らないようにする、もっと感謝する、定期的に走る、社交の場でもっと自信を持つなどだ。

こうした目標も挑戦してみる価値はあるが、ゲームフルかどうかという観点で考えると、ほとんど意味がない。明確な勝利条件が定められていないからだ。測定する方法がなければ、自分がいつ目標を達成したのかわからない。ちがうだろうか?

測定可能な目標をつくるのは非常に簡単だ。自分が好んでする習慣や活動、伸ばしたいと思っている能力、到達したいと考えている節目を考えてみよう。それから、自分にとっておもしろいと思える目標の数字を選ぶ。おもしろいというのは、チャレンジングで、できるかどうか一〇〇パーセント断言はできないということだ。その数字の近辺に目標を設定する。

達成できるかどうか断言できないというのが、エピックウィンになくてはならない要素だ。一〇〇パーセント自信があることだったら、それはエピックウィンではなくクエストになる。クエストは着実に進歩するためのもので、エピックウィンは達成したら自分の中に新しい何か、すばらしい何かを発見するという大きなブレイクスルーを経験するためのものだ。

測定可能な勝利は、とくに初期の段階において、スーパーベターになるための土台になる。今後、最大のチャレンジに取り組み、最も重要な目標に向かって大きく踏み出すきっかけになるのだ。最初はもっと小さな一歩、できるかどうか一〇〇パーセント断言はできない、小さな一歩から始めよう。何度か挑戦する必要があるかもしれないものでなければ、ブレイクスルーは得られない。何度も挑戦するというのは、いたってふつうのことだし、実にゲームフルだ（忘れないように。ビデオゲームはプレイヤーの現在の能力をぎりぎり上まわる目標――一回の挑戦ではほぼ達成できないような目標――を絶えず課すことで、プレイヤーを上達させていく）。

勝利したら、そのたびにより大きな勝利に目を向ける。それを続けていけば、自分の能力に対する自覚が一八〇度変わるような勝利を、知らず知らずのうちに達成しているだろう。

次のクエストで、測定可能な勝利をいくつか考えてみよう。

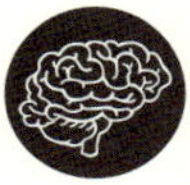

クエスト41：測定可能な勝利を計画する

測定可能な勝利はあなたの限界を押しあげ、よりいっそうの努力を引き出してくれる。あなたの最初の測定可能な勝利は何になるだろう？

以下の質問を参考にすること。
・七日連続でできたら、自分をほんとうに誇りに思えることは？

・今後二四時間、や、ら、ず、に過ごしたいと思うことは？
・あなたが設定したい〝自己ベスト〟は？　これまでの〝最高〟は？　その記録を破れるだろうか？
・今現在、大きな節目（いくら貯金したい、これだけの筋肉をつけたい、本をこれだけの文字数執筆したいなど）に向けて取り組んでいる場合、今後三〇日間で到達できる小さな節目は？
・あなたにとって壮大《エピック》と思える数字は？　たとえば子供に一〇〇一冊の絵本を読み聞かせる、八〇〇キロ歩く、クリエイティブな自撮り画像を三六五枚撮るなど。とても大きな、記念に値すると思える数字を選び、それを達成できるよう挑戦する（ほんとうに大きな数字を選んだ場合は、必ず簡単にカウントできるようにしておくこと。わたしは小さなノートや壁に貼った紙に書き込むようにしている）。

〈仕組み〉測定可能な勝利が力をもたらしてくれるのはなぜか。自分が身につけたいと思うスキル、能力、習慣にもとづき、自分で決めた目標だからだ。研究によれば、自分自身で目標を決めることで、健康度と幸福度がより早く向上する。さらに、自分で選んだ目標を達成するたびに、次の目標を達成できる可能性があがっていく（次の目標がずっと野心的なものであったとしても）。これは〝ポジティブな結果の上昇スパイラル〟と呼ばれており、目標を自分で決めた場合にだけ生じる。[3]

〈やるべきこと〉 少なくともひとつ、自分のための測定可能な勝利を考える。

あなたはまだエピックウィンに取り組んでいない。だからここで測定可能な勝利を複数個書いてもかまわない。

〈ヒント〉 測定できるように必ず数字を入れること。

勝利の中には数字を伴わないものもある。もうひとつの一般的なエピックウィン、〝ブレイクスルーの瞬間〟について話そう。

ブレイクスルーの瞬間は、スーパーベターになるための取り組みの中でもひときわ大きく、ポジティブなターニングポイントだ。これはあなたが切望し、計画するイベントであり、自らの強みとレジリエンスを発揮する場であり、目標に対するコミットメントを証明し、祝福する機会のことだ。

第九章では、交通事故の半年後にふたたび自転車に乗れるようになったアレックス・ゴールドマンのエピックウィンを紹介した。彼の物語はブレイクスルーの瞬間を説明する絶好の例だ。もう一度自転車に乗るために、彼は勇気を振り絞るだけでなく、三マイルのライドができるように入念な体のリハビリもしなければならなかった。プロスペクト・パークでのライドは、彼にとって肉体とメンタルのブレイクスルーだったのだ。

ブレイクスルーの瞬間は全然期待していないうちにやってくる可能性もあるが、記念すべき達成であることに変わりはない。しかし、アレックスが六週間かけてプロスペクト・パークのライドを準備、構想したように、次なるブレイクスルーの瞬間を積極的に計画し、鮮明に思い描くことには、ふたつの大きな利点がある。

ひとつ目は、ブレイクスルーの瞬間を意図的に設定することによって、その瞬間がどういうものであってほしいかをイメージし、自分の強み、価値観、目標とじっくり向き合うようになることだ。こうした内省は「わたしにとって成功とはなんだろうか?」という重要な自己洞察につながる。ふたつ目は、ブレイクスルーの瞬間をしっかりと心に思い描くことによって、将来の成功と達成を想像することになり、それがモチベーションの大きな源になることだ。

計画的なブレイクスルーの瞬間を達成したスーパーベター・プレイヤーたちの言葉をいくつか紹介しよう。

「独立したいと考えています。ですが、今の職を辞めるまえにお金を貯めて、人脈を広げておく必要があります。私の最初のエピックウィンは自分の公式サイトを立ちあげたことです。このサイトのおかげで、自分という人間と自分の才能について、広く知ってもらうことができました」――ダレン、三八歳。チャレンジは自分のために働くこと

「仲間のひとりから提案されました。ぼくの最初のエピックウィンは元カノとのフェイスブ

ック上のつながりを断って、携帯電話のアドレス帳から連絡先を消すことにすべきだって。いざやってみると体が震えました。でも今は、肩から二トンのおもりがおろされたように感じています」――J・T、二五歳。チャレンジは恋人との別れから立ち直ること

「計画どおり、チーズケーキ・ファクトリーに行っても、チーズケーキを買いませんでした（ついでに言うと、どんなデザートも）。自分の意志力が黒帯級になったように感じています」――メリッサ、四二歳。チャレンジは健康になり、自分は美しいと感じること

ブレイクスルーの中にはひときわ大きなものもある。数週間の努力が必要なものもあれば、一瞬で達成できるものもある。しかし、いずれも現実世界における一種のレベルアップであることに変わりはない。どのブレイクスルーも自分の強さへの祝福であり、あなたがポジティブな変化に取り組んでいることを表わしている。

いい、あなたの次なるブレイクスルーの瞬間はどんなものになるだろうか？　次のクエストをやって突き止めよう。

クエスト42：ブレイクスルーの瞬間を探す

ブレイクスルーの瞬間はスーパーベターの旅におけるポジティブなターニングポイントだ。ひとたびブレイクスルーを経験すれば、自分がちゃんと進歩し、新しい大きな強みを育んでいるのだと自信が持てるようになる。

次の質問を参考にして、ブレイクスルーの瞬間を探そう。

- 目標に全力で取り組んでいることの証《あかし》になるような、来週じゅうに実行できる大きなステップは？
- 怪我、病気、極度のストレスのせいでできなくなっているものの、またすぐにやりたいと思っていることは？　それを再開することはブレイクスルーの瞬間になるだろうか？
- あなたが恐れていることのうち、今後三〇日以内にできそうなものは？
- あなたが育んでいる新しいスキルや強みを、公の場、または友人や家族のまえで見せる方法は？
- これまで先延ばしにしてきた、または避けてきたことで、一度はやってみたいと切望していることは？
- あなたにとって、山の上から大声で叫んで知らせたくなるようないいニュースとは？

・過去の大きな出来事、またはスーパーベターになるための決断に影響を与えた人物を称えたり、思い出したり、記念したりするためにできることは？

・ほかに実生活での大きなレベルアップの瞬間を思い描くことはできるだろうか？　今後九〇日以内に達成できて、世界じゅうに（あるいは自分だけに）「わたしはあなたたちが思っているよりもずっと強い！」と示せるようなことは？

〈仕組み〉人生の物語におけるターニングポイントを見きわめる能力は、心的外傷後の成長《PTG》と恍惚後の成長《PEG》につながる鍵だ。[*4] ブレイクスルーの瞬間（ターニングポイント）を経験するたびに、自分自身について新しい物語を語れるようになり、大きな強みを発見できる。

〈やるべきこと〉少なくともひとつ、自分の身に起こりうるブレイクスルーの瞬間を考える。

〈ヒント〉あなたはまだエピックウィンに取り組んでいない。だからここでブレイクスルーの瞬間を複数個書いてもかまわない。

スーパーベターの物語：あきらめない人

「わたしはほとんど自分を認めていない。でもそれはいいことなの」これは二年前、ブレイクスルーの瞬間を達成したあとにメグが仲間たちに最初に言った言葉だ。彼女のブレイクスルーの瞬間は、飢えに苦しむ人々のために二〇マイルのチャリティウォーキングをすることだった。

二六歳のとき、メグはボストン郊外に住み、大企業に勤めていたが、会社の価値観になじめなかった。「とても難しい時期でした」当時を振り返り、彼女はわたしに言った。「仕事が嫌いでした。未来にほとんどなんの希望も持てなかった。だから一か八かでスーパーベターを始めたんです」

最初、何をエピックウィンにすればいいかわからなかったが、チャリティウォーキングが近づいていると同僚から聞いたとき、それが正しい方向に一歩を踏み出すための絶好の機会に思えた。確かに、会社は世の中に貢献するようなことは何もしていないかもしれない。でも、よりよい世界にするために、自分にもできることがあるはずだ。彼女はそう感じていた。

チャリティウォーキング以前、メグは最長で六マイルしか歩いたことがなかった。「わたしの目標は、脚が音《ね》をあげてばらばらになってしまうまで歩くことでした」とメグは言う。「たぶん一〇マイルぐらいで限界だろうと思っていました」

彼女は少人数のチームでウォーキングに参加した。チームメイトは同僚や知り合いで、お互いに励まし合った。一〇マイルの地点でチームのほとんどがギブアップしたが、メグはまだあきらめたくなかった。一二マイルに到達した時点で、最後まで残っていたチームメイトが脱落した。「その日、一番心が折れそうになった瞬間でした」

それでも彼女は歩きつづけた。ふくらはぎが痙攣し、膝がずきずきと痛み、足に血まめができても。「一八マイル地点までに、体じゅうの痛みはとんでもないことになっていたわ。日に焼け、疲れきって、今にも泣き出しそうだった」自分が痛みを押して、どうしてこんな無茶をしているのかわからなかった。もちろん、チャリティのためにできるだけのことをしたいという気持ちはあった。が、同時に好奇心も湧いてきていた。もしかして、わたしは自分の能力を完全に見くびっていたんじゃない？

痛みと消耗の中、彼女はボストンコモンのゴールラインを割った。足をひきずり、興奮しながら。「今でもはっきり覚えています。泣きながらこう叫んでいました。『やった！　二〇マイル歩いた！　わたしはやったのよ！』って。

翌日、職場のみんなが見せたねぎらいと驚きの表情は、今でも覚えています。わたしが歩ききるなんて、誰ひとり信じていなかったんです。自分も含めて。まさかわ、た、し、が最後まで残っただなんて。最後まであきらめなかっただなんて」

四カ月後、メグはこのエピックウィンに関する考察を書きとめた。自分がほんとうにできるとは思っていなかったにもかかわらず、達成できたエピックウィンについて。

「その日感じた体じゅうの痛みが、わたしを燃えるような喜びで満たした。二〇マイルのウォーキング？　やったわ。なぜなら、わたしにはできたから。誰もその事実を奪うことはできない。今では昔の欠点が鎌首をもたげてきても、恐怖に縮こまるのではなく、やり返せるようになった。わたしは愚かに見えるかもしれない。笑い者にされるかもしれない。そんなネガティブな考えが頭をよぎる。そのとき、勝利の声が轟く。この体は？　二〇マイル歩いた体よ！　彼らに見せてやれ！

まだ太りすぎだし、不健康で喘息持ちで、さぼり癖があるけど、でも街で見かける人と自分を比べるようなことはもうしません。あのウォーキングがわたしの疑念を消し去ってくれたんです。今では肉体的なものでも、感情的なものでも、チャレンジに目を向けることが多くなりました。自分には成功するための体力、精神力、モチベーションがあるとわかったからです。

ウォーキングのあとも、それまでどおり争いや失望を幾度も経験しました。当時と今とのちがいは、つまずいたり、不機嫌になったり、憂鬱になったりしたとき、ベッドルームの壁を見あげれば、そこに〝飢餓のためのウォーキング〟の完歩証明書があって、自分には不可能を可能にする力があると思い出せることです」

あの日のことを語るメグの瞳は今でも輝いている。「二〇マイルのウォーキングの話と、そのエピックウィンが人生を変えたという話は、誇張ではありません」チャリティウォーキングから二年以上経ったあと、彼女はそう言った。「あんなチャレンジを達成できるだけの力があると知って、自分を見る目を変えなければなりませんでした」

彼女はその勢いに乗って、ほかのチャレンジにも取り組んだ。その中には、たった一日だけでなく、慈善のために日々働けるキャリアを探すことも含まれていた。「飢餓のためのウォーキングのおかげで、もっといいことをしたい、コミュニティに参加したいという欲求に火がついたんです」今、彼女はボストンで、自分がとても誇れる仕事に就いている。ヘルスケア管理分野の部門コーディネーターになったのだ。必要なヘルスケアを市民が確実に受けられるようにするのが仕事だ。「仕事のあらゆる瞬間を愛しています」

メグはもう昔と同じ悪者とは戦っていない。今は通常のルーティンの一環として、お気に入りのクエストをふたつプレイしている。「自分の恐怖を克服するクエストを毎週やって、自分に誇りを持てるようになるクエストを毎日やっています」予期せぬ障害がいつ目の前に立ちはだかるかはわからない。だからこうしたゲームフルな習慣を続けているのだという。「どんな障害がやってこようと、つねにスーパーベターな自分でいるつもりです」

測定可能な勝利とブレイクスルーの瞬間は、自分のチャレンジに取り組む上で直接的な助けになる。しかし、もうひとつエピックウィンを狙える方法がある。エピックウィンに横から近づく方法だ。

この三年というもの、オンライン版のスーパーベターをプレイしたプレイヤーたちから、エピックウィンの報告が続々とあがってきている。わたしの分析によると、だいたい四人に一人が〝横から忍び寄って〟勝利を収めている。この言いまわしは一九世紀イギリスの哲学者、ジョン・スチュアート・ミルの「幸福には横から近づくべきだ。蟹のように」という言葉に着想を得た。幸福に横から近づくというのはつまり、ただ幸福になろうとするのではなく、新しいことを学ぶ、他者を助ける、クリエイティブな才能を生かして何かをつくるなど、もっと具体的な目標に狙いを定めることだ。幸福は、幸福になろうとする行為ではなく、こうした意味のある目標の副産物として生まれることが多い。

同様に、スーパーベターになろうとする際にも、横からのアプローチが役に立つことがある。自分の問題に正面から取り組む代わりに、主目標から少し脱線した、もしくは（一見すると）無関係な目標に集中する。たとえば非営利団体ソルジャーズ・トゥ・サミッツは、アメリカの兵士や退役軍人を世界最高クラスの山の頂上に遠征させている。遠征の多くはＰＴＳＤを〝横から〟治療するアプローチをとっている。参加者にとって、山頂を目指すというゲームフルな目標に取り組むことは、ＰＴＳＤからの回復を目的にした治療よりも元気が出て、効果を実感しやすい（険しい山に挑むのは、ＰＥＧを得る方法としてもよく知られている。当然、ＰＴＳＤとの闘いにも役立つはずだ）。

三三歳のローラは妊娠中にスーパーベターを始めた。「わたしはスーパーベターになりつつあります。ふたり目の赤ちゃんが今にも生まれそうだからです」当時、彼女はそう書いた。「親であれば誰でも知っているように、最初の三カ月がとても大変です。だから、自分がちゃんと体調管理できる方法を見つけようと思いました」

しかし、彼女は現実的でありながら自分を鼓舞させるエピックウィンをなかなか見つけられずにいた。「〝今後三カ月を切り抜ける〟という目標は、わたしが強くなってもならなくても達成できるでしょう。時間の流れは止められませんから。〝憂鬱にならないようにする〟も現実的ではありません。ずっと憂鬱感を抱えてきたし、どれだけ抗おうとしても駄目なときは駄目ですから。〝幸せな家族をつくる〟は、自分ではコントロールできない要素が多すぎます。こんな具合に、これはと思えるエピックウィンを見つけられずにいます」

ローラは仲間にアイディアを求め、次のようなエピックウィンを採用することにした。それは自分自身の体調管理というチャレンジからはかけ離れたエピックウィンで、〝自分以外の新米ママを助ける〟というものだった。もう少し具体的に言うと、ほかの親と共有できるパワーアップアイテム、悪者、クエストの詰め合わせ（パワーパック）をつくることだった。

彼女は自分にぴったりのパワーアップアイテムを見つけ、手強い悪者を発見し、満足度の高いクエストをクリアするたびに、それらをパワーパックに追加した。そして仕上げとして、パワーパックをオンラインで公開した。たとえば〝日光！〟は「玄関先に数分間腰かけるだけだとしても、外に出る」というパワーアップアイテムで、〝わたしはかわいい〟は「時間をつくって、今日の自分がかわいいと思えるようなことをする」というクエストだ。髪をあげたり、イヤリングをしたり、すてきなリップグロスをつけたり。その姿を誰にも見せないとしてもかまわない。自分はかわいいと思えれば。

「これはわたしにとって完璧なエピックウィンでした。専業主婦としてずっと家にいるから、よく眠れないし、脳はホルモンでいっぱいになっています。大人との交流もあまりないし、それに何より、取り組むべき具体的な目標やプロジェクトがありません。自分用のパワーパックをつくったことで、目的意識と進歩を毎日感じられるようになりました。それにパワーパックでほかの人の手助けもできるから、意義深いと感じています」

ローラの物語は、ほんの少し高次な目的を見つけるだけで個人の幸福が成就することもあるという完璧な例だ。あなたの目的は世界を変えることでもノーベル賞を取ることでもなくていい。ほんの少し外に目を向けるだけで、本物のモチベーションを引き出し、大きな自尊心をもたらしてくれる何かを達成できる。つまり、あなたにとっての完璧なエピックウィンは、自分のために何かをすることではなく、人のために何かをすることかもしれないのだ。

　四一歳のディランの例を考えてみよう。スーパーベターを始めたとき、彼は目標をたくさん持っていた。もっとヘルシーな食事をすること、体を鍛えること、痩せること。こうした目標について、〝測定可能な勝利〟はいくらでも思いつきそうだった。しかし、彼はカロリー計算をしたり、トレーニングの時間を計ったりすることにうんざりしていた。そこで数週間後、ひねりを効かせた実にクリエイティブなチャレンジをつくった。「スーパーベターになることで、愛犬にとっていい主人になる」と彼は宣言した。ソファーに座りっぱなしの生活をやめて、もっと元気になり、体を鍛えることは、自分のためになるだけでない。長い散歩と遊びが大好きな六歳の愛犬、コーディにとってもよいことだと気づいたのだ。

　とはいえ、犬が幸せになったかどうかはどうやって測定すればいいのだろう？　これについてはネット上のフォーラムの仲間が出してくれたアイディアがヒントになった。犬の誕生日をちょくちょく祝ってあげたらどうだろう？　仲間はこう書いていた。「私の愛犬は五月に死んだ。犬が死にそうになるまで、もっと誕生日を祝ってやろうなんて思いもしなかった。犬は人間の七倍のスピードで歳をとるから、五二日ごとに誕生日を迎えることになる。その日には散歩、棒投げ、遊び、犬が好きなことをなんでもしてやるんだ。それに誕生日というのは死に向き合う日でもある。そのときそのときを大切にするって意味でもあるんだ」

アドバイスを受け、ディランは最初のエピックウィンを決めた。犬にとっての一年にあたる五二日ごとにコーディの誕生日を祝い、長い散歩をしたり、思いきり遊んだりすることにしたのだ。「心のおもりがすっかり消えたように感じました」と、新しいエピックウィンを選んだあとに彼は言った。「これまでは全然捗《はかど》っていないせいで挫折感を味わっていましたが、今では成功できるような気がしています。」

ディランの経験からも、エピックウィンに横から忍び寄ることの大きな恩恵がわかる。横から近づく目標は懐が深いことが多いのだ。ディランは自分の目標をなかなか達成できず、自分を責め、挫折のたびに自己疑念を強めていた（健康に関する目標を達成しようとすると、往々にしてそうなる）。しかし、楽しくて自分の健康には直結しないチャレンジに集中することで、自己疑念とネガティブな考えという重荷を捨てることができた。そのおかげで、ゆっくりとではあるが着実に、余分な体重を落とすこともできた。ディランがエピックウィン達成として祝ったのは、最終的に一五キロ痩せたことではなかった。愛犬の七回目の誕生日こそが彼にとってほんとうの勝利の瞬間になったのだ。

ローラもディランも、当初は霧に包まれていたエピックウィンを追求することで恩恵を得た。あなたも同じように、直観とはちがうルートを進むべきだろうか？　ここで、エピックウィンを選ぶにあたって直面する障害の中で、最も一般的なものを紹介しておく。エピックウィンを何にしようかと考えているとき、こうした障害物が道をふさいでいるようであれば、横から忍び寄るのがいいかもしれない。

・**目標からインスピレーションを受けない**場合。「一カ月間、週に五回運動することをエピックウィンにしようと思いました。でもなんだかワクワクしなかったんです。それは自分のやるべきことであって、やりたいことではないような気がしました」

・目標達成の可否が、**自分にはコントロールできない**多くの要素に左右される場合。「自分のエピックウィンは愛するパートナーを見つけて家族をつくること、と言いたいところでしたが、それは自分でどうにかできることじゃないとわかっていました。魔法で理想の相手を出現させて、ぼくを好きにさせることはできない。じゃあ、今の自分にできることはなんだろう?」

・目標を達成することが**純粋に不可能**で、ほかにどんな目標にすればいいかわからない場合。「実際のところ、自分の症状はよくなっていないどころか、どんどん悪くなっています」これは進行性の筋萎縮性側索硬化症にかかったプレイヤーの言葉だ。「だからといって、あきらめたくなかった。むしろその逆でした。でも、エピックウィンを選ぶのは難しかった。病気を治すのは不可能だったからです」

・目標がなく、**幸福や成功を感じられるものを何ひとつ思いつかない**場合。あるプレイヤーはこう言った。「私の問題は、何も思いつかないということです。どんな些細なことでも、自分に喜びを与えてくれるようなものは何ひとつ思いつきません」同じ問題を抱えている人は驚くほど多い。憂鬱、不安、PTSD、脳外傷、慢性痛、その他の多くの病気は神経に作用し、ポジティブな結果を期待するのをきわめて難しくさせる[*5](ドーパミンの不均衡が原因であることが多い)。あなたもそうだとしても、これはあなたひとりの問題ではない。現時点ではエピックウィンを何も思いつかなかったとしても、それでもエピックウィンは達成できる。次のクエスト43に挑戦するか、仲間にアドバイスを求めよう。

チャレンジに横から忍び寄れば、こうした障害物を一足飛びに越えて、予想より早くエピックウィンを達成できる。問題の直接的な解決になる目標を選ぶ必要はない。遊び心があって魅力を感じるのであれば、どんな目標にでも挑戦してみよう。

次のクエストで横から忍び寄る方法を試してみよう。

クエスト43：横から忍び寄る

横から忍び寄ってエピックウィンを目指すためのルールはシンプルだ。大きな喜び、好奇心、目的、意味を与えてくれる目標を考えればいい。大きな目標でも小さな目標でも、ふざけた目標でも真面目な目標でも、それを追求することがおもしろそうだと思えるものであれば、エピックウィンになりうる。

横から忍び寄る方法で幸せに、健康に、勇敢になるために役立つ質問をまとめた。しばらくのあいだ、直接的な目標のことは忘れよう。質問に対する答えが、(少なくとも表面上は)自分の選んだチャレンジと無関係でも全然かまわない。

・今から三〇日以内に実行できて、一番楽しいことはなんだろうか？ なんであれ、それを実行することが最初のエピックウィンになると自らに宣言する。さあ、計画を立てて実現させよう!

・**日頃からやりたいと思ってはいるものの、時間がなくてできない活動はなんだろうか?**　今後九〇日間でその活動に費やしたい時間を決める。それだけの時間を実際に費やせたら、あなたの勝利だ。

・**あなたが関心を持っている公益的な活動は?**　一定時間のボランティア活動でも募金でもいい。今後九〇日間、その活動をサポートする方法を考える。

・**クリエイティブに自分を表現するとしたら?**　動画をつくる、作曲する、本を自費出版する、写真のギャラリーをつくる、彫刻する、壁に絵を描く、叙事詩を書くなどの方法で、あなたの声を広める。

・**これまで訪れたことのない場所のうち、行ってみたいのは?**　旅の予定を立てるか、地元で行ったことのない場所を冒険する。これは自分にこっそりモチベーションを与えるのに最適な方法で、体を鍛える、節約する、友人や家族ともっと時間を過ごす、ずっと先延ばしにしてきた旅行をする、はたまた、まったく気乗りしないときにベッドから出るだけかもしれないが、いろいろと有益なことが同時にできる。

・**あなたがとても大切にしている人は誰だろう?**　その人のために何か特別なことをする。たとえば感謝パーティを開く(ゲスト全員に主賓への感謝の手紙や感謝を示す何かを持参してもらう。ネット上でのバーチャルなパーティにしてもいいし、ちゃんとしたパーティにしてもいい)。

・**今後六カ月で習得できる新しいスキルは?** スキルの学習計画を立て、新しいスキルを大々的に披露する方法を選ぶ。そのお披露目があなたのエピックウィンになる。

・**自分にできるかどうか挑戦したいとかねがね思っていたチャレンジは?** マラソン完走でもオンライン講座への申し込みでも、この機に挑戦してみよう。

・**人に教えられるぐらい精通していることは?** あなたの知恵と専門技術を必要としている人にそれらを伝授しよう。知識を共有できることであればなんでもいい。たとえばウィキペディアで自分がよく知っている項目二〇個を編集する、職場で実演をする、ブログやポッドキャストを始める、地元の学校でボランティアをする、自己啓発本を自費出版する、スーパーベターになる方法を教えるグループをつくるなど。

〈仕組み〉 自分の核となる価値観に合致する目標を追求すれば、大きな努力を注ぐようになり、達成の可能性が高くなる。さらに、実際に目標を達成すると、もっと大きな恩恵を受けられる。幸福度が増し、満足感が持続するのだ。[*6] 目標に横から近づく方法を使うと、自分がすべきだと思うことではなく、ほんとうにやりたいことに、つまり、あなたの核となる価値観に集中できるからだ。

〈やるべきこと〉 びっくりするようなエピックウィンのアイディアを少なくとも

ひとつ考える。

1.

〈ヒント〉あなたはまだエピックウィンに取り組んでいない。だからここでエピックウィンのアイディアを複数個書いてもかまわない。

先に測定可能な勝利、またはブレイクスルーの瞬間に取り組むことにした場合でも、将来のために横からの勝利のことも覚えておこう。

スーパーベターの物語：横からの勝利の達人

エピックウィンがあなたをどこに導いてくれるか、それは誰にもわからない。三児の父である四五歳のアンドリュー・ジョンソンの物語がそれを証明している。

五年前、彼はどん底を経験した。人材スカウトの職を解雇され、新しい仕事を見つけられずにいたのだ。MBAを持っていて、一日何時間も職探しをしたにもかかわらず。実りのない努力を一年続けたあと、家族の貯金は底をつき、デンヴァー郊外の自宅は差し押さえ寸前になっていた。

どれだけがんばっても、すべてが空振りに終わった。なんでもいいから何かで成功する必要があった。だから、この困難な時期、彼は以前に個人的な成功を収めていたものに毎日の数時間を費やすことにした。それがランニングだ。

　アンドリューはベテランのマラソン走者だったが、今度はもっと真剣にこの趣味に打ち込むことにした。「ありったけのエネルギーを注ぎましたよ。やりすぎなんじゃないかっていうぐらい」続けるうちにだんだんペースが速くなり、走る距離も伸び、地元の大会をいくつか完走した。山岳エリアを走り込み、数百メートルの高低差があるランをこなした。ウルトラマラソン（五〇キロ以上のレース）も完走した。職探しはまだ難航していたが、ランニングの目標は必ず達成していた。

　ここにパラドックスがあった。ランニングのこととなると、彼は自分の強みをはっきりと実感できた。努力、決意、プランニング、忍耐。一〇年におよぶ人材発掘と財務管理の経験から、こうした性格の強みはビジネスでの成功にも不可欠だとわかっていた。では、どうして実生活での強みが、もっといいキャリアに結びつかないのだろうか？

　そんな彼にもようやく幸運が訪れ、地元のコミュニティカレッジでビジネスコースを担当することになった。その後すぐ、彼は気づいた。おそらく、長い無職期間の気晴らしにすぎなかったランニングが、キャリアのブレイクスルーへの道を拓いてくれたのだと。

　アンドリューは学部長に直談判し、ユニークな講座を提案した。それは長距離走がビジネスでの成功につながるという考えにもとづいたもので、講座名は〝チャレンジによる変《チェ》化《ンジ》〟とするつもりだった。最終試験はなんと、フルマラソンの完走だ。

　説得には時間がかかったが、ついには学部長も納得した。講座は定員いっぱいになったばかりか、受講生のほぼ全員がランニング未経験者だった。一六週間、彼らはビジネス書を読み、週二回、一緒にランニングの練習をした。受講した全員が少なくともひとつのレースを完走し、七〇パーセント以上がフルマラソンを完走した（鍛え方が足りなかったほかの受講生たちは、最終試験として一〇キロのランかハーフマラソンのどちらかを選択した）。

実験的に始まった講座は大成功を収め、彼はこれまでに三回受け持った。今ではコロラド州のすべてのコミュニティカレッジにおいて、単位を取得できる正式なビジネス講座に認定されている。アンドリューはうれしそうにそう語ってくれた。今年、このプログラムはデンヴァーの高校にまで広がった。そのイノベーションが評価され、彼は指導担当副学部長に昇進した。

困難な時期にランニングで達成した勝利が、彼の自信と精神力を大きく育み、キャリアでの勝利を探求しつづける強さを与えたのだ。アスリートとしての勝利がなければ、マラソンをテーマにしたビジネス講座を思いつくような楽観と創造力を持つことはなかっただろう。彼はそう考えている。

今、アンドリューはエピックウィンの哲学を教室に持ち込んでいる。スーパーベターが正式なカリキュラムの一部になったのだ。「講座の初回に出席したときは、誰ひとりとしてマラソンを完走できるとは思っていません。トレーニングのスケジュールを目にして、彼らは震えあがります。不可能に思える数字が並んでいるからです。それに成功する自分の姿を想像できないんですね」ところが、ほとんどの受講者がわりあい早い段階で自信を持つ。最初のブレイクスルーの瞬間を経験したあとで。「八キロのランは、ほとんどの学生にとってほんとうのターニングポイントになります。八キロは未知の距離なんですね。その後、彼らは突然言う。『これまでやったことはなかった。でもできた』と。なんらかのスイッチが入るんです。不可能に思えていた目標が、急に実現可能に思えてくる。考え方が一八〇度変わる。これまで不可能に思えていたことで、この数週間のうちにできるようになったことは、ほかにもないだろうか？　そんな好奇心を抱き、それを突き止めたいと思うようになる」

自分に何ができるかという探究心は、エピックウィンを追求する上で不可欠なものだ。アンドリューの旅で明らかになったように、ブレイクスルーを求める努力は、それが目のまえのチャレンジには無関係のように見えたとしても、非常にすばらしい、予期せぬ結果をもたらしてくれることがある。

「私はほとんどすべてを失った。でもそのおかげで、これまでで一番意義のある仕事に就くことができた。こんなことは予想していませんでした。でも今ならわかります。最悪の試練は天からの贈り物なのだと」

この章で紹介してきたほかのエピックウィンと同じく、アンドリューのエピックウィンも肉体の勝利（なんらかの運動）が関わっている。ウォーキング、サイクリング、ランニング、登山、みんなのまえで踊る。これはわたしがこうした特徴のある物語を選んだからではない。スーパーベターのデータベースで四〇万人以上のプレイヤーのエピックウィンを検索してみると、最頻出動詞トップ10のうちの四つは、〝歩く〟〝走る〟〝エクササイズする〟〝ダンスする〟となって

いる（ほかには〝終わらせる〟〝見つける〟〝つくる〟など）。

意外なことに、運動に関係するこれらの動詞は、フィットネスやダイエットに関するチャレンジだけでなく、およそ想像できるかぎりあらゆるチャレンジによく登場している。憂鬱や不安を克服する、脳震盪から回復する、糖尿病やＰＴＳＤに向き合う、いい親になる、恋人を見つける、新しい職を探すといったチャレンジに取り組んでいる人たちも、肉体や運動に関するエピックウィンを追求することが非常に多いのだ。

なぜだろうか？　わたしが見聞きしたデータや物語によると、運動に関する勝利はとりわけモチベーションを刺激する魅力的なエピックウィンになる。もしあなたがどんなエピックウィンを追求するべきかまだ決めかねているようなら、歩く、走る、泳ぐ、サイクリングする、ダンスするといったエピックウィンにしておけばまちがいがない。理由はこうだ。

肉体的活動は気分を向上させることで知られており、気分の向上はどんなチャレンジにも役立つ。また、運動は憂鬱感に対するきわめて効果的な治療法であり、あなたの目標が運動とは関係ないものであったとしても有益だ[*7]。

運動は痛みの感じ方を変え、あなたをたくましくし、痛みを伴う刺激に対する耐性をつくる（科学者によると、これは運動によって肉体にストレス――しばしば苦痛を伴うストレス――がかかるからだ。運動すればするほど、脳が痛みの信号を〝正常〟なものと見なすようになる。そのため、脳は痛みにあまり注意を払わなくなる）[*8]。肉体的な痛みへの耐性があがるというのはレジリエンスの一種で、人生の全領域において強くなったと実感できるようになる。

運動に関する目標には、基本的にトレーニングが必要で、トレーニングは意志力と精神力を育んでくれる。そして、意志力と精神力はどんなチャレンジでも役に立つ。

ほかにも、運動にまつわるエピックウィン、たとえばチャリティウォーキングを完走する、五キロ走る、ヨガの集中講座を終える、格闘技で帯を獲得する、チャリティの耐久ダンス大会に参加するなどは、大きなコミュニティと関わることによって、つながりのレジリエンスを大幅に高められる。一緒に参加してくれる友人、家族、同僚がいるなら（たぶんいるだろう）なおさらだ。

そして最後に、運動に関する勝利には、もともと意義や目的意識が織り込まれている場合が多い。ウォーキング、レース、競技イベントは、募金や慈善活動のために開催されることがよくある。意味や目的が増えれば、モチベーションもそれだけ高まり、感謝、思いやり、精神的なつながり、畏怖、驚嘆といったポジティブな感情も高まる。

これらの理由から、スーパーベターの旅のある時点で、あなたも肉体的活動と関係するエピックウィンを追求したほうがいいかもしれない。目標が健康状態の改善やダイエットではなかったとしても、運動に関するブレイクスルーを追求することで得られるメンタル、感情、つながり、肉体のレジリエンスという独自のコンビネーションは、あなたが望みうるかぎり最も大きく人生を変える勝利になるだろう。

◀▶

あなたも自分のエピッククウィンをいくつか思いついただろうか。ではいよいよ、最初のエピッククウィンを選ぼう。

最初のエピックウィンはすぐに達成できるものがいい。来週じゅうとは言わないまでも、少なくとも来月じゅうには完了できるものにしよう。

最初のエピックウィンを決めるにあたって、次のエピックウィン難易度早見表がひとつの目安になる。新しいエピックウィンを考える際に三〇秒で使えるツールだ。次のクエストで試してみよう。

クエスト44：エピックウィン難易度早見表

あなたの選んだエピックウィンがスマートなものかどうか確かめてみよう。

〈やるべきこと〉あなたの考えたエピックウィンを難易度早見表で採点する。そのエピックウィンを達成するために何が必要だろうか？

0――このエピックウィンは一時間以内に、汗ひとつかかずに達成できる。

1――このエピックウィンはどんな日であっても一日で達成できる。

2――一週間かければ、達成できる見込みは五分《ごぶ》以上ある。

3――達成には数週間かかり、多大な努力が必要だ。

4――たぐいまれな努力をすれば、三〇日以内に達成できる。

5――六週間あれば達成できる。

6――数カ月間本気で取り組めば、おそらく達成できる。

7――半年はかかりそうだが、それだけの価値はある。
8――とてつもない集中力を向けて、大切な人々からの助けを借りれば、一年以内にできる。
9――正直に言って、よほど想像力をたくましくしないと、このエピックウィンを達成することはイメージできない。
10――達成できたらノーベル賞ものだ。もしかしたらふたつもらえるかもしれない。

〈採点〉
0〜1：もっと大きな目標を持とう。あなたは自分が思っているよりも強いのだから。
2〜5：おめでとう！　最初のエピックウィンにふさわしい目標だ。
6〜8：実に意欲的な、立派なエピックウィンだ。そんなあなたにゲームフルなヒントを与えておこう。もし目標に全然手が届かず、ストレスが溜まってきたら、ふたつか三つの小さなエピックウィンに（早見表の2〜5の範囲に収まるように）分解し、一度にひとつずつ取り組むようにしよう。
9〜10：恐れ知らずなのはとてもいいことだ。でも2〜8の範囲に収まるようにすれば、もっと楽しみながらスーパーベターになれる。小さなエピックウィンを積み重ねていけば、いつかこんな目標も達成できるかもしれない。

〈ヒント〉だいたいの目安がわかったはずだ。新しいエピックウィンを設定するときは、いつでもこの早見表を使うといい。9～10点のエピックウィンも恐れずに構想しよう。一緒にもっと早く達成できるエピックウィンもラインナップに加えておけばいいだけだ。

最後にいくつか、ゲームフルな精神でエピックウィンを追求するためのヒントを記しておこう。

追求しようと考えているエピックウィンについて、仲間に話をする。目標達成の公約をすることで、達成の可能性があがる。[*9]

再挑戦することになってもいいさと思う。最初は失敗してもかまわないという態度で臨めば、より大きな勝利が見込める（簡単すぎて負けがありえないゲームがどれだけ退屈なことか）。目標設定に関する三五年分の調査によると、目標が個人のコントロールできる範囲や能力を完全に、あるいは明らかに超えていないかぎり、難しい目標であればあるほど、人はよりいっそう努力しようとする。[*10]

自分にとってほんとうに大切な勝利だけを追求する。これはとりわけ重要なルールだ。個人の成長、成功、幸福を追求する上で肝心なのは、どれだけモチベーションがあるかではなく、どんな種類のモチベーションがあるかということだ。あなたの主要な動機が人を喜ばせることだったり、外的な基準に従うものだったりすると、たとえ目標を達成できたとしてもあまり満足できない。が、自分で選んだ目標を追求すれば、それを達成できなかったとしても、もっと幸せに、健康になれる（おまけに、目標を自分で選ぶと成功の確率が高くなる）[*11]。エピックウィンはあなたが実現したい何かを高らかに、ときにはふてぶてしく宣言する場だと覚えておこう。

獲得したスキル：エピックウィンを達成する方法

- エピックウィンは現実的でありながらもチャレンジング、エネルギーを吹き込むものでありながらも懐が深い、というゲームフルな目標だ。あなたが追求するエピックウィンは、少なくともほんのちょっとの好奇心と探究心をくすぐるもの、すなわち、自分にほんとうにできるだろうか？　と思えるものでなければならない。
- 測定可能な勝利を追求することは、能力を伸ばし、飛躍するための一番簡単な方法だ。改善したい部分を選んで、自分の設定した数値にこだわろう。
- ブレイクスルーの瞬間を計画する。強くなるための努力を示せる行動をひとつ選ぼう。
- 自分の主要なチャレンジとはあまり関係がないように見えるエピックウィンを追求することで、横から成功に近づくこともできる。活力を与えてくれる目標を選ぼう。これは心の底から前向きになったり、ワクワクしたりできる目標を見つけられないときに効果的な戦略だ。
- 自分のチャレンジがなんであれ、将来のエピックウィンに備えて肉体的な目標を達成することも検討しよう。肉体的な達成は、多くのスーパーベター・プレイヤーたちに最も有益な変化をもたらしてきた。

• 勝利は仲間と分かち合おう。あなたの勝利がほかの誰かにとってはありふれたものであっても、エベレストに登頂したかのように喜ぼう。ポジティブな達成を祝うことは、ＰＥＧ、ＰＴＧを得るための重要なステップだ。

第一二章　スコアをつける

このデジタル時代にあって、スコアをつける技術が実践されることはあまりない。ほとんどのゲームにおいて、スコアは自動的に記録される。ボウリング場ではコンピューターがスコアを計算し、スクラブルでは単語の得点をネット上で計算できる。ビデオゲームでは何もせずとも勝手に経験値が蓄積され、自動的にレベルアップする。

しかし、スーパーベターをプレイするにあたっては、自分でカスタマイズした個人スコアをつけたほうがいいだろう。ゲームのルールを自分のものにし、自分のプレイをより深く理解するには、スコアをつけるのが一番だ。

これは人間がプレイするものであれば、どんなゲームにも当てはまる。自分でスコアをつけることのメリットを説いた主張の中でわたしが好きなのは、一〇〇年以上前の一九一四年に書かれたもので、《ベースボールマガジン》のとある号に記載されている。『スコアをつけることの楽しみと利点』と題されたこの記事では、プロの試合中、野球ファンが自分のスコアカードをつけることが強く推奨されている。出塁、ヒット、エラーの記録をつけることで、試合をもっと理解し、記憶し、楽しめるというのだ。スポーツ記者のC・P・スタックは自説をこう述べている。

ほとんどの観客は興味を持ってすばらしいプレーを眺めている。でも、どれだけ真剣に眺めていても、次のイニングの興奮のせいで忘れてしまう。彼らは楽しい午後だったというおぼろげな記憶とともにグラウンドから去る。数時間後に夕刊で試合の記事を読んだところで、重要な部分に関する記憶はほとんど甦らない。こうした問題はスコアをつければ全部解決できる。プレーが記憶に焼きつけられ、ゲームに関する知識もつく……それに何より、スコアをつけるのはそれ自体が楽しい行為だ。いくつかのシンプルなルールと少しの練習、それだけでスコアをつける習慣が体に染みつく。*1

スコアづけは当時の野球ファンだけでなく、今日のスーパーベター・プレイヤーにとっても非常に有意義だ。自分のゲームフルな努力について、とくにプレイ開始直後の数日から数週にかけて、詳細な記録をつけることで、七つのゲームフルなルールについて理解を深められる。さらには自分のチャレンジと成長にとってとくに重要な時期にスコアをつければ、強くなるために自分が何をしたのかを正確に思い出せるようになり、将来同じことができる可能性があがる。

スーパーベターにおける記録のつけ方はいろいろある。使ったパワーアップアイテムの数、悪者と戦った回数、クリアしたクエスト、達成したエピックウィンの数。こうした数値を記録して、新記録（一日でパワーアップアイテムを一〇個使った！）や連勝記録（三〇日連続で毎日クエストをひとつ以上クリアした！）を目指してモチベーションをあげよう。ノート、日記、表計算シート、ブログに記録するのが手っ取り早い。

こうしたシンプルな記録だけでなく、もう少し大きな記録もある。ゲームフルな人生のほんとうの尺度になるものは、あなたのレジリエンス（肉体、メンタル、感情、つながりの強さ）の成長度だ。では自分のレジリエンスが実際に高まっているかどうか、どうやったらわかるのだろうか？　この章では、ゲームフルな思考・行動パターンが実生活におよぼす大きな変化を測定するための、簡単なスコアのつけ方を紹介する。これには、あなたのゲームフルなスキル全般と新しく見出したレジリエンスをシンプルな数値で示し、新しいハイスコアを目指す方法も含まれている。スコアが高くなればなるほど、ただ長生きできるだけでなく、自分の夢に忠実で、幸福で、健康で、勇敢な、そして何より、後悔のない人生を送れるようになる。

スーパーベターの進行状況を記録する一番シンプルな方法から始めよう。それが〝デイリースコア〟だ。あるスーパーベター・プレイヤーの言葉を借りれば、「エピックウィンはまだ先のことかもしれないが、その日その日に勝利することはできる」。今は毎日のスーパーベターの用量を守ることに集中しよう。毎日のスーパーベターの用量は次のとおり。

パワーアップアイテム三つ＋悪者との戦い一回＋クエストひとつ＝その日の勝利

スーパーベターの用量はペンシルヴェニア大学とオハイオ州立大学ウェクスナー医療センターでテストされたもので、わたしはこれをすべてのスーパーベター・プレイヤーに推奨している。

〝毎日パワーアップアイテムを三つ以上使い、悪者と一回以上戦い、クエストをひとつ以上クリアする〟これが日常生活に無理なく組み込めて、それでいて重要なレジリエンスを養える、ゲームフルな活動のちょうどいい分量だ。

プレイヤーの中には、毎日の用量を通常の〝やることリスト〟に組み込んでいる人もいる。この場合、〝パワーアップアイテム1、パワーアップアイテム2、パワーアップアイテム3、戦闘、クエスト〟とリストに追加し、終わったらチェックをつけていけばいい。

スーパーベターの旅の日記をつけ、これまでの足取りを振り返れるようにしているプレイヤーもいる。試してみればわかるが、日々の用量は日記に書くのにうってつけの内容だ。毎日、どんなパワーアップアイテムを三つ使ったか、どんな悪者と戦ったか（どの戦略を使ったか）、どんなクエストをクリアしたかを書こう。毎日の用量の基準があることで、ゲームフルな旅をすばやく簡単に、わかりやすく記録できる。

日々の勝利を積み重ねようとしている場合は、デイリースコアをつけることで自分の勢いを感じられるようになる。週に四回、五回、六回、それとも七回（完璧なスコア！）勝利できるだろうか？

デイリースコアを記録することで、自分の癖について有益な情報が手に入る場合もある。あるプレイヤーはこう語っている。「日曜日には一回も用量を守れていないことに気づきました。日曜日はいつの間にか終わっていて、時間がいっぱいあるにもかかわらず、スーパーベターになるためのことを何もしていない」このパターンを発見したおかげで、彼は新しい戦略を採用できた。「今後、日曜日は〝スーパーサンデー〟にするとみんなに宣言しました。用量を守れるよう、特別なチャレンジをするんです」

わたしのアドバイスはこうだ。とりあえず二週間、毎日の用量を記録すること。一度やってみれば、このスコアづけをいつでも必要なときに使えるようになる。新しいチャレンジに直面したとき、時間がないと感じているとき、スーパーベターの取り組みを一新したいときなどに使うといいだろう。

パワーアップアイテム三つ、悪者との戦い一回、クエストひとつ。強く、幸せに、勇敢に、打たれ強くなるために、今日できることはすべてやったと確信するのに必要なのはそれだけだ。

行動に弾みをつけたり、個人的な洞察を得たりするために便利な方法がもうひとつある。〝個人記録〟をつけることだ。

個人記録というのは、なんらかのチャレンジに対するあなたの過去最高の結果だ。アスリートやゲーマーはいろいろな種類の個人記録をつけている。走った最長距離、一回のマッチでの最多アシスト数、チェスの勝ち試合における最少手数、ゲーム開始からクリアまでの最短時間（できるだけ短い時間でクリアする試みを〝スピードラン〟という）など。こうした個人記録をつけることで、もっとがんばろう、もっと意欲的に、もっとクリエイティブになろうというインスピレーションが湧いてくる。これは遊び心を持って自分の潜在能力の限界を探れるすぐれた手法だ。

デイリースコアをつけるのに慣れたら、スーパーベターの個人記録をひとつかふたつつけてみよう。いくつかアイディアを紹介する。

・あなたが**最も力をつけた時間**：一時間のうちに何種類のパワーアップアイテムを使えるだろうか？*

・あなたが**最も力をつけた日**：一日のうちに何種類のパワーアップアイテムを使えるだろうか？

・**最も記念すべき戦いの日**：一日で最大何人の悪者に勝利できるだろうか？（ひどい一日にはちがいないだろうが、そんな一日を無事に乗り切ったというのは、あなたの強さの証でもある）

・**毎日の勝利の最多連続記録**：一日も欠かすことなく、何日連続でスーパーベターの用量（くどいようだが、パワーアップアイテム三つ、悪者との戦い一回、クエストひとつ）を守りつづけられるだろうか？

以上の四つはスーパーベター・プレイヤーたちのあいだでとくに人気の高い個人記録だが、もちろん新しい記録のカテゴリーを自由につくってかまわない。

自分のチャレンジ用にカスタマイズした個人記録を狙ってもいい。チャレンジが初めての小説を書きあげることだったら、少なくとも一〇〇語以上書く日を何日続けられるか。健康になることだったら、一日で歩いた最多歩数（万歩計で測定しよう）。不安を克服することだったら、ふ

＊　わたしの知るかぎり、世界記録は〝一時間で二三種類〟だ。この記録に挑戦してみるのもいいだろう。おそらく、慎重な計画とひとりかふたりの仲間の助けが必要になるはずだ。

だん不安を感じるような場所に行ったり、不安を感じる行動をしたりして、どれぐらいの時間我慢できるか。そういった記録を狙う。自分で記録、測定できて、自分の進歩の真の目安となるような、ささやかな何かを探そう（個人記録はすばらしいエピックウィンになることもある）。

こんなスコアのつけ方はシンプルすぎて、人生に大きな影響を与えるはずがないと思う人もいるかもしれない。では、記録をつけることで、その人の振る舞いが意外なほど大きく変化したケースを紹介しよう。ほかならぬ、わたし自身のスーパーベターの物語だ。

スーパーベターの物語：わたしの物語、あるいは一五四のいい一日

二〇一〇年、脳震盪後症候群になってから六カ月後、わたしはまだ毎日の片頭痛に苦しめられていた。痛みがあまりにひどかったので、ほとんど毎日、許容量いっぱいの鎮痛剤を飲んでいた。一日に三種類の薬を飲むこともあった。ある意味では回復しつつあることはわかっていた。ようやく思考がはっきりしてきていたし、一日数時間は仕事もできるようになっていたからだ。とはいえ、頭痛によるめまいと吐き気のせいで、日中の長い時間をまだベッドの上で過ごしていた。通常の生活に戻るのは遠い未来のことに思えた。

現実離れした期待を抱いていたわけではないが、すべての日が最悪だと感じなくても済むような希望を持たなければならなかった。でもわたしにとって〝いい〟と思えるのはどれぐらいだろう？　そこで、一週間のうちに二日だけいい日があれば上出来だと思うこと

にした。頭痛が軽く、鎮痛剤をまったく飲まなくていい日が二日あれば、それで満足できる。週の二日がいい日になれば、残りの五日を我慢できる。

しかし、当時のわたしには、いい日が実際に何日あったのか、まったくわかっていなかった。一日はおぼろげなまま、長く惨めな一週間になり、それがひどい一カ月になった。そこで二〇一〇年の一月一日、記録をつけはじめることにした。レターサイズの白紙をベッドのそばに貼り、カウントを始めた。毎晩眠るまえ、その日に薬を飲んでいなければチェックマークをつける。その年の終わりまでにチェックマークを一〇〇個つけたかった。

続く数週間はよかったり悪かったりの連続だった。初週のいい日は一日だけ。翌週は二日。三週目は一日もなかったが、四週目は三日あった。

こんなふうにスコアをつけていたら、非常に興味深い効果が表われはじめた。みじめな片頭痛の一日を過ごしても、憂鬱感と絶望感に打ちのめされる代わりに、ベッドの隣のだんだん増えつつあるチェックマークを見て、こう言えるようになったのだ。「これまでのいい一日の数を見てごらんなさい。統計からいって、明日にはもっとよくなってるはず。それか少なくとも、明後日には。この痛みは永遠に続くわけじゃない。だからがんばって」それまでの記録が、わたしに希望を与えてくれる客観的な証拠になっていたのだ。

それからは一日の終わりにチェックマークをつけたいと切実に思うようになった。新しいチェックマークをつけるときに感じる誇らしさと達成感を待ち望んでいた。片頭痛に襲われると、すぐに薬に手を伸ばす代わりに、暗闇で一時間横になるようになった。その日の分のチェックマーク欲しさに、頭痛がひとりでに消えるのを待っていたのだ。わたしにとても驚きだったが、実際に頭痛が去ることもあった。これは発見だった。頭痛はひとりでに消えることもある。スコアをあげたいというモチベーションがなければ、そんなことには気づかなかったかもしれない。

このスコアはすぐに、自分の行動を示す客観的な証拠以上のものになった。力を与えてくれる健全で新しい行動をするためのモチベーションになったのだ。頭が痛くなったら、薬の代わりにまずはパワーブレス（吸うときの二倍の時間をかけて息を吐く呼吸法）を試すようになった。効果があるときもあれば、ないときもあった。効果があったときには自分が強くなったように感じた。結局鎮痛剤が必要になったとしても、それでも結果はポジティブなものだった。薬を飲むまでの時間が長くなったので、一日の摂取量がぐんと減ったのだ。これが上昇スパイラルを生んだ。チェックマークの数はどんどん増え、いい日が増えたばかりか、薬の効果もあがった（飲む頻度がさがったことで、よく効くようになった）。

快方に向かっているという自信を持てるようになり、新しく身につけたその自信のおかげで、外で過ごす時間が長くなり、寝たきりの時間が短くなっていった。上昇スパイラルはさらに続いた。外に出れば出るほど、片頭痛が気にならなくなったのだ（あとで知ったのだが、忙しく活動していると痛みの認識が鈍くなる）[*2]。痛みに対して鈍くなればなるほど、いい日が増え、スコアも伸びた。スコアが伸びると、もっと自信がつき、さらに活動的になれた。こうした好循環はすべて、スコアをつけるというたったそれだけのことがきっかけだったのだ。

年末までに一五四個のチェックマークが溜まっていた。週に平均三日、いい日があったことになる。最初に思っていた二日よりもいいスコアだ。おまけに自分の人生をコントロールできると感じられるようにもなっていた。

それからはスコアをつけなくなった。自分が回復しているという客観的なスコアはもう必要なかった。人生を楽しみ、意味のある仕事をして、家族のために生きられるぐらいには健康になったという自信がついていたからだ。

スコアをつけることで、あなたにも同じことが起きるよう願っている。これは永遠に続けなければならない習慣ではない。進歩し、何かを達成しているという感覚が自己の中に芽生えるまで、自分がほんとうに成長していると確信できるまででいい——わたしがそうしたように。

基本的なスコアのつけ方が身についたところで、もっとクリエイティブな方法を考えてみよう。自分の強みと能力について自覚を養えるというのは、スーパーベターならではの恩恵だ。もしかしたらここまで読み進めただけで、あなたもすでに自分の英雄的な資質に目覚めつつあるかもしれない。

スーパーベターを続けていけば、友人や家族の目にもあなたの強さが増していることが見えるようになる。むしろ、あなた自身よりも彼らのほうがはっきり見えている場合もある。とくに極度のストレス状態にあるときには、自分が正しいことをしているのかどうか、外部からの視点が必要になる（あなたに自分を卑下したり、自己疑念を抱いたりする傾向があればなおさら）。だから、あなたの英雄的な強みを記録する作業は仲間に手伝ってもらうのがお勧めだ。

わたしはそれを〝仲間とのレベルアップ〟と呼んでいる。やり方はこうだ。

まず、クエスト36で特定した、あなたのヒーローとしての五つの大きな強みを思い出す。向学心、スピリチュアリティ、創造性、公平さ、活力／熱意、その他なんであれ、それらをレベルアップさせていく。ビデオゲームでは、レベルアップするとキャラクターの強さがだんだんあがっていき、ある特定のポイントに到達すると新しい能力を獲得したり、新しいチャンスが開けたりする。

自分の強みのリストをまだ誰にも見せていなかったら、今すぐ誰かに見せよう。自分にポイントを与えてくれる人が必要だからだ。信頼できる仲間を少なくともひとり選び、あなたの五つの強みを教える。

これであなたの作業はおしまいだ。あとは毎日の生活で、できるだけ自分の強みを使うように心がければいい。あなたにポイントを与える機会を見つけるのは、仲間の使命になる。

たとえばこんなふうに。脳震盪キラー・ジェインだったころ、わたしはノートに自分の五つの強みを書いていた。これには創造性、向学心、自律／自制心が含まれていた。毎晩寝るまえ、一日を振り返るとき、夫がノートを取り出し、わたしの達成に対して次のようにポイントをくれた。

- 創造性＋5。なぜ脳震盪から回復するためのゲームをつくっているのか。その理由を説明する YouTube 動画をつくった。
- 向学心＋10。脳震盪後症候群から回復する方法が書かれた科学論文を、冴えた頭で一五分間探した。

• 自律／自制心＋20。めまいがするにもかかわらず、医師と面会した。

ポイントの数値はそれほど重要ではない。500点でも0・0001点でもなんでもいい。自分にとって大切な人が、わたしが弱くなっているのではなく、強くなっていると思ってくれることが重要なのだ。それにもちろん、人に祝福されるのはうれしいものだ。

幾度にもわたる入院と手術のあいだにスーパーベターをプレイした、三一歳のマーケティング部長、ジェスの言葉を記しておこう。

仲間からポイントをもらうことで、達成感が何倍にもなりました。毎週何人もの医者と何度も会わなければいけないせいで、すごくストレスが溜まり、鬱々としていました。八方ふさがりのように感じていたんです。でもこのポイント制度のおかげで、医師と面会したり、数時間仕事をしたり、場合によっては洗濯をするだけでも、誇れる達成と思えるようになりました。自分の状況を客観的に見ていなかったんですね。誰かに「ほんとにすごいよ。勇敢さにプラス10点だね」なんて言ってもらえるだけで、自分の達成に気づけるようになるんです。

あなたが強さを発揮している場面を見かける機会の多い仲間を選ぶように。同じ家に住む人、毎日会う人、よく話をする人がいいだろう。

あからさまにポジティブなフィードバックをしてほしいと頼むのは気が引けるかもしれない（大丈夫、そう思うのはあなただけではない）が、「ヒーローのためにやったことで一番楽しかったのは何か」とスーパーベターの仲間たちに聞き取り調査したところ、「ヒーローに実績ポイントを与える」は二位だった（一位は「手短な励ましや応援のメッセージを送る」）。あなたを気にかけてくれる人は、あなたを助け、応援するために具体的なことをしたくてうずうずしているのだ。ポイントを与えてほしいと仲間に頼むことで、彼らにも気分が向上し、状況を改善できる機会を与えることになる。ウィンウィンの関係だ。

具体的な方法を説明しよう。仲間からのポイントは口頭、メール、メッセージで受け取る。スーパーベターの旅を公表しているなら、自分の写真、動画、ブログ記事、ＳＮＳへの投稿に対する読者や視聴者からのコメントという形で受け取ってもいい（自分がどれだけすごいか、人前でちゃっかり話せるぐらいがちょうどいい）。

きちんとスコアをつけたいのなら、ノートや表計算シートにポイントを加算していってもいい。あるいはプラス1点ごとにハイタッチをするなどして、面倒な計算に煩わされないようにするのもいいだろう（全プレイヤーの半数近くがそうしている）。もしポイントを記録していくなら、好奇心＋50、勇敢さ＋１００など、大きな区切りに到達したら自分にご褒美を与えるといい。

レベルアップ用のポイントは複雑な仕組みにする必要はないし、きっちりと実践する必要もない。わたしの提案はこうだ。少なくともひとりの仲間に、一、二週間だけ自分にポイントを与えてくれと頼み、その後はもっとルーズにおこなう。お互いにポイントを与え合い、相手を祝福し、励ますのもお勧めだ。あなたも相手のポジティブな資質を探し、ポイントを与える。二四種の性格の強みにこだわる必要はない。「仲間として頼りになる」「彼ら自身のチャレンジに取り組んでいる」などの資質に対し、プラス1点を与えよう。他者の強みを探すようにすれば、愛や理解をうまく示すことができ、きわめて実りが多い。

◀▶

もうひとつ有用なスコアを紹介しておこう。それは人物診断表《インベントリ》と呼ばれる評価ツールの成績だ。インベントリというのは特定の心の性質や経験、たとえば楽観、不安、勇敢さ、憂鬱、生活への満足度などを測定するための調査のことだ。そのほとんどが厳密な科学的検査を前提としており、対象となる性質を効果的に測定できる。

本書を通じて、すでにあなたも科学的に実証されたインベントリの非公式版にチャレンジしており、心の強さ——ストレスに直面した際に挑戦の精神を持てるかどうか（第五章）や、目標に向かってコミットする行動ができるかどうか（第八章）——を測定してきた。ペンシルヴェニア大学とオハイオ州立大学ウェクスナー医療センターでも、スーパーベターの効果を測定するために同様のインベントリを使用し、スーパーベターを六週間プレイすると憂鬱と不安が大幅に軽減され、自己効力感と生活への満足度が著しく向上すると結論した。

チャレンジに対してゲームフルに取り組み、自らの強みを育んでいく中で、あなたもこうした強力な診断ツールを利用したいと思うようになるかもしれない。最も厳密に検査されたインベントリは、基本的に科学ジャーナルからしか入手できない。そこで重要なインベントリにアクセスできるよう、スーパーベターの旅にとって非常に有用と思われるものをすべてまとめておいた。http://www.areyougameful.com から無料で利用できる（いずれも英語のみ）。

これには以下のようなインベントリが含まれている。

- 楽観性テスト
- 人生の意味アンケート
- 感謝調査
- 親しい関係アンケート
- 希望アンケート
- 健康に関連した生活の質アンケート
- 生きる理由診断表

以下の五つのインベントリは、ペンシルヴェニア大学とオハイオ州立大学でスーパーベターの効果を調査するために使用されたものだ。

- 疫学研究用鬱病尺度
- 全般性不安障害尺度
- 新包括的自己効力感尺度
- 生活満足度尺度

・知覚されたソーシャルサポート尺度

スーパーベターのプレイを進める中で、成長の度合いを確認したい資質や経験があったら使うといいだろう。何か特定の問題、たとえば憂鬱、不安、ＰＴＳＤなどを経験しているなら、それらの症状を測定できるインベントリを使えば、自分がよくなっているかどうかを客観的に判断できる。また、好奇心、ガッツといった性格の強みを向上させようとしているなら、それに関連するインベントリで定期的にテストすることで、具体的な成長ぶりがわかる。

それから、誰にでも推薦できる特別なインベントリがある。〝ゲームフル《G》な強み《S》診断《I》〟だ。これはわたしがカリフォルニア大学バークレー校とスタンフォード大学のサイエンスアドバイザーらの力を借りてデザインした特殊なインベントリで、ゲームフルな精神（想像力、楽観、勇気、希望、精神力、社会的つながり、自己効力感）に関連する恩恵の測定に特化している。

ゲームフルな強みは本書を通じて紹介してきたし、クエストをクリアすることであなた自身も向上させてきた。これらの強みがあれば、どんな試練に対しても打たれ強くなり、ＰＥＧやＰＴＧを得られるようになる。

自分のゲームフルな強みがどれぐらい高まっているかを知りたい場合、このインベントリが役に立つだろう。定期的に確認するといい。ひと月に一度やれば充分だ。エピックウィンを達成した際、新しいチャレンジを選択する際、新しい指標となるスコアを設定する際に使うといい（ＧＳＩは http://www.areyougameful.com からダウンロード、プリントできる。スコアの具体的な推移をあとで確認できるよう、テストのたびにコピーを残しておこう）。

ＧＳＩからわかるのは、あなたの心構えの変化だけではない。もっと大きな恩恵と成長を享受したければ、ゲームフルな七つのルールのうちのどれにもっと時間を費やし、注意を向けるべきかを正確に把握しておこう。

このＧＳＩを実際にやってみることが、第三部最後のクエストになる。準備はいいだろうか？

（ここまでよくがんばりました。おめでとう！）

クエスト45：あなたはどれぐらいゲームフル？

〈やるべきこと〉それぞれの質問に0～5点で回答する。「ありえない！」（少しも同意できない）と思う場合は0点を、「まったくだ！」（心の底から完全に同意する）と思う場合は5点をつける。それ以外の場合は、同意の度合いに応じてそのあいだの点をつける。

1. 自分の将来を楽観している。
2. 新しいことを学んだり、新しい経験に挑戦したりする機会をいつも探している。

3. わたしが直面するあらゆるチャレンジは学習や成長のチャンスだ。
4. 今から一時間のうちに実行できて、自分は幸せだ、自分は強い、生産的だと感じられることをひとつ以上思いつく。
5. どれだけ困難で、大きな苦痛を伴う恐ろしいことであったとしても、自分にとって一番大切なことをする。
6. これまでのやり方には縛られず、物事を新しいやり方で実行できる。
7. やると決めたことがなんであれ、自分にはそれを達成するだけの能力があると信じている。
8. たくさんの人々に感謝している。
9. 今週、障害を克服することができた。
10. つまずくことがあってもへこたれない。
11. 自分と同じチャレンジに現在取り組んでいる人、過去に取り組んでいた人とのあいだに強い絆を感じる。
12. 問題に直面しても、いつも解決策を見つけられる。
13. 明日達成したい目標をひとつ以上思いつく。
14. うまくできるかどうかわからないことに対し、挑戦してはっきりさせたいという意欲が湧いてくる。
15. 楽しみにしている特定の何かがある。

16. 自分の感情が気に入らなかったら、変えることができる。
17. 自分が楽しんでいる活動に没頭するあまり、時間の感覚をなくすことがよくある。
18. クリエイティブな新しい戦略を、楽しみながら構想できる。
19. わたしの成功を心から望んでいる人をひとり以上思いつく。
20. 人生にも、人生がもたらすどんな試練や複雑な状況にも、向き合う勇気がある。

〈スコア〉 各設問のスコアを合計しよう。最低で0点、最高で100点になる。スコアの意味については後述する。

ＧＳＩのスコアを定期的にチェックすれば、あなたの心構えの変化を比較できる。「このスコアなら充分にゲームフルだ」とか「このスコアだとあまりゲームフルではない」といった基準は存在しない。特定の数値にこだわるのではなく、時間の経過に伴うスコアの上下に注目し、ハイスコアを狙おう。

〝スコアがあがった〟場合、それは以前よりもゲームフルな強みを効果的に引き出せるようになったことを意味する。自分のゲームフルな能力が伸びたことに自信を持ち、強力な思考パターンを身につけたことに満足しよう。

〝スコアがさがった〟場合、ゲームフルな強みを少し支えてやるか、覚醒させ直す必要があるかもしれない。この場合、ゲームフルな精神をもう一度呼び覚ますために、できることがふたつある。

ひとつ目は、今後数週間、ゲームをプレイする時間を増やすことだ。ゲームフルな強みを育むには、ゲームをするのが一番手っ取り早く、確実だ。当たり前と言えば当たり前だが、見落とされがちな戦略だ。なぜか？　わたしたちの偏見が、ゲームを「強みを伸ばすもの」ではなく「時間の無駄」と考えさせるからだ。バスケットボール、数独、スーパーマリオ、『カタンの開拓者たち』、クロスワードパズル、『ザ・シムズ』、かくれんぼ、ブリッジ、どんなゲームでもかまわない。ふだんあなたがまったくゲームをしないなら、今週は三〇分ゲームをしよう。週に一〇時間ゲームをプレイするなら、今週はもっと目的を持ってプレイしよう。格別にチャレンジングなゲームに挑戦するか、可能であればマルチプレイゲームにもっと時間を使うといい。

もっと戦略的にスコアをあげたければ、ふたつ目の方法を使おう。まず、一番スコアが低かった質問、または前回よりも低いスコアだった質問を選ぶ。それから以下の情報を参考に、該当するゲームフルなルールを実践する。そうすれば、あなたが一番必要としている強みを伸ばせるはずだ。やり方を説明しよう。

設問3、12のスコアが低かった場合：挑戦の精神を高める必要がある。第五章のクエストとアドバイスを再読しよう。

設問4、16、17のスコアが低かった場合：来週は新しいパワーアップアイテムを集めて使うことに集中しよう（第六章を参照）。

設問6、9、10、12、18のスコアが低かった場合：自分の悪者リストを見直して、今週はできるだけ多くの新しい戦略、戦闘プランを考案し、試そう（第七章を参照）。

設問2、5、13のスコアが低かった場合：今週はできるだけ多くのクエストをクリアすることに集中しよう（第八章を参照）。

設問8、11、19のスコアが低かった場合：今週はひとり以上の仲間に連絡する努力をするか、新しい仲間を見つけよう（第九章を参照）。

設問7、20のスコアが低かった場合：秘密の正体にもう少し注意を払おう（第一〇章を参照）。今週はあなたの強みを新しい方法で使うか、自分の新しい英雄的な物語を伝える。

設問1、14、15のスコアが低かった場合：今週はエピックウィンについて考えることに時間を使おう（第一一章を参照）。自分が追求している勝利が現実的なものに思えなくなっていたら、新しいエピックウィンを考える。エピックウィンに刺激を受けず、活力が湧いてこないようであれば、刺激的で活力の湧くエピックウィンに切り替える。

◀▶

最後に、ちょっとしたお楽しみとモチベーションアップのために、ミニゲームをいくつか用意した。友人、家族、ほかのスーパーベターの仲間たちと対戦、協力プレイができ、一定期限内のスコアを競えるようになっている。

ナイキのデジタルスポーツチームのためにインタラクティブ要素をデザインしていた際、ミニゲームはモチベーションをあげるための核となる戦略だった。トレーニングのあいだ何週間も、何シーズンにもわたってアスリートのモチベーションを維持するにはどうすればいいだろうか？　スケジュールに忙殺されている人に、仕事後、人生を変える力のある三〇分の運動をしてもらい、健康に関する目標を達成させるにはどうすればいいだろうか？　個人記録も大いに役立つが、わたしたちが試した全戦略の中で、活動や努力に対する最も効果的な起爆剤となったのはミニゲームだった。チャレンジをソーシャルなものにすると、わたしたちはベストを尽くすようになる。ゲームフルな取り組みの中で、必要に応じてこの起爆剤を使えるよう、七つのミニゲームをデザインした。対戦ミニゲームも協力ミニゲームも、モチベーションをあげてくれるだけでなく、強くなるための新しい方法を見つけるきっかけになるだろう。あなたがスーパーベターのメソッドに精通したあとであっても。

対戦ミニゲーム：友人と競争しよう！

競争が好きなら、ゲームフルな取り組みを何人かの友人と競い合うのもおもしろいかもしれない。その方法をいくつか教えよう。

その日最初のパワーアップ

その日最初にパワーアップアイテムを使った人が勝ち。メール、ＳＮＳのメッセージなどを送って、自分の勝利を主張しよう（証拠としてパワーアップアイテムの写真も撮ること！）。このミニゲームは三日間、五日間などの区切りの中で誰が一番多く達成できるかを競うと、もっとおもしろくなる。三〇日間でもいい。その日の定義を、日付が変わった瞬間にするのか、それとも日の出後にするのかはあらかじめ決めておく。

クエストレース

決められたクエストを最初にすべてクリアした人の勝ち。レースに参加するプレイヤーはひとつずつクエストを提案する。四人が参加した場合、合計で四つのクエストを最初にクリアしたプレイヤーの勝ちとなる。開始前、すべてのクエストが無理のないものであると全プレイヤーが合意しなければならない。一五キロ走るとか一〇〇ドルを寄付するといったような、グループの中で実質的にあなたしかできないようなクエストを提案するのはフェアではない。クエストのリストができたらゲーム開始だ。クエストをクリアした証拠として、写真や動画を撮影することをお勧めする。このミニゲームは参加人数が多いほどおもしろくなる。

戦況報告

あなたが周囲に公表している一般的な悪者をひとり選ぶ。今週は細心の注意を払って、この悪者と戦う。できるだけ多様な戦略を編み出すように。このミニゲームでは創造力がものを言う。週の終わりに戦略のリストを見せ合おう。ほかの誰のリストにも載っていない戦略を編み出したプレイヤーは、その戦略ひとつにつき一ポイントを獲得し、最終的に最もポイントの多いプレイヤーの勝ちとなる。〈ボーナス〉このミニゲームをプレイすると、週末にはその厄介な悪者に対する戦略が山ほど手に入る。

スーパーベター・サバイバー

このミニゲームはひとりでもプレイできるが、ひとりかふたりの友人と挑戦したほうが楽しい。ゲームの一日目、少なくともひとつパワーアップアイテムを使う。二日目、二種類のパワーアップアイテムを使う。三日目は三種類……という具合に、目標を毎日ひとつずつ増やしていく。その日の目標を達成できなかったら、そこで脱落となり、最後まで生き残ったプレイヤーの勝利。

ヒント：これらの対戦ミニゲームはすでにスーパーベターをプレイしている人とやるのがいいだろう。相手は実生活での知り合いでもいいし、オンライン上の知り合いでもいい。または、スーパーベターをプレイしていない仲間のひとりふたりとプレイしてもいい。一緒にパワーアップアイテムを使ったり、クエストをクリアしたりしたあと、どうなるだろう？　もしかしたら彼らも自分のチャレンジを選んで、エピックウィンを目指すようになるかもしれない！

協力ミニゲーム：力を合わせてミッションに挑戦！

対戦より協力プレイが好きなら、チームワークに重点を置いたマルチプレイのスコアを競おう。ハイスコアを狙うタイプの協力ミニゲームを紹介する。

一二人の悪者

今週、みんなで力を合わせて、少なくとも一二人の異なる悪者との戦いに勝利することを目指す（あなたが五人、チームメイトが七人の悪者と戦ってもいい。三人でプレイする場合は、それぞれが四人の悪者と戦うなど、好きなように）。戦闘に勝利するたび、ほかのプレイヤーに報告する。週が明けるまえに一二人の悪者を倒せたらミッション完了だ。

一〇〇のパワーアップ

チームで協力して、期限内に一〇〇種類のパワーアップアイテムを使うことを目指す。ふたりでプレイするなら三〇日かかるかもしれないし、一〇人なら一週間以内にクリアできるだろう。決めた期限が来るまえに一〇〇種類のパワーアップアイテムを使うこと。使ったアイテムのリストは共有して、同じパワーアップをカウントしないように注意する。〈ボーナス〉このミニゲームが終わったときには、将来使えるパワーアップアイテム一〇〇個のリストが手に入る。ほかの人と共有してもいいだろう。

チームストリーク

ふたり以上のチームで協力し、何日連続でスーパーベターの毎日の用量（パワーアップアイテム三つ、悪者との戦い一回、クエストひとつ）を守れるかを競う。チームの人数が多ければ多いほど、連続で達成するのが難しくなるが、そのほうが応援や励ましの言葉も増え、モチベーションがあがる。チームごとの対抗戦にしてもいい。その場合、一番長く連続して用量を守り、最後まで残ったチームの勝ちとなる。

◀▶

見てわかるとおり、新しいハイスコアを目指す方法はいくらでもある。しかし、新しいハイスコアを目指すよりもほかに満足できることがあるなら、そのままゲームを続けよう。

哲学者にして宗教研究家でもあるジェイムズ・カース教授は、世の中には二種類のゲームがあると言った。有限ゲームと無限ゲームだ。*3 有限ゲームは勝者を決めるためにプレイされ、無限ゲームはできるだけ長く続けることを目的にプレイされる。

チェス、サッカー、『リーグ・オブ・レジェンド』の試合、麻雀、選挙活動、これらはすべて有限ゲームだ。最終的には必ず誰かが勝利し、ゲームはそこで終わる。

一方、スーパーベターは無限ゲームだ。うまくプレイすればするほど、長くプレイすることになる。

クエストをクリアし、悪者と戦い、パワーアップアイテムを使うたびに、あなたのレジリエンスは強化されていく。そのため、統計的寿命も長くなっていく。わたしはビデオゲームで残機が増えることになぞらえて、これを〝ボーナスライフ〟と呼んでいる。

往年のビデオゲームをプレイしたことがある人ならわかるだろう。プレイヤーにはあらかじめ決められた数の〝命〟、つまりゲームに勝利するためのチャンスが与えられている。この命がなくなれば、そこでゲームオーバーだ。しかし、小さな目標を達成して、堅実なプレイを続ければ、ゲームの時間を延ばすことができる。『パックマン』では一万点で残機が増える。スーパーマリオ・シリーズではコイン一〇〇枚だ。現代のゲームの多くはこのメカニズムを新しい手法で取り入れている。たとえば『キャンディークラッシュ』では、友人に頼めばいくらでもライフを獲得できる。

現実の世界でプレイ時間を延ばし、目標を追求する技術《わざ》は、ビデオゲーム内でのそれのように厳密ではない。が、ひとつの比喩として、「長く幸せな人生を送る最高のチャンスを自らに与えるために、今日何ができるか」という疑問に対して、驚くほど価値のある洞察を与えてくれる。

レジリエンス研究という分野の裾野は広がりつつある。おかげで、あなたの進歩を記録し、ボーナスライフを積み重ねていく方法はたくさん存在する。この分野の研究者らは、保険数理士――複雑な数式と統計学的手法で、保険会社のために生命保険のリスクと保険証券の価格を決めるプロフェッショナル――と同じ手法、寿命モデルを使っているが、レジリエンス研究は寿命を縮める習慣ではなく、寿命を延ばす習慣を見つけることを目的としている。肉体、メンタル、感情、つながりの四種のレジリエンスと寿命の関係について、わたしも数百の科学論文を読んだ。そこから学んだのは以下の事実だ。

- 六五万人以上を対象にした研究によると、余暇におこなう肉体的活動（散歩、腕立て伏せ、リビングでのダンスなど）一分につき、寿命が七分延びる。[*4] つまり、今この場で一分間肉体のレジリエンスを鍛えるだけで、人生が七分延びるということだ（次のページは立ちあがって読もう！）。

- 一万七〇〇〇人弱を対象にした研究によると、友人や家族と多くの時間を過ごすと、禁煙、ダイエット、コレステロール値や血圧値をさげた場合と同じぐらい寿命が延びる。[*5] 毎日のポジティブな社会的交流を増やしていけば、社会的サポートを与えたり受けたりした日一日につき、最大で三時間のボーナスライフがもらえることになる（今すぐ仲間のひとりにポジティブなメッセージを送ろう！）。

- エピックウィンを達成したり、クエストをクリアしたりするたびに育まれる楽観と自己効力感は、長寿に結びつくだけでなく、あなたがどれだけ元気に生き、加齢による認知低下に抵抗できるかの目安になる。ペンシルヴェニア大学の研究チームがまとめたスーパーベター・プレイヤーたちの自己効力感に関する調査によると、六週間かけてひとつのエピックウィンに取り組んだ場合、潜在的に五日分の幸福で健康な人生を獲得することになる（だから、今から一〇秒かけて次のエピックウィンを構想すること）。

- あなたが一度も肉体とつながりのレジリエンスを鍛えなかったとしても、毎日もっと多くのポジティブな感情を探し求めるだけで、人生に丸一〇年が追加される。七五年分のデータを集めた大規模な研究によると、二〇代、三〇代のころに幅広いポジティブな感情（感謝、喜び、希望、自尊心など）を抱いていた女性は、一〇・七年長生きする（これらの感情は、その女性が成人早期につけていた日記を参考にしている）。[*6] この恩恵はほかにもたくさんの研究によって裏づけられている。ポジティブな感情であればどんなものでも——仮にそれが一瞬で消えたとしても——長寿につながる[*7]（だから今晩、どんなに疲れていても、忙しくても、簡単なパワーアップアイテムを使うこと）。

ボーナスライフについては、一〇万人以上の対象者を一〇年以上かけて追跡したデータを含む、一〇〇〇を超える査読済み科学的論文にもとづいた統計学的確率であることを忘れないように。これはおびただしい量の証拠と言えるが、絶対にそうなるという保証はない。だから、あまり額面どおりに考えすぎないように。あなたが今日する非常に小さな選択が、積もり積もって今後の人生にどれほど大きな変化をもたらすか。ボーナスライフの概念は、遊び心を持ってそんなことを考えるときに使うといい。本書のこの先のクエストをクリアするたびに、そして、生活の中でスーパーベターの七つのルールのいずれかに従うたびに、自分は正しい方向に向かっている、幸せで健康で、長生きできる充実した人生に向かっていると自信を持とう。しかし、長生きできるといってもどれぐらいだろうか？　研究によれば、四つのレジリエンスの恩恵をすべて合計すると、最大で一〇年寿命が延びる。

丸一〇年のボーナスライフ。そのおまけの一〇年であなたが追い求められる夢、生み出せる幸福を想像してほしい。

ゲームフルに生きることで最終的に一年長く生きるにしろ、一〇年長く生きるにしろ、あなたの人生はすぐに変化を始める。レジリエンスが鍛えられることで、創造力、勇気、好奇心、意志力が今すぐに向上する。試行錯誤して自分に挑戦する強さ、自ら高い目標を設定する強さ、家族や大切なもののために時間をつくる強さが手に入る。

それを理解した上で、ボーナスライフの使い道を考えよう。ボーナスライフの恩恵を最大限に享受したければ、それを九〇歳のときに手渡してもらえるボーナスと考えてはいけない。ボーナスライフは今日使うこと。おまけとして手に入れた数分、数時間、数日を使うために数年も数十年も待っていたら、その時間を、あなたの残りの人生全体をいい方向に変化させる機会に使えなくなってしまう。本書は死の床にある人々が口にする、最もありがちな後悔の話から始めた。ゲームフルに生きるというのは、あなたの心に後悔が芽生えるそのずっとまえにボーナスライフを使うことなのだ。

だから、わたしからの最後のアドバイスはこうなる。どれだけゲームフルに生きたかを計算して、最近あなたが獲得したボーナスライフの量を確認すること。大ざっぱでかまわない。スーパーベターを一時間プレイしていたら、七分を追加する。一週間プレイしていたら、三時間を追加する。六週間プレイしてエピックウィンを達成していたら、五日を追加する。それから、そのボーナスライフ分の時間をカレンダーのどこかに書き込み、自分の夢の原動力となるような何かに費やすことを計画する。

七分を使って愛する人のために何かする。三時間を使って新しいことを学ぶ。五日を使って夢の旅行や、家でのんびり休むことを計画する。五日間のフィットネス集中トレーニングに申し込む。または土曜日五回を費やして、自伝や小説を書く。

この遊び心のある方法を使って、一番大切なことを今日やってもよいと自分に許可しよう。もっと強く、もっと幸せに、もっと勇敢になることの最大の恩恵は、行く手にどんな障害が待ち受けていようと、自分の夢に忠実な人生を今すぐに生きるための勇気と手段を見つけることなのだから。

もしこの場でボーナスライフを使うなら、自分の人生におけるＰＥＧとＰＴＧのサインに気がつくはずだ。そのサインというのは、あなたを後悔とは無縁の人生に導く五つの力強いポジティブな変化だ。

1. **もっと強く**：自分の新しい強さ、新しいレジリエンスの感覚を身につける。
2. **もっと親密に**：愛する人たちともっと親密な関係を楽しみ、他者に大きな思いやりを持つ。
3. **もっと明確に**：人生で何を重視するか、その優先度が変わる、あるいはますます確信を深める。大切なもののために時間を使う意欲を得る。
4. **もっと勇敢に**：新しい夢を追い、人生計画を変更し、新しいチャンスを最大限に生かす力をつける。
5. **もっと偉大に**：目的意識が向上し、人生哲学が変わり、精神が一変され、より深い知恵を身につける。

この五つの成長の種子に特別の注意を払おう。すぐに表われる変化もあれば、ゆっくりと時間をかけて表われる変化もある。定期的にこう自問しよう。チャレンジに取り組むようになってから、変化は表われただろうか？　わたしは強く、親密に、明確に、勇敢に、偉大になっただろうか？

脳震盪キラー・ジェインだったころのわたしのスーパーベターの旅を振り返ると、確かに五つの分野すべてで成長したと実感できる。わたしは強くなった。自殺願望に向き合い、それを克服して以来、軽度な憂鬱さえ感じたことは一度もないから。失敗、失望、逆境というものに対するわたしの考え方が永久に変わったのだろう（それに今なら、考え方を変えたいとき、ゲームがわたしの脳内の反応をどう変えてくれるか、以前よりもよくわかっている）。わたしは親密になった。最も暗い時期にずっとわたしを支えてくれた友人や家族に感謝しているから。そればかりか、脳震盪や脳外傷に苦しんでいるほかのあらゆる人々に対して、以前であれば感じたことのないような深い共感、個人的なつながり、助けたいという欲求を覚えているから。わたしは明確になった。わたしの優先度と一致しない物事に時間やエネルギーを使うよう頼まれたとき、ノーと言えるようになったから。怪我をするまえだったら考えられなかったことだが、今ではすっかり〝断わりの女王〟になった。わたしは勇敢になった。怪我から無事に回復したことで、自分のレジリエンスに自信を持つようになったから。勇気を出して、人生を変える行動に取り組めるようになった。昔だったら怖じ気づき、打ちのめされていたような物事に対しても。たとえば家族をつくるために不妊と闘い、ついには母親になった。そして、わたしは人間的に大きくなった。仕事に新しい、意義深い目的を見出したから。その目的というのは、わたしと同じように、人生を変えるほどの成長をほかの人にも経験してもらうことだ。

ゲームフルに生きるための七つのルールに従えば、あなたも強く、親密に、明確に、勇敢に、偉大になれる。

あなたは注意をコントロールする能力を改善し、ひいては思考や感情を改善した。誰でも仲間にし、既存の関係を強化する力を育んだ。自分自身のやる気を高め、意志力、思いやり、精神力といった英雄的な資質を伸ばす生来の力を引き出した。

目的を持ってプレイする方法を知った今、あなたはゲームフルな強みを実生活の障害に対しても使えるようになった。チャレンジや逆境に対する理解を深め、それらをうまく乗り越えられるようになった。

あなたは自分が思っているよりも強いことを証明した。あなたのまわりには仲間が大勢いる。そして、あなたは自分自身の物語のヒーローだ。

この七つのルールを胸に刻んでおこう。

1. 自分自身に挑戦する。
2. パワーアップアイテムを集めて使う。
3. 悪者を見つけて戦う。
4. クエストを探してクリアする。
5. 仲間をつくる。
6. 秘密の正体を持つ。
7. エピックウィンを追求する。

獲得したスキル：スコアをつける方法（とその理由）
• スコアをつけることは、ゲームフルに生きるための七つのルールを自らのものにし、自分のプレイについて理解を深めるためのベストな方法だ。

・勝利に向けて努力すること。スーパーベターの毎日の用量（パワーアップアイテム三つ、悪者との戦い一回、クエストひとつ）を守るたび、あなたは勝利する。

・個人記録を追求する。一時間でどれだけの種類のパワーアップアイテムを使えるか、など。

・もっとやりたいと思っている行動の回数を記録する。何回するべきか、目標の数値を設定する。

・自分がシグネチャーキャラクターストレングスを発揮したら、ポイントや実績を与えてほしいと仲間に頼み、英雄的な強みをレベルアップさせる。

・http://www.areyougameful.com のインベントリを使い、自分の強みの変化や心の変化を調べる。ひと月に一回、ゲームフルな強み診断《GSI》でスキルと能力の成長度合いを確かめる。

・マルチプレイの対戦・協力ミニゲームでスコアを競う。ソーシャルなプレイにはモチベーションをあげる力がある。創造力を発揮して、スーパーベターになるための新しい方法を見つける。

・感情、肉体、つながり、メンタルのレジリエンスを高める習慣を実践して、一日最大三時間半のボーナスライフを手に入れる。そして何より、獲得したボーナスライフは優先度が一番高い物事や先延ばしできない夢のために、すぐに使う。

・五つの大きな変化に目を向け、ＰＥＧ、ＰＴＧを得る。これまでに取り組んできたチャレンジ、直面してきた障害によって、あなたは強く、親密に、明確に、勇敢に、偉大になる。

第三部

冒険

さあ、仕上げのときだ。三つの冒険で、あなたの新しいゲームフルな強さを実地にためしてみよう。

冒険とは、あなたが試練に立ち向かう手助けをするようにデザインされた、パワーアップアイテム、悪者、クエストのセットのことだ。この章の冒険は、あなたが一番大切な人間関係を強化し、自分の体にエネルギーを与え、一番重要なことに使う時間を毎日たっぷり見つける助けになるはずだ。

わたしは自分の専門分野をベースに、ペンシルヴェニア大学ポジティブ心理学センター、アメリカ心臓協会（AHA）、ナイキ、インスティテュート・フォー・ザ・フューチャー、アードモア衛生研究所、カリフォルニア大学バークレー校グレーターグッド科学センターと協働して、これらの冒険を開発した。

ひとつかふたつの冒険をクリアしたら、あなたは自分自身の冒険をつくれるようになっているだろう。それはあなたが思っているより簡単だ。なんであれ、あなたが専門にしていること——

もしくは専門にしたいこと——を、冒険の土台にすればいい。

世界じゅうのスーパーベター・プレイヤーが、自分の個人的な経験と生活の知恵を生かして、あらゆる種類の冒険をデザインしてきた。たとえば、大学の入学者選考に勝ち残る、さまざまな宗教を研究する、不眠症に打ち勝つ、一定期間ベジタリアンになる、初めての本を書く、といった目標を達成するための冒険だ。

あなたがする必要があるのは、次の三つだけだ。まず、成功のために重要な習慣やスキルを集める。それがあなたのパワーアップアイテムだ。それから、誰かの前に立ちはだかるかもしれない障害をリストアップする。それが悪者だ。そして最後に、あなたの冒険が何をめざすものであれ、プレイヤーたちがそのスキルをあげる助けになる、一週間分か二週間分の小さな目標、すなわち日々のクエストを考え出す。

グループで力を結集して冒険をデザインするのはとくに楽しい。たとえば、会社でパワーアップアイテムやクエストや悪者を集めて、自社独自の冒険をつくることもできる。オンライン・アパレル小売業者のザッポスでは、一〇〇人以上の社員がみんなでスーパーベターになることをめざして、独自の冒険をつくり出した。教師が生徒と一緒に〝スーパーベター〟の冒険をつくった例もあれば、海軍の士官が部下と一緒につくった例もある。コーチがアスリートと、大学の寮の管理人が寮生と、セラピストが患者と、ボランティア団体が会員と、僧侶が信徒とつくった例もあれば、町内会のメンバーが一致協力してつくった例もある。ファミリー・リユニオン（一族が集合し、数日間をともに過ごすこと）の前にみんなで〝スーパーベター〟の冒険をデザインした家族さえあった。

あなたがグループに属しているなら、みんなで一緒に冒険をつくり出すことを考えてみよう。

それはあなたのコミュニティの英知を結集し、互いに力を与え合い、励まし合う実にすばらしい方法になりうるのだ。

その仕組みを知ってもらうために、わたしがつくった三つの冒険を紹介しよう。

冒険1：愛のつながり

（クリア時間：一〇個のクエストを一〇日間で）

研究者たちは、あなたが五つの簡単なことをどのようにおこなうかにもとづいて、生活の中であなたがどれだけの愛を得ることになるかを予測できる。その五つは何かを学んだら、あなたは職場や家庭で、また恋愛で、幸せな人間関係を築く秘訣をマスターすることができる。

この冒険では、五つの新しいパワーアップアイテムを集めることになる。心からの仲間のように祝福する、超強力な感謝の言葉を伝える、ワクワクするものを探す、孤独思考をひっくり返す、〝両手を胸に当てる〟時間をとる、の五つ。五つの悪者と戦う方法も学ぶことになる。消極的な祝福、〝感謝を伝えるにはもう遅すぎる〟モンスター、記憶に残らない世間話、孤独思考、自分の中のいじめっ子、の五つ。

冒険2：ニンジャ式変身

（クリア時間：二一個のクエストを二一日間で）

変身という目標に、ニンジャのようにこっそり近づこう。この冒険はあなたがエネルギーで満たされ、丈夫になり、体重を落とし、肉体の強さを増し、以前より健康になったと感じる手助けをする。ダイエットもせず、体重計に乗ることもせずに、だ。

この冒険では、新しいパワーアップアイテムを一〇個集めることになる。パワーフードを食べる、パワーソングを聴く、パワー運動をする、自然界の五大要素、〝水《すい》〟、〝地《ち》〟、〝風《ふう》〟、〝火《か》〟、〝空《くう》〟のそれぞれとつながる、石のようにじっとしている〝ウズラ隠れ〟の術をおこなう、木に偽装する〝狸隠れ〟の術をおこなう、の一〇個である。しらぬ間に忍び寄る五つの悪者と戦う方法も学ぶことになる。体重を測る、カロリーを計算する、自分の食べるものについて罪悪感を持つ、体と心を分離させる、自分の中にあるニンジャのような力を無視する、の五つ。

冒険3：時間リッチ

（クリア時間：一〇個のクエストを一〇日間で）

大好きなことをする時間がたっぷりあるように感じたいって？　一日が二四時間より長く感じられればいいのにって？　この冒険はそんなあなたにピッタリだ。

この冒険では、六つの新しいパワーアップアイテムを集めることになる。畏怖をかき立てる、他者のために自分の時間を一〇分使う、初めてのことをする、深呼吸する、自分の力を増大させる、自分のやりたいことを自由に選ぶ、の六つである。さらに、時間貧乏、社会的時差ボケ、マインドレス（雑念に妨げられて今の瞬間に注意を集中できず、自分の状態や周囲の状況を客観視できない状態）でストレスの多い通勤という、三つの厄介な悪者と戦う方法も学ぶことになる。

これらの冒険をひとつかふたつ、もしくは三つ全部クリアしよう。どんな順序で取り組んでもかまわない。三つの冒険を合わせると、〝スーパーベター〟を六週間プレイしつづけるのにちょうどいい数のクエストがある。これは重要な数字だ。六週間というのは、わたしたちの臨床試験と無作為化比較試験で被験者たちが〝スーパーベター〟のルールに従った期間と同じだからだ。ふたつの研究では、〝スーパーベター〟を六週間プレイすれば、気分が大幅に改善され、周囲の人々からより強力なサポートを受けられるようになり、より楽観的になり、抑鬱や不安が軽減され、自信が高まるという結果が出た。毎日ひとつずつクエストに取り組んで、三つの冒険をすべてクリアしたら、あなたはこのゲームを、人生を変えられるほど充分に習得しているだろう。

冒険1　愛のつながり

この冒険は次のような人にお勧めだ。

- 生活にもっと愛がほしい人
- 社交の場でもっと自信を持ちたい人
- 最も親しい人との関係を深めたい人
- ときどき孤独感を感じ、それを変えたいと思っている人
- 広い心を持っていて、それを生かしたい人

この冒険に含まれているもの：

- 一〇個のクエスト
- 五つのパワーアップアイテム
- 五つの悪者

プレイ方法：

・一〇個のクエストをすべてやり終えるまで、毎日ひとつずつクエストをクリアする。

愛のつながり　クエスト１：よい出来事を喜ぶ

これは生活の中の愛を増やす冒険だ。だから、科学者たちが強固な人間関係を築く最大の秘訣とみなしていることから始めよう。

それは〝能動的・建設的な対応（active constructive responding）〟と呼ばれるもので、ＡＣＲと略称されることもある。ＡＣＲはあらゆる種類の人間関係を強化する。恋人同士の関係だけでなく、職場や家庭内の人間関係も友人関係もだ。このスキルはほとんどの人にとって初めて耳にするものだろうが、その裏づけとなっている科学的研究はとてもしっかりしている。だから、アメリカ陸軍からマッチメイキング・サイト、イーハーモニーの運営会社まで、いたるところで最も重要な関係構築スキルとして教えられている。（アメリカ陸軍では、ペンシルヴェニア大学の心理学者たちが開発した、新兵教育担当者向けのマスター・レジリエンス・トレーニングに組み込まれている。イーハーモニーでは、上級研究科学者たちがこの現象に関する査読済みの研究に貢献した[*1]。

では、ACRとは正確にはどのようなことを言うのだろう? それは他者の成功やよい出来事を心からの熱意と関心をもって祝福することだ。気のない様子で「おめでとう」とか「よくやった」と言うのではなく(ネガティブな対応で相手のお祝い気分に能動的に水を差すのは、もちろん論外だ)、そのよい出来事に関するポジティブな会話に相手を能動的に引き込むのだ。

具体的なやり方はこうだ。

1. 熱烈な関心を示す。 ほかのことに気を取られたり、関心がないように見えたりしてはならない。自分のやっていることを中断して、相手に一〇〇パーセント関心を向けよう。話題を変えてはならない。自分のことを話してはならない。相手の気持ちの高ぶりを台無しにしてはならない。相手の興奮ぶりに釣り合う興奮を示すよう努めよう。

2. 質問する。 その出来事について相手から訊き出そう。「もっと教えて!」「それはいつあるの?」「どれくらい待ってわかったの?」「お祝いに何をするつもり?」といった質問をすればよい。何を訊くかは重要ではない。重要なのは、その出来事について話しつづけるチャンスを相手に与えることだ。そうすれば、相手はその時間を楽しむことができる。

3. お祝いの言葉を述べ、相手の幸せを喜ぶ気持ちを伝える。 小さなことだが、相手の幸せを自分も喜んでいることを相手に直接伝えよう。「とてもうれしいわ」「ほんとうによかったね」「当然のご褒美よ」「あなたをとても誇らしく思うわ」「この一週間で一番うれしいニュースだわ」というふうに。

4. 相手と一緒にその経験をよみがえらせる。 会話を持続させよう。成功はかみしめるものだ。それについて詳しく話すチャンスを相手に与えよう。たとえば、相手がよい知らせを受けた場合には、「そのときどこにいたの?」「知らせを受けて、あなたは何て言った?」「誰に最初に伝えた?」「わかったときはどんな気持ちだった?」などと訊けばよい。相手が成功を喜んでいる場合には、一番重要な瞬間について質問すればよい。「ゴールしたとき何を考えてた?」「家族の人たちは何て言った?」このような質問は、相手をその幸せな瞬間に引き戻し、相手がそれをしっかりかみしめる助けになる。

実に単純なようだが、当事者たちがACRをおこなうかどうかは、人間関係の長期的な強さと成功にほかの何よりも役立つことが、研究によって明らかになっている。ACRをおこなっている夫婦はそうでない夫婦より婚姻関係が長続きする(また、出会ってまもない二人がACRをおこなったら、それをやらないカップルより早く恋に落ちる)。同僚同士でACRをおこなっている社員たちは、より幸せになり、協働により積極的になる。ACRをおこなっている家族は、互いに対して以前より親密な感情を持つようになり、不安や憂鬱をさほど感じなくなったと述べている。このスキルを身につけてたびたび使っている人たちは、より多くの人と、より強固な友人関係を築いている。*2

あなたは今では秘訣を知っている。自分の生活にもっと愛がほしいと思うなら、他者のよい出来事を、心からの仲間が持つ熱烈な関心と興奮をもって祝福しよう。

愛のつながり　クエスト２：お気に入りの経験をかみしめる

今日のクエストは、昨日学んだ新しいスキル、〝能動的・建設的に対応する〟（ＡＣＲ）を実際にやってみることだ。

理想的なのは、ＡＣＲを試す機会が今日、自然に出てくることだ。だが、自分のよい出来事のことを話したくてうずうずしている人がひとりも現われないこともある。その場合は、自分でＡＣＲの機会をつくり出そう。やり方は次のとおりだ。

〈やるべきこと〉あなたのお気に入りの経験について聞かせてと誰かに頼む。一緒に食事をしているときなら、これまでに食べた一番すばらしい食事について聞かせてと言えばいいし、一緒に散歩しているときなら、これまでに行った一番美しい場所について聞かせてと言えばいい。一緒に授業を受けている場合には、これまでに受けた授業で一番いいと思ったものはどれかと訊けばいい。過去の経験の話に無理なくつなげられる話題がないときは、次のような訊き方さえすることができる。「たんなる楽しみとして、人にお気に入りの経験について訊いてるんだけど、あなたにも訊いてもいいかしら？」それから、どんな種類のものであれ、自分の訊きたい経験について質問する。

相手が話しはじめたら、心からの仲間のように、相手と一緒にその経験を能動的に祝福しよう。ＡＣＲの四つのテクニック、（１）熱烈な関心を示す、（２）質問する、（３）お祝いの言葉を述べ、相手の幸せを喜ぶ気持ちを伝える、（４）相手と一緒にその経験をよみがえらせる、を全部使うことを忘れずに。

〈ヒント〉誰かがお気に入りの経験をかみしめる手助けをしているときは、（１）（２）（４）はとても使いやすいはずだ。だが、相手が話す経験はお祝いの言葉がふさわしいものばかりではないかもしれない。だから、（３）については、次のような言葉を返すだけでいいこともある。「すごい経験だったみたいね」「それをやるチャンスが来て興奮したでしょうね」「それを思い出すととても幸せな気分になるんでしょうね」

〈おまけのミッション〉相手はお返しにあなたのお気に入りの経験を尋ねるかもしれない。その場合は、あなたの話に相手がどのように反応するかに注目しよう。相手は能動的・建設的に反応しているだろうか？　そのように反応している場合は、その経験をかみしめるのを自分がどれほど楽しんでいるか、また自分の話に強い関心を示してもらうことがどれほどいい気分かに注意を払おう。相手が消極的な反応しか示さない場合は、会話の活気や熱気のちがいに注目しよう。自分が求めている好意的かつ能動的な反応が得られない場合、それは自分が聞く側になったときは相手に必ずそうした反応を返そうとあらためて思わせる、よい戒めだ。

愛のつながり　クエスト3：感謝を伝える

感謝することで人がより幸せに、より健康になることは、科学者たちにはずいぶん前から知られていた。感謝することでストレスが減り、よく眠れるようになり、免疫機能が向上することさえある。[*3] だが、特定の感謝の仕方がとくに高い効果をあげることがわかったのは、ごく最近だ。それはありがたいと思うだけでなく（また、自分の恵まれている点を数え上げるだけでもなく）、感謝の気持ちを他者に能動的に伝えるというやり方だ。

感謝の気持ちを他者に伝えるたびに、あなたが感じるポジティブな感情はそれによって増幅される。しかも、あなたはそのときにいい気分になるだけではない。強力な感謝の言葉はそれから二四時間にわたり、世界に対するあなたの見方を変え、あなたは出会う人すべての中に善意を見出す可能性が高くなり、楽観的な考えや希望や思いやりをより強く持つようになる。[*4]

強力な感謝の言葉は、それを受け取る人にも元気を与え、変化を生み出す。研究によると、他者の善意に気づいたら、人はふたたびよいことをする可能性が少しだけ高くなる。つまり、あなたが誰かに感謝の気持ちを伝えるたびに、あなたは相手をその人の一番いい姿に少しだけ近づけている。[*5]

とはいえ、あらゆる感謝の言葉がこうした大きな効果をもたらすわけではない。テキストメッセージで「ありがとう！」と一言だけ送ったのでは、あなたの社交的つながりが少し強くなるだけかもしれない。感謝でほんとうに効果をあげたいなら、特別な感謝の言葉を学ぶ必要がある。

三つの要素で構成される〝超強力な感謝の言葉〟は、スタンフォード大学心理学教授で、感謝の科学の専門家である（また、わたしの双子の姉で、〝スーパーベター〟の最初の仲間でもある）ケリー・マクゴニガルが生み出したものだ。[*6] やり方を説明しよう。

1．**恩恵に気づく。**相手のおかげで自分にどんなよいことがあったか？　具体的に表現しよう！
2．**苦労を認める。**相手にとって何が大変だったと思われるか？
3．**強さを見つける。**相手の中にどんな強さを見出すか？
（そして、必ず「ありがとう」で始めて「ありがとう」で終わろう）

実際にはどのような表現になるか、例をあげてみよう。

「新しいワークアウト・ソングの案を送ってくれてありがとう。そのおかげで、今日、ひどく疲れているから運動は無理かもと思ったとき、がんばってやろうという気になれたわ」（恩恵）

「あなたは考えなくちゃいけないことがたくさんある人。気にかかることがほかにいっぱいあるのに、わたしがもっと運動しようとしていることを思い出してくれるなんて、ほんとうに思いやりがあるわ」（苦労）

「あなたはみんなを励ましたり、わたしたちが目標を達成する手助けをしたりするのがとても上手。わたしたちの成功を自分の成功と同じように気にかけてくれているんだと心から思えるの」（強さ）

「ありがとう」

もうひとつ例をあげよう。

「（妊娠していることについて）秘密を守ってくれてありがとう。家族のほかの人たちに直接伝えられるというのは、わたしたちにとってとても大切なことだった。みんながどんな顔をしたか、わたしは決して忘れないでしょう」（恩恵）

「このような大きな秘密を守るのはたやすいことではないはずよ」（苦労）
「約束を守ることであなたが示してくれた深い誠意と誠実さに心から敬意を表するわ」（強さ）
「ありがとう」

やり方がわかっただろうか？　それを自分のものにし、このクエストをクリアするために、三つの要素を今すぐ五回、声に出して唱えよう。**恩恵に気づく、苦労を認める、強さを見つける。**

人生を変えるような感謝の言葉を伝えるために必要なのはこれだけだ。

愛のつながり　クエスト４：超強力な感謝の言葉を初めて伝える

超強力な感謝の言葉を伝えるにはどうすればいいかがわかったのだから、今度はこのスキルをうまく使うときだ。**誰かを――誰でもいい――選んで、その人に今日、感謝の言葉を伝えよう。**

三つのステップ、（１）恩恵に気づく、（２）苦労を認める、（３）強さを見つける、に必ず従おう。

〈ヒント〉ほとんどの人にとって、このスキルは最初は書くという形をとったほうが使いやすい。何を言いたいかをしっかり考える時間があるからだ。おまけに、書くという形をとれば、あなたの超強力な感謝の言葉を受け取った相手は、それを読み返して、じっくり味わうことができる！

愛のつながり　クエスト5：ワクワクするものを大事にする

ロバート・ビスワス＝ディーナー博士は、強さを高めるコーチングの第一人者だ。強さを高めるコーチングとは、人々が自分のポジティブな強さを認識し、活用する手助けをするカウンセリングをいう。彼はクライアントに対して、通常は（第一二章で紹介したような）正式な検査、すなわちインベントリを使うが、他者のほんとうにその人らしい強さを見つけるための、もっと変わった方法も勧めている。それは〝会話による強さの発見〟と呼ばれる方法だ。[*7] その仕組みを説明しよう。

久しぶりに会った人と近況を報告し合っているとき、もしくはまだよく知らない人と世間話をしているとき、ワクワクすること**について聞いてみよう。**たとえば次のように。

- 「ところで、このごろ何に心からワクワクしてる？」
- 「これから二、三週間のあいだにすることで、何を一番楽しみにしてる？」
- 「最近したことで一番ワクワクしたのは何だった？」

相手の答えを聞くときのあなたの目標は、答えの中にポジティブな強さを見つけることだ。たとえば、相手が新しくとりはじめた授業と答えたら、それは相手の好奇心を示している。孫に会うことと答えたら、それは相手の愛し、愛される能力を示している。近々おこなわれるスポーツの試合やもうすぐ封切られる映画をワクワクしながら待っているなら、それは実は興味や熱意や活力のしるしである。相手がワクワクしていることや楽しみにしていることがなんであれ、その話題について質問を続けて、相手の返事の中にほんとうにその人らしい強さを少なくともひとつ見つけよう（「その話をもっと聞かせて」とか、「それの何を楽しみにしているの？」といった質問で充分だ）。

　他者の強さを見つけることは、その人のことをもっと知るということだから、いつだって大きな成果だ。だが、その強さを相手に知らせたら、あなたは相手とさらに強いつながりを築くことができる。それは思っているよりたやすくできる。必要なのは次のような簡単なコメントだけだ。「あなたはほんとうに勇気があるわ」「あなたの向学心にはいつも感心してるのよ」「あなたはわたしが知っている誰よりも審美眼があるわ」「あなたの熱意はまわりの人たちにずいぶん影響を与えてるわ」最初はすんなりできなくても心配しないでほしい。どんな新しい習慣にも言えることだが、しっくりくるようになるには二、三度やってみることが必要な場合があるからだ。

この技法がどれくらい有効かを確かめる一番手っ取り早い方法は、自分自身に対してやってみることだ。先ほどあげた強さを見つけるための質問に、あなたは何と答えるだろう。今すぐやってみて、自分の答えの中に強さを見つけよう。

愛のつながり　クエスト6：強さを見つけるための質問をやってみる

新たに身につけた強さ発見スキルを試運転するときだ。

〈やるべきこと〉これから二四時間のあいだに会う人から誰かを選んで、次の質問のどれかひとつを軸に簡単な会話をすることを計画する。「ところで、このごろ何に心からワクワクしてる?」「これから二、三週間のあいだにすることで、何を一番楽しみにしてる?」「最近したことで一番ワクワクしたのは何だった?」それから、その計画を実行する。

このクエストは、あなたが相手のほんとうにその人らしい強さを少なくともひとつ見つけ、相手にそれを伝えた時点でクリアとなる。

〈ヒント〉このスキルはフェイス・トゥ・フェイスの会話で最も効果を発揮する。だから、テキストメッセージのやりとりでうまくいかせようとはしないこと!

愛のつながり　クエスト7:愛対孤独感

孤独感はこの世で最も広く見られるネガティブな感情のひとつである。調査によると、一八歳未満の年代では八〇パーセントもの人が、また、六五歳以上では四〇パーセントの人が、少なくともときおり孤独を感じると答えている。中年世代の人にとっては、孤独感は四人にひとりが感じているありふれたものだ。*8

孤独は単に孤立していることと同義ではない。他者との交流はあまりないけれど、それでもとても幸せな人はたくさんいる。逆説的だが、絶えず人に取り巻かれているのに、それでも孤独だと感じる人もいる。孤独感のほんとうの正体は、自分の人間関係に対する不安や不満の感覚だ。孤独だと感じるとき、それはあなたが他者とのもっと深い、もっと満足できるつながりを求めているということなのだ。[9]

では、孤独感を解消する方法は何か？　科学者たちは最近、四〇年分の孤独感調査の結果を分析した。ネガティブな感情を軽減するために、さまざまな方法でおこなわれた五〇件以上の調査を分析したのだが、その結果はかなり意外なものだった。孤独感を軽減する方法として心理学者が最もよく勧めていた三つのテクニック――人と交流する機会を増やす、コミュニケーション・スキルを高める、カウンセリングを受けたり、サポート・グループに参加したりする――は、効果をあげてはいたが、その効果は思っていたほどではなかった。ほんとうに役に立つ方法は、自分自身のネガティブな予想を変えることだったのだ。[10]

人は孤独だと感じるとき一般的にネガティブな思考パターンを示すことがわかっている。このような人たちは、他者から受けるかもしれないネガティブなフィードバックや批判に必要以上に敏感になっている。うまくいったことではなく、うまくいかなかったことに注目する傾向がある。そのため、人との交流に不満を持ったり、傷ついたりする。何があっても、それを不愉快に感じる方法を見つけ出すのだ。

このようなネガティブ思考は悪循環を生む。孤独を感じている人は、ネガティブ思考のせいで、他者とかかわったり、他者に働きかけたりする傾向が弱くなる。おまけに、他者と交流することがあったとしても、最悪の展開を予想する。そして、その予想は、批判や反論のようなネガティブな反応に対する過敏さに助長されてそのとおりに実現されるのだ。

孤独感を軽減したいのなら、最善の方法は孤独思考をひっくり返すことだ。孤独をそのまま孤独と受け取るのではなく、それに異を唱えるのだ。自分にこう問いかけてみよう。それがほんとうだとどうしてわかるのか？　反対の証拠を見つけられないだろうか？　この経験をポジティブにとらえ直す方法はないだろうか？　第五章（自分自身に挑む）と第七章（悪者）で学んだ認知的再評価というテクニックを思い出そう。孤独思考をひっくり返すときに使うのは、まさにあのスキルなのだ。

研究によると、ネガティブ思考を変えることは、孤独感を癒すほかのどんな方法よりも四倍高い効果をもたらす。次のクエストでこのスキルを使う機会が与えられることになっている。今のところは、ちょっと時間をとって、自分に他者とのかかわりのネガティブな面に注目する傾向があるかどうかを考えてみよう。自分の心にたびたび浮かんでくる孤独思考を認識できるだろうか。「わたしは場になじんでいない」「わたしはおもしろいことを言おうとすると、いつもきまりが悪くなる」「わたしは人の興味を惹くような話題を何も持っていない」「彼らはおそらくわたしを見下していただろう」というような考えを。これを少しだけ考えて、それから喜ぼう。このクエストはあなたの考えをひっくり返すのに大いに役立つからだ。

愛のつながり　クエスト8：三つの孤独思考をひっくり返す

孤独思考をひっくり返すことがどれほど大切かがわかったのだから、今度はそれを実践しよう。他者と接触したあとであなたが抱く可能性がある三つのネガティブな考えを次にあげる。それぞれの考えに対抗するために、あなたはどのように考え、自分自身にどのように言い聞かせることができるだろう（孤独思考をひっくり返すための戦略を思い出そう。自分の思い込みに異を唱える、反対の証拠を探す、自分の認識を見直す、だ）。

1．「わたしには今夜会った人たちとの共通点が何もなかった」
2．「わたしが話したかったことには誰も関心を持っていなかった」
3．「みんながほんとうに楽しんでいた。わたしを除いては」

自力でどんな言葉を思いつくか、やってみよう。それから、次ページの側注に飛んで、参考までにあげた例を見てほしい。*

〈ヒント〉このような考えを一度も持ったことがなくても、ここではそれをひっくり返す練習をしよう。将来、孤独思考に悩まされることがあったら、これは役に立つスキルである。

＊ 先ほどあげた孤独思考をひっくり返す方法をいくつか紹介しよう。1．「それはちがう。何か共通点があるにちがいない。たとえそれが、わたしたちみんなが［X］を知っているとか、みんなが［Y］に興味を持っているとか、みんなが近所に住んでいるといったことであっても、だ」「そういえば、［Z］について詳しいやつがひとりいた。［Z］のことをもっと知りたいものだ」「共通点がないぶんだけ、わたしは一緒にいておもしろい人間なのかもしれない。このグループでは珍しいタイプだから」 2．「ほんとうにそうだったかどうかはわからない。わたしと話していたとき、誰もその場から逃げ出しはしなかった。だから、彼らは関心を持っていたのかもしれない」「もしかしたらわたしが、彼らの話に関心があるように見えなかったのかもしれない。今度はもっと質問してみよう」「彼らがわたしの話に関心があるように見えなかったのは、自分が今考えていることを話すことが、彼らにとってとても重要だったからだろう。わたしはよい聞き手だったわけで、それはすごいことだ」 3．「わたしにはそう見えたかもしれないが、楽しんでいなかったのはおそらくわたしだけではなかっただろう。ほかにも疎外感を感じていた人がいたのに、わたしはそれに気づかなかったのだ」「まあ、公正に言うと、全体的にはすばらしい夜ではなかったが、○○したときはわたしもまちがいなく楽しかった」

愛のつながり　クエスト9：自分自身を愛する

「自分に対する思いやりとは、自分が大事に思っている人に示すのと同じような温かい親身なサポートとやさしさで自分自身を遇することだ」この問題に関する世界有数の専門家のひとり、クリスティーン・ネフ博士は、そう語っている。彼女の研究によれば、自分に対するやさしさは、あなたが他者に示す愛と同じくらい重要だ。それは憂鬱を軽減し、楽観性や幸福や生活の満足度を高めるだけでなく、人々を配偶者や恋人に対してよりやさしく、より寛大に、より協力的にする。つまり、自分自身を大切にすれば、他者をよりうまく愛せるようになるのだ。*11

では、自分への思いやりを育むためには、どうすればいいか？　次の三つのステップに従うことだ。

1．自分が苦しんでいるときに、それを認める。自分はストレスを感じているのか、痛みがあるのか、それとも落胆しているのか。それを無視してはいけない。自分の胸に手を当ててよく考え、それを認めよう。

2．その苦しみを和らげたいと思うことを自分に許してやる。友人や愛する人が苦しんでいたら、それを和らげようとするように。これが難しいなら――自分に厳しい、自己批判的性向の人なら――愛する友人や家族が、さらに言うと大切なペットが同じ苦しみを味わっている姿を想像してみよう。あなたは彼らにどのように対応するだろう？

3．苦しんでいるのは自分だけではないことを認識する。それは人類共通の経験であり、あなたを他者に結びつけるものだ。

自分にやさしくすることは必ずしもいつもたやすいわけではない。極度のストレスを受けているときや、痛みを感じているとき、さらには自分自身の期待に応えられず落胆しているときは、とくに難しい。では、どうすればいいのだろう？

〈やるべきこと〉 研究者たちは、自分への思いやりが最も必要なときにそれを素早く引き出すさまざまな方法を研究してきた。自分にやさしさを示す一番手っ取り早い方法のひとつとして、専門家たちが勧めているテクニックを紹介しよう。

「自分にやさしくすることを思い出すきっかけとして、両手を自分の胸に当てよう。手のぬくもりを感じ、気持ちを落ち着かせる深呼吸を三回しよう」[*12]

これは〝両手を胸に当てる〟時間と呼ばれている。これを今すぐ、少なくとも一五秒間やってこのクエストをクリアしよう。今日一日が終わるまで、自分にちょっとしたやさしさを与える必要があるときは必ずこれをやろう。

愛のつながり　クエスト10：自分が聞く必要がある言葉を言う

これにもうひとつだけ加えると、〝両手を胸に当てる〟時間の力を倍増させることができる。

両手を胸に当てているあいだに、次のことを考えてみよう。自分に対するやさしさを表わすために、わたしは今、どんな言葉を聞く必要があるか？　この問いに対する答えとして、どんな言葉が頭に浮かんでくるだろう。それをあなたの〝自分にやさしくする〟ための今日のおまじないにしよう。

いくつか案をあげてみる。

・わたしはありのままの自分を受け入れる。
・今日のわたしは強い。
・わたしは自分を許す。
・何があっても、わたしは大丈夫。
・今日できることは全部やった。
・今日一日、わたしは何も変える必要がないし、どこも直す必要がない。

おめでとう！　あなたは〝愛のつながり〟の一〇個のクエストをすべてクリアした。

では、次はどうするか？　この冒険を引き受けることで、あなたは五つの新しい強力なスキル（次にまとめてある）を学んだ。生活の中にもっと愛がほしいときは、いつでもこれらのパワーアップアイテムを使おう。新しい悪者も五つ（次にまとめてある）見つけ出した。この冒険で学んだ戦略で悪者と戦いつづけよう！

愛のつながりのパワーアップアイテム

心からの仲間のように祝福する

能動的・建設的に対応するスキル（愛のつながり　クエスト1）を使って、他者のよい出来事を祝福したり、彼らがすばらしい経験をたっぷり味わう手助けをしたりする。それをおこなうための四つの方法、（1）熱烈な関心を示す、（2）質問する、（3）お祝いの言葉を述べる、（4）相手と一緒にその経験をよみがえらせる、を覚えておこう。

超強力な感謝の言葉を伝える

ありがたいと思うだけではいけない。その思いを伝えよう。三つの重要なステップ（愛のつながり　クエスト3）、（1）恩恵に気づく、（2）苦労を認める、

（3）強さを見つける、を覚えておこう。

ワクワクするものを探す

〝愛のつながり　クエスト5〟で提案した秘密の質問のひとつを誰かにしてみよう。「ところで、このごろ何に心からワクワクしてる？」「これから二、三週間のあいだにすることで、何を一番楽しみにしてる？」「最近したことで一番ワクワクしたのは何だった？」相手の答えに現われる、ほんとうにその人らしい性格上の強さを見つけよう。そして、あなたがそれに気づいていることを相手に知らせよう。

孤独思考をひっくり返す

自分の孤独思考にすでに気づいているなら、なかなかのものだ。今度はそれをひっくり返そう。自分の対人関係のポジティブな面を少なくともひとつ（どれほど小さなことでも、どれほど些細に見えることでもかまわない）思い浮かべよう。孤独思考にとりつかれはじめたら必ず、自分の関心をそのポジティブな面に引き戻そう。（〝愛のつながり　クエスト7〟で学んだ）このパワーアップアイテムを使えば使うほど、対人関係に対する脳の反応の仕方が変化して、あなたは以前ほどくよくよしなくなり、人との付き合い方がうまくなって、他者とより強いつながりを築くことができる。

〝両手を胸に当てる〟時間をとる

自分にやさしくし、自分の強さを感じる時間をとろう。（〝愛のつながり クエスト9〟で学んだように）両手を胸に当てて、少なくとも一五秒間、深呼吸をしよう。

愛のつながりの悪者

消極的な祝福

「おめでとう」「すばらしい」「よかったね」他者の喜ばしい出来事に対するあなたの反応はこの程度だろうか？　だとすると、あなたは人間関係を壊すこの悪者の毒牙にかかっている。消極的な祝福は相手のポジティブな感情からエネルギーを吸い取ってしまう。何が何でもこの悪者につかまらないようにし、代わりに〝心からの仲間のように祝福する〟パワーアップアイテムを使おう。

〝感謝の言葉を伝えるにはもう遅すぎる〟モンスター

この悪者は、「時間がたちすぎている」と言って、あなたが他者に感謝の言葉を伝えるのをやめさせようとする。「感謝の言葉を伝えるにはもう遅すぎる」と、大嘘をつく。だが、それはちがう。感謝の気持ちを示すのは、いつだろうと遅すぎはしない。一カ月後だろうと、一〇年後だろうと、遅すぎはしないのだ。三つの要素で構成される〝超強力な感謝の言葉〟を伝えることで、この悪者と戦おう。

記憶に残らない世間話

天気や食べ物や有名人のゴシップについて話しているとき、他者とのすばらしいつながりを築くのは難しい。もっとよく知りたいと思う相手や、気にかけてはいたがしばらく会わなかった相手と話すときは、記憶に残らない世間話にはまり込んではならない。相手の強さを引き出すことで、忘れがたい有意義なつながりを築こう。〝ワクワクすることを探す〟パワーアップアイテムを使おう!

孤独思考

「彼女はわたしにあまり好意を持っていないようだ」「自分があんなくだらないことを言ったなんて信じられない」「彼らはわたしの話に退屈していたようだ」「わたしはひどい第一印象を与えてしまった」「わたしがそこにいたことを誰も気にかけてさえいなかった」社交の場に出たあとで、これらの孤独思考のどれかをつぶやいているなら、あなたはネガティブな認識の自滅サイクルにとらわれている可能性がある。どれだけ多くの時間を他者と一緒に過ごそうと、この悪者を倒さないかぎり、あなたはやはり孤独だと感じるだろう。〝孤独思考をひっくり返す〟パワーアップアイテムを使って、こうした考えを追い払おう。

自分の中のいじめっ子

あなたがストレスを感じていたら、この悪者はそれを最大限に利用する。これはあなたの心の声だ。心の声が、「これはお前にはできない」「全部お前が悪い」「お前が○○をやってさえいたら、こんなことにはなっていなかっただろう」「お前には強さが足りない」「お前は彼らをがっかりさせるだろう」などと囁くのだ。このいじめっ子にやられてはならない。もらって当然のサポートとやさしさを自分に与えることで、それに抵抗しよう。あなたのパワーアップアイテム、〝胸に手を当てる〟時間が、効果をあげるはずだ。

冒険2　ニンジャ式変身

この冒険は次のような人にお勧めだ。

- もっとエネルギーがほしい人
- ダイエットにうんざりしている人
- 減量や体重維持、もしくは筋肉増強のためのもっと健康的な方法を探している人
- 肉体的な自信を高めたい人
- 表に引き出しさえすれば大きな力になる、ニンジャのようなスーパーパワーを秘めているかもしれない人*

この冒険に含まれているもの：

- 二一個のクエスト
- 一〇個のパワーアップアイテム
- 五つの悪者

プレイ方法：

・二一個のクエストをすべてやり終えるまで、毎日ひとつずつクエストをクリアする。

◀

＊　〝ニンジャ式変身〟とは、歴史的・伝説的存在である日本のニンジャがひそかに敵に近づく型破りの戦闘戦略をとっていたように、ひそかに目標に近づく型破りの減量・フィットネス戦略をとることをいう。この冒険は、手裏剣投げや煙幕や斬り合い、それに水遁の術など、ほんもののニンジャの戦闘テクニックを含むものでは**ない**（だが、この冒険を通じて、あなたはニンジャ文化にヒントを得た意志力強化法や肉体訓練法を学ぶことになる）。

ニンジャ式変身　クエスト1：ニンジャ式変身の原理を学ぶ

ニンジャ式変身の技をマスターするために必要なのは、次の四つのルールに従うことだけだ。

ダイエットをしない。
体重計を無視する。
自分は強くなったと感じさせてくれる食べ物を食べる。
自分は力があると感じさせてくれる活動をする。

お気づきのとおり、ニンジャ式変身は、あなたも試したことがあるかもしれないほかの減量メソッドとはずいぶんちがう。とくに、ダイエットすることは禁止されている。食べては〝いけない〟食べ物はひとつもない。カロリー計算はない。食欲抑制剤の使用は控えるよう強く促される。

なぜかというと、（一度でもダイエットに挑戦したことがあるなら、あなたももうわかっているように）ダイエットはめったに成功しないからだ。そのうえ危険だ。多くの科学的研究によって、次のことが明らかになっている。

- ダイエットする人のほとんどが、いったん体重が減ってもやがて元の体重に戻り、それからさらに体重が増える。
- ダイエットする人は最終的には、スタート時に同じ体重だったがダイエットしなかった人より体重が重くなる。
- 体重を落として、それを維持することに成功している人でさえ、必ずしも前より健康で幸せになっているわけではない。[*1]

その一方で、何度もダイエットをすると、

- コレステロール値や血圧が上昇する。
- 免疫系の働きが抑制される。
- 心臓発作、脳卒中、糖尿病、それに原因を問わない死亡のリスクがかえって上昇する。[*2]

こうした害は、食事制限が体に強いる極度のストレスと緊張のせいだ。

では、ダイエットをせずにどうやって体を変化させるのか？　この冒険はあなたに、知らず知らずのうちに目標に近づき、達成する、型破りの減量・フィットネス戦略を教えてくれる。自分は強くなったと感じさせてくれる食べ物や自分は力があると感じさせてくれる活動に、あなたの関心を集中させてくれる。自分の体に気を配り、栄養を与える方法について、あなたの直観を磨いてくれる。さらに、肉体の強さを高めるための、新しい意外なテクニックを教えてくれる。この冒険のクエストをクリアすることで、あなたは体重の減少とエネルギーの増大という目標に知らず知らずのうちに近づくはずだ。変身を直接めざさずに、変身という目標を達成するのである。

次の二〇のクエストを通じて、あなたは先ほどあげたルールがなぜ、どのように効果があるのかを徹底的に学ぶことになる。今のところは、これらのクエストに少なくとも三週間従うと誓いを立てるだけでいい。

この最初のクエストをクリアするために、**ニンジャ式変身の四つのルールを毎日見られる場所に書きとめよう**（でも、ニンジャ式トレーニングをするのだから、自分以外の誰にも見られない場所に書くほうがいいだろう。ニンジャは敵に気づかれないようこっそり行動するのだから）。

ニンジャ式変身　クエスト2：体重計を追い払う

ニンジャのように変身するためには、体重を無視する方法を学ぶ必要がある。

今日か明日、測りたいなら体重を測り、それから、この冒険が終わるまで体重計を追い払わなくてはいけない。**これから三週間は体重を測ってはいけないのだ。**なぜいけないのか？　それは、あなたの目標が、より健康に、より幸せに、より強くなったと感じることだからだ。その目標は数値ではない。感覚だ。

あなたのほんとうの目標を達成するためには、機械が示す数値ではなく、自分の心と体がどのように感じるかに注意を払う方法を学ばなくてはいけない。

この冒険では、機械の数値以外の健康とバイタリティのサインに、もっと注意を払う方法を学ぶ。どれくらいエネルギーがあるか、どんな気分か、どれくらい眠れるか、どれくらいの頻度で具合が悪くなるか、どんな動作が次第に力強くとれるようになっているか、といったサインである。

体重計を追い払うことは、ダイエットしている人がおかす最大の誤りのひとつを防ぐ助けにもなる。その誤りとは、絶対に続けられない短期の習慣をとりいれることだ。体重ではなく自分の感覚に注目することで、あなたはより持続可能な習慣、強力な直観、それにほんとうの自制心を身につけることになるだろう。

〈やるべきこと〉最後にもう一度だけ体重を測り、それから体重計を普段置いている場所から取り除く。クローゼットの後ろとか、ガレージの中とか、とても高い棚の上とかにしまい込もう。

〈ヒント〉三週間、体重を測らずにいるのはほんとうに難しいと思うなら、友人か家族に頼んで体重計を隠してもらおう！

ニンジャ式変身　クエスト3：ニンジャのように食べる

ニンジャ式変身の三つめのルールは、自分は強くなったと感じさせてくれる食べ物を食べること、だ。

この冒険ではカロリー計算はしない。食事の制限や禁止される食べ物もない。あなたの最も重要なミッションは、食べたあとに自分がどう感じるかに注意を払い、どの食べ物がより幸せに、より健康に、より強くなったと感じさせてくれるかを見つけ出すことだ。

以前よりエネルギーが増したとか、生き生きしてきたとか、気分がよくなったと感じさせてくれる食べ物を探そう。穏やかで自信に満ちた気分にさせてくれる食べ物、運動する意欲をしっかりかき立ててくれる食べ物、前よりきれいになったと感じさせてくれる食べ物、自然とのつながりが深まったと感じさせてくれる食べ物を探そう。自分の心と体に相談しながら、いい気分になるとは自分にとって厳密には何を意味するのかを見つけ出そう。

〈やるべきこと〉これから二四時間は、自分の食べるあらゆるものについて食べたあと自分がどう感じるかを調べよう。特定の食べ物が自分は前より強くなったと感じさせてくれるなら、それをあなたのパワーアップアイテムに加え、その食べ物を向こう三週間、これまでよりたくさん食べよう。ものぐさになったとか、弱くなったとか、鈍感になったと感じさせる食べ物はというと、それはパワーフードではない。排除する必要はないが、毎日使うパワーアップアイテムには入らない。**少なくとも三つのパワーフードを見つけるまで、探しつづけよう。**

〈注意すべき点〉あなたが探しているのは、食べたあとに最長で一、二時間、いい気分にさせてくれる食べ物だ。すごくおいしくて、食べているあいだは幸せな気分にしてくれるが、そのあとは動作がのろくなった、頭が鈍くなった、むくんだ、太った、怒りっぽくなったなどと感じさせる食べ物はたくさんある。そのような食べ物は、あなたがおいしく食べたとしてもパワーフードではない。食べているあいだだけでなく、食べたあともいい気分でいられることが重要なのだ。

向こう三週間、あなたのミッションは、**自分は強くなったと感じさせてくれる食べ物を、食事のたびにひとつ食べること**だ。どんな食べ物についてであれ、食べる量を減らすことは考えなくてもよい。いい気分にさせてくれる食べ物をもっとたくさん食べることに集中しよう。

〈仕組み〉パワーフードの摂取量を増やしたら、やがて食に対する欲求が変化し、そのため健康によくない食べ物は努力しなくてもあまり食べなくなることが、研究によって明らかになっている。[*3]

人はみなちがうのだから、さまざまな食べ物を試して、前より生き生きしてきたとか、エネルギーに満ちてきたとか、気分がよくなったとあなた自身に感じさせてくれる食べ物を見つけるべきだ。あなたのパワーフードはおそらく、フード・ジャーナリストのマイケル・ポランが「本物の食べ物、おおむね植物」と呼ぶものになるだろう。それは、原材料リストがとても短い食品、ポランの言葉を借りると「あなたのひいおばあさんが見ても食べ物だとわかる原材料」でできている食品ということだ（つまり、あやしい化学物質や添加物はまったく含まれていないわけだ[*4]）。

〈例〉 パワーフードになりうる食べ物をいくつかあげておく。あなた自身で試してほしい。

- ローストしたひまわりの種
- ヨーグルト
- さつまいも
- スクランブル・エッグ
- ポップコーン
- バナナ
- ひよこ豆（またはそれをペースト状にしたハマス）
- ブラック・チョコレート
- ブルーベリー
- キヌア
- ほうれん草

・アーモンド
・ベジタリアン用のチリコンカン

〈誤解のないように〉この冒険のあいだはこうした食べ物だけを食べるべきだということではない。食事やおやつのたびに、**パワーフードを少なくともひとつ**食べる必要があるだけだ。それを守りさえすれば、何でもほしいものを食べることができる。

ニンジャ式変身　クエスト4：パワー運動を選ぶ

ニンジャ式変身の四つ目のルールは、自分は力があると感じさせてくれる活動をすることだ。その習慣を実践するひとつの方法を紹介しよう。

〈やるべきこと〉小さな肉体的技能を選んで、習得をめざす。今はできないと思っているが、できるようになりたいと思うことを選ぼう。小さな肉体的技能は、ほんの数分で（ものによっては数秒で）できるものでなくてはいけない。

〈例〉いくつか案をあげてみよう。

・大胆な側転を一回する。

・完璧な腕立て伏せを一回（もしくは一〇回、五〇回、一〇〇回）する。
・立ち泳ぎを中断なしで五分間続ける。
・お気に入りのダンス・ビデオの振り付けを覚える。
・職場のすべての階段を三分以内に上る。
・仲間とフリスビーの投げ合いをし、一度も落とさずに一〇〇回続ける。
・両目を閉じて片足立ちを三〇秒続ける（一見した印象より難しい）。
・トラック一周を九〇秒以下（もしくは一二〇秒以下、二四〇秒以下）で走る。
・両足のかかとを床につけたまま、ヨガの〝下を向いた犬〟のポーズを一〇呼吸キープする

右の例からわかるように、ここで意図されているのはトライアスロンを完走するというような大きな肉体的技能ではない。大きなことではなく、小さなこと、ほんの数分か数秒で腕前を見せることができ、二、三週間でそこそこマスターできることを選ぼう。

ただし、それは初挑戦で達成できることであってはならない。求められているのは、マスターするために努力し、一〇回以上挑戦して徐々にうまくなり、この冒険が終わるまでに達成できることを選ぶことだ。

さあ、あなたのパワー運動を選ぼう。**そして、それをマスターするための初挑戦を今日やってみよう！**

ニンジャ式変身　クエスト5：ニンジャVSゾンビ！

通常のダイエットでは、たいていカロリー制限や食事制限が必要だが、これはわたしたちの脳にかなり不吉な影響をおよぼす。充分な食事をとらないと、わたしたちの脳細胞は飢餓状態になり、やがてわが身を食べはじめることが、二〇一一年の研究で明らかになった。[*5]

科学者たちはこれを〝自食作用〟と呼んでいる。文字どおり〝自分を食べる〟わけだ。脳の神経細胞《ニューロン》、とくに心拍、血圧、食欲、睡眠周期をコントロールしている視床下部のニューロンが、わが身を少しずつ食べていくのである。

あなたの脳は当然のことながら自身のニューロンを食べないようにしたい。そのため、自食しているときは視床下部が飢餓ホルモンの分泌を促進し、そのせいであなたは食べ物が強烈にほしくなる。ダイエット中はいつもよりずっとお腹がすくのはそういうわけだ。食事の量を減らしていることだけが原因ではない。脳が錯乱して自分自身を食べ、それを止めるためにもっとたくさん食べるよう、あなたに警告するわけだ。

これが、通常のダイエットが成功しない大きな理由のひとつになっている。通常のダイエットはあなたを――肉体だけでなくメンタルの面でも――前より弱くするのである。

できるだけ平たく言うと、ダイエットをすると、あなたは実在するゾンビになって自分自身の脳を食べるのだ。

今日のクエストをクリアするためには、**カロリー制限や食事制限に宣戦布告する**だけでいい。お腹が鳴ったら、何か食べよう。これからは決して空腹のままではいないと、自分自身に今日約束しよう。

これはニンジャ対ゾンビの戦いだ。そして、あなたはゾンビではなくニンジャになりたいのだ。

ニンジャ式変身　クエスト6：水の力を呼び起こす

伝説では、ニンジャは自然のすべての要素を精神力だけでコントロールできたとされている。水、大地、風、火、空の力を自分の目的のために利用できたというのである。[*6]

この冒険は、あなたがなんらかの神業的な力を身につける手助けをするものではない。だが、次の五つのクエストを通じて、あなたは日本の文化でこれら五つの自然の要素が表わすとされている、現実のメンタルの力、肉体の力、感情の力を呼び起こす方法を学ぶことになる。

五つの要素のひとつ目は水の要素、〝水《すい》〟だ。

日本の思想では、水は流動的で、自由に動き、絶えず変わりつづける自然の生命力を表わす。自然の中の水は、じっと動かずにいることはめったにない。絶えず変化している潮の流れ、流れ下る川、降り落ちる雨を考えてみるといい。どんな環境にいようと、水は環境に完璧に適応する。

あなたもこれと同じ変化する能力、適応する能力を持っている。このクエストをクリアするだけで、あなたは今すぐ、変化し、適応する。新しい記憶をつくり、新しいニューロンを結びあわせる。水のように新しい環境に絶えず適応する。自分の望むどんな形でもとることができる。

体重を減らし、肉体的健康を高めるという目標について考えるとき、この基本的な真実を忘れないようにしよう。あなたは現状に固定されているわけではない。あなたの生活や体は流動的で、絶えず変化する。

今日のクエストは単純だ。水の要素とつながるために、**コップ一杯の水を飲もう。**その水を飲んでいるあいだ、**自分には水のような能力、適応し変化する能力があるのだと、自分に言い聞かせ自覚しよう。**

ニンジャ式変身　クエスト7：大地の力を呼び起こす

ふたつ目は大地の要素、〝地《ち》〟だ。日本の文化では、これは自然の中の固く、頑丈で、揺るぎないもの——足元の地面から何世紀ものあいだ力強くそびえ立っている山々まで——を表わす。

あなたには固く、頑丈で、揺るぎない面もある。それはあなたの意志力と目標に対する確固たるコミットメントだ。

日常生活で〝地《ち》〟の要素とつながるためには、大地からもらった小さな物を持ち歩くか、でなければしょっちゅう目にする場所（職場の机の上、ベッドの脇、台所のカウンターの上など）に置いておく必要がある。〝地〟の石——岩のように固いあなたの意志力の象徴になりうる小さな石——が必要なのだ。

〈やるべきこと〉〝地〟の石を選ぶ。選んだら、**一〇秒間しっかり握って、自分にこう言い聞かせる。**目標に対するわたしのコミットメントはこの石のように固い。

この石をマインドフル（今の瞬間に意図的に注意を払い、自分の今の思考や感情を、判断や評価を排して客観的にとらえ、受け入れている状態）に握るたびに、あなたは自分の固く揺るぎない、自信に満ちた確固たる性質を思い出すはずだ。

ニンジャ式変身　クエスト8：風の力を呼び起こす

三つ目は風の要素、〝風《ふう》〟だ。日本の文化では、これは広がっていき、自由に動くものを表わす。わたしたちを取り巻く空気や、火から立ちのぼる煙などだ。

風の力を呼び起こして自分の動きの自由や広がりに結びつけるには、簡単な方法がふたつある。その両方を今日やってみよう。

〈やるべきこと〉まず、自分の体を三〇秒間できるだけ大きくする。手足を広げて、空間を物理的にできるだけたくさん占めよう。障害や病気や怪我のために体の動きが制限される場合は、どこでもいいから体の一部を大きくすることに集中しよう。口をできるだけ大きく開けてもいいし、手の指をできるだけ大きく広げてもいい。

次に、どの部分でもいいから体の一部を空間の中でゆっくり三〇秒間動かす。手や腕を動かしてもいいし、体全体を動かしてもいい。頭だけを動かすことにして、回せるかぎりの方向に首をゆっくり回してもいい。ゆっくり動かしながら、自分の関心のすべてを周囲の空気に集中させよう。肌に空気を感じ、自分がその中をどのように動いているかを意識しよう。自分の体とまわりの空気の強い関係に注意を払おう。この関係はわたしたちが普段はほとんど気づかないことだ。

ふたつの簡単な動作で風の力を呼び起こすことは、あなたが自分の体の、現状のままですばらしい能力に対する敬意と感謝を深めつづけるのに役立つはずだ。

ニンジャ式変身　クエスト9：火の力を呼び起こす

四つ目は火の要素、〝火《か》〟だ。日本の文化では、これはこの世で最も強力なエネルギーを表わし、物理的な熱（すなわち文字どおりの火《ひ》）だけでなく、衝動という精神の熱や情熱という感情の熱も含んでいる。

これらの強力なエネルギーはほどよい大きさに保たなければいけないと、日本の文化は教えている。物理的な火は、またたく間に制御できなくなって通り道にあるあらゆるものを破壊することがある。その一方で、生命を維持する火は、早く燃え尽きすぎてあとに寒さしか残さないことがある。

安全な道を照らすロウソク、調理に使う火、新しい生命が成長する余地をつくる森林の野焼き――これらはみな、ほどよい大きさの火の例だ。

衝動という精神の火や情熱という感情の火も、同じくほどよい大きさに保たなければならない。火が大きくなりすぎると、あなたは不安や自滅的な怒りを感じる。火が小さくなりすぎると、退屈しか感じなくなり、無気力になる。

退屈と不安はマインドレスで不健康な食生活の最も一般的な原因だ。だから、このふたつが打ち消し合う状態を経験することが、体重を落とすという目標を達成する助けになるのである。

では、その状態はどこにあるのか？　第一章で説明した〝フロー〟という心理状態を考えてみよう。フロー状態にあるとき、あなたはやる気に満ち、関心を持ち、完全に没入している。自分を燃え立たせる明確な目標を持っているだけでなく、過度の不安や自滅的な考えにとらわれずにその目標を達成するだけのスキルとリソースも持っている。

あなたの今日のクエストは、少なくとも五分間のフローを生み出すことだ。フローは明確な目標がある活動をすることから得られるものだ。フィジカル・トレーニング、ビデオゲーム、本の執筆、ダンス、音楽づくり、アート作品の制作、料理、掃除、ガーデニングなど、何でもいいから明確な目標がある活動をしよう。あなたがやる気があって楽しくやる活動なら、そして、その活動があなたの関心をすっかり奪うなら、あなたはその活動からフローを得ることができる（ただし、複数の活動を同時におこなってはならない。フローは完全に没入しているときにのみ生まれるものだからだ）。

いったんフロー状態に入ったら、あなたは自分の最も強力なエネルギー源をほどよい大きさに保つことに成功したのであり、マインドレスで不健康な行動をとる可能性は低くなる。忘れないでほしい。五分というわずかな時間を使ってフローを経験することで、あなたは自分が望むときにいつでも自分の〝火《か》〟の力を利用できるのだ。

ニンジャ式変身　クエスト10：空の力を呼び起こす

五つ目は空の要素、〝空《くう》〟だ。日本の文化では、これはわたしたちの日常的な経験を超えた世界を表わす。天空、夜空に輝く無数の星、宇宙の無限の創造エネルギーなどだ。

あなた自身の生活では、空《くう》はスピリチュアルな強さや創造力を表わす。それは自分より大きいものとつながる能力、畏怖や驚異を感じる能力、無から何かを生み出す能力だ。こうした上昇感覚は、あなたが自分の生活にもっとほしいと心から願っているものについて、より鋭い直観を育むのに役立つ。この直観は、あなたが不健康な習慣から抜け出すのをたやすくしてくれるはずだ。

空《くう》の力を呼び起こすために、少し時間をとって自分より大きいものとつながろう。方法はたくさんある。祈り、詩、音楽、瞑想、芸術を通じてつながることもできるし、文字どおり空《そら》を見上げるだけでもつながることができる。今日は、**こ**

れらの方法のどれかひとつを選んで、おやつか食事の直前にそれを少なくともまる一分間やってみよう。

このクエストを今日楽しくやれたら、それを毎日の習慣にすることを考えよう。

ニンジャ式変身　クエスト11：ニンジュツの時間をとる

今日のどこかの時点で〝ニンジュツ〟の時間、すなわちニンジャの技をトレーニングする時間をとろう。少なくとも一〇分間使って自分のパワー運動を練習してほしい（パワー運動をすでにマスターしている場合は、新しいパワー運動を選んでそれを練習しよう）。

ニンジャ式変身　クエスト12：〝ウズラ隠れ〟を学ぶ

〝ウズラ隠れ〟は、意志力を強化して、敵に見つからないようにする方法として、一四世紀からおこなわれてきたニンジャの戦術だ。

これを実行するための教えは一見簡単そうだ。**「石のように見えるように、体をボールのように丸めてまったく動かずにいること」**

ニンジャはなぜこの技を練習するのだろう？　武道史の研究者たちによれば、〝ウズラ隠れ〟は敵に気づかれないようにするための重要かつ効果的な技だった。体をできるだけ小さく、動かないようにすることで、ニンジャはありふれた風景の中に隠れることができた。だが、おそらくもっと重要な点は、これが恐怖心を抑えて完璧なセルフコントロールができるようにニンジャを鍛錬する手段でもあったことだ。[*7] あなたもまもなくわかるはずだが、石のようにじっとしているためには、とりわけ極度のストレスの下では、メンタル的にも肉体的にも計りしれない自制心が必要なのだ。

この古来のニンジュツを練習するとき、あなたは必ずしもボールのように体を丸める必要はない。もうひとつの方法として、頭を下げ、胸の前で腕を組んで、じっとしているだけでもかまわない。

〈やるべきこと〉　〝ウズラ隠れ〟を今すぐやってみる。丸一分のあいだ、どれだけ動かずにいられるだろう？

ニンジャ式変身　クエスト13：三つの要素とつながる

あなたはすでに、自然の構成要素（水、地、風、火、空）の力を呼び起こす五つの方法を学んでいる。五つの要素のうちの三つとつながることで、今日をさらに強力な日にしよう。

〈やるべきこと〉 朝食、昼食、夕食の前に**一分ずつ時間をとって、それぞれ別の要素とつながる。**石を握ることであれ、コップ一杯の水をマインドフルに飲むことであれ、これまでのクエストで学んだテクニックを使おう。

食事の前に毎回、自然の構成要素とつながるというこのシンプルな儀式は、あなたがよりよい決定をし、より強い意志力を発揮し、一日を通してより強くなったと感じる助けになるはずだ。

ニンジャ式変身　クエスト14：パワーソングを選ぶ

エネルギーが足りない日には、砂糖かカフェインかジャンクフードで自分を奮い立たせようとしがちだ。だが、ニンジャがドーナツを食べるのを見たことがあるだろうか？　おそらくないはずだ。

ドーナツに頼らなくても別のエネルギー源がある。**パワーミュージック**だ。

音楽について研究している科学者たちは、音楽が心と体に大きな影響をおよぼすことをずいぶん前から知っている。音楽は気分をよくし、痛みや疲れから気をそらし、忍耐力を高める。実際、音楽を聴くとエネルギー・レベルや運動のパフォーマンスが大幅に向上するので、ロンドンのブルネル大学の教授で、第一級のスポーツ心理学者、コスタス・カラゲオリギス博士は、音楽を「一種の合法的なパフォーマンス向上ドラッグ」と呼んでいる。*8

それだけではない。好きな音楽を聴くと、ストレスホルモン〝コルチゾール〟のレベルが抗不安薬を飲んだときよりも大幅に低下する。おまけに、免疫系の強さに関係がある重要な抗体、イムノグロブリンAのレベルが上昇するのだ。*9

だから、音楽をあなたのエネルギーとレジリエンスの強力な新しい源泉ととらえよう。

〈やるべきこと〉今すぐパワーソングを選んで、それを少なくともひとりの仲間に知らせる。あなたのパワーソングは、あなたを奮い立たせ、行動したいという気持ちにさせる曲でなくてはいけない。

今度疲れを感じたり憂鬱な気分になったりしたときは、自分のパワーソングを聴いてエネルギーをもらおう！

ニンジャ式変身　クエスト15：〝狸隠れ〟で元気になる

ニンジャが敵に気づかれないようにするために好んで使っていた術のひとつが〝狸隠れ〟である。これは〝木に登って葉っぱの中に身を隠す〟術だ。

今日のクエストでは、木に登ったり身を隠したりする必要はない。だが、〝狸隠れ〟には、森林浴として知られる現代の日本の慣行と共通する点がたくさんある。森林浴は特異な形の日本のセラピーで、気分と免疫系を高めるためにできるだけ多くの木のそばに身を置くのである。*10

おかしな活動に思えるが、これには効果があることが科学的研究によって証明されている。樹木はフィトンチッドと呼ばれる化学物質を大気中に放出する（フィトンチッドという言葉には〝木によって殺される〟という意味がある）。この化学物質は菌やバクテリアや昆虫を殺すことで樹木を守っている。そのフィトンチッドが、不思議なことに、人間には恵みを与えてくれる。免疫機能に欠かせない白血球を増やし、ストレスホルモン〝コルチゾール〟のレベルを低下させるのだ。

〈やるべきこと〉木の葉の中に隠れる〝狸隠れ〟というニンジャの技で元気になるために、**木のそばか下で五分間過ごす**。これによって、あなたのメンタルと肉体のレジリエンスがどちらも高まるはずだ。

ニンジャ式変身　クエスト16：パワーフードをもっと見つける

あなたは〝ニンジャ式変身　クエスト1〟のルール3、「前より強くなったと感じさせてくれる食べ物を食べる」に二週間従ってきた。そして、〝ニンジャ式変身　クエスト3〟で選んだパワーフードを食べてきた。そろそろ選択肢を増やしてもいいころだ。

あなたの次のクエストは、今日じゅうに新しいパワーフードを見つけることだ。

〈やるべきこと〉新しいパワーフードを少なくとも三つ選んで、あなたのパワーアップアイテムのリストに加える。思い出してほしい。パワーフードとは、食べたあとで自分がより強くなったと――より生き生きし、エネルギーに満ち、よい気分になったと――感じさせてくれる食べ物のことだ。

〈例〉パワーフード探しの助けになるよう、気分や注意力やレジリエンス、それにエネルギー・レベルを高めることが研究によって明らかになっている食べ物を、新たにいくつかあげておこう。

・いちご。幸福ホルモン〝エンドルフィン〟を生み出すために必要なビタミンCを豊富に含んでいる。

・マッシュポテト。気持ちが安らぐ食べ物であるだけでなく、エネルギーを高め、細胞を修復するカリウムもたくさん含んでいる。
・ピーナツバター。低血糖を防ぎ、揺るぎない意志力を維持する助けになるタンパク質の含有量が多い。
・グリルドチキン。気分をコントロールする助けになるビタミンB群をたくさん含んでいる。
・オートミール。消化のスピードを遅らせてエネルギーを長持ちさせる食物繊維の含有量が多い。
・緑茶。注意力を高めるのに充分なカフェインを含んでおり、しかも、あとからエネルギーを急激に減少させるというデメリットがない。
・クルミ。気分を向上させ、ニューロンの修復を促進するオメガ3脂肪酸をたっぷり含んでいる。
・ブラック・チョコレート・チップス。体のあらゆる部分を強くし、怪我や病気に対するレジリエンスを高めるのに役立つ抗酸化物質を大量に含んでいる。

何を選んだとしても、**三つ全部を今日、実際に手に入れること**。今日食べてもいいし、後日食べるために冷蔵庫に入れるだけでもいい。

ニンジャ式変身　クエスト17：協力して壁を登る

伝説では、ニンジャは仲間の背中に乗って塀や壁を登ったとされている。彼らはそれを〝人間の踏み台をつくる〟と呼んでいた。そうすることで、ひとりでは登れない高い場所に登ることができたのだ。[*11]

チームワークはあなたのニンジャ式エクササイズにも不可欠の要素として組み入れるべきだ。でも、今日は手助けを頼むのではなく、あなたのほうが誰かを手助けしよう。

〈やるべきこと〉あなたは今日、誰がより高いところに登るのを手助けできるだろう？　**誰かが〝壁を登る〟手助けをするために、**すぐに行動に移れるようにしておくことを、あなたのミッションにしよう。〝壁を登る〟というのは比喩であって、誰かが本物の壁を登るのを手助けしてやる必要はない。感情、メンタル、肉体のいずれかの面で誰かに力を与えられることなら何でもいい。

他者に自発的に手を貸すことは、自分の健康目標には直接関係がないように見えるかもしれないが、ルール4「自分は力があると感じさせてくれる活動をする」を思い出してほしい。他者を手助けすることは、あなたにできる最も力のあることのひとつなのだ。

このクエストは、あなたが誰かの〝壁登り〟をうまく手助けしたとき完了する。

ニンジャ式変身　クエスト18：五大要素のすべてとつながる

あなたはニンジャにヒントを得た冒険の終わりに近づきつつある。そこで今日は、あなたがどれくらい前進したか確かめよう。

〈やるべきこと〉五大要素（水、地、風、火、空）のすべてとつながることで、あなたの自然の力を今日すべて呼び起こす。五つの力を一日のあいだにうまく分散させること。三度の食事の前にそれぞれひとつの要素とつながり、それに加えて朝と夜に一回ずつつながるといい。

今日という日を、あなたのニンジャの旅が終わる前に、これらのシンプルだが人生を変えるような習慣を定着させるチャンスととらえよう。

ニンジャ式変身　クエスト19：〝ウズラ隠れ〟をマスターする

今日はこの冒険のあいだに学んだ新しいスキルのひとつを実地にやってみるこ

とにする。〝ウズラ隠れ〟、すなわち石のようにじっとしている技だ。
〝ニンジャ式変身　クエスト12〟でわかったように、〝ウズラ隠れ〟は自制心や固い決意など、あなたのメンタルの強さを試すものだ。この冒険でいくつものクエストをクリアしてきた今、あなたのメンタルの強さは文句なしのピーク状態にあるはずだ。自分で確かめよう！

〈やるべきこと〉今日はクエスト12でやったものより難しい〝ウズラ隠れ〟ミッションに挑戦しなければならない。**丸三分間、石のようにじっとしていること、**というミッションだ。クエスト12の〝ウズラ隠れ〟ミッションと比べると、時間は三倍になるだけだが難しさは六倍になる。

タイマーをセットして、時間がくるまでじっとしていよう。そう、これにはとほうもない自制心が必要だ。でも、このクエストを見事にクリアしたら、ニンジャ式トレーニングによってあなたのメンタルの強さが客観的にも明らかなほど大きく高まったことがわかるはずだ。

ニンジャ式変身　クエスト20：変身の伝説

日本の伝説では、ニンジャはいくつかのすばらしい能力を持っていたとされている。そのひとつが変身の術で、これは自分の体をキツネ、オオカミ、老女など、別の形に変える能力だ。

別の生き物に変身することはないにしても、あなたは過去三週間にわたり自分の姿を変化させてきた。今日はあなたが**自分の変身を祝う**日だ。変化がどれほど小さくても、どれほどかすかでもかまわない。あなたが気づく可能性がある変化をあげてみよう。

- 立っているとき、もしくは座っているときの姿勢がよくなった。
- 自分の中のエネルギーが増えた。
- 衣服が以前より似合うようになった。
- 顔や首や背中のよくこわばる筋肉がさほどこわばらなくなった。
- 腕や脚の筋肉が以前よりたくましくなった感じがする。
- 以前より楽に、ありのままの自分でいられるようになった。

〈やるべきこと〉 少なくとも**二分かけて、あなたの体型に生じた変化を見つけ、喜ぶ。**これらの変化は、自分の健康目標についてのあなたの考え方や自分の体に対するあなたの対応の仕方が大きく変わったことの表われだ。

ニンジャ式変身　クエスト21：秘訣を伝える

あなたは三週間にわたり、知らず知らずのうちに目標に近づく型破りの減量作戦を採用し、実行してきた。今日はあなたが獲得したニンジャの知恵を他者に伝えるときだ。

学んだことを自分のものにし、それを他者に伝えよう。あなたの最後のクエストは、ニンジャ式変身の四つのルールを誰かに教えることだ。

1. ダイエットをしない。
2. 体重計を無視する。
3. 自分は強くなったと感じさせてくれる食べ物を食べる。
4. 自分は力があると感じさせてくれる活動をする。

〈やるべきこと〉四つのルールを友だちに教えたり、インターネット上に投稿したり、お気に入りのオンラインフォーラムで発表したりする。あなたがほんとうにスーパーベターになったと感じているのなら、試してみたいと思っている人に、仲間もしくはメンターとして手助けすることを申し出よう。

ニンジャ式変身のパワーアップアイテム

パワー運動をする

（〝ニンジャ式変身　クエスト4〟で選んだ）自分のパワー運動を完璧にこなせるレベルにどれくらい近づいているか確かめよう。あなたのパワー運動は、完璧かつ大胆な側転を一回することかもしれないし、職場のすべての階段を六〇秒以内でのぼることかもしれない。腕立て伏せを一〇〇回することかもしれないし、ヨガの〝下を向いた犬〟のポーズを一〇回深呼吸するあいだキープすることかもしれない。

自分の目標を達成しようとしまいと、練習するたびにあなたは強くなっていく。

パワーフードを食べる

（〝ニンジャ式変身　クエスト3、クエスト16〟で見つけた）パワーフードを食べることで、自分にエネルギーを与えよう。パワーフードとは、自分が前より強くなったと——より生き生きし、エネルギーに満ち、いい気分になったと——感じさせてくれる食べ物のことだ。あなた個人のパワーフードのリストをつくろう。ひまわりの種やブラック・チョコレートやヨーグルトから、固ゆで卵やバナナやアーモンドまで、どんな食べ物でもパワーフードになりうる。これから三週間にわたり、食事やおやつのたびに、このパワーアップアイテムを使おう。

パワーソングを聴く

効果が実証されている音楽の力（〝ニンジャ式変身　クエスト14〟）で、あなたの持久力を高め、疲労と闘い、気分を向上させ、免疫系を強化しよう。健康的な方法で自分にエネルギーを与えたいときは、いつでもこのパワーアップアイテムを使おう。

〝ウズラ隠れ〟を練習する

一分間時間をとって、〝ウズラ隠れ〟、すなわち〝石のようにじっとしている〟技（〝ニンジャ式変身　クエスト12および19〟）を練習しよう。本物のニンジャさながらに体をボールのように丸めてもいいし、頭を下げて両腕を胸の前で組むだけでもいい。自分の心を落ち着かせ、意志力を高めるためにこの技を使おう。

水の要素とつながる

水の要素、〝水《すい》〟は、流動的で、自由に動き、絶えず変化していく自然の生命力を表わす。コップ一杯の水を飲むたびに、自分自身の変化する能力、適応する能力（〝ニンジャ式変身　クエスト6〟）を思い出そう。

地の要素とつながる

大地の要素、〝地《ち》〟は、自然の中の固く、揺るぎないものを表わす。〝ニンジャ式変身　クエスト7〟で〝地《ち》〟の石を選んだ場合には、それを一〇秒間しっかり握りしめて、堅固で、揺るぎなく、決然として、自信に満ち、確固としている自分自身の力を思い出そう。

風の要素とつながる

風の要素、〝風《ふう》〟は、広がっていき、自由な動きを満喫するものを表わす。あなた自身の自由と広がりを思い出すために、あなたの体を（もしくはどの部分でもいいから体の一部を）三〇秒間、できるだけ大きく広げよう（〝ニンジャ式変身　クエスト8〟）。手足を伸ばして、物理的にできるだけたくさんの空間を占拠しよう。それから（手、腕など）どこでもいいから体の一部を三〇秒間ゆっくりと空間の中で動かし、まわりの空気にすべての関心を集中させよう。

火の要素とつながる

火の要素、〝火《か》〟は、この世で最も強力なエネルギーを表わす。物理的な熱、衝動というメンタルの熱、情熱という感情の熱などだ。五分時間を使ってフロー、すなわち〝火《か》〟の不足（退屈）と過剰（不安）が打ち消し合う状態を経験したら、あなたはいつでも〝火《か》〟の力を利用することができる。〝ニンジャ式変身　クエスト9〟で見たように、フローは明確な目標がある活動ならどんなことからでも得ることができる。ビデオゲーム、本の執筆、ダンス、音楽づくり、アート作品の制作、料理、ガーデニングなどなど、さまざまな活動が考えられる。

空の要素とつながる

大空の要素、〝空《くう》〟は、わたしたちの日々の経験を超えた世界を表わす。祈り、瞑想、歌、詩、アート作品のために一分時間をとることで、あなたのスピリチュアルな強さと創造力を思い出そう（〝ニンジャ式変身　クエスト10〟）。

〝狸隠れ〟を練習する

屋外に出て、木の葉の中に身を隠す〝狸隠れ〟の術を練習しよう（〝ニンジャ式変身　クエスト15〟）。樹木にできるだけ近づいて、その強力なフィトンチッドを吸い込もう。このパワーアップアイテムを使えば、ストレスを軽減し、免疫系の働きを高めることができる。

ニンジャ式変身の悪者

体重を測る

この冒険の期間中は、自分の健康や力や幸福の度合いを数字に判定させてはならない。

少なくとも三週間は、体重計を無視しよう。

カロリーを計算する

食べ物はエネルギーや力の源泉で、食べ物がどれだけのエネルギーを生み出すかを測るひとつの方法がカロリー計算だ。だが、それは最善の方法ではない。食べたあとであなたがどう感じるかのほうが、あなたをより強く、より健康にするものを示す指標として、単純なカロリー計算よりはるかに優れている。

この冒険の期間中は、カロリーは無視して、代わりに自分がどう感じるかに注目しよう。

自分が食べたものについて罪悪感を持つ

あなたの食事やおやつはいつも計画どおりにいくわけではないだろう。だが、罪悪感は、あなたがこの先よりよい決定をする助けにはならない。それどころか、あなたの心と体を強くするために必要な感情と肉体のエネルギーを失わせてしまう。

賢明ではない食べ物選びをした場合は、罪悪感をすっ飛ばそう。そして、あなたのニンジャ式パワーアップアイテムを使ってエネルギーを補給しよう。

自分の心を体から切り離す

この冒険の期間中、あなたのミッションは心と体のつながりをしっかり保つことだ。あなたの体は動く必要がある。水を飲む必要がある。食べる必要がある。こうした体のニーズを無視してしまうほど、心を惹きつけるもの——仕事、ソーシャルメディア、本、映画、テレビ、ビデオゲームのようなもの——に没入してはならない。

　少なくとも一時間に一度は自分の体と相談することが当たり前の習慣になるまで、この悪者と戦おう。次の戦略を試してほしい。一時間ごとに体と相談することを思い出させてくれるように、タイマーかカレンダーの通知機能をセットする。そして、それが鳴り出すたびに自分に訊いてみる。わたしは食べる必要があるか？　水を飲む必要があるか？　動く必要があるか？　と。もうひとつの方法として、体に相談することを思い出させてくれるランダムなテキストメッセージか電子メールを送ってほしいと、仲間に頼んでもよい。

自分のニンジャ・パワーを無視する

あなたはいつでも自由に使える五つの力、水《すい》、地《ち》、風《ふう》、火《か》、空《くう》を持っている。

これらの力は無視したら小さくなる。だから、毎日少なくともひとつは呼び起こそう。

冒険3　時間リッチ

この冒険は次のような人にお勧めだ。

- やりたいことを全部やるには一日が短すぎると感じている人
- なにかひとつだけをもっとたくさん持てるとしたら、それは自由に使える時間だと思っている人
- 時間をもっと有効に使えるよう、時間の進み方を遅くする方法を知りたいと思っている人

この冒険に含まれているもの：

- 一〇個のクエスト
- 六つのパワーアップアイテム
- 三つの悪者

プレイ方法：

- 一〇個のクエストをすべてやり終えるまで、毎日ひとつずつクエストをクリアする

◀

時間リッチ　クエスト1：
時間リッチとはどういうことかを学ぶ

わたしたちの誰にとっても、一日の時間は等しく二四時間だ。その計り方では、誰かがほかの人より〝時間リッチ〟だとか、〝時間貧乏〟だということはありえないはずだ。だが、実際には、経済学者が時間の豊かさと呼ぶものを感じている人が確かにいる。それは自分にとってきわめて重要なことをすべてやる時間が充分あるという感覚だ。時間の豊かさがあれば、どれほど忙しくても、家族や自分の健康や自分の好きなことのために使う時間がいつも充分あるように感じるのである。

だが、それよりはるかに多くの人が時間の貧しさを感じている。これは自分の目標や優先事項に使う時間が充分あったためしがないという感覚だ。[*1] 時間貧乏なときは、どれほどやる気があるかは問題ではない。自分のやりたいことに時間とエネルギーを投じるチャンスがないと、絶えず感じているのだ。

あなたが今日のアメリカの大多数の人と同じだとすると、あなたはおそらく時間の豊かさではなく時間の貧しさを感じているだろう。この冒険は、あなたがそれを変える手助けをするようにデザインされている。

時間リッチな人は、時間貧乏な人より幸せで、健康で、生産性が高い。慢性的なストレスも少なく、自分の個人的な目標や夢を追いかけることに毎日より多くの時間を使っている。また、より緊密な人間関係を持っており、ボランティア活動や他者を手助けする活動をより多くおこなっている。何を食べるか、どれくらい運動するか、どれくらい眠るかについてより賢明な選択をしている。[*2] これはすべて完全に理にかなっている。**時間が充分あると感じていれば、あなたは今よりはるかに自由に気前よく自分のために時間を使うはずだ。**この点で、時間はおカネにとてもよく似ている。

時間的により豊かになれば、それはあなたの生活に途方もなく大きくてポジティブな違いをもたらすことができる。時間の豊かさは、あらゆる種類の幸福（精神的・肉体的・感情的・社会的幸福）について、物質的な豊かさより優れた予測因子になることを、経済学者たちは明らかにしている。時間の豊かさを感じている人々は、時間の貧しさを感じている人々よりストレスが少なく、幸せで、緊密な人間関係を持っており、肉体の健康に恵まれている。これらのメリットは、おカネをたくさん持っているかどうかに関係なく発生する。実際、よりよい生活をより早く送れるようになりたいなら、金銭的な富より時間的な富を増大させる努力をするべきだと、経済学者たちは提言している。[*3]

だが、時間の豊かさには奇妙な点がある。それは、自由に使える時間が客観的に、どれくらいあるかには対応していないことだ。貧困ライン以下に落ちないために複数の仕事をかけ持ちしている人や、予測不能で、しかもしょっちゅう変わる仕事のスケジュールをどうすることもできない人を除いて、認識される時間の豊かさは、個人的目標の追求や自由に選んだ活動に使える時間が一日に何分もしくは何時間あるかとは、ほとんど関係がない。[*4] 自由な時間がたっぷりある人のほとんどが時間の豊かさを感じていないことが、研究によって明らかになっている。彼らは退屈やいらだちを感じているだけだ。その一方で、スケジュールがぎっしり詰まっていて、空き時間はほとんどない多くの人が、きわめて時間リッチだと感じている。自分のために使える時間はほとんどないにもかかわらず、彼らは時間はありあまるほどあると言うだろう。では、何がちがいを生んでいるのか?

　時間の豊かさは、たいていの場合その人のスケジュールとは関係がなく、きわめて幅広い、ちょっとした精神的・肉体的・感情的・社会的習慣に関係があることがわかっている。日々の小さな選択——どんな座り方をするか、どうやって通勤するか、さらにはどれくらいの速さで呼吸するかまで——が、自分が自由に使える時間はどれくらいあるかという認識に影響をおよぼす。その一方で、ごく小さな社会的交流や一見些細に見える決定（「今日はインターネットでどの三〇秒動画を見るか?」というような決定）が、時間の豊かさが劇的に増大したように、もしくは減少したように感じさせることがある。

この冒険はあなたに時間リッチな人々の習慣を教えてくれるはずだ。次の八つのクエストを通じて、あなたは実際の自由時間の長さは変えないで、時間の豊かさを増大させる八つのテクニックを学ぶことになる。これらのテクニックはイェール、ハーバード、スタンフォード、ウォートン、カリフォルニア大学バークレー校などの一流ビジネススクールや心理学部の研究者たちによって開発され、テストされてきた。

〈やるべきこと〉とにかく**次のチャレンジを引き受ける。**「これから一〇日間にわたり、自分にとってきわめて重要なことに使うちょっとした量の時間をためよう！」

時間リッチ　クエスト２：力で時間リッチになる

「時は金なり」とは、広く知られたことわざである。しかし、カリフォルニア大学バークレー校の心理学者チームによれば、もっと適切なことわざは「時は力なり」だ。

ＣＥＯなど、力のある地位にいる人々は、概して時間はたっぷりあると感じている。バークレー校の研究者たちは、なぜそうなのかを解明したいと思った。それは力のある人々がそうでない人々より自由な時間を実際にたくさん持っているからなのか？　それとも、力を持つことで時間についての認識が変わり、自由な時間が実際にどれくらいあるかに関係なく、時間をより有効に使えるようになるからなのか？

この問いについて調べるために、研究者たちは五つでワンセットの実験をおこなった。被験者の力の感覚を巧みに増減させながら、日々の生活の中で自分にとってきわめて重要なことをする時間がどれくらいあるかを評価するよう彼らに指示したのである。

次にあげるのは、この実験でテストされた力を増大させるテクニックだ。

- **力を増大させる座席**：自分の座席をいつもより高くする。
- **力の記憶**：重要な決定を下したり他者の生活に影響を与えたりする力を自分が持っていたときを思い出す。
- **力のポーズ**：両腕を頭の上にできるだけ高く上げ、両足を広げて地面にしっかり立ち、胸を突き出す（ハーバード・ビジネススクール教授、エイミー・カディの〝力のポーズ〟の研究は広く引用されているので、このテクニックについてはあなたもよくご存知かもしれない）。[*5]

結果はというと、これら三つの心理学的テクニックのすべてが、力の感覚と時間の豊かさの両方を増大させた。しかも、二つの感覚のあいだには直接的な関係があった。認識された力の増大量が大きければ大きいほど、被験者は自分の目標を追求するための時間がたくさんあると答えたのだ。*6

なぜそうなったのか？　研究者たちはこう理論づけた。自分は力があるという感覚は、生活のあらゆる面に対するコントロール感を増大させるのであり、時間のコントロールはそのうちのひとつにすぎない。

「もちろん、実際には、力のある人々は時間をコントロールしてなどいない」と、バークレー校の研究者たちは《ジャーナル・オブ・エクスペリメンタル・ソーシャル・サイコロジー》に掲載された研究報告で述べていた。「食品や金銭などのほかの資源とはちがって、時間は絶えず消費されており、絶対に取り戻せない」それでも、自分の時間を自分でコントロールしていると感じていれば、その人が自分の個人的な目標に時間を使う可能性は実際に高くなる。「この意味で、力のある人々はほんとうに時間を独占しているのだ」と、研究者たちは述べていた。

少しのあいだだけでも自分の力が増大したと感じられるようにすることで、あなたはそれまであるとは思っていなかった自分のための時間を見つけることができる。これが、より時間リッチになるための第一歩である。

〈やるべきこと〉自分が持っていて当然の時間をいくらか自分のものにするために、**バークレー校の調査で使われた三つの力増大テクニックのひとつを選んで、それを今すぐ実行する。**

時間リッチ　クエスト3：
時間の贈り物のパラドックスに気づく

直観に反するように思えるが、これはほんとうだ。**時間を他者に与えることで、あなたはより時間リッチになったように感じるのである。**

イェールとハーバードとウォートンの研究者で構成されたチームが、この理論を確かめるために四つでワンセットの実験をおこなった。その結果、他者を手助けする活動——たとえば、誰かの論文を校正する、入院中の子供に励ましの手紙を書く——に自分の時間をほんの一〇分でも使ったら、それによって時間の豊かさが大幅に増大することが明らかになった。実際、時間を与えた被験者たちは、客観的に見て自由時間が増えた被験者——〝もうけものの時間〟、すなわち自分の好きなことができる予想外の自由時間を一時間与えられた被験者——より大幅に時間が増えたと感じていた。

この驚くべき効果は、他者を手助けすることで自分は力があると感じることから生まれると、研究者たちは主張した。そして、クエスト2ですでにわかっているように、自分は力があると感じる人々は時間もあると感じるのである。*7

〈やるべきこと〉今日のクエストは、**他者を手助けする活動に一〇分使う**ことだ。どんな手助けでもいい。職場で同僚の仕事を手伝ってもいいし、家じゅうを掃除してもいい。励ましの言葉が必要な人に心のこもった手紙を書いてもいい。このクエストをクリアする時間がないと思うなら、ちょっと思い出してほしい。自分の自由時間を他者に一〇分与えたら、六〇分の自由時間をもらうよりももっと時間が増えたと感じることを。別の言い方をすると、これは実行する価値が充分ある取り引きなのだ。

時間リッチ　クエスト４：畏怖で時間リッチになる

畏怖は、自分より大きいものや偉大なものによって謙虚な気持ちにさせられるときに感じるポジティブな感情だ。あなたは滝やグランド・キャニオンのような自然の驚異を目の当たりにして畏怖を感じるかもしれない。大合唱団の何百もの声が力を合わせて美しいものをつくり出しているのを聴いて、畏怖を感じるかもしれない。アスリートがこれまで誰もなしえなかったことを達成し、新記録を樹立して、人間にはどこまで可能かというわたしたちの考えを塗り替えるのを見て、畏怖を感じるかもしれない。

畏怖は大きな満足感を与え、意欲をかき立てるポジティブな感情のひとつである。また、時間の豊かさと最も強く結びついている感情でもあることが、スタンフォード大学の研究者たちによって最近、明らかにされた。

　スタンフォードの心理学者たちは、三つでワンセットの実験をおこなって、時間の利用可能性《アベイラビリティ》の認識に対する畏怖の影響を調べた。それによって、（たとえば、自然の驚異の動画を見ることで引き出された）畏怖をほんのわずかのあいだ感じた被験者は、その日、自分の目標のために使える時間が増えたと感じ、焦る気持ちが減り、さらには、他者を手助けするために時間を使う意欲が高まることが明らかになった。三つの変化はいずれも、時間の豊かさが増したしるしである。*8

　畏怖はなぜ、時間に関するわたしたちの感覚を変えるのだろう？　畏怖を感じるとき、わたしたちは時間を普段とは異なるものとして経験するのだと、スタンフォードの研究者たちは説明している。矢のように過ぎる、限りあるものとしてではなく、ゆっくり流れる、拡張するものとして、時間を経験するのである。「畏怖は人間の関心を、今目の前で展開していることに集中させる」と、彼らは《サイコロジカル・サイエンス》で述べている。「現在の瞬間に集中することで、時間の認識が引き伸ばされるのである」

　別の言い方をすると、畏怖は一秒とか一分とかを、比喩ではなくほんとうにもっと長く感じさせる。そして、この押し広げられ、引き伸ばされた時間の感覚が、わたしたちに時間が増えたように感じさせるのだ。

　では、この科学的発見はどうすれば実生活で生かせるのだろう？　簡単だ。毎日ちょっとした畏怖をかき立てる努力をすればいいのである。研究者たちは畏怖をかき立てるおもなテクニックをふたつテストした。どちらもあなたが自宅で簡単にできるものだ。

〈やるべきこと〉畏怖をかき立てるひとつ目の方法は、**驚異的なものの動画を見る**ことだ。それは世界トップクラスのサーファーがジャイアント・ウェーブに立ち向かう姿かもしれないし、パンダが三つ子を出産しているところかもしれない。社会問題に関する大規模な抗議デモの光景かもしれないし、火山が噴火しているところかもしれない。あるいは、強力な望遠鏡で撮影された遠い銀河の画像かもしれない。なんであれ、見て鳥肌が立つものや、偉大さを前に謙虚な気持ちになるもの——それが効果をあげるはずだ。

畏怖をかき立てるふたつ目の方法は、自分が過去に経験したり目撃したりした驚異的なことについて、一、二分で文章を書くことだ。スタンフォードの研究で使われた指示をそのまま紹介するので、その効果を自分で確かめてほしい。

「畏怖は、巨大で抗しがたいと感じられ、世界についてのあなたの見方を変えるものに対する反応です。**あなたがこのような感覚を持った個人的経験について書いてください**」長い論文を書く必要はない。数行でちゃんと効果があるはずだ。

このクエストをクリアするために、畏怖をかき立てるふたつのテクニックのどちらかを選んで、それを今日実行しよう。

時間リッチ　クエスト5：社会的時差ボケを防ぐ

自分のクロノタイプを知っているだろうか？　知らないとしたら、あなたは自分にとって一日の一番いい時間をうかつにも無駄にしているかもしれない。〝クロノタイプ〟は、その人にとっていつ眠り、いつ活動するのが生物学的に適しているかを示すものだ。〝極端な朝型〟から〝極端な夜型〟まであり、そのあいだにあらゆる型が存在する。極端な朝型は、日の出とともに起きて頭も体もすぐに活動できる、いわゆるヒバリ型だ。それに対し極端な夜型は、夜中に活動するフクロウ型だ。このタイプの人は、午前一〇時ごろまで本調子にならない。だが、深夜には、朝型よりはるかに頭がはっきりしていて肉体的にも活力に満ちている。

あなたのクロノタイプは、人生を歩んでいくうちに変化する。ほとんどの人は一〇代のころは極端な夜型で、高齢になると極端な朝型になる。そのあいだの年代でどうなるかは、さほど簡単には予測できない。科学者が〝時計遺伝子〟と呼ぶもの、すなわち、最も心地よい覚醒・睡眠リズムを決定する働きをするＤＮＡによって異なるからだ。

なぜクロノタイプが重要なのか？　あなたの生物時計があなたの社会的時計――学校や職場の一般的な始業時間――と一致していない場合には、あなたは自分のベストの状態で考えたり働いたりすることができないのだ。自分の生物時計とずれている状態は、生理的にも精神的にも時差ボケにとてもよく似ている。活気がなく睡眠不足だと感じ、集中するのに苦労する。それゆえ科学者はこれを〝社会的時差ボケ〟と呼んでいる。研究者たちの推定によると、現在、アメリカの稼働人口の半分以上と高校生の実に八〇パーセントが社会的時差ボケに苦しんでいる。そのせいで職場の生産性は大きな代償を払っているし、ほとんどの生徒がいい成績をとりにくくなっている。[*9]

社会的時差ボケは肉体にも影響をおよぼす。社会的時差ボケの人はそうでない人より肥満になる可能性が高く、喫煙したり、高カフェイン製品やほかの刺激物に依存したりする可能性も高い。それは彼らがつねに睡眠不足で体内時計がずれた状態にあるからで、その日を、もしくはその夜を乗り切るための支えとして、砂糖やニコチンやカフェインを使うのだ。[*10]

社会的時差ボケは感情にも影響をおよぼす。脳や体にストレスを与えるため、憂鬱感や心の病の発症の一因になると考えられている。[*11]

では、解決策は何か？　*The Secret Pulse of Time*（未邦訳。直訳すると「時間のひそかな鼓動」）を書いた科学ジャーナリストのシュテファン・クラインは、次のようにアドバイスしている。「わたしたちは暦時間を、自分を無理やり押し込まなければならないコルセットとみなすのをやめるべきだ。〝ひとつのサイズでみんなに合う〟時間モデルから離れて、一人ひとりがそれぞれ自分のリズムと体内時間を持っている――また、必要としている――という事実を認識し、尊重する必要がある」[12]

現実的には、これは学校や職場のスケジュールを調整するということだ。実際、多くの学校が始業時間を一時間か二時間遅らせる実験をおこなってきた。その結果、こうした調整をすることで、パフォーマンスや生活の質をほんとうに劇的に高められることが明らかになっている。たとえば、ミネアポリスのある学校では、始業時間を八時四〇分から九時四〇分に変えたことで、全生徒の評価の平均がまるまる一グレード上昇し、長期欠席は半分に減った。職場においても、社員が始業時間を柔軟に選べるようにするとか、夜型のクロノタイプのために重要なグループ・ミーティングは午前一〇時以降におこなうなどの実験がおこなわれて、好ましい効果をあげている。

現実的に考えよう。あなたはこれから二四時間のうちに全面的な社会変革をおこなうことはできないだろう。だが、自分のクロノタイプを見きわめて、自分の生活のスケジュールを自分の生物リズムにできるだけ近づけるように調節する作業を始めることはできる。

〈やるべきこと〉自分のクロノタイプを見きわめる。あなたは朝型か、夜型か、それともその中間か？

午後一〇時までに自然に眠りにつくのなら、あなたは極端な朝型だ。真夜中過ぎまで眠れないのなら、極端な夜型だ。その中間なら……中間型だ。自分のクロノタイプがわかったら、自分の最も重要な活動を自分にとって望ましい時間におこなうよう、スケジュールを調整しよう。自分で選べる場合は必ず、試験、ミーティング、プレゼンテーション、初めてのデート、エクササイズ、勉強会、そのほか肉体的もしくはメンタル的にきつい活動は何でも、自分のクロノタイプの最適時間帯におこなうことにしよう。最適時間帯は一般的には、自然に眠りに落ちてから少なくとも九時間ないし一〇時間後から、自然に眠くなる少なくとも三時間前までだ。

自分のクロノタイプに注意を払うことで、あなたはメンタルの集中力と肉体の活力をそれが最も必要なときに発揮できるようになり、〝充実した時間〟を毎日これまでより長く持てるようになるはずだ。

時間リッチ　クエスト6：一日をもっと長くする

一日をもっと長く感じられるようにするためには、何かを初めてやってみることだ。

初めて口にする食べ物を食べる、新しい人に会う、初めての場所に行く、新しいことを学ぶ、新しいエクササイズに挑戦する、新しいゲームをする、これまで行ったことがない店に行く、これまで聴いたことがない歌を聴く、などだ。

　ベイラー医科大学の脳神経学者で、主観的な時間感覚の専門家、デイヴィッド・イーグルマンによれば、なんであれ何かを初めておこなうときは、過ぎてゆく時間を脳が処理する仕方が変わる。具体的には、時間の進み方を遅くするのである。*13

　その理由はこうだ。経験が予測可能でなじみ深いものであればあるほど、あなたの脳がそれを理解するためにおこなわなくてはいけない活動は少なくなる。前に見たことがあるとか、前にやったことがあるという場合には、あなたの脳は近道をとることができる。以前の学習を利用して、現在起きていることを理解するのである。これはメンタル・エネルギーを節約するためにはいいが、時間的な富をためるためには嘆かわしいことだ。なぜなら、あなたの脳がおこなわなくてはいけない活動が少なければ少ないほど、時間は速く過ぎるからだ。出来事をまたたく間に処理したら、あなたの脳はその出来事がまたたく間に過ぎ去ったと思ってしまう。時間はより短く、より圧縮されたように感じられる。これは時間がたっぷりあると感じるために必要なことの正反対だ。

　幸いなことに、あなたは自分の脳を強制的にスローダウンさせ、新しい情報を取り込ませることによって、この現象をうまく利用することができる。あなたが何かを初めてするときは、あなたの脳はあらゆることをゆっくり処理しなければならない。そのため、あなたは時間がゆっくり進んでいるように感じることになる。そして、あなたにとって時間がゆっくり進んでいればいるほど、時間はたくさんあるように感じられるのである。

〈やるべきこと〉あなたが日ごろ毎日やっていることを**別のやり方で**する。たとえば、利き手でないほうの手で（右利きなら左手で、左利きなら右手で）歯を磨く。前に歩くのではなく後ろ向きに歩いて寝室から台所まで行く。目を閉じたまま朝食を食べる、といったやり方だ。毎日やっていることに小さな変化をつければ、時間の進み方がほんの少し遅くなる。それはつまり、自分の優先事項や目標のために使う時間をその日のうちにとれる可能性が高くなるということだ。[*14]

時間リッチ　クエスト7：酸素で時間リッチになる

自由に使える時間が増えたと感じるようになるための一番手軽な方法は、おそらく深呼吸をゆっくり五分間続けることだろう。プレッシャーを感じているときはとくにそう言える。

スタンフォード大学ビジネススクールの研究者たちは、一連の室内実験をおこなって、この単純な行動が時間の認識を劇的に変えることを発見した。《ジャーナル・オブ・コンシューマー・サイコロジー》に掲載された研究報告によると、

「深呼吸をゆっくり五分間続けるよう指示された被験者たち」は、「物事を片づけるために使える時間が増えたように感じただけでなく、一日が長くなったようにも感じた」[*15] それに対し、もっと速く浅い呼吸をした人々には、時間の貧しさを感じる傾向が強く見られた。

このテクニックはなぜ有効なのだろう？ 体は心に影響を与える。速い呼吸はあなたの脳に、あなたは急いでおり、あわただしさやストレスを感じているというメッセージを伝える。それに対し、ゆっくりした呼吸は、あなたにはたっぷり時間があるというメッセージを伝えるのだ。

〈やるべきこと〉タイマーを五分にセットする。五分のあいだずっと、**長くゆっくり呼吸する**ことに集中しつづける。必要なときはいつでも、このテクニックをパワーアップアイテムとして使おう。

時間リッチ　クエスト8：外出先で時間リッチになる

A地点からB地点に毎日どんな方法で行くかは、あなたがどれくらい時間があると感じるかを決定づける大きな要因だ。

ノースカロライナ大学チャペルヒル校でおこなわれた研究によると、マイカーで通勤する人は、徒歩や自転車や公共交通機関で通勤する人よりずっと時間貧乏だ。重要な点は、マイカーを使う人の毎日の通勤時間が徒歩や自転車や公共交通機関で通勤する人より短い場合にさえ、これが当てはまることだ。運転に費やす時間ではなく、運転することそのものが、時間がないという感覚を生み出すようなのだ。[*16]

　それはなぜか？　一〇〇〇人近い通勤者を対象にしたノースカロライナ大学の調査では、マイカー通勤は最もストレスの多い通勤方法であることが明らかになった。そのうえ、車を運転するという活動は、とりわけ交通量の多いラッシュアワーには、フラストレーション、不安、怒りなどのネガティブな感情もかき立てる。ストレスの増大とネガティブな感情は、どちらも時間がないという感覚の増大につながる（〝時間リッチ　クエスト2〟を思い出してほしい。自分は無力だと感じるとき、人は時間がないと感じるのだ）。

　それに対し、ほかの通勤方法——とりわけ徒歩と自転車——は、ストレスの軽減と自己効力感を促進する。さらに、マインドフルネス、すなわち自分の思考や感情や周囲の状況に能動的で思いやりに満ちた関心を払っている心的状態を促進する。自己効力感とマインドフルネスの高まりは、時間の豊かさの増大につながる。

　では、あなたはこの研究結果を生かして、これから二四時間のうちに何ができるだろう？　運転に使う時間を減らし、徒歩や自転車や公共交通機関で移動する時間を増やすように通勤方法を変えれば、それがどんな形の変更でも、あなたは自由に使える時間が増えたと感じるだろう。これは新しい通勤方法のほうがマイカー通勤より時間がかかる場合でも言えることだ。

どんな小さな変更でも効果がある。たとえば、これまでより遠い場所に車を停めて、そこから職場まで一〇分歩くことにしてもいい。運転によるストレスが一番大きい時間帯を避けるように通勤時間を変えられるかどうか検討するのも一案だ。相乗りで通勤するという手もある。そうすれば、自分で運転することでストレスを感じる日数を減らすことができる（おまけに、他者に運転させることで、自分に力があるように感じることもできる。これによって、時間の豊かさに対する運転の影響が相殺されるかもしれない！）。

もうひとつの案は――こちらのほうがあなたにとってやりやすいかもしれない――マインドフルな運転習慣を身につけることだ。瞑想団体、ワイルドマインド・ブディスト・メディテーションのマインドフルネスの専門家たちは、次のような単純な変更を勧めている。

・カーラジオを消す。
・スピードを落として制限速度以下で運転するよう努める。こうすれば、速度制限を無視してほかの車を追い越そうとして、あなたがしょっちゅう使っているエネルギーを使わずに済む（おまけに、緊張が取り除かれる）。
・一時停止の標識や赤信号で止まるたびに、一、二度、深呼吸をする。*17

これらの習慣は、ストレスを軽減し、マインドフルネスを高めて、あなたが外出先でより時間リッチになる手助けをしてくれるだろう。

〈やるべきこと〉これから二四時間のうちに、**A地点からB地点に行く方法に小さな変更**を加える。今日どこにも出かけない場合は、小さな変更を加える計画を立てることでこのクエストをクリアしよう。

時間リッチ　クエスト9：クエストを自分で選ぶ！

今日のクエストは……何でもいいから自分のしたいことをすること、だ。

そう、このクエストには、**何でもいいから自分の好きなことをする時間を今日、五分とること、**という指示を除いては、何も指示がない。

昼寝をする。母親に会いに行く。ウエイトトレーニングをする。ネットでウィンドウショッピングをする。ゲームをする。美しい景色を見に行く——あなたが選ぶことがなんであれ、それはあなたが今日するつもりはなかったことでなくてはいけない。

〈仕組み〉自分の意志で自由に選んだ活動は時間の豊かさを増大させ、それに対し、お決まりの活動や強制的な活動は時間の豊かさを低下させることが、研究によって明らかになっている。[*18] これは当然だ。自分の時間の使い方を自分でコントロールしているときはいつも、あなたは自分には重要なことのために時間をつくる力があると感じるからだ。

もちろん、あなたはお決まりの活動や強制的な活動を避けることはできない（また、避けるべきでもない）。だが、そのような活動だけやっていたら、自分の時間を自分でコントロールしているという感覚が次第に小さくなっていく。何をするかを自分の意志で自由に選ぶことで、あなたは自分の時間に対する自分の力を思い出すのである。たとえそれが数分のあいだだけだとしても！

だから、今日は五分という時間をどう使うかを自由に決めてほしい。そうすることで、あなたは自分の関心をやらなければならないことからやりたいことへ能動的に移すことになる。それは時間は充分あるという感覚のとても大きな構成要素である。

あなたは今日のクエストに対して一〇〇パーセントのコントロール権を持っている。**五分間、何でもいいから自分のやりたいことをしよう！**

時間リッチ　クエスト10：自分の時間の豊かさを測定する

おめでとう！　あなたは自分の時間の豊かさを増大させる八つの強力なテクニックを学んだ。でも、そのテクニックが効果をあげていることをどうやって確かめればいいのだろう？　時間の豊かさは金銭的豊かさよりはるかに測定しにくい。あなたがどれほど時間の豊かさを感じていようと、結局のところ一日にはやはり二四時間しかないのである。

自分の時間の豊かさを測定するためには、心理学者がやることをおこなう必要がある。心理学者は、時間の豊かさやその反対の時間貧乏を測定するために、特別にデザインされたいくつかの方法を使う。認識される時間のアベイラビリティ指数、物質的豊かさと時間の豊かさの調査、時間の圧縮指数、時間的展望尺度などだ。

だが、こうした本格的な調査をおこなわなくても、自分の時間の豊かさが増大していることを感じ取ることはできる。

次にあげるのは、これらの測定ツールから選んだ最も重要な一〇個の問いだ。これらの問いを使えば、自分の時間の豊かさが増しているかどうかを定期的に確かめることができる。あなたは今週、時間リッチだと感じるだろうか、それとも時間貧乏だと感じるだろうか？

時間貧乏

次の陳述のうち、いくつそのとおりだと思うか？

・わたしの生活はあわただしすぎた。
・一日の時間が短すぎた。
・わたしは時間に追われている。
・わたしは自分の時間をコントロールしていない。
・時間はいつのまにか過ぎていく。

時間の豊かさ

次の陳述のうち、いくつそのとおりだと思うか？

・自分にとって重要なことをする時間が充分あった。
・物事を片づける時間がたっぷりある。
・わたしの未来にはたっぷり時間がある。
・わたしは自分の時間の使い方をコントロールしている。
・時間は無限である。

そのとおりだと思う陳述が時間の豊かさより時間貧乏のほうに多い場合は、（次にリストアップした）〝時間リッチ〟パワーアップアイテムを使う努力を強めよう。そのとおりだと思う陳述が時間貧乏より時間の豊かさのほうに多い場合は、おめでとう——あなたはほんとうの時間的富を築きつつある。

時間リッチのパワーアップアイテム

自分で自分の力を増大させる

〝時間リッチ　クエスト2〟で紹介した、効果が実証済みの三つのテクニックのひとつを使って、力の感覚と時間の豊かさの感覚を高めよう。

- **力を増大させる座席**：自分の座席を普段の位置より高くする。
- **力の記憶**：重要な決定を下したり、誰かの生活に影響をおよぼしたりする力を自分が持っていたときのことを考える。
- **力のポーズ**：両足を踏ん張り、両手を上げて、胸を突き出す。

自分の時間を他者のために一〇分使う

今日、誰かを一〇分手助けしよう（〝時間リッチ　クエスト3〟）。そうすることで、あなたは予想外の自由時間を一時間与えられた場合より大きな時間の豊かさの感覚を持つことができる。

畏怖をかき立てる

畏怖をかき立てる動画を見ることで、時間を長くて拡大するものと感じられるようにしよう。自分より大きなものによって謙虚な気持ちにさせられたり畏怖の念をかき立てられたりした経験について、二分で文章を書いてもよい（〝時間リッチ　クエスト4〟）。

初めてのことをする

脳を普段より少しハードに働かせることによって、自分が感じる時間の進み方を遅くしよう。これまでやったことがないことをしたり、いつもやっていることを少しだけ違うやり方でおこなったりしよう（〝時間リッチ　クエスト6〟）。

深呼吸する

五分間ゆっくりと深呼吸をしよう（〝時間リッチ　クエスト7〟）。これによって丸一日の進み方が遅くなり、あなたにとって一番重要なことに使える時間が増えるはずだ。

自分のすることを自分の意志で自由に選ぶ

自分の好きな活動をする時間を五分つくり出そう（〝時間リッチ　クエスト9〟）。自分の時間の使い方をほんとうにコントロールしていることを、自分自身に証明しよう。

時間リッチの悪者

時間貧乏

時間貧乏は自分のやりたいことをする時間が充分ないという感覚だ。この感覚はあなたの心を混乱させ、あなたに時間を出し惜しみさせる。実際には自由に使える時間があるのに、その時間を、自分の健康、夢、一番親密な人との関係など、自分にとって最も重要なことに使わせないのである。

社会的時差ボケ

この悪者は、あなたの心と体の自然なリズムがあなたの日々の責務と一致するのを妨げる。全体的なスケジュールは変えられない場合でも、あなたはそれでも

（〝時間リッチ　クエスト5〟でやったように）この悪者と戦うことができる。可能な場合は必ず、自分にとって最も重要な活動を自分にとって適切な時間におこなうようにスケジュールを調整しよう。率直に意見を述べるのをいとわない人なら、学校や職場で始業時間を柔軟にするとか、ミーティングの時間をもっと公平にするといった調整を提唱しよう。また、将来、自分に選択権が与えられたときは、自分のクロノタイプにもっと適したスケジュールを積極的に探し求めよう。

マインドレスでストレスの多い通勤

毎日の通勤のあいだに感じるストレスやイライラが大きければ大きいほど、時間がないと感じる可能性は高くなる。（〝時間リッチ　クエスト8〟でやったように）通勤方法を変えることでこの悪者と戦おう。マイカーで通勤しているのなら、徒歩、自転車、相乗り、公共交通機関の利用などに切り替えよう。それによって通勤にかかる時間が長くなったとしても、あなたは時間が増えたと感じるだろう。これが実行不可能な場合は、マインドフルな運転を実践しよう。カーラジオを消し、少しスピードを落として制限速度で走り、一時停止標識や赤信号で止まったときは深呼吸をする。あなたがすでにもっとマインドフルな通勤方法をとっているなら、もしくは通勤する必要がないなら、さらに望ましい。この悪者と戦う必要がないのだから。

科学的研究について

本書は五年にわたる研究を踏まえたものだ。具体的には、ペンシルヴェニア大学との協働によるスーパーベター・メソッドの無作為化比較試験、アメリカ国立衛生研究所から助成金を得て、オハイオ州立大学ウェクスナー医療センターおよびシンシナティ小児病院と協働でおこなったスーパーベター・メソッドの臨床試験、それにゲームに関連した心理学や神経科学、心的外傷後の《ポストトラウマティック・》成長《グロース》（ＰＴＧ）と恍惚後の《ポストエクスタティック・》成長《グロース》（ＰＥＧ）、レジリエンスなどのテーマに関する一〇〇〇本以上の査読済み学術論文の文献調査である。文献調査では、ポジティブな感情、肉体の活動、他者からのサポートに関連した論文にとくに注目した。きわめて関連が強いもの――およそ五〇〇本――は、巻末の編集部付記を参照のこと。

科学的研究について読者が自分で調べる際の便宜のために、これらの研究論文の目録をオンラインでShowmethescience.com に作成した。可能な場合は必ず、論文全文の無料公開版にリンクを張っている。学術刊行物の場合、残念ながら、定期購読もしくは大学に所属していることが掲載論文にアクセスするための要件とされていることが多い。その場合は、原論文だけでなくその研究について説明しているサイトにもリンクを張っている。ゲームの心理学や神経科学に関する新しい研究が閲覧可能になるにつれて、この資料目録をアップデートしていくつもりである。

科学的好奇心が旺盛な読者のために、ペンシルヴェニア大学の研究とオハイオ州立大学ウェクスナー医療センターの研究についてもう少し詳しく説明しておきたい。これらの機関との協働はどういう経緯で生まれたのか？　研究の目的は何だったのか？　どんなメソッドが使われたのか？　被験者は誰で、結果はどうだったのか？　ペンシルヴェニア大学の研究は二〇一三年に終了し、先ごろ研究報告が発表されたが、オハイオ州立大学の臨床試験は今も続いている。この試験の最新情報は、今後登場する研究や論文とともに Showmethescience.com で閲覧可能になるはずだ。

備考：ペンシルヴェニア大学、オハイオ州立大学ウェクスナー医療センター、およびシンシナティ小児病院でスーパーベター・メソッドの研究をおこなった研究者や医師たちは、ビデオゲーム全般とも『スーパーベター』という特定のゲームとも、金銭的利害関係は一切ない。また、この研究をおこなうことに対して、どんな形の報酬も与えられなかった。

ペンシルヴェニア大学のスーパーベター研究

「鬱病の人たちを助けるために、新しいクリエイティブなものが必要です。既存の心理療法や薬物療法の恩恵を受けていない人がまだたくさんいるからです」なぜスーパーベターの無作為化比較試験をおこなう気になったのかというわたしの質問に、ペンシルヴェニア大学ポジティブ心理学センターの臨床心理学者で、同大学博士課程に在籍中のアン・マリー・レープクはそう答えた。

「わたしは『スーパーベター』の遊び心あふれる気軽なアプローチに衝撃を受けました。あれほど斬新なものが登場するのを目の当たりにすることはめったにあるものではありません」

わたしがレープクと初めて顔を合わせたのは、二〇一一年にフィラデルフィアで開かれた学術会議でのことだった。彼女はこの会議で、自身が提唱したコンセプト、恍惚後の成長《ポストエクスタティック・グロース》（PEG）について研究発表をおこなうことになっていた（わたしは彼女の話で初めてこのコンセプトのことを知ったのだ！）。一方、わたしはテクノロジーと心理学的健康に関する公開討論会で自分のゲーム研究について話すことになっていた。わたしたちはそれぞれの研究について数時間語り合い、わたしは彼女に自分個人のスーパーベターの物語を紹介した。自分たちの研究上の関心が多くの点で一致していることに、わたしたちはすぐに気づいた。とりわけ、PTG――それに、今ではわたしもよく知っているPEG――を促進する助けになる新しい介入方法を開発し、試してみたいという思いを、どちらも強く抱いていた。

わたしたちは一年以上にわたって連絡を取り合い、それぞれの研究状況を報告し合いながら、適切な協力の仕方を見つけようとした。やがて絶好の機会が訪れた。レープクがペン大（ペンシルヴェニア大学）で、鬱病治療にとってのスーパーベターの有効性を調べる正式な研究に協力してくれる同僚をふたり見つけたのだ。

ペン大によるこの研究の準備を手伝うために、わたしはスーパーベター・ラボのふたりの協働者、サイエンス・ライターのベズ・マクスウェルとデータ・サイエンティストのローズ・ブルームとともに、鬱病に関連したパワーアップアイテム、悪者、クエストのスペシャル・セットを作成した。わたしたち三人は、ペン大の研究者たちが研究の進め方――どれくらいの期間続けるか、どれくらいの頻度でプレイするよう被験者に勧めるか、どのような質問をするか——をデザインするのにも手を貸した。だが、被験者のリクルート、データ集め、データ分析など、実際の研究は、ペン大のチームだけでおこなわれた。これは最大限の科学的信頼性を確保するためだった。わたしはペン大の研究者たちが心理科学協会年次会議で発表するために研究報告を作成したとき、初めて研究結果を知ったのだ。

研究は三〇日間の無作為化比較試験というかたちでおこなわれることになった。被験者の三分の二はスーパーベター・メソッドを利用できるとされ、残りの三分の一はウェイティング・リストに入れられた。これはスーパーベターをプレイすることによる効果を、時がたつことや、心理療法や薬物療法といった形の治療を受けることなど、回復の助けになりうるほかの要因と比較するためだった。

プレイするグループの被験者たちは、毎日一〇分ずつスーパーベターをプレイするよう指示された。また、心理療法や薬物療法など、ほかの治療をすでに受けている場合は、それを継続するよう勧められた。被験者のおよそ半分が、現在、心理療法を受けている、もしくは抗鬱剤を飲んでいると報告した。

全部で二三六人の被験者が参加した。全員が一八歳以上で、全員が臨床的鬱病の基準を満たしていた。被験者のリクルートは、人気の高いセルフヘルプ・サイト Authentic Happiness で、オンラインでおこなわれた。被験者はどんな形の報酬も与えられなかった。これはわたしたちにとってきわめて重要な点だった。わたしたちはスーパーベターが平均的なプレイヤーにとってどれくらい有効かを知りたかったので、普通のスーパーベター・プレイヤーには与えられない特別なモチベーションや報酬は一切与えなかったのだ。

スーパーベターになるための異なるアプローチが効果の点でどう異なるかも、わたしたちは突き止めたかった。だから、プレイ・グループを二つのサブグループに分けて、一方には、抑鬱や不安に的を絞ったパワーアップアイテム、悪者、クエストのセットを与えた。もう一方のサブグループに対しては、スーパーベターの世界に招じ入れて、このゲームの最も人気の高いパワーアップアイテム、悪者、クエスト（人気度は、ほかのスーパーベター・プレイヤーによって使われた回数によって判定された）のセットを与えるだけにした。このセットには、自分への思いやり、肉体の活動、社会的レジリエンスに関連するコンテンツが含まれていた。わたしたちの仮説はこうだった。「スーパーベターを利用できるグループは、どちらもウェイティング・リストのグループより大きな回復を見せるだろうが、抑鬱に的を絞ったコンテンツを与えられたプレイヤーたちはより一層大きな回復を見せるだろう」

すべてのグループが心理学的検査を四回――最初に一回、残りは比較試験が終了するまで二週間ごとに一回――受けた。うち最後の一回は、三〇日という正式なプレイ期間もしくはウェイティング期間が終わって二週間後のフォローアップ検査だった。この比較試験の報告論文は、先ごろ査読プロセスを終えて《ゲームズ・フォー・ヘルス》に掲載された。[*1] この試験でわかったことを次にまとめてみよう。

スーパーベターをプレイした被験者たちは、鬱病の症状の軽減もしくは消滅の程度がウェイティング・リストの被験者よりはるかに大きかった。試験が終わるまでに、平均するとプレイ・グループは鬱病の症状が六つ減り、一方、ウェイティング・リストのグループは二つ減った。プレイした被験者たちは、不安がずいぶん軽減され、自己効力感が高まり、他者からのサポートを以前よりたくさん受けられるようになり、全体的な生活の満足度が向上したと報告した。要するに、スーパーベターをプレイした被験者は、わたしたちが測定したすべての点でよく《ベターに》なり、しかもそのペースが速くなったと感じていたのである。そのうえ、彼らは三〇日というプレイ期間が終わってからもベターになりつづけた。プレイするのをやめた二週間後にも、まだ同じペースで回復の道を歩んでいたのである。彼らは引きつづき、ウェイティング・リストの被験者より速く大きなペースで抑鬱や不安が低減し、自己効力感が高まり、受けられるサポートが増大していると感じていた。これは〝上昇スパイラル〟効果が生まれた可能性を示唆している。いったんスーパーベターになりはじめたら、それまでより簡単にスーパーベターになりつづけられるということだ（統計に関心がある人のために言っておくと、六週間が終わった時点でのスーパーベターのコーエンの効果量はd=0.67だった。これはきわめて強力な結果である。効果量が0.2より大きければ、それは分析対象が結果に小さな影響をおよぼしたことを意味している。それに対し、0.5以上なら影響は中くらいとみなされ、0.8なら影響は大きいとみなされる。したがって、スーパーベターはプレイヤーの幸福に〝大きい〟寄りの中程度の影響をおよぼしたことになる）。

わかったことはほかにもたくさんある。わたしたちが調べた要因のひとつは、併行して心理療法を受けていたり、精神科の医師が処方した抗鬱剤などを飲んでいたりする場合、スーパーベターの効果にちがいが出るかどうかだった。被験者たちは、別の形の治療を受けていたかどうかに関係なく、似通った変化を経験していた。わたしたちはこれを、スーパーベターは従来の治療と併用しても効果があり、したがって心理療法や投薬治療に取って代わるものとみなさなくてもいい証拠ととらえている。また、スーパーベターは、どんな理由からであれ心理療法や投薬治療を受けないことにした人や受けられない人に大きな恩恵をもたらしうることを、強力な証拠が示している。

プレイ・グループが三〇日のあいだに平均二〇回、オンライン版のスーパーベターにログインしたことも明らかになった。これは興味深い結果だった。わたしたちはスーパーベターに毎日チェックインするよう勧めていたのだが、毎日チェックインしなくても大きな恩恵を得られることが実証されたからだ。ポジティブな変化を生み出すためには、ほぼ一日おきのチェックインで充分だったのだ。

最後にあげると、スーパーベター環境に招じ入れられて、一般的なパワーアップアイテム、悪者、クエストのセットを与えられただけのプレイヤーのほうが、鬱病に的を絞ったセットを与えられたプレイヤーより、回復のペースが大きく、速かったことも明らかになった。どちらのグループも回復のペースはウェイティング・リストのグループより大きく速かった。だが、自分の抑鬱にとくに注目するよう指示されなかったグループが、最もいい成績をおさめたのだ。これは興味をそそる意外な結果だった。この結果の解釈はいくつか考えられる。ペン大の研究者たちが最も可能性が高いとみなしているのは、スーパーベターの最も人気のあるコンテンツは、ある理由で、すなわち効果がきわめて高いという理由で、人気があるのではないか、というものだ。だとすると、最も人気の高いパワーアップアイテム、悪者、クエストを参考例として与えられたプレイヤーは、成功のためにとくに有利な準備をしていたことになる（ちなみに、わたしが本書にこれらのコンテンツをこれほどたくさん盛り込んだ理由はこれである）。もうひとつの可能性は、ベターになる方法をたくさんのクリエイティブな選択肢の中から選ぶほうが、特定のアプローチを指示されるより、大きな力を与えてくれるということだ。実際、ほとんどの人のスーパーベター・メソッドの使い方はこちらのほうに近い。彼らはどのパワーアップアイテム、悪者、クエストが自分に適しているかを自分で決めているのである。

こうした有望な結果にもかかわらず、ペン大の研究は「スーパーベターは誰を手助けできるか？」という問いに対する決定的な答えではなく、スーパーベター・メソッドを評価するための出発点とみなすべきだ。結果はポジティブで、統計的にも有意だった。だが、報告論文で述べているように、この試験のいくつかの要因のせいで、そこから引き出せる結論には限界がある。たとえば、試験の規模——被験者二三六人——は、新しい心理学的介入方法の最初の試験としてはかなり大きいが、もっと大規模な試験をおこなったら、もっと説得力のある証拠が得られるだろう。また、鬱病を自分で解決する方法をすでに探していた人々からリクルートしたので、この試験の被験者たちは鬱病に苦しんでいる人々の一般集団より、よくなろうとするモチベーションが高く、したがってスーパーベターの効果をよりうまく引き出せたのかもしれないということも、わたしたちは認識している。別の方法を使って——たとえば、解決方法を探してはいない、より幅広い人々に、鬱病のスクリーニング（症状が現われるまえに病気を発見するための検査）を受けませんかと提案することによって——被験者を集めた試験がこの先おこなわれれば、スーパーベター・メソッドの恩恵を受けるためにはどれくらいのセルフモチベーションが必要かが、もっとよくわかるかもしれない。

結論に限界があるもうひとつの理由は、被験者を六週間しか追跡しなかったことだ。試験結果はほとんどのプレイヤーが大きな恩恵を受けたことを示しているが、この恩恵が二週間のフォローアップ期間のあとも続くのか、続くとしたらどれくらい続くのかについては、この試験はイエス、ノーどちらの証拠もまったく提供していない。最後の理由は、〝ほんとうの効果〟を調べようとする試験――つまり、被験者が金銭的報酬はもちろん、ほかのどんな形の報酬も与えられない試験――ではよくあることだが、六週間という試験期間が終わるまでに、自然減によってかなりの数の被験者がいなくなったことだ（つまり、途中で調査に回答しなくなった者がいたということだ）。ウェイティング・リスト・グループでは、この数がとくに多かった。完全なデータを提供した被験者は六三人で、別の一〇二人の被験者が部分的なデータを提供した。このため、スーパーベター・メソッドは解決方法を能動的に探していて、よくなろうとするモチベーションがとくに高い人々にしか魅力がなく、効果もないのかもしれないという問題は、あらためて検討する必要がある。その検討をおこなったら、オンライン版『スーパーベター』の四〇万人以上のユーザーについて観察されてきたことが裏づけられるだろう。それは、スーパーベター・メソッドは、きわめて厳しい個人的試練と能動的に戦っており、したがって新しいものを試すことに積極的で、モチベーションが高い人々に、最も大きな効果をもたらすように見えるということだ。

比較試験が終了し、二つの学術会議で発表されたあと、わたしはレープクに質問した。この試験で実証されたスーパーベターの有効性は何によるものだと思うかと。彼女はいくつかの見方を示した。彼女がまずスポットを当てたのは、スーパーベターの「遊び心に満ちた気軽なアプローチ」だった。「わたしたちはみな、自分自身や自分の考えを真剣にとらえすぎることがあります。スーパーベターはゲームフルな方法でものごとをとらえ直すことによって、わたしたちが大局的な見方をし、助けにならない考えを追い払う手助けをすることができるのです」

彼女はさらに、このゲームのきわめて重要な要素として、科学にもとづいていることをあげた。「研究専門の心理学者たちは、ほんとうにすばらしい有益な発見をしてきましたが、この分野には、アクセスしにくく読みにくい学術論文をもっととっつきやすいものに変える人々が必要です。『スーパーベター』は重要な研究を理解し、それをパワーアップアイテムや悪者やクエストに変えることで、これをやっているのです」

さらに、秘密の正体とエピックウィンが、スーパーベターのポジティブな変化を生み出す力の重要な要素だと、彼女は考えている。「英雄的な旅というアイディアはほんとうに重要で、人を引きつけます」と、彼女は言った。「物語はわたしたちの生活の核心をなすもの。わたしたちは他者をその人が語る物語によって理解するし、自分が語る物語によって自分自身を理解していきます。スーパーベターはわたしたちに、物語を書きかえる強力な、しかも楽しい方法を与えてくれるのです。そのおかげで、わたしたちは被害者意識や悲劇の物語ではなく、冒険や救出の物語を語ることができます」それは彼女にとって、『スーパーベター』の最も重要な要素に発展しうるものだ。「『スーパーベター』はわたしたちに、自分は自分の物語のヒーローになれるのだということを思い出させてくれるのです」

オハイオ州立大学の研究

「医師の助言や治療方針をゲームに変えられないだろうか？　患者がもっと楽にそれに従えるように」二〇一〇年夏にわたしに連絡してきたとき、オハイオ州立大学メディシンカレッジのリサーチ・サイエンティストで教職員のリーザ・ワーセン＝チャウダーリは、このアイディアを掘り下げたいと思っていた。

ワーゼン＝チャウダーリはリハビリテーション研究の分野で二〇年活動しており、ほとんどの患者にとって自宅で医師の助言をすべて守るのは一般に容易ではないことをよく知っていた。だから、患者が医師の助言を忘れず、それをつねに守るのを手助けできるものを見つけたいと思っていた。

家族が医師の助言を気にかけていれば、患者がそれをきちんと守る可能性が高まることも、彼女は知っていた。だが、介護する家族が打ちのめされ、不安にとらわれて、聞いたはずの助言を忘れるのはよくあることだ。だから、愛する者のより速い回復をサポートする力が高まったと、家族が感じるのを手助けできるものが何かないだろうかと、ワーゼン＝チャウダーリは思いを巡らせた。

彼女は患者ケアの新しい工夫について調査し、長いリハビリ期間のあいだ患者を魅了しつづけるとともに、より強力なサポート体制を生み出すツールを見つけようとした。「あらゆるものを調べたのち、両方を効果的におこなっているように見えるのは『スーパーベター』だけだと思いました」と、彼女は説明した。

彼女が連絡してきたタイミングは信じがたいほど幸運だった。わたしはそのとき、ソーシャルゲーム開発のスタートアップ企業、ソーシャル・チョコレートの協働者とともに、スーパーベター・メソッドのデジタル版を開発しはじめたところだったのだ。ワーゼン＝チャウダーリの協力のおかげで、わたしたちはオハイオ州立大学の医師たちへのインタビューをすぐに始めることができた。スーパーベター・メソッドを改良して、患者と医師の双方にもっと役立つものにするために、医師たちからアドバイスをもらいたかったのだ。わたしたちはオハイオ州立大学との協働を開始し、その協働は開発期間の三年間を通して、わたしたちがデザインを強化し、脳震盪や外傷性脳損傷から回復するためにこのゲームを使っているプレイヤーのために特別な医療指導を盛り込む助けになった。

継続的な協働の結果、わたしたちは国立衛生研究所から研究助成金を与えられた。取り組む課題は、臨床場面でのスーパーベターのパイロット試験——専門用語では第一相臨床試験——だった。パイロット試験は、患者がスーパーベター・メソッドを六週間使い、医師が彼らの仲間としてプレイするという形で実施されることになった。

ペンシルヴェニア大学の研究でもオハイオ州立大学の研究でも、プレイ期間が比較的短く設定された（前者は三〇日間、後者は六週間）ことにお気づきだろう。この決定は、ほかのスーパーベター・プレイヤーたちに対するわたしたちの観察とインタビューにもとづくものだ。彼らの大多数が、プレイしはじめてから三〇日以内に、感情的・社会的恩恵の大部分と考え方の最大の変化を経験していたことがわかったのだ。

オハイオ州立大学はパイロット試験のためにシンシナティ小児病院から二〇人の患者をリクルートした。年齢は一三歳から二〇歳までで、全員が軽度外傷性脳損傷もしくは脳震盪からの回復という厳しい挑戦に取り組んでいた。彼らは主治医からスーパーベターを紹介され、デジタル版の使い方について簡単なチュートリアルを受けた。そして、これから六週間にわたって毎日〝スーパーベターの一日分の用量〟——パワーアップアイテム三つ、悪者との戦い一回、少なくともひとつのクエスト——をこなすよう勧められた。また、スターター・リストとして、彼らが役に立つと判断する可能性がある一〇個のパワーアップアイテム（明るい光を防ぐために室内でサングラスをかける、など）、彼らが出会う可能性がある二〇の悪者（集中しにくい、めまいがする、など）、それに日々のクエスト（〝スケッチをする、目を閉じてお気に入りの映画の音声を聴くなど、脳に悪影響を与えずに、少なくとも二〇分できる楽しい活動をひとつ見つけよう〟など）が与えられた。症状と回復具合に応じて、期間中に数回、個々人に合わせてつくられた新しいパワーアップアイテム、悪者、クエストが、主治医から参考例として与えられた。患者は参加に対してなんの報酬も与えられなかった。彼らが二度のフォローアップ・インタビューに来るために使った交通費をカバーするために、最高で四〇ドルの払い戻しがおこなわれただけだった。

この臨床試験の最も重要な目的は、スーパーベターー・メソッドの病院での利用が実現可能かどうかを評価すること——言い換えると、医師と患者がそれを効果的に使えるかどうか、また医師と患者の双方がポジティブな経験を得るかどうかを調べること——だった。この臨床試験は、あらゆる基準で見て成功だった。

四カ月にわたって集められた質的データは、二〇人の患者全員がこのメソッドをすぐに習得し、自宅で効果的に実行できたことを示していた。ほぼ七五パーセントの患者が、六週間の臨床試験のあいだずっと、勧められた量のプレイをおこなった。

患者たちの感想で最も多かったのは、「スーパーベターは、わたしが自分を大切にするためにやる必要がある重要なことを、以前よりたくさんする助けになった」だった。実際、医師と患者の会話にゲームという概念を持ち込むだけで、医師の助言に対する患者の興味や関心が高まることが観察された。「ゲームを持ち出すと、患者は驚きの表情を見せるのです」と、ワーゼン＝チャウダーリは説明した。「それはいつも喜びを与えてくれる。ゲームは患者の興味をそそる。医者の言葉を聞こうとさえしないティーンエイジャーが、突然、医者の言うことを頭に刻みつけるようになる。きわめてポジティブな結果です」

ゲームは患者のおもな介護者――たいてい親――にとっても助けになったことを、データは示していた。彼らはパワーアップアイテムとか悪者といった言葉をすぐに覚え、臨床試験の期間中ずっと、ゲームで仲間の役割を果たしたと報告した。フォローアップ・インタビューで最も多かった介護者の反応は、スーパーベターは自分に〝救い〟の感覚を与えてくれた、というものだった。愛する子供がうまく回復するかどうかについて以前ほど心配しなくなり、その結果、子供と以前よりポジティブな会話ができるようになったというのである。

医師たちはこのメソッドをすぐに習得し、自分の助言や治療計画をパワーアップアイテムや悪者やクエストにうまく変換したと、オハイオ州立大学のリサーチ・チームは報告した。

わたしたちはこの臨床試験を、質的データに加えて、スーパーベター・メソッドがプレイヤーの気分や生活の質や脳震盪後症候群の症状に与える影響に関する量的データを集める機会としても利用した。試験が終わるまでに、被験者たちの脳震盪後症候群の症状は数が大幅に減り、彼らの抑鬱は大幅に軽減され、彼らのものの見方は以前より楽観的になった。抑鬱と楽観に関する彼らの改善のペースはペンシルヴェニア大学の研究結果と似通っていて、より幅広い人びとがスーパーベター・メソッドの恩恵を受けられることを示すひとつの証拠になった。とくに興味深い試験結果は、プレイする前は抑鬱が最もひどかった被験者が、ゲームから最も恩恵を受けたことだった。臨床試験の開始時には深刻な抑鬱状態にあった五人の被験者のうち四人が、終了時には

〝抑鬱なし〟の状態に回復していたのである。

きわめて重要な点として、ゲームをプレイすると頭痛、吐き気、激しい疲労など、脳震盪後症候群の症状が出るおそれがあるにもかかわらず、スーパーベターをプレイしたことでそうした症状が出たと報告した被験者はひとりもいなかった。ワーゼン＝チャウダーリは実験結果を次のようにまとめている。「スーパーベターは従来の医療に対する強力な補完ツールとして機能することを、データは明らかに示しているのです」

次のステップは、臨床試験の比較バージョン、ペンシルヴェニア大学でおこなわれたものと似通った比較試験をおこなうことだ。そうすれば、スーパーベターを利用できない患者の経験を、利用できる患者の経験と比較することができる。その一方で、パイロット試験の結果は、患者をスーパーベター・メソッドに参加させているとき医師が実践すべきベストプラクティスについて、医師たちに指針を与えている。これはこの研究分野にとって重要な一歩である。ワーゼン＝チャウダーリが述べているように、「オハイオ州立大学の医師や研究員の多くが、スーパーベター・メソッドをもっと幅広い病気や怪我からのリハビリに使うことを検討したいという思いを表明している」からだ。

スーパーベターの研究について最新の情報を知りたい人は、Showmethescience.com を訪れてほしい。

謝辞

スーパーベターのヒーローのみなさん全員に、ありがとうと言いたい。みなさんの秘密の正体はわたしを驚嘆させ、みなさんのパワーアップアイテムはわたしに希望を与え、みなさんのエピックウィンはわたしを奮い立たせてくれる。本書のために自分の物語を提供してくれたプレイヤーたちには、とくに感謝したい。みなさんはゲームフルな強さとレジリエンスを持つとはどういうことかを教えてくれる、実にすばらしいお手本だ。みなさんに最大限の称賛と敬意を捧げたい。

スーパーベターは過去六年にわたり、とりわけ科学的研究の分野で多くの重要な仲間に助けられてきた。ペンシルヴェニア大学でスーパーベターの無作為化比較試験を見事に指揮したアン・マリー・レープク博士、それにこの試験に関する論文をわたしたちと共同執筆したローズ・ブルームとベズ・マックスウェルに深く感謝する。オハイオ州立大学ウェクスナー医療センターのリーザ・ワーセン＝チャウダーリ博士にも、その限りない楽観主義と臨床試験での精力的な仕事ぶりに心からお礼を申し上げたい。わたしたちの研究に資金を提供してくれた国立衛生研究所、それにスーパーベターをできるだけ多くの人が利用できるようにするために揺るぎない情熱を注いでくれたジョン・ヨストにも謝意を表したい。

とてもありがたいことに、わたしは過去四年にわたり、すばらしいクリエイティブ・制作チームとともにスーパーベターのアプリやオンライン・ゲームの開発に取り組むことができた。わたしと協働し、開発に貢献してくれたソーシャル・チョコレート、スーパーベター・ラボ、ナトロン・バクスター、およびアードモア衛生研究所のすべての人に感謝し、その才能、献身、ハードワークを称えたい。わたしたちがともにつくり上げたものを、みなさんがわたしと同じく誇りに思っていることを願っている。チェルシー・ハウ、ネイサン・ヴェリル、フィンレイ・コーワンの多大な創造的貢献、それにスーパーベターをレベルアップするためのキース・ウェイクマンの献身的な取り組みには、とくに称賛の言葉を捧げたい。

本書の出版元、ペンギン・ブックスのスコット・モイヤーズとアン・ゴドフにも深く感謝する。このような優秀な編集者や先見性のある出版社と仕事をすることは、どんなライターにとっても夢であり、その夢がかなったことをうれしく思う。おふたりが本書のために与えてくれたサポートは、わたしにとってかけがえのないものだった。

ペンギン・プレスの制作チームのみなさんにも謝意を表したい。書籍デザインとコピーライティングにおけるみなさんのスーパーパワーは、本書を生み出すためになくてはならないものだった。

偉大な出版エージェント、クリス・パリス＝ラムには、本書を書くよう勧めてくれたことに感謝したい。クリスについてひとつ重要なことを教えよう。彼は本づくりの天才であるだけでなく、並外れた才能を持つ一流のマラソン・ランナーでもある。クリス、わたしとキヤシュに今年フルマラソンを走るためのコーチングをしてくれてありがとう。あれはすごく大きなエピックウィンだった！（それに、ランニング好きの多くのライターが知っているように、毎日走ることは、本を書いているあいだは正気を保つために欠かせないことだ）

ガーナート・エージェンシーのアンディ・カイファー、レベッカ・ガードナー、ウィル・ロバーツにも、貴重なアドバイスをくれたことに、また、世界各地で本書の読者を生み出してくれたことに深く感謝する。ライ・ビューローのすべてのスタッフにも、本書のアイディアをできるだけ多くの人に伝える手助けをしてくれたことに謝意を表したい。

そして、何人かのすばらしい仲間たち……

わたしの分身、ケリー。ありがたいことにわたしたちは一卵性双生児なので、あなたがすごいことをするたびに、わたしの中にこう思う自分がいるの。「わたしたちは同じＤＮＡを持っている！　もしかするとわたしもいつかあんなことができるかもしれない！」

わたしの両親、ジュディとケヴィン、それに義理の両親のポーラとマイク、冒険に満ちたこの一年のあいだ、たくさんのサポート、励まし、愛、それに感動をありがとう。

わたしのヒーロー、ジェニファー・シビラには、これ以上望めない最高の仲間でいてくれたことに特大の感謝を捧げたい。わたしがこの本を書いていたあいだ、あなたはそれよりはるかに偉大なことをしていて、わたしたちの生活を永遠に変えてくれたのだから。

そして最後に、キヤシュ――わたしたちが今年、あのようなすばらしい幸運に恵まれていなかったら、わたしはこの本をあなたに捧げていたでしょう。だから、これは第二の献辞。わたしはいつもあなたのためにスーパーベターになりたいと思っているの。それは簡単だわ。だって、あなたが毎日わたしをより強く、より勇敢に、より幸せにしてくれるから。〝より強く〟〝より勇敢に〟〝より幸せに〟――三つのすばらしいことをずっとやりつづけましょうね。

訳者あとがき

おれは（わたしは）ゲーマーだ！

本書を読み終えたゲーマーは、胸を張ってそんな快哉を叫びたくなるだろう。

もっとゲームをすればよかった。

これまでゲームを敬遠、軽蔑していた人たちは、がっくりとうなだれて、そんなことをつぶやくかもしれない。今からでも遅くない。もっとゲームをしよう。世の中は、あなたの人生をいい方向に変えてくれるすばらしいゲームであふれている。そして、そんなゲームのうちのひとつが本書で紹介される自己改良メソッド、スーパーベターだ。これは著者のジェイン・マクゴニガル（彼女は日本でもベストセラーになった『スタンフォードの自分を変える教室』の著者ケリー・マクゴニガルの、なんと双子の妹だ）が脳震盪後症候群の治療中に考案したもので、星の数ほどもあるほかの自己啓発メソッドとの最大の相違は、ゲーム（おもにデジタルゲーム）の科学を最大限に取り入れているということだ。そう聞くと、数年前からちらほらと耳にするようになった〝ゲーミフィケーション〟の類いを想像するかもしれない。ゲーミフィケーションについては訳者も幾冊か目を通したが、なかにはバッジや実績といったゲームの表面的なシステムを模倣しているだけで、生粋のゲーマーからすれば、あまりゲーム的とは言えないものもあったように思う。そのあたり、本書は著者自身がゲーム開発者でもあるだけのことはあって、ゲーマー視点から見ても興味深い情報のオンパレードとなっている。

本書の構成について少し触れておこう。第一部では驚くべきゲームの科学が紹介される。たとえば、テトリスを使ってPTSDを防ぐ方法。ゲーム内アバターにちょっとした工夫をすることで、実生活におけるモチベーションを刺激する方法。『Wiiスポーツ』であらゆる人と仲よくなる方法。VRゲームをガン治療に役立てる方法。どれもにわかには信じられない話かもしれないが、いずれも広範な研究にもとづいた科学的根拠がしっかりと提示されており、説得力がある。ゲームは適切な方法でプレイしさえすれば、想像を絶するほどの恩恵を与えてくれるのだ。

第二部では、スーパーベターのプレイ方法が詳細に説明される。かいつまんで説明すると、こういうことになる。〝秘密の正体〟を持ち、〝仲間〟をつくって、日々の生活の中で〝悪者〟と戦い、傷ついた体を〝パワーアップアイテム〟で癒やし、〝クエスト〟に挑戦し、最後には〝エピックウィン〟を達成する。ゲームはゲームでも、基本的には『ドラゴンクエスト』や『ファイナルファンタジー』のようなRPGを想像するとわかりやすいだろう。

第三部は、六週間――それだけプレイを継続すれば、スーパーベターが大きな効果を発揮するとされている期間――分のクエストの詰め合わせとなっている。著者は「自分にとって一番意味のあるクエストは、自分自身で考案したもの」と述べているが、ここに用意された出来合いのクエストをプレイするだけでも、充分な恩恵が受けられるよう配慮されている。

本書を購入するまえに、もう少し具体的なイメージを摑んでおきたいという方には、インターネット上にアップされている著者のＴＥＤトーク講演動画を視聴することをお勧めする（The game that can give you 10 extra years of life などで検索するとヒットする）。動画の再生回数は実に五〇〇万回を超えており、subtitles（字幕）から日本語字幕を選択することもできる。

　本書内で著者はゲームフルに生きることの恩恵を繰り返し説いている。ゲームフルというのは、あえて訳すとしたら、遊び心ならぬ〝ゲーム心〟とでもいうべきものだろうか。ゲームの恩恵といえば、訳者である私もこんな経験をしたことがある。少し長くなるが、おつき合い願いたい。

　ブリザード社の開発した『ヒーローズ・オブ・ザ・ストーム』というゲームをプレイしていたときのことだ。これは近年、世界的に大流行しているマ《M》ルチプレイオ《O》ンライン・バ《B》トルア《A》リーナと呼ばれるジャンルのゲームで、本書で幾度か名前の出ている『リーグ・オブ・レジェンド』の競合タイトルだ（余談ながら、このあとがきを書いている一週間ほどまえに『リーグ・オブ・レジェンド』の正式な日本語版タイトルが発表された。ローカライズを楽しみにしているゲーマーも多いことだろう）。ＭＯＢＡはアクション要素の強いストラテジーゲームで、プレイヤーは味方と協力しつつ、オンラインで五人対五人のチーム戦を繰り広げる。自陣を守りつつ相手チームの砦最奥にある本拠地（コア）を破壊することが目的で、試合に勝つには個々のプレイヤーの技量もさることながら、何よりもチームとしての団結力が求められる。マップは基本的に線対称で、一方のチームは左から右へ、もう一方のチームは右から左へ攻める。やや語弊があるかもしれないが、あえてたとえるなら、総勢一〇名のプレイヤーがそれぞれ金将や桂馬となって相手の王将（コア）を攻める将棋のようなものだ。

その日、私は見知らぬプレイヤーたちと、〈ホーンテッド・マイン〉と呼ばれるマップをプレイしていた。このマップにはプレイヤーが操作する通常のキャラクターのほか、定期的に両軍にゴーレムが出現し、進軍を助けてくれる。ゴーレムの強さは集めたゴーレムの魂《ソウル》の数に比例するのだが、ソウルは狭い地下の坑道に出現するため、必然的にそこで激しい争奪戦がおこなわれることになる。

このとき、われわれのチームは劣勢を強いられていた。二度のソウル争奪戦に破れ、味方のあいだにあきらめムードが漂いはじめていたが、私はまだ勝機はあると感じていた。確かに自軍のゴーレムはソウルが少なく、弱かった。しかし、攻城戦に特化したキャラクターを操作していた私が単独でちまちまと地上の砦を攻めていた甲斐あってか、敵軍ゴーレムに比べ、自軍ゴーレムのほうがほんのわずかだけ敵コアに肉迫していたのだ。経験上、ゴーレムが少しでも先に進んでいるチームのほうが有利だとわかっていた。とはいえ、私が地上に残ってソウル争奪戦に参加しないことについて、味方のひとりは私を「coward（チキン）」呼ばわりして責めた。

チームの団結がものを言うこのゲームで、いったん和が乱れたら勝利はおぼつかない。だから、この味方の指示に従って、おとなしくソウル争奪戦に参加しようかとも考えた。実際、ふだんであればそうしていただろう。しかし、なぜかはわからないが、そのときの私には確信があった。味方はどうやら集団戦に弱いようだ。真っ向からソウル争奪戦に挑んでも、相手チームには勝てそうにない。唯一の勝機があるとすれば、ソウル争奪戦のどさくさに紛れ、攻城戦に特化した自分が地上で敵の砦に少しでもダメージを与えておくことだ。その作戦を味方にチャットで伝えた。幾人かは「試してみる価値はありそうだ」と納得してくれたが、先ほどの味方は相変わらず「チキン」を連呼していた。

はたしてこの試合の結果はどうなったのか？

われわれは勝った。この作戦が奏功し、自軍ゴーレムが相手より先に敵のコアに到達、その勢いに乗じてチームで総攻撃を仕掛けたのだ。最後まで私をチキン呼ばわりしていた味方に対する軽い意趣返しのつもりで「see?（ほらね）」とメッセージを送ったが、返事はなかった。チャットをタイプする私の指は震えていた。

落ち着かない気持ちで外に出て、ベンチに腰かけ、煙草に火をつけた。自チームが劣勢から逆転したことへの興奮。でもそれだけではなかった。味方の指示どおりに動いたほうが面倒を避けられたにもかかわらず、不和を恐れずに自分の直感を信じたこと。それをたどたどしいながらもなんとかひねり出した英語で伝え、幾人かを説得したこと。最後までチキン呼ばわりされてもネガティブな反応は返さず、「おれたちはまだ勝てる」とチームを励ましつづけたこと。そして最後には、逆転勝利を収めたこと。

胸の高鳴りを鎮めるために、いつもより一本多く煙草を吸わなければならなかった。この日の高揚感は、指の震えは、大げさに言えば、魂の震えは、いったいなんだったのか。その答えが本書に書かれている。

実生活での私を知っている人なら、この体験談を読んで、「いや、おまえそんなキャラじゃないだろ」とツッコミを入れたくなるかもしれない。が、本書の著者はこう主張している。私たちがゲームのプレイ中に発揮しているこうした強さは、実生活にも持ち込むことができる、と。それこそがまさに、ゲームフルに生きるということなのだと。あなたもゲームをしているとき、自らの強さを発揮しているはずだ。『Downwell』で何度ゲームオーバーになろうと、しぶとく黙々と井戸に潜っているはずだ。『怒首領蜂大往生』では、絶望的な緋蜂の弾幕をかいくぐろうと動体視力を鍛え、『ストリートファイターⅣ』のトレーニングモードで何十回、何百回と昇龍拳セービングキャンセル滅・波動拳を練習しているはずだ。その努力を、チャレンジ精神を、集中力を、創意工夫を、実生活にも活かせるとしたらどうだろうか。

本書はデジタルゲームを頻繁にプレイする人をはじめ、ゲームを一度もプレイしたことがない人、ビジネスパーソン、主婦、学生、病床にある人、誰にとっても役立つ可能性があるが、訳者個人としては、ゲームをプレイしすぎて人生を台無しにしてしまったと感じている人にこそ読んでもらいたいと思っている。なぜなら、私自身がそうだったからだ。著者によれば、ゲームに費やした時間を無駄にするかどうかは、考え方ひとつで変えられる。私もそう信じている。

最後になるが、本書の翻訳を依頼してくださった早川書房の山口晶氏、編集を担当してくださった佐藤和代氏、共訳者の藤井清美氏に感謝したい。なお、翻訳については第一部および第二部を武藤が、第三部を藤井氏が担当した。原注については（http://www.hayakawa-online.co.jp/superbetternotes/）をご参照願いたい。

さあ、ゲームをしよう。

二〇一五年一〇月

武藤　陽生

編集部付記

本書の原書には原注として、著者が本書を書くにあたって参照した文献にかんするデータと、補足的な記述を収録した付録がついていますが、一般の読者には専門度が高いと思われることと、紙幅の都合から、書籍本体には収録しないことにしました。

原注部分（翻訳版）をご覧になりたい読者の方は、弊社ＨＰよりダウンロードしていただけます。http://www.hayakawa-online.co.jp/superbetternotes/をご参照ください。

スーパーベターになろう！
ゲームの科学で作る「強く勇敢な自分」
2015年11月10日　初版印刷
2015年11月15日　初版発行
＊
著　者　ジェイン・マクゴニガル
訳　者　武《む》藤《とう》陽《よう》生《せい》
藤《ふじ》井《い》清《きよ》美《み》
発行者　早　川　　浩
＊
印刷所　株式会社精興社
製本所　大口製本印刷株式会社
＊
発行所　株式会社　早川書房
東京都千代田区神田多町2－2
電話　03-3252-3111（大代表）
振替　00160-3-47799
http://www.hayakawa-online.co.jp
定価はカバーに表示してあります
ISBN978-4-15-209575-6　C0030
Printed and bound in Japan
乱丁・落丁本は小社制作部宛お送り下さい。
送料小社負担にてお取りかえいたします。